La Cuarta Cruzada

Primera edición: enero de 2022
Título original: *The Fourth Crusade*

© Jonathan Phillips, 2004
© de la traducción, Luis Noriega, 2005
© de esta edición, Futurbox Project, S. L., 2022
Todos los derechos reservados.

Diseño de cubierta: Taller de los Libros
Imagen de cubierta: *Conquista de Constantinopla por los cruzados en 1204* (David Aubert, 1449-79)
Corrección: Teresa Ruiz

Publicado por Ático de los Libros
C/ Aragó, 287, 2.º 1.ª
08009, Barcelona
info@aticodeloslibros.com
www.aticodeloslibros.com

ISBN: 978-84-18217-53-1
THEMA: NHDJ
Depósito Legal: B 542-2022
Preimpresión: Taller de los Libros
Impresión y encuadernación: Liberdúplex
Impreso en España — *Printed in Spain*

JONATHAN PHILLIPS

LA CUARTA CRUZADA

Y EL SAQUEO DE CONSTANTINOPLA

TRADUCCIÓN DE

LUIS NORIEGA

**ÁTICO DE
LOS LIBROS**

BARCELONA - MADRID - MÉXICO D. F.

Para Tom y mis padres

Índice

Prólogo

La coronación del emperador Balduino

El 16 de mayo de 1204 marcó un momento decisivo en la historia medieval: un cambio de proporciones sísmicas en el orden aceptado del mundo. Durante más de ocho siglos, el emperador bizantino había dominado un enorme y sofisticado imperio, pero todo eso había sido barrido por los ejércitos de la Cuarta Cruzada, los santos guerreros de la Iglesia católica. Quien ahora se sentaba entonces en el trono de la gran catedral de Santa Sofía era un hombre procedente de la Europa septentrional, al que aclamaban los caballeros y los comerciantes occidentales que abarrotaban el templo; los griegos, que habían huido de los horrores a los que los despiadados guerreros los habían sometido durante el salvaje saqueo de su metrópoli, estaban muy lejos de su ciudad natal. Los occidentales, sin embargo, consideraban que Dios había aprobado su lucha y se disponían a buscar Su bendición. Bajo la gran cúpula de Santa Sofía, las palabras finales de la misa católica se apagaron lentamente para dar por terminada la ceremonia de coronación de Balduino de Flandes, el primer emperador cruzado de Constantinopla.

El propio Balduino había cambiado: al ser un noble poderoso, el nuevo emperador estaba acostumbrado a ocupar una posición de autoridad, pero ahora había ascendido a un estatus mucho más alto, casi divino. Ese día, temprano, los líderes del ejército occidental habían recogido al conde en el palacio de Bucoleón y lo habían escoltado hasta una capilla lateral de la catedral. Allí, Balduino cambió sus medias de lana por un par hecho del brocado rojo más fino, se calzó unos zapatos decorados con ricas piedras preciosas y, a continuación, se cubrió, capa tras capa, con las vestiduras más deslumbrantes. En primer lugar, una espléndida túnica con botones de oro en el pecho y la espalda; luego, un largo manto tachonado de joyas, cuya parte delantera le llegaba hasta los pies y que tenía que ser enrollado alrededor de su cintura para luego subir hasta su brazo izquierdo. Y como si esto no fuera suficiente (solo por el peso sería prodigioso vestir este traje), Balduino lució además un atuendo adicional, también este cubierto de piedras preciosas y adornado con imágenes del águila imperial: su decoración era tan suntuosa que testigos oculares contaron que la prenda brillaba como si estuviera envuelta en llamas. En compañía de sus principales camaradas, Balduino caminó hasta el altar de Santa Sofía, parcialmente dañado durante el saqueo de la ciudad, pero que en su momento había sido una obra de exquisita factura, de casi nueve metros de largo, cubierta de oro y piedras preciosas y coronado por un palio de plata sólida. Los nobles portaban su espada y su corona y el estandarte imperial; los seguían los obispos del ejército cruzado, cuya tarea era coronar al nuevo emperador. En el altar, después de que Balduino se hubiera arrodillado para orar y dar gracias a Dios por la victoria de los cruzados, los obispos, que también lucían sus vestiduras más elegantes, lo desnudaron hasta la cintura para expresar con ello su humildad ante Dios. Luego lo ungieron, lo volvieron a vestir y, por último, se congregaron a su alrededor. Entre todos sostuvieron la corona con sus manos para bendecirla y, tras hacer la señal de la cruz, la colocaron sobre la cabeza del emperador. Durante un instante los clérigos reunidos a su alrededor ocultaron la figura que lucía la temible águila imperial en sus espaldas, pero a continuación se retiraron para dejar ver al nuevo emperador de Constantinopla en toda su magnificencia: una manifestación tangible del poder y las riquezas que el ejército cruzado había conquistado. En homenaje al emperador, los obispos le ofrecieron uno de los cientos de tesoros robados en los palacios imperiales: un gigantesco rubí, del tamaño de una manzana, para abrochar sus vestiduras.

Balduino se sentó en un trono elevado, aferrando en una mano un cetro y en la otra, un orbe dorado. Lo que pensó y sintió en el momento en que vio la enorme multitud que abarrotaba el recinto, todos cubiertos de alhajas y vestidos con finos trajes de seda, sería una mera conjetura. Quizá, mientras los feligreses cantaban la misa, la mente de Balduino volvía a su hogar en el norte de Europa, a los fríos y pantanosos campos de Flandes; quizá pensó en su esposa, a la que ahora podía mandar llamar como su emperatriz; es posible que reflexionara sobre sus ilustres ancestros cruzados, o bien que recordara el sufrimiento y sacrificio de sus hombres y compañeros mientras luchaban por conquistar Constantinopla. Por último, en medio de toda la opulencia y excitación del amanecer de una nueva era, quizá recordara que la Cuarta Cruzada tenía inicialmente como objetivo la reconquista de la Ciudad Santa de Jerusalén y no el de destruir, tal y como ellos habían hecho, la más grande civilización de la Cristiandad.

Introducción

En abril de 1204, los ejércitos de la Cuarta Cruzada conquistaron y saquearon Constantinopla. Un testigo de los hechos describió la falta de humanidad de los cruzados y habló de «locos encolerizados contra lo sagrado», de asesinos que se negaban a «respetar a las piadosas doncellas» y de bárbaros que habían destruido los altares y robado los objetos preciosos, «precursores del Anticristo, agentes y heraldos de las impiedades que de este se esperan».[1]

Casi ochocientos años después, en el verano de 2001, el papa Juan Pablo II realizó una asombrosa declaración en la que pedía perdón a la Iglesia ortodoxa griega por la terrible masacre perpetrada por los guerreros de la Cuarta Cruzada. En esa ocasión, el papa afirmó: «Es trágico que los agresores, que tenían como objetivo garantizar a los cristianos el libre acceso a Tierra Santa, se volvieran contra sus propios hermanos en la fe. El que estos fueran cristianos latinos entristece profundamente a los católicos». El hecho de que el papa haya sentido la necesidad de pronunciar semejante discurso —inusual en su aceptación de culpabilidad— revela las dimensiones de la herida que dejó esta campaña tan distante en el tiempo.

El propósito de este libro es contar la extraordinaria historia de la Cuarta Cruzada, un episodio marcado por la brutalidad y la determinación, la depravación y la avaricia, las intrigas políticas y el celo religioso.[2] Existen varios estudios modernos sobre la Cuarta Cruzada escritos por especialistas en el Imperio bizantino interesados principalmente en el impacto de la expedición en el mundo ortodoxo griego; por tanto, quizá no resulte sorprendente encontrar en ellos un juicio bastante adverso sobre los motivos que animaron a franceses y venecianos, y una indignación que, en algunos casos, impide un acercamiento crítico más amplio.[3] Este volumen, sin embargo, ha sido escrito por un historiador de las cruzadas, un punto de vista que me ha permitido ofrecer una descripción del contexto europeo occidental de la campaña y, al mismo tiempo, tener en cuenta la situación de Bizancio. Esta obra pretende explicar por qué esta cruzada tomó la dirección que tomó, así como identificar las causas subyacentes en este inquietante desarrollo de los acontecimientos y exponer de qué manera los occidentales lograron hacerse con la victoria.

Al tratarse de un movimiento que defendía la violencia en nombre de Cristo, los cruzados han sido blanco de muchas opiniones hostiles.[4] En el siglo XVIII, el historiador escocés William Robertson describió las cruzadas como un «singular monumento a la locura humana», y en su *Historia de la decadencia y ruina del Imperio romano,* Edward Gibbon sostuvo que la idea había «frenado, más que promovido, la madurez de Europa».[5] La *Historia de las Cruzadas,* de Steven Runciman, concluye que: «visto desde la perspectiva de la historia, todo el movimiento cruzado fue un fiasco» y termina lamentando que la guerra santa no fuera más que un largo acto de intolerancia en nombre de Dios, lo que constituye un pecado contra el Espíritu Santo».[6]

Los historiadores y estudiosos han arremetido en especial contra la Cuarta Cruzada. En el siglo XVIII, Voltaire escribió que «el único fruto que los cristianos obtuvieron de sus bárbaras cruzadas fue el exterminio de otros cristianos».[7] Runciman, por su parte, llega a la conclusión de que: «el daño infligido por los cruzados al islam fue pequeño en comparación con el que hicieron al cristianismo oriental».[8]

Con todo, a pesar de lo desagradables que hoy nos parezcan las ideas y acciones de los cruzados, es innegable que durante varios siglos estos constituyeron una institución duradera e inmensamente popular de acuerdo con las creencias, los valores y la visión del mundo de la Edad Media. Prácticamente desde sus inicios en el año 1095, la Primera Cruzada ejerció una gran influencia sobre la sociedad medieval y propició una nueva serie de intensos contactos (y conflictos) con pueblos y territorios fuera del mundo católico.

Por lo general, las personas tienden a pensar que las cruzadas estaban vinculadas de forma inextricable a un conflicto con el islam. Que esta relación se ha perpetuado hasta nuestros días resulta evidente cuando Osama Bin Laden sugiere que existe un paralelo entre los cruzados que lucharon contra los musulmanes y las operaciones del ejército estadounidense en Afganistán de 2001-2002. Según Bin Laden: «Esta guerra es similar a las anteriores cruzadas lideradas por Ricardo Corazón de León, [Federico] Barbarroja [de Alemania] y [el rey] Luis [IX] de Francia. En la actualidad, se reúnen alrededor de [George W.] Bush». La propaganda de al-Qaeda sugiere además que Israel es el sucesor de los estados cruzados del siglo XII y XIII.[9] También en Occidente hay quienes han dirigido sus miradas al período medieval. Inmediatamente después de los atentados terroristas del 11 de septiembre de 2001, la idea de una guerra santa fue empleada por el presidente George W. Bush, que habló de emprender una cruzada contra al-Qaeda. En un momento en el que el mandatario estadounidense intentaba conseguir el apoyo de Egipto y Siria, dos de los países que se vieron afectados de forma directa por las cruzadas originales, invocó un concepto que en Oriente Próximo es todavía visto como un pretexto para el imperialismo occidental.[10]

El resultado de la Cuarta Cruzada representa con claridad una espectacular distorsión de la idea básica de las cruzadas como una lucha de la Iglesia católica contra los infieles. Tanto ayer como hoy, los historiadores se han sentido fascinados por la forma en que un movimiento que comenzó teniendo como objetivo recuperar Tierra Santa para el cristianismo pudo, en poco más de un siglo, convertirse en un vehículo para la destrucción de la más espléndida ciudad del mundo cristiano.

Los cruzados, por su parte, se mostraron orgullosos de su hazaña. El conde Balduino de Flandes, uno de los líderes de la campaña, escribió: «Podemos afirmar con tranquilidad que ninguna historia podrá jamás relatar maravillas más grandes en lo que concierne a los avatares de la guerra». Balduino consideraba que las acciones de los ejércitos cruzados contaban con la aprobación de Dios: «Esto es obra del Señor y es un milagro superior a todos los milagros que han visto nuestros ojos».[11]

No obstante, una vez que los detalles de la masacre fueron divulgados, otros se mostraron menos elogiosos, incluso en Occidente. El papa Inocencio III (1198-1216), promotor de la expedición, bramó en contra de los cruzados de la siguiente forma: «Jurasteis que liberaríais Tierra Santa…, [pero] sin reflexionar os habéis alejado de la pureza de vuestro voto cuando tomasteis las armas, no contra los sarracenos, sino contra los cristianos… La Iglesia griega no ha visto en los latinos nada más que desgracias y un ejemplo de las acciones del infierno, por lo que ahora, con toda razón, nos detesta más que a los perros».[12]

La forma más vívida de examinar la cruzada es a través de la riqueza y variedad de los relatos de la época. Este material nos ofrece un extraordinario abanico de emociones y justificaciones, nos habla del miedo, el orgullo y el regocijo de los participantes y, en ciertos momentos, nos transmite el sobrecogimiento que les producía el propósito de su empresa y los nuevos paisajes y pueblos que iban encontrando en su camino. Las acciones de los líderes militares medievales fueron con frecuencia debidamente registradas, y las de quienes estuvieron involucrados en la Cuarta Cruzada no son una excepción. Pero, además, tenemos la suerte de que respecto de los hechos de 1204 también se conservan relatos de hombres de condición más humilde. Para complementar estas narraciones, este libro aprovecha diversos textos e imágenes contemporáneos con el objetivo de proporcionar al lector una idea de las esperanzas y temores de los cruzados (y sus familias) en el momento en que se disponían a embarcarse en esta increíble aventura.

En comparación con otras expediciones, en el caso de la Cuarta Cruzada contamos con una generosa selección de fuentes entre las cuales poder elegir. Algunas de estas son obra de testigos presenciales (ya se trate de combatientes o clérigos), otras fueron compuestas en los monasterios europeos por cronistas preocupados por recoger las historias de quienes regresaron. Antes del siglo XII, la escritura era prácticamente patrimonio exclusivo de la Iglesia. La mayoría de los relatos sobre la Primera Cruzada (1095-1099) fueron escritos por clérigos, por lo que se trata de textos con un importante énfasis en la Divina Providencia y demás cuestiones teológicas. Durante el siglo XII, sin embargo, la

evolución de la vida cortesana condujo al mecenazgo de trovadores y a la composición de las llamadas *chansons de geste*, exten-
sos poemas épicos, con frecuencia basados en la tradición oral,
pero en ocasiones puestos por escrito por seglares. En semejante
cultura, la idea de que personas educadas no pertenecientes a la
Iglesia (nobles, por lo general) escribieran o dictaran sus propias
experiencias heroicas prosperó con relativa facilidad. La mezcla
de fuentes procedentes de autores eclesiásticos y seculares nos
ofrece una muestra realmente representativa de la sociedad de la
época, y permitirá al lector ver la cruzada a través de los ojos y
las mentes de caballeros y nobles, los cuales, en ocasiones, tenían
unas prioridades e intereses muy diferentes de los de los clérigos
que los acompañaban.

Entre las fuentes más reveladoras de que disponemos se encuentran las cartas escritas en su momento por quienes participaron y dirigieron la cruzada. Estos textos pueden mostrarnos cómo
evolucionaron las actitudes y políticas a medida que los acontecimientos se desarrollaban. Aunque estas cartas no son inmunes a
los intentos de justificación y al deseo de dar un sesgo particular
a determinados episodios, nos proporcionan un nivel de detalle y
una inmediatez de los que muchas veces carecen las narraciones
escritas tiempo después. Por otro lado, los sermones pronunciados por los clérigos para promover el apoyo a la cruzada resultan
especialmente útiles para comprender los motivos de los hombres
que abrazaban la cruz.

Otras dos importantes fuentes de información son las canciones de los trovadores y los documentos oficiales. Aunque no nos
proporcionan necesariamente información fáctica, las primeras
constituyen sin duda una expresión de las preocupaciones del es-
tamento caballeresco que fueron tan dominantes durante la cruzada. Los segundos, por su parte, abarcan los acuerdos comerciales
fielmente conservados por las comunidades mercantiles italianas y,
procedentes de los archivos de incontables monasterios, los contratos de venta y las hipotecas de tierras y derechos efectuados por
quienes partían a la cruzada para financiar su campaña.

Sin embargo, la historia de la Cuarta Cruzada no sólo fue
registrada desde la perspectiva del Occidente católico. Diversos

autores bizantinos contemporáneos presenciaron la campaña y su testimonio sobrevive en el estilo culto y ampuloso de los autores clásicos, tan apreciados en la corte de Constantinopla.[13] Junto a estos relatos, otra importante fuente es la que constituyen los libros de viaje. Así como en la actualidad los turistas cuentan con una plétora de guías de viaje, los viajeros medievales tenían a su disposición distintos textos escritos por comentaristas musulmanes, judíos, ortodoxos y católicos, en los que con frecuencia encontramos un interesante y evocador complemento de nuestras principales fuentes.

Por último, contamos con la información que nos ha llegado de forma visual. Los edificios (ruinas o construcciones modificadas a lo largo del tiempo), las esculturas figurativas, las pinturas murales, las monedas y las ilustraciones de los manuscritos son una fuente indispensable y apasionante de información sobre personas, acontecimientos y objetos relacionados con las cruzadas, como es el caso de las embarcaciones.

Aunque los testimonios conservados están lejos de ser completos —por ejemplo, no contamos con informes contemporáneos escritos por fuentes venecianas—, poseemos una paleta extraordinariamente rica para pintar la historia de la Cuarta Cruzada. Para explicar por qué fue saqueada Constantinopla debemos, en primer lugar, trazar un bosquejo del paisaje emocional, espiritual y político de principios del siglo XIII.

El mundo de los cruzados era, en muchos sentidos, extremadamente diferente de la sociedad de nuestros días. La educación, las comunicaciones, la asistencia sanitaria y la idea de una autoridad centralizada eran, en el mejor de los casos, rudimentarias. Los viajes, por ejemplo, se medían en semanas, no en horas, y el conocimiento del mundo que se extendía más allá de las fronteras del Occidente católico estaba enturbiado por el miedo, los prejuicios y la falta de información.[14]

Los dos factores que dominaban la vida medieval eran la violencia y la religión.[15] La violencia asumía la forma de conflictos a nivel de naciones y, con más frecuencia, de guerras locales, allí donde el limitado poder de la autoridad central favorecía la evolución de disputas entre señores vecinos.

Quizá la diferencia más relevante entre el secularizado mundo occidental de comienzos del siglo XXI y la Edad Media sea la importancia que entonces tenía la fe cristiana. La religión permeaba la vida medieval de un modo que nos resulta difícil comprender. Los sermones y las imágenes de las iglesias recordaban sin descanso a los hombres y mujeres de la época que vivían en el pecado y describían, de forma espeluznante, las torturas eternas que les aguardaban en el infierno si no eran capaces de arrepentirse. La presión para atenuar las consecuencias de su existencia pecadora mediante oraciones de penitencia y actos devocionales, como las peregrinaciones, formaba parte integral de la relación entre la Iglesia y su rey. La gente también se dirigía a Dios y a los santos en búsqueda de protección frente a sus enemigos, de curas para las enfermedades, de buenas cosechas e, incluso, de veredictos que dirimieran batallas o disputas legales (a través de la ordalía o «juicio de Dios»). Desde un punto de vista moderno, algunas de estas actitudes pueden parecernos poco más que supersticiones, pero para empezar a entender el contexto de la Cuarta Cruzada es fundamental aceptar, por ejemplo, que el hombre medieval creía firmemente en la capacidad de los santos para obrar curas milagrosas o para intervenir en el curso de la guerra.

Cuando el 27 de noviembre de 1095 el papa Urbano II se levantó para hablar durante el Concilio de Clermont, unió las conocidas ideas de peregrinación, violencia y necesidad de penitencia para crear un concepto nuevo y destinado a perdurar: la cruzada. El papa sostuvo que los caballeros de Francia debían marchar a Tierra Santa y arrebatársela a los infieles. Los guerreros que lo hicieran estarían realizando un acto de penitencia de tal envergadura que los haría merecedores de una recompensa espiritual sin precedentes: la remisión de todos los pecados. Esto significaba que las faltas cometidas a lo largo de una vida de violencia serían borradas por completo y que los beneficiarios de tal perdón se librarían del fuego del infierno: una oportunidad perfecta para quienes verdaderamente estaban preocupados por su bienestar espiritual. Guibert de Nogent, un observador de la época, describió con mucha más elocuencia: «En nuestro tiempo Dios ha instituido la guerra santa de manera que los hombres de armas y el populacho errante encuentren un nuevo camino para alcanzar la salvación; así no estarán obligados a abandonar el mundo por completo y adoptar la vida monástica, como ocurría antes…, sino que podrán, hasta cierto punto, obtener la gracia de Dios mientras disfrutan de la libertad y el vestido a los que están acostumbrados y de una manera consecuente con su propia condición».[16]

A los caballeros se les ofrecía la ocasión de hacer aquello en lo que eran excelentes —luchar y matar—, pero, como se trataba de combatir por una causa que el papa consideraba justa, serían además recompensados. Cuando Urbano dio por terminado su discurso, la multitud rugió manifestando su apoyo —un testigo asegura que esta rompió a gritar: *Deus vult! Deus vult!*, «¡Dios lo quiere! ¡Dios lo quiere!»— antes de correr para recibir la señal de la cruz.

La respuesta a la proclama de Urbano fue increíble. La noticia de la llamada a las armas se difundió con rapidez a lo largo de Europa y durante los siguientes cuatro años más de sesenta mil personas pertenecientes a todos los niveles sociales y procedentes de las distintas regiones del continente se dispusieron a viajar cuatro mil kilómetros (la distancia desde el norte de Francia) hasta Tierra Santa. Después de un recorrido extraordinariamente arduo, los cruzados tomaron Jerusalén el 15 de julio de 1099 para garantizar que la ciudad de Cristo se mantuviera en la fe católica.

La conquista de Jerusalén desató una horrenda violencia por parte de los cruzados, que masacraron a los defensores musulmanes y judíos de la ciudad. Un autor franco describiría más tarde la terrible escena: «Por todas partes había fragmentos de cuerpos humanos y el suelo estaba cubierto por la sangre de los caídos. Todavía más espantoso era ver a los vencedores empapados de sangre de la cabeza a los pies». Con todo, al lado de este horror, «vestidos con ropas nuevas, con las manos limpias y los pies desnudos, [los cruzados] empezaron a recorrer con humildad los venerables lugares que el Salvador se había dignado santificar y glorificar con su presencia corpórea».[17] La Cristiandad recibió la noticia con inmenso júbilo: el Dios verdadero había bendecido a los cruzados y, al concederles la victoria, había manifestado su divino apoyo a la causa.

La mayoría de los cruzados regresaron a sus hogares tras haber cumplido con su misión, pero un pequeño grupo de ellos permaneció para cimentar el dominio franco sobre Levante («franco» era en la época un término genérico empleado tanto por los europeos como por los musulmanes para designar a quienes se establecieron en Tierra Santa, con independencia de sus orígenes occidentales heterogéneos). Durante las décadas siguientes, miles de europeos llegaron para establecerse en el Mediterráneo oriental, ya fueran campesinos, comerciantes, clérigos o nobles. Muchos más fueron los que aprovecharon el dominio de los católicos sobre los lugares sagrados para visitarlos como peregrinos. Las necesidades de estos viajeros condujeron a la formación de las órdenes militares: organizaciones de monjes guerreros dedicadas a proteger el patrimonio de Cristo y cuidar de los visitantes. Mientras que los templarios eran una fuerza puramente militar, los caballeros hospitalarios tenían una doble función y ofrecían cuidados médicos además de protección militar. La Primera Cruzada había pasado el Rubicón de la violencia animada por motivos religiosos y había favorecido la formación de cuerpos que juraban servir a Dios y luchar contra el demonio no tanto en el claustro como en el mundo. Con ello, la guerra santa y la cruzada demostraron poseer una notable flexibilidad, lo que permitiría que el concepto se ampliara para adaptarse a situaciones muy diferentes.

La reacción del mundo musulmán a la Primera Cruzada estuvo marcada por la incomprensión. Los pueblos de la región no tenían forma de saber que esta feroz hueste de guerreros estaba empeñada en librar una guerra de colonización religiosa y, en cualquier caso, los musulmanes de Siria, distraídos entonces por intensos conflictos internos, se organizaron para resistir a los invasores. Sin embargo, con el paso del tiempo, los musulmanes empezaron a contraatacar y, a través de la *yihad,* la guerra santa islámica, sus líderes consiguieron hacer frente a los francos.[18]

En el año 1114, los musulmanes de Alepo tomaron la ciudad de Edesa, en el norte de Siria, lo que condujo a que se convocara la que hoy conocemos como la Segunda Cruzada (1145-1149). Este sistema de numeración es en realidad una creación de los historiadores franceses del siglo XVIII que solo tiene en cuenta las

expediciones más grandes; por tanto, es posible encontrar pequeñas campañas entre, digamos, la segunda y la Tercera Cruzadas
que se adecúan a los criterios de una guerra santa autorizada por
el papa. En términos de resultados, la Segunda Cruzada fue un
estruendoso fracaso. El abad Bernardo de Claraval había animado
a los participantes con la promesa de que eran una generación
afortunada a la que se había dado una oportunidad especial de
cosechar recompensas divinas. Sin embargo, su confianza se vino
abajo cuando los ejércitos de los reyes de Francia y Alemania, después de sufrir espantosas pérdidas durante su viaje a través de Asia
Menor, tuvieron que abandonar el sitio de Damasco después de
sólo cuatro días: una terrible humillación. No obstante, la Segunda Cruzada fue importante porque supuso una expansión formal
del ámbito de la cruzada.

Varios centenares de años antes, en el siglo VIII, la península
ibérica había sido conquistada por los árabes del norte de África. Durante mucho tiempo, los cristianos habían intentado hacer
retroceder a los invasores, pero con la llegada de las cruzadas a
Oriente, España abrazó la idea y el conflicto se agudizó al adquirir un nuevo carácter. Desde los años 1113-1114 se consideró
que las guerras contra los musulmanes españoles tenían el mismo estatus que las campañas en Tierra Santa y que, por tanto,
conducían al mismo tipo de recompensas espirituales. Y, entre
1147 y 1148, el papado comparó explícitamente las expediciones
a Levante y las actividades de los cruzados en la península, que
estaban teniendo lugar de forma simultánea. El papa también
concedió el estatus de cruzada a las guerras contra las tribus pa-
ganas en la región del Báltico, con la justificación de que estas
ampliarían las fronteras de la Cristiandad y servirían para vengar
los asesinatos de misioneros cristianos que habían tenido lugar en
el pasado.[19] Por tanto, hacia el año 1150, la cruzada había superado su origen como guerra contra los infieles en Tierra Santa y
evolucionado hasta convertirse en un amplio instrumento para la
defensa y expansión de la fe católica.

Durante la década de 1170, Saladino emergió como líder del
mundo musulmán y reunió a las fuerzas de Egipto, Siria y al-
Jazira (norte de Iraq) para crear la mayor amenaza a la que los

francos se habían enfrentado en Oriente. Los colonos solicitaron entonces el apoyo de los cristianos ortodoxos griegos del Imperio bizantino y de los católicos de Europa occidental.

El Imperio bizantino era el sucesor del Imperio romano, y Constantinopla (la moderna Estambul) era la sede del patriarca ecuménico, el jefe de la Iglesia dentro de este territorio. Sin embargo, en el año 1054 se produjo un enfrentamiento entre el papado y el patriarca de Constantinopla que llevó a la declaración formal de un cisma entre ambas iglesias, división que se ha mantenido hasta nuestros días. La disputa fue consecuencia de diferencias litúrgicas y doctrinales, pero a ello se añadía una cuestión fundamental, el problema de quién poseía la autoridad suprema en el seno de la Iglesia: el sucesor de san Pedro (el papa) o la pentarquía formada por los cinco patriarcas de la Iglesia cristiana (Roma, Antioquía, Alejandría, Jerusalén y Constantinopla). En teoría, por tanto, desde 1054 los católicos consideraron a los griegos cismáticos, herejes e incluso enemigos de la fe. En la época de la Cuarta Cruzada, esta antigua fractura en las relaciones entre Bizancio y Occidente permitiría a los cruzados justificar el ataque final contra Constantinopla en 1204.

El contacto entre Bizancio y Occidente era complejo y, en ocasiones, parecía contradictorio. Los intentos de poner fin al cisma consiguieron algunas veces acercar a ambos bandos, y una de las razones por las que el papa Urbano II predicó en 1095 la Primera Cruzada fue la solicitud de ayuda por parte del emperador Alejo I (1081-1118), que se enfrentaba a los turcos en Asia Menor. La idea de dos ejércitos cristianos uniendo sus fuerzas contra el islam resultaba atractiva; no obstante, en el transcurso de las principales expediciones cruzadas del siglo XII, los ejércitos occidentales y sus anfitriones griegos empezaron a sentir una aversión mutua. Los griegos veían a los primeros como bárbaros sin disciplina que suponían un peligro real para Constantinopla; y no les faltó razón, pues hubo quienes propusieron asaltar la ciudad durante la Segunda Cruzada. Los cruzados, por su parte, siempre sospecharon de sus anfitriones. Desconfiaban de las promesas griegas de alimento y suministros, y los culpaban de ser incapaces de cumplir con tales acuerdos o, en el caso de la Segunda

Cruzada, por la suposición de haberlos traicionado en su lucha contra los turcos en Asia Menor. Antes de la Cuarta Cruzada, esta historia era otro de los elementos que contribuían a la tensión que existía entre Constantinopla y Occidente.

No obstante, los griegos y los católicos mantuvieron buenas relaciones en algunas épocas. Los contactos entre el emperador Manuel Comneno (1143-1180) y los reyes de Jerusalén fueron muy positivos y condujeron al matrimonio entre las dos casas reales y la sumisión del rey Amalarico (1163-1174) al dominio bizantino en 1171. Manuel, además, empleó administradores y funcionarios occidentales en su gobierno y mantuvo una relación cordial con el rey Luis VII de Francia (1137-1180). Sin embargo, tras la muerte del emperador, la actitud de Constantinopla hacia los occidentales cambió de forma espectacular, en gran medida como consecuencia del ascenso al poder de Andrónico Comneno (1183-1185).

En mayo de 1182, un grupo de partidarios de Andrónico, apoyados por la turba de Constantinopla, atacó las comunidades mercantiles que vivían cerca del principal puerto de la ciudad, a orillas del Cuerno de Oro.[20] Algunos de los comerciantes, en su mayoría originarios de Génova y Pisa, lograron escapar, pero los ancianos y los enfermos fueron capturados y asesinados. Las propiedades de los occidentales fueron destruidas, se prendió fuego a las iglesias y, en una muestra del lado más oscuro de las relaciones entre católicos y ortodoxos, los clérigos fueron apresados y torturados. En una acción tristemente célebre, un hospital administrado por los caballeros hospitalarios fue asaltado y los enfermos salvajemente masacrados en sus lechos. Un delegado papal fue atrapado y asesinado y, para hacer todavía mayor la injuria a la Iglesia católica, su cabeza fue cortada y atada a la cola de un perro. Muchos otros occidentales fueron hechos prisioneros y vendidos como esclavos a los turcos. La crueldad de este episodio horrorizó a los comentaristas de ambos bandos. Eustaquio de Tesalónica, un autor bizantino de la época, señaló: «Fue un acto salvaje que es imposible comparar con cualquier otra forma de locura».[21] Y Guillermo de Tiro, que escribió su *Historia* antes de 1185, comentó: «De tal modo se comportó la pérfida nación griega, como un nido de víboras, como una serpiente en el seno…con maldad se vengó en sus huéspedes, que no merecían semejante tratamiento y que estaban muy lejos de esperar algo así».[22] Aunque el comercio entre italianos y bizantinos pronto se restableció, no hay duda de que un incidente tan atroz añadió más veneno al trasfondo de resentimiento que enmarcaba las relaciones entre griegos y occidentales.

Para los colonos francos, la muerte de Manuel Comneno tenía un significado claro: ya no podían albergar ninguna esperanza de recibir ayuda de los griegos; además, sus esfuerzos por garantizar el apoyo de los europeos no tuvieron mejores resultados. Inglaterra y Francia llevaban décadas envueltas en escaramuzas y enconadas disputas y, a pesar de las apasionadas súplicas de los enviados francos, sus reyes no estaban dispuestos a dirimir sus diferencias para colaborar en la defensa de Tierra Santa y se limitaron a ofrecer ayuda financiera a la empresa.

En Jerusalén, el reinado del rey leproso, Balduino IV, que se extendió de 1174 a 1185, debilitó a los francos aún más, pues su lento y terrible ocaso propició conspiraciones y disputas entre quienes aspiraban a sucederlo.[23] A pesar de todos estos inconvenientes, la destreza militar de los colonos les permitió hacer frente a Saladino hasta 1187, cuando la balanza se inclinó definitivamente a favor del sultán. Tras aplastar a los cristianos en la batalla de Hattin, Saladino tomó Jerusalén, dejando a los francos con poco más que alguna posesión en la costa. Aunque tarde, Europa occidental tenía que actuar.

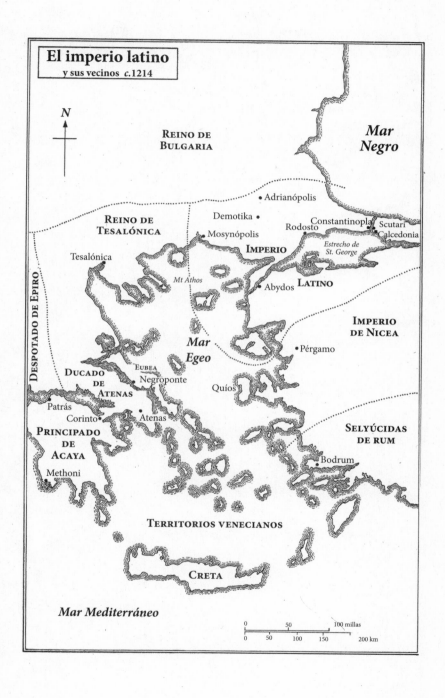

El imperio latino
y sus vecinos *c.*1214

N

REINO DE
BULGARIA

*Mar
Negro*

REINO DE
TESALÓNICA

• Adrianópolis

Demotika •

Mosynópolis •

Rodosto • Constantinopla Scutari
Calcedonia

IMPERIO

*Estrecho de
St. George*

Tesalónica •

Mt Áthos

• Abydos LATINO

DESPOTADO DE EPIRO

*Mar
Egeo*

IMPERIO
DE NICEA

• Pérgamo

DUCADO
DE
ATENAS

EUBEA
Negroponte

Quíos

Patrás •

Corinto • • Atenas

PRINCIPADO
DE
ACAYA

SELYÚCIDAS
DE RUM

Methoni •

• Bodrum

TERRITORIOS VENECIANOS

CRETA

Mar Mediterráneo

| 0 | | 50 | | 100 millas |
| 0 | 50 | 100 | 150 | 200 km |

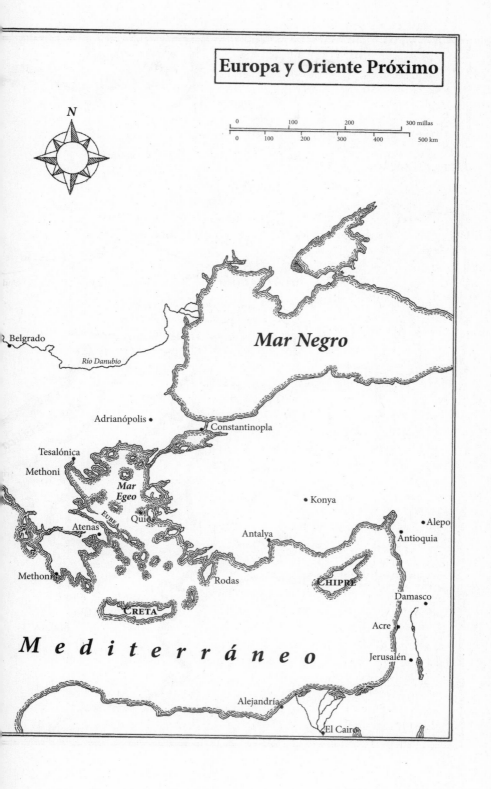

Europa y Oriente Próximo

N

0   100   200   300 millas
0 100 200 300 400 500 km

Belgrado

Río Danubio

Mar Negro

Adrianópolis

Constantinopla

Tesalónica

Methoni

Mar Egeo

EUBEA

Atenas

Quíos

Konya

Alepo

Antioquia

Antalya

Methoni

Rodas

CHIPRE

Damasco

Acre

CRETA

Jerusalén

M e d i t e r r á n e o

Alejandría

El Cairo

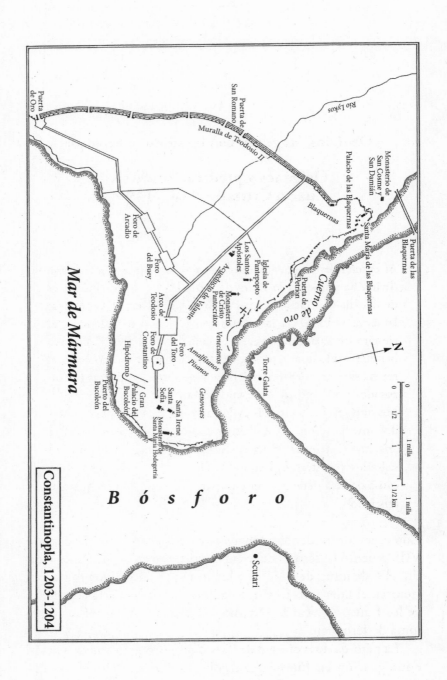

Constantinopla, 1203-1204

Puerta de Oro

Puerta de San Romano

Muralla de Teodosio II

Río Lykós

Monasterio de San Cosme y San Damián

Palacio de las Blaquernas

Blaquernas

Santa María de las Blaquernas

Puerta de las Blaquernas

Foro de Arcadio

Foro del Buey

Iglesia de los Santos Apóstoles

Iglesia de Panteopto

Puerta de Petrión

Cuerno de oro

Mar de Mármara

Arco de Teodosio

Acueducto de Valente

Monasterio de Cristo Pantocrátor

Venecianos

Amalfitanos

Pisanos

Foro de Constantino

Foro del Toro

Genoveses

Torre Gálata

N

Puerto del Bucoleón

Gran Hipódromo

Palacio del Bucoleón

Santa Sofía

Santa Irene

Monasterio de Santa María Hodegetria

0

1/2

1 milla

1 milla

1 1/2 km

Bósforo

Scutari

1

«Oh, Dios, las gentes han invadido tu heredad»

Orígenes y predicación de la Cuarta Cruzada, 1187-1199

> Al enterarnos de con qué terrible y severa sentencia la mano divina ha golpeado la tierra de Jerusalén..., somos incapaces de decidir con facilidad qué decir o qué hacer; el salmista se lamenta: «Oh, Dios, las gentes han invadido tu heredad». El ejército de Saladino progresa en aquellas regiones..., nuestro bando ha sido dominado, la Cruz del Señor ha sido tomada, el rey ha sido capturado y prácticamente todos los demás fueron pasados por la espada o se encuentran bajo manos hostiles... Los obispos, los templarios y los hospitalarios fueron decapitados ante Saladino... Esos bárbaros salvajes, sedientos de sangre cristiana, han usado toda su fuerza para profanar los lugares sagrados y desterrar el culto de Dios de la tierra. ¡Qué gran causa de luto tiene que ser esto para nosotros y todo el pueblo cristiano![1]

Con estas contundentes y angustiadas palabras, el papa Gregorio VIII lamentó la derrota del ejército cristiano en la batalla de Hattin, el 4 de junio de 1187. En los tres meses que siguieron a esta victoria, el líder musulmán, Saladino, arrasó las tierras en poder de los francos y alcanzó el punto culminante de su *yihad* con la toma de Jerusalén.

La pérdida de la ciudad de Cristo provocó gran consternación e indignación en Europa. Los gobernantes occidentales olvidaron, al menos temporalmente, su acostumbrada desarmonía y en octubre de 1187 el papado lanzó la Tercera Cruzada para recuperar Tierra Santa. El emperador Federico I Barbarroja (1152-1190), la principal figura de la Cristiandad en ese momento, emprendió el camino a la cabeza de un gigantesco contingente de más de cien mil hombres, pero falleció cuando le sobrevino un ataque al corazón mientras vadeaba un río al sur de Asia Menor. Las fuerzas imperiales se disolvieron y la tarea de luchar contra los ejércitos del islam quedó a cargo de los soldados de los reyes Felipe II Augusto de Francia (1180-1223) y Ricardo I de Inglaterra (1189-1199). Los dos soberanos eran enemigos acérrimos en Occidente y su relación difícilmente podía mejorar durante la cruzada. En teoría, Felipe estaba por encima de Ricardo, pero en la práctica la energía y formación militar del monarca inglés hacían que todos vieran en él a la figura dominante. El escritor musulmán Beha ad-Din, contemporáneo de ambos, señaló a propósito de él: «Las noticias de su llegada tuvieron un terrible efecto en los musulmanes, cuyos corazones se llenaron de pavor... Tenía mucha experiencia en la lucha y era intrépido en la batalla, pero para ellos [los francos] estaba por debajo del rey de Francia, aunque fuera más rico que este y su valentía y aptitudes marciales fueran más conocidas».[2]

Los dos reyes llegaron a Levante a principios del verano de 1191. Felipe pronto tuvo que emprender el regreso para atender importantes asuntos políticos que requerían su presencia en el norte de Francia, pero Ricardo permaneció en Oriente durante otros dieciocho meses. Sus victorias en batallas libradas en Arsuf y Jaffa le permitieron socavar en buena medida la reputación de Saladino, aunque pese a ello los cruzados fueron incapaces de realizar un verdadero intento de reconquistar Jerusalén. No obstante, lo que sí consiguió Ricardo fue restablecer los estados cruzados a lo largo del litoral (en una franja que se extendía desde el norte de Siria hasta Jaffa, en el actual Israel) y hacer que fueran de nuevo una entidad política y económica viable. Sin embargo, la noticia de que Felipe y el príncipe Juan, su hermano, conspiraban en su contra lo obligó a abandonar finalmente el Mediterráneo oriental y regresar a su país. Un cruzado inglés sostiene que, al zarpar, Ricardo I pronunció las siguientes palabras: «Oh, Tierra Santa, yo te encomiendo a Dios. Ojalá el Señor, en su infinita bondad, me permita vivir lo suficiente para traerte la ayuda que Él desea. En verdad espero, en algún momento en el futuro, cumplir con mi intención de traerte socorro».[3]

Ricardo se había hecho merecedor de una reputación heroica, pero mientras viajaba de regreso a casa fue capturado por sus rivales políticos y permaneció quince meses en prisión en manos del duque de Austria y, luego, del emperador germánico. El rey Felipe aprovechó esta ausencia para apoderarse de gran parte de los territorios que Ricardo poseía en la Francia septentrional y, por tanto, cuando este fue por fin liberado, restablecer su autoridad se convirtió en su principal preocupación. En estas circunstancias, fue poco lo que el rey inglés pudo hacer a mediados de la década de 1190 para cumplir su promesa de socorrer Tierra Santa.[4]

La partida de Ricardo habría podido tener consecuencias desastrosas para los francos, pero estos tuvieron la inmensa fortuna de que, desgastado por décadas de combates, Saladino muriera apenas seis meses después de que este hubiera zarpado. La unidad de los musulmanes en Oriente Próximo quedó hecha añicos y emergieron entonces diversas facciones en Alepo, Damasco y El Cairo, cada una de las cuales estaba más interesada en formar alianzas para derrotar a las demás que en enfrentarse a los francos. Gracias a ello, los cristianos fueron capaces de continuar su recuperación y, más tarde, el hijo de Federico Barbarroja, el emperador Enrique VI (1190-1197), emprendió una nueva cruzada para cumplir con el juramento de su padre. Esta campaña, que los historiadores conocen como la cruzada alemana, pareció ofrecer una verdadera oportunidad de aprovechar la división de los musulmanes, pero una vez más las esperanzas de los francos se vieron defraudadas. A comienzos del invierno de 1197 llegó la noticia de que el emperador había muerto de fiebre en la ciudad de Mesina, en el sur de Italia. Las tropas alemanas regresaron a su país y dado que Federico, el hijo de Enrique, tenía entonces solo dos años, el imperio se vio sumergido en una guerra civil entre los distintos aspirantes al trono. Los intentos de mediación del papa Celestino III, que en esa época superaba los noventa años, no tuvieron mucho éxito.

El 8 de enero de 1198 murió Celestino, y ese mismo día los cardenales y obispos de la Iglesia católica eligieron en Roma a su sucesor. La decisión resultó ser realmente acertada: Lotario de Segni, el papa Inocencio III, se convertiría en el pontífice más venerado, poderoso y dinámico de toda la Edad Media. Inocencio proporcionó al papado la visión y el ímpetu de los que había carecido durante generaciones. Su pontificado estuvo acompañado de cruzadas contra los musulmanes en España y en Tierra Santa, contra los herejes, los católicos renegados, los cristianos ortodoxos, así como contra los paganos del Báltico. Permitió la fundación de las órdenes de los frailes franciscanos y dominicos, excomulgó a reyes y príncipes, revitalizó la administración de la corte papal y consiguió que la autoridad de Roma se extendiera aún más a lo largo de la Europa católica.[5]

Elegido papa a la edad de treinta y siete años, Inocencio fue uno de los hombres más jóvenes que han ascendido al trono de san Pedro. Nació en 1160 o 1161, en el seno de una familia terrateniente de Segni, a menos de cincuenta kilómetros al sureste de Roma, y se educó inicialmente en esta ciudad, en la abadía benedictina de San Andrés, en el monte Celio. A principios de la década de 1180 se desplazó al norte, a la Universidad de París, el centro intelectual de la Europa medieval y la institución de estudios teológicos más admirada de la época. Allí Inocencio recibió la mejor educación del momento y desarrolló las ideas filosóficas y espirituales que darían forma a su concepción del papado. Reforzó su formación teológica estudiando leyes y durante tres años, de 1186 a 1189, asistió a la facultad de derecho de la Universidad de Bolonia, una vez más, la institución más prestigiosa de su tipo en Occidente. Por esta época, la forma de proceder del papado se hizo cada vez más legalista y las capacidades intelectuales de Inocencio, así como su personalidad y profunda espiritualidad, se adecuaban perfectamente a las necesidades de la curia.[6]

Las fuentes escritas de que disponemos señalan que el papa era un hombre apuesto, de peso medio. Un mosaico de entorno al año 1200 es la imagen más contemporánea que tenemos de él:

el retrato nos muestra a un individuo de grandes ojos, nariz larga y bigotes. Un fresco de la iglesia de Santo Speco, en Subiaco, lo representa en toda su dignidad papal, ataviado con la mitra, el palio (el distintivo pende de sus hombros y simboliza la más alta dignidad eclesiástica) y el manto (véase el cuadernillo de ilustraciones). Inocencio era también conocido por su inteligencia como escritor y por ser en público un orador muy persuasivo: su habilidad para redactar e impartir sermones era excepcional. Además, poseía un agudo sentido del humor: el enviado de uno de sus más acérrimos oponentes políticos solicitó una audiencia e Inocencio lo recibió con el siguiente comentario: «Incluso escucharía al demonio si pudiera arrepentirse».[7]

Un gran corpus de correspondencia papal nos permite, hasta cierto punto, penetrar en la mente de Inocencio. Cualquier persona de nuestra época, excesivamente familiarizada con el interminable papeleo del mundo actual, esperaría que el papado fuera un nido de complejidades burocráticas; sin embargo, antes del siglo XIII, no siempre fue así. Aunque papas anteriores habían conservado copias de algunos documentos importantes, hasta la época de Inocencio III no empezó a llevarse un archivo sistemático. De los miles de cartas enviadas y recibidas por la secretaría papal, las más significativas fueron copiadas en volúmenes especialmente encuadernados, conocidos como registros, y ordenados por años pontificios, que se calculaban desde la fecha de coronación (no de elección) del pontífice, lo que en el caso de Inocencio correspondía al 22 de febrero. Aunque es cierto que algunas de estas cartas fueron reelaboradas antes de ser copiadas en el registro, que probablemente muchas de ellas fueron redactadas por secretarios y no por el propio papa y, por último, que buena parte de las correspondientes al tercer año del registro y todas las del cuarto (1200-1202) se han perdido, sigue siendo un material de inmenso valor para comprender la forma en que Inocencio planeó la cruzada y para conocer sus reacciones a medida que esta se desarrollaba.[8]

Inocencio infundió vigor espiritual al liderazgo de la Iglesia católica y con rapidez reveló sus prioridades para el papado y sus metas como pastor de la Europa católica. El pontífice consideraba que había un estrecho vínculo entre la reforma moral de lo que, según pensaba, era una sociedad pecadora y la realización con éxito de una cruzada a Tierra Santa. La cruzada liberaría la ciudad de Dios de los infieles y sería una señal de que el Señor aprobaba la regeneración espiritual de Su pueblo. Los predicadores del Evangelio serían los encargados de exhortar a clérigos y laicos para que enmendaran sus vidas y se hicieran, de nuevo, dignos merecedores del favor de Dios.

La pasión que Inocencio sentía por la idea de liberar la Ciudad Santa convirtió el proyecto en el principal tema de su pontificado, y a él dedicó todas sus energías. Un relato sobre su vida escrito en la época señala: «En medio de todo, su obra siempre anhelaba con fervor la liberación y recuperación de Tierra Santa, y una y otra vez volvía con ansiedad a la manera en que podría lograr esto de forma más efectiva».[9]

En 1197, los sucesores de Saladino hicieron caso omiso de sus diferencias para enfrentarse a la cruzada alemana y, a la primavera siguiente, los alemanes se retiraron. Esto dejó a los francos en una situación especialmente vulnerable, por lo que enviaron al obispo de Lydda a Occidente para que transmitiera su solicitud de ayuda. A finales de junio de 1198, Inocencio escribió que era necesario para la fe cristiana socorrer a quienes se encontraban en Tierra Santa, y el 15 de agosto realizó su primera llamada para una nueva cruzada.[10] El tono del documento es mucho más intenso que el empleado por el papa Gregorio VIII en su texto de 1187 y refleja con claridad el ardiente deseo que el pontífice tenía de derrotar a los infieles. Más de ochocientos años después, el fervor de su llamamiento todavía resulta evidente en su carta:

Tras la lamentable caída del territorio de Jerusalén, tras la deplorable masacre de los cristianos, tras la vergonzosa invasión de la tierra en la que los pies de Cristo se apoyaron y que Dios, nuestro Rey, había santificado antes del principio de los tiempos como escenario de salvación en medio del mundo, tras haber sido separados de forma ignominiosa de la Cruz vivificante…, la Sede Apostólica, alarmada por el infortunio que representa semejante calamidad, llora afligida. Ha gritado y llorado sin descanso, y debido a ello su garganta ha enronquecido y sus ojos casi se han secado. [...] Aun así, la Sede Apostólica clama y, como una trompeta, levanta su voz, esperando ansiosa despertar en los pueblos cristianos el deseo de librar la batalla de Cristo y vengar la injuria hecha al Crucificado... El Sepulcro del Señor, cuya gloria anunció el Profeta, ha sido profanado por los impíos, que lo han despojado de su grandeza.[11]

Después de esta espectacular descripción del estado de Tierra Santa y del dolor que esta situación le producía, Inocencio dirige su atención a la realidad política de 1198. El papa anota que los gobernantes de Europa occidental se habían entregado a una vida de lujo y riqueza, y clama contra sus incesantes disputas internas. A continuación, emplea en su llamamiento un recurso retórico bastante común y cita las supuestas palabras con que un musulmán insultaría a los cristianos:

¿Dónde está vuestro Dios, incapaz de liberarse a sí mismo o a vosotros de nuestras manos? ¡Mirad! Hemos profanado vuestros lugares sagrados. ¡Mirad! Hemos puesto nuestros dedos sobre los objetos que tanto deseáis, y en nuestro primer ataque hemos logrado invadir y controlar, en contra de vuestra voluntad, aquellos territorios en los que pretendéis que vuestra superstición tuvo origen. Ya hemos debilitado y aplastado las lanzas de los galos, hemos frustrado los esfuerzos de los ingleses y ahora, por segunda vez, hemos contenido el ataque de los alemanes, también hemos domado a los orgullosos españoles. Y aunque intentáis levantar todos vuestros poderes contra nosotros, hasta el momento no habéis conseguido ningún progreso en este sentido. ¿Dónde entonces está vuestro Dios?[12]

Aunque en realidad era improbable que un musulmán pronunciara semejante discurso, estas palabras se adecuaban perfectamente a los propósitos de Inocencio. Por un lado, la descripción de los recientes reveses militares sufridos por los europeos era cierta, pero, además, el papa esperaba que los insultos dirigidos a cada una de las naciones occidentales involucradas en la guerra contra los infieles, así como el cuestionamiento del poder de Dios en general, avergonzaran a sus destinatarios y los impulsaran a actuar; estas palabras debían servirles de inspiración e inducirlos a recobrar el honor perdido y a vengar las afrentas infligidas a su propio nombre y al de toda la Cristiandad. Inocencio desafiaba a su audiencia a responder: «Por tanto, oh, hijos, levantaos con fortaleza de espíritu, recibid el escudo de la fe y el yelmo de la salvación. No confiéis en vuestro número, sino en el poder de Dios…, acudid en ayuda de Aquel a quien debéis la vida, la existencia y el ser».[13]

Inocencio instaba a los guerreros de Cristo a ponerse en camino con la mentalidad adecuada, sin dejarse ofuscar por los pecados de la vanidad, la codicia y el orgullo. El papa criticaba la arrogancia de algunos de los anteriores cruzados y atacaba la degeneración moral de quienes vivían en Levante, cuyo comportamiento, según decían, se rebajaba a la ebriedad y la glotonería.

Después, Inocencio abordaba las cuestiones prácticas: su propósito era que la expedición partiera en marzo de 1199. Los nobles y las ciudades debían proporcionar un número adecuado de hombres «para defender la tierra en la que el Señor nació» durante al menos dos años. El énfasis puesto en que las ciudades suministraran personal a los ejércitos cruzados refleja la importancia cada vez mayor de los centros urbanos en la Europa occidental de finales del siglo XII. Aunque la agricultura seguía siendo dominante en la vida europea, el aumento de la población, el comercio y los conocimientos estimulaban el lento crecimiento de pueblos y ciudades, cada uno deseoso de garantizar su propia identidad y, en aquellos lugares en los que era posible, su propia independencia respecto del poder central. Desde el punto de vista de Inocencio, estas comunidades, ricas y prestigiosas, estaban en condiciones de ofrecer un valioso apoyo a la expedición.

El interés del papa en la cruzada también fue evidente en el nombramiento de dos importantes personalidades del clero como sus representantes (o legados) para el reclutamiento y dirección del ejército. Una vez puestas en marcha, tanto la segunda (1145-1149) como la tercera (1189-1192) cruzadas se habían desarrollado sin demasiada influencia de los legados papales, pero Inocencio planeaba controlar mucho más de cerca la evolución de su campaña. Uno de los legados, Pedro de Capua, tenía que viajar a Inglaterra y Francia para conseguir que Ricardo y Felipe llegaran a un acuerdo de paz, y el otro, Sofredo, debía lograr que los venecianos apoyaran la empresa. Inocencio también ordenó a los clérigos que predicaran y promovieran la cruzada. En Europa occidental eran muchos los que habían criticado a la Iglesia por no proporcionar suficiente ayuda a los anteriores cruzados pese a su evidente prosperidad, pero la situación era ahora diferente y el pontífice consideraba que el personal eclesiástico también estaba en la obligación de equipar y financiar a los caballeros que iban a participar en la expedición y, por tanto, ordenó que quienes no lo hicieran fueran suspendidos de sus cargos. Por último, designó a clérigos locales para que dirigieran el reclutamiento en cada zona en particular.[14]

Este apasionado e inflexible llamamiento fue enviado a los reinos de Francia, Inglaterra, Hungría y Sicilia. No obstante, Inocencio era consciente de que el momento elegido no era el más oportuno. La propuesta, por ejemplo, no podía formularse a Alemania o España: la primera estaba inmersa en una guerra civil y la segunda estaba centrada por completo en la Reconquista de la península ibérica. Y, por otro lado, Inglaterra y Francia todavía estaban atrapadas en su propio conflicto. Ahora bien, dado que, en última instancia, la Cuarta Cruzada fue liderada no tanto por reyes como por nobles, podría pensarse que Inocencio había optado por ignorar a los monarcas cuando empezó a buscar apoyos para la expedición: a fin de cuentas, como papa, ¿no le habría resultado más fácil dirigir a los nobles que a los reyes? Además, el fracaso de la Tercera Cruzada en su intento de recuperar Jerusalén había sido en parte consecuencia del orgullo y la enemistad de Ricardo y Felipe. No obstante, lo cierto es que el papado reconocía el inmenso valor que los recursos, prestigio y experiencia de los reyes tenían para la causa cristiana. Ricardo y Felipe representaban las mejores opciones de que disponía Inocencio para reunir un ejército fuerte, y él era consciente de ello; sin embargo, también sabía que ninguno de los dos (o al menos uno) abrazaría nuevamente la cruz a menos que consiguieran establecer una paz firme entre ambos: este era el objetivo del legado.

Dado su historial de héroe cruzado, Ricardo era probablemente el más valioso para la causa. Desde que el rey había sido liberado en febrero de 1194, se había dedicado a intentar recuperar los territorios del norte de Francia de los que Felipe se había apoderado durante su encarcelamiento. Recientes enfrentamientos militares habían dado un nuevo impulso a la campaña de Ricardo y a finales de septiembre de 1198, durante una batalla en Gisors, el rey Felipe había sido derribado de su caballo y arrojado a un río cercano. «He oído que fue obligado a beber del río», informó con satisfacción Ricardo tras el combate.[15] Además de ser un magnífico guerrero, Ricardo era un individuo educado y un político sagaz. Su personalidad era una mezcla explosiva: por un lado, era un hombre de armas agudo e ingenioso que amaba la música; por otro, un individuo práctico, brutal y malhumorado. Y cuando el legado papal quiso convencerlo de que participara en la cruzada de Inocencio, fue este último aspecto de su carácter mercurial el que prevaleció.

Pedro de Capua llegó a Europa septentrional en diciembre de 1198. La fuente a través de la cual conocemos el encuentro entre Ricardo y Pedro de Capua es la *Historia de Guillermo el Mariscal,* un relato en lengua vernácula escrito en la década de 1220 y basado en las memorias de uno de los principales nobles de la Europa septentrional.[16] A pesar del tiempo transcurrido, Guillermo recuerda vívidamente la comparecencia del legado, a quien compara, por su complexión, con las amarillas patas de las cigüeñas. Al parecer, sus esfuerzos por mostrarse humilde fueron demasiado exagerados, y tanto el rey como el mariscal consideraron nauseabundo su servilismo. Sin embargo, el mensaje que el enviado de Inocencio debía comunicar difícilmente habría podido ser presentado de una forma más agradable, pues se trataba de recordar a Ricardo que su continua hostilidad hacia Felipe afectaba gravemente la presencia cristiana en Tierra Santa. El humor de perros de Ricardo es famoso (en una ocasión, tras no ser capaz de derrotar a uno de sus caballeros en un simulacro de pelea, perdió su compostura por completo y ordenó a este que nunca jamás volviera a presentarse ante él) y su actuación ante el legado alcanzó proporciones épicas. Para empezar, preguntó a Pedro en qué momento se había apoderado Felipe de los territorios motivo de la disputa. La respuesta correcta era: al final de la cruzada. Mientras Ricardo arriesgaba su vida en nombre de la Cristiandad, Felipe (de acuerdo con la versión del rey inglés) había sido incapaz de soportar los rigores de la campaña y había regresado furtivamente a Europa para traicionarlo y robarle sus tierras: «De no haber sido por sus malas intenciones, que me obligaron a retornar, yo habría conseguido recuperar todo ultramar. Y luego, estando yo en prisión, conspiró para mantenerme allí y poder robar mis tierras». El monarca, por tanto, exigía que todos esos territorios le fueran devueltos como condición para alcanzar la paz. Pedro respondió recurriendo al tópico de que no se puede tener todo lo que uno desea y volvió a mencionar las necesidades de Tierra Santa para insistir en lo importante que era la concordia entre Inglaterra y Francia. A regañadientes, Ricardo propuso una tregua de cinco años durante los cuales permitiría que Felipe conservara los castillos que tenía entonces en su poder, pero no los terrenos circundantes. Este era el mejor acuerdo que estaba dispuesto a ofrecer.

En este punto, Pedro quizá pudo advertir que la presión sanguínea del rey había alcanzado ya un nivel poco saludable y, en consecuencia, decidir que lo más indicado era marcharse mientras la situación era simplemente tensa. Por desgracia, el legado optó por proponer una condición adicional: la liberación de «uno de los hombres que más odiaba Ricardo sobre la faz de la tierra», Felipe, el obispo de Beauvais, que hacía poco tiempo había sido capturado por el ejército inglés. Este primo del rey de Francia, famoso por su belicosidad y con frecuencia representado como un guerrero vestido con toda su armadura al frente de un contingente de soldados, era quien había animado a los carceleros de Ricardo a tratarlo con dureza. Al formular su petición, el legado sostuvo que era incorrecto detener a una persona ungida y consagrada. Lamentablemente para él, había llegado demasiado lejos. Ricardo rugió:

¡Por mi cabeza! Él se ha desconsagrado, puesto que es un falso cristiano. No fue capturado como obispo sino como un caballero completamente armado que participaba en el combate, con el yelmo sobre su cabeza. ¡Señor Hipócrita! ¡Qué tonto sois! ¡Si no fuerais un legado os enviaría de regreso con algo que mostrarle al papa que su santidad no olvidaría! El papa nunca levantó un dedo para ayudarme cuando yo era el que estaba en prisión y quería que intercediera para lograr mi libertad. Y ahora me pide que libere a un ladrón y un agitador que lo único que me ha hecho es daño. ¡Largaos de aquí, Señor Traidor, embustero, embaucador, corrupto traficante de iglesias; y no volváis a presentaros ante mí!

Mientras el legado papal emprendía su retirada ante este torrente de improperios, Ricardo amenazó con hacerlo castrar y Pedro, que, por supuesto, prefería preservar intacta su dignidad eclesiástica, huyó despavorido. Ricardo, de quien se dice que estaba tan furioso como un jabalí herido, abandonó el recinto y se dirigió bramando a sus aposentos, donde se encerró dando un portazo. Durante el resto del día, no quiso ver a nadie más.[17]

El fracaso de este esfuerzo diplomático en particular hizo que la paz entre Felipe y Ricardo pareciera más improbable que nunca, con lo que a su vez parecía más remota la posibilidad de que la cruzada se hiciera realidad. Sin embargo, pocos meses después, el 26 de marzo de 1199, durante el asedio al pequeño castillo de Chálus-Chabrol, al sur de Lemosín, Ricardo fue alcanzado en el hombro por una flecha. Una fuente recoge que el propio rey intentó quitársela, pero la flecha se rompió dejando dentro la lengüeta. Había anochecido y el cirujano que trató de extraer el metal, bajo la vacilante luz de las antorchas, solo consiguió aumentar la carnicería. A los pocos días, cuando la herida empezó a ennegrecerse a medida que la gangrena se extendía, el rey temió lo peor y mandó llamar a su madre, la indómita Leonor de Aquitania, que entonces tenía setenta y siete años. Ella acudió de inmediato. Sin hijos legítimos que lo sucedieran (probablemente tenía alguno bastardo), el rey nombró heredero a su hermano Juan. Algunos informes señalan que después se entregó a los placeres de la carne, las «alegrías de Venus», antes de que las fuerzas lo abandonaran de forma definitiva. En su lecho de muerte, ordenó que su corazón fuera depositado en la catedral de Ruán, el centro de sus territorios en Normandía; que su cerebro y sus entrañas se entregaran a la abadía de Charroux, en Poitou, su patria espiritual; y que su cuerpo fuera llevado a la abadía de Fontevrault para reunirse con el de su padre. Ninguna parte de sus restos fue enviada a Inglaterra, el lugar en el que había nacido y en el que había pasado seis escasos meses durante su reinado.

Ricardo perdonó al ballestero que había disparado la saeta fatal, confesó sus pecados y recibió la extremaunción. Murió en la tarde del 6 de abril de 1199. A pesar de sus deseos, sus allegados no compartieron su caballeresca actitud hacia su ejecutor y el infortunado ballestero fue desollado vivo y ahorcado.[18]

Mientras que Juan necesitaba afianzarse en el poder, en Francia el rey Felipe tenía que adaptarse al hecho de que su adversario más formidable había desaparecido, una situación que le permitía contemplar con absoluta libertad la posibilidad de nuevas incursiones en territorio inglés. Ahora bien, a pesar de las difíciles relaciones entre Roma y la Corona inglesa, desde el punto de vista de Inocencio III la muerte de Ricardo significaba el final de uno de los más grandes guerreros cruzados de la época, un hombre que llenaba de miedo los corazones de los musulmanes y un monarca que, con seguridad, habría tenido un destacado papel en su esfuerzo por recuperar Jerusalén. La nueva cruzada, por tanto, tendría que ser distinta de la campaña que el papa había previsto inicialmente.

El rey Felipe de Francia era muy diferente de Ricardo Corazón de León. Ocho años menor que su archirrival, había ascendido al trono en 1180, cuando sólo tenía quince años. Después de pasar una difícil década dedicado a imponer su autoridad en el país, Felipe había tomado la cruz para luchar en la Tercera Cruzada. No era un guerrero especialmente entusiasta y acudió a Levante con un ejército mucho menor que el conducido por Ricardo; con todo, tuvo alguna participación en la exitosa toma de Acre en 1191. Sin embargo, tras permanecer sólo tres meses en Oriente, decidió regresar a Europa. Para muchos (en particular, los propagandistas de Ricardo) esto era un síntoma de cobardía, y el monarca fue severamente criticado por ello. No obstante, con el paso del tiempo, Felipe maduró para convertirse en un gobernante inteligente y atento que supo mejorar las estructuras administrativas y económicas de la Corona francesa. Fue el responsable del desarrollo de París y fue a comienzos de su reinado cuando se fundó el primer colegio de la Universidad de París, la mejor de la Edad Media. Felipe emprendió también la ampliación de las murallas de la ciudad: mientras que la estructura existente protegía únicamente diez hectáreas, la nueva encerraba más de doscientas setenta. Asimismo, ordenó que las calles fueran pavimentadas por primera vez y decretó que los mataderos estuvieran situados río abajo respecto de la ciudad. La vida comercial floreció: el mercado de Les Halles se amplió, e importantes miembros de la nobleza francesa empezaron a reconocer el prestigio de París y a considerar que era fundamental tener presencia allí, en lugar de permanecer en sus propiedades en el campo.

Las fuentes indican que Felipe era un hombre serio y piadoso, aficionado al vino, la comida y las mujeres, pero de carácter nervioso. En cierto modo, presidió una corte bastante austera, en la que había leyes que prohibían los juramentos (las blasfemias se pagaban con un donativo de veinte sueldos para los pobres o con un chapuzón en el Sena para quienes se negaban a hacerlo), y no mostró mayor interés en el mecenazgo de la música y la literatura. El rey aparece descrito como un individuo alto y saludable, que al superar la treintena empezaba a quedarse calvo y cuyo rostro enrojecía cuando bebía. Sus mayores problemas fueron resultado de su vida íntima y es indudable que una consecuencia directa de esta —su pobre relación con el papa Inocencio— contribuyó a que al final no participara en la Cuarta Cruzada. Felipe contrajo matrimonio por primera vez a la edad de quince años, cuando su consorte, Isabel de Hainault, tenía sólo diez. Fruto de esta unión nació Luis, siete años después, en 1187, que se convertiría en el rey Luis VIII (1223-1226); pero en 1190 Isabel moriría durante un segundo parto. Después de la Tercera Cruzada, Felipe decidió casarse de nuevo. La elegida fue la princesa Ingeburga de Dinamarca, que, además de una gran dote, le ofrecía la oportunidad de una importante alianza estratégica contra el Sacro Imperio. De Ingeburga, que en ese entonces tenía dieciocho años, se dice que era «una dama de extraordinaria belleza»; no obstante, también se cuenta que el 14 de agosto de 1193, durante la ceremonia nupcial, el rey se puso blanco como el papel y empezó a temblar. Felipe rechazó a su esposa y se negó a dormir con ella.

Carecemos de una explicación clara para este giro de los acontecimientos, pero, en todo caso, el hecho es que Felipe prefirió a otra mujer como compañera, Inés de Merania. Algunos culpan a Inés de haber engatusado a Felipe para que repudiara a Ingeburga, lo que sugiere la existencia de una relación previa entre ambos. El rey no tardó en solicitar el divorcio, decisión con la que los obispos franceses estuvieron de acuerdo; anulado el matrimonio, Felipe II quedó en libertad de casarse con Inés en 1196. Sin embargo, Ingeburga se opuso a esta unión, a la que consideraba adultera, bígama e incestuosa (Inés y Felipe tenían un lejano parentesco) y el papado se puso de su lado. Roma instó al monarca a recuperar a su esposa, pero este se negó rotundamente a ello. Debido a esto, Ingeburga pasaría buena parte de los siguientes veinte años convertida en una figura oscura recluida en prisiones y conventos, por lo general alejada de la vida pública. En 1203 escribió una angustiada carta a Inocencio: «Nadie se atreve a visitarme, no se permite que ningún sacerdote consuele mi alma. Se me niegan los cuidados médicos que requiere mi salud. Carezco de suficientes ropas, y las que poseo no son dignas de una reina… Estoy encerrada en una casa y se me prohíbe salir fuera».

Cinco años antes, en mayo de 1198, Inocencio había escrito al rey una misiva en la que condenaba su proceder y lo amenazaba con imponer sanciones eclesiásticas a Francia. Y, aunque fue promulgado un interdicto que prohibía las oraciones públicas, Felipe se mantuvo firme y no cedió. De hecho, arremetió contra los clérigos que obedecieron la orden papal, a quienes acusó de no tener en cuenta a los pobres que habían sido privados de consuelo espiritual. Pese a ello, prometió en diversas ocasiones que dejaría a Inés y llevaría a Ingeburga a su lecho, promesas que invariablemente incumplió. Sin embargo, en el otoño de 1201, Inés falleció, lo que permitió vislumbrar una salida a la crisis. Mientras Felipe buscaba aliviar sus penas en los brazos de una prostituta de Arrás, Ingeburga empezó a recibir un trato algo mejor, si bien no regresaría a la corte hasta 1213. En resumen: además del persistente conflicto con Inglaterra, las tensiones provocadas por la vida íntima del rey francés hicieron que la segunda de las alternativas con que en un principio contaba Inocencio para liderar la nueva cruzada quedara descartada. Era evidente que Felipe no aceptaría (no podía aceptar) abrazar la cruz.[19]

Si los gobernantes de Europa no estaban en condiciones de luchar por Tierra Santa, la responsabilidad recaía entonces sobre los principales miembros de la nobleza. Esta circunstancia es menos extraordinaria de lo que a primera vista parece: la Primera Cruzada —realizada por condes y duques, y un considerable contingente de caballeros y soldados de a pie— había triunfado sin la participación de los reyes.

Cuando un hombre abrazaba la cruz y se ponía sobre su hombro la tela marcada con el símbolo de Cristo, ¿qué era en realidad lo que se le pedía en términos emocionales, físicos y económicos? ¿Qué cuestiones se planteaban a sí mismos los cruzados y qué efectos tenían sus decisiones sobre sus familias?

En vísperas de la Cuarta Cruzada habían transcurrido exactamente cien años desde la toma de Jerusalén (julio de 1099) por los ejércitos de la primera expedición a Tierra Santa. Por tanto, los nuevos cruzados contaban con un gran corpus de conocimientos acumulado por quienes habían participado en anteriores campañas y transmitido, de generación en generación en las familias, un corpus de historias relatadas una y otra vez en las cortes, tabernas, plazas y hogares de toda Europa. A diferencia de los caballeros del año 1095, los cruzados de Inocencio no estarían adentrándose en lo desconocido. Ahora bien, al menos desde nuestro punto de vista, podemos considerar discutible si un conocimiento previo de las cruzadas era o no un estímulo positivo para tomar la cruz. Incluso en una época tan difícil como el siglo XII, una cruzada era una experiencia particularmente dura y brutal, que exigía el máximo de las capacidades físicas y mentales de quienes participaban en ella.

En primer lugar, estaba el viaje mismo. Desde el norte de Francia hasta Tierra Santa hay unos cuatro mil kilómetros, una distancia que los cruzados tenían que recorrer a caballo o, en parte, por mar, o, lo que era muy probable cuando el caballo que uno montaba moría, a pie. Aunque gran parte de la nobleza estaba acostumbrada a desplazarse entre las distintas cortes europeas, pocos de los soldados de extracción campesina habían abandonado alguna vez los alrededores de sus aldeas. Tanto para los nobles como para el vulgo, la cruzada era muy probablemente la mayor aventura de sus vidas.

Desde finales del siglo XII, las expediciones marítimas se hicieron más comunes, pues se las consideraba más rápidas y seguras que el viaje por tierra. Ahora bien, aunque muchos de los santos guerreros quizá habían viajado antes por río, ya que el transporte fluvial constituía un método de comunicación bastante efectivo en comparación con las lamentables condiciones de la mayor parte de los caminos medievales, la experiencia de navegar en mar abierto era un asunto completamente diferente. Cincuenta años después de la Cuarta Cruzada, Juan de Joinville, un caballero que participó en la Primera Cruzada emprendida por el rey (y luego santo) Luis IX de Francia, retrató con elocuencia los miedos del marinero de agua dulce cuando describió las oraciones y cánticos de sus compañeros cruzados:

> A medida que el viento nos alejaba cada día más de la tierra en que nacimos, el mar y el cielo eran lo único que veíamos a nuestro alrededor. Os ofrezco estos detalles para que podáis apreciar la temeridad del hombre que osa ponerse en una situación tan precaria, con las posesiones de otros en su poder o incluso estando él en pecado mortal. ¿Qué puede decir un viajero si cuando se va a dormir en la noche sabe que a la mañana siguiente podría estar yaciendo en el fondo del mar?[20]

La duración de la cruzada era otra cuestión en la que tenían que pensar aquellos que se decidían a tomar parte en la guerra santa. El papa Inocencio solicitó un compromiso de dos años, pero lo cierto es que campañas anteriores, la Primera Cruzada, por ejemplo, habían durado mucho tiempo más. Aparte de las familias reales y nobles, esta era una época en la que no existían aún los soldados profesionales o el servicio militar obligatorio (aunque en tiempos de crisis podían realizarse levas de emergencia). Los caballeros estaban acostumbrados a la idea de dedicarse durante ciertas épocas al servicio de su señor, pero por lo general se trataba de períodos anuales fijos de cuarenta días de duración: el Señor Todopoderoso, en cambio, exigía a los cruzados una entrega muchísimo más prolongada. Y aunque la cruzada era en teoría una empresa absolutamente voluntaria, no cabe duda de que, cuando un noble decidía abrazar la cruz, los caballeros de su casa tenían el deber de compartir su entusiasmo, a menos que una edad avanzada o algún tipo de impedimento físico lo hicieran imposible.[21]

La emoción más agobiante para los cruzados (al igual que para la mayoría de los soldados a lo largo de la historia) era el temor a morir o ser capturado. Las tasas de mortalidad de las primeras expediciones habían sido realmente terribles, pues además de las bajas infligidas por las fuerzas enemigas estaban también las bajas de los que habían muerto por enfermedad o inanición. Pese a la limitada información de que disponemos, hay sólidos indicios de que la tasa de mortalidad de la Primera Cruzada estuvo alrededor del 35%, y esta cifra se eleva al 50% en el caso de los alemanes que atravesaron Asia Menor durante la Segunda Cruzada.[22] Los cálculos para la Edad Media carecen, obviamente, de la precisión de los registros modernos, y las fuentes tienden a concentrar su atención en la nobleza y no tanto en los hombres comunes; sin embargo, en el caso de estos últimos es fácil suponer que el número de bajas fue todavía mayor que entre los nobles, pues no sólo su armadura y alimentación eran inferiores a las de estos, sino que además su valor como cautivos era mínimo. El que las autoridades que otorgaban su aprobación a las cruzadas estuvieran dispuestas a tolerar semejante mortandad es un importante motivo de reflexión. Para los cruzados, la promesa del martirio atenuaba el temor a la muerte: podían morir, sí, pero tenían garantizado un lugar en el paraíso. La brutalidad de las guerras medievales era bien conocida en Occidente, pero las dificultades de una cruzada —la distancia, el clima, el enemigo desconocido y los problemas planteados por el suministro de alimentos— probablemente constituían una fuente de terror adicional.

Las historias de quienes habían sobrevivido a anteriores campañas debieron transmitir todo esto a quienes se preparaban para tomar la cruz en 1199 y 1200. El relato de Fulquerio de Chartres sobre la Primera Cruzada, escrito hacia 1106, describe el miedo del bando cristiano durante la batalla de Dorileo (en Asia Menor) el 1 de julio de 1097: «Estábamos apiñados, como ovejas en el redil, temblorosos y asustados, rodeados por todos lados por el enemigo, sin poder girar en ninguna dirección».[23] Otro cronista anota: «Los turcos arremetieron contra el campamento con fuerza, disparando flechas con sus arcos curvados y matando a peregrinos y soldados de a pie..., sin respetar la edad de ninguno».[24]

Raimundo de Aguilers, que fuera durante la Primera Cruzada capellán de Raimundo de Saint-Gilles, conde de Tolosa, consigue comunicarnos parte de la confusión del combate en su relato de una batalla durante el asedio de Antioquía en 1098:

> La audacia del enemigo aumentó..., nuestros hombres, confiando en su mejor ubicación, lucharon contra el enemigo y le vencieron al primer ataque; no obstante, olvidando los peligros de la batalla y preocupados por hacerse con el botín, fueron obligados a huir de la forma más vil. Y más de un centenar de hombres, y aún más caballos, murieron asfixiados en las puertas de la ciudad. A continuación, los turcos, que habían logrado penetrar en la fortaleza, quisieron entrar en la ciudad... La batalla se libró desde la mañana hasta el atardecer con una fuerza nunca antes vista. Y entonces ocurrió una espantosa e inesperada calamidad, pues en medio de la lluvia de flechas y rocas y la constante carga de las jabalinas y la muerte de tantos, nuestros hombres quedaron de repente inconscientes. Si me preguntáis por el final de esta pelea, os diré que era de noche.[25]

Casi cincuenta años después, el contingente francés que participaba en la Segunda Cruzada sufrió peor suerte cuando sus tropas fueron masacradas por los turcos al sur de Asia Menor. Odón de Deuil, que formaba parte de la expedición, describió los sentimientos del campamento a medida que los supervivientes iban reuniéndose poco a poco con sus camaradas: «Nadie durmió esa noche, durante la cual cada hombre estaba a la espera de algún amigo que nunca volvió, o bien celebraba con regocijo, e indiferente a las pérdidas materiales, a quien solo había sido asaltado».[26]

Junto al riesgo de morir estaba el peligro de ser hecho prisionero. Los soldados comunes corrían el riesgo de ser masacrados en el campo de batalla o de ser capturados y luego vendidos como esclavos en los mercados de Alepo, Damasco o El Cairo, lo que con frecuencia significaba quedar condenado a una vida de arduos trabajos. Los hombres de mayor importancia, en caso de ser reconocidos como tales, eran atrapados para, llegado el momento, exigir un rescate por ellos. Las condiciones de vida de los prisioneros eran, por supuesto, lamentables. Ibn Wasil, un escritor musulmán de comienzos del siglo XIII, describe la prisión de Baalbek como un pozo sin ventanas en el que no había diferencia entre la noche y el día. Resulta irónico que, en la década de 1980, durante la guerra civil libanesa, Baalbek fuera la ciudad en que estuvieron encarcelados los rehenes occidentales John McCarthy, Brian Keenan, Terry Waite y Frank Reed. Otra prisión de la que contamos con una descripción es la del castillo de Bet Guvrin, donde se cuenta que un prisionero estuvo confinado en soledad durante un año, al cabo del cual la trampilla fue nuevamente abierta para que un segundo prisionero descendiera a la celda. A pesar de estas terribles condiciones, era posible sobrevivir: en la década de 1160 el gobernador de Alepo liberó a algunos prisioneros alemanes que habían sido capturados durante la Segunda Cruzada, entre 1147 y 1148.

Ahora bien, en ocasiones, los prisioneros importantes no tenían la suerte de que se pagara el rescate exigido por sus captores, como fue el caso del desafortunado Gervasio de Basoches, hecho prisionero en Damasco en 1101. El rey Balduino I de Jerusalén se negó a pagar el rescate y Gervasio se vio obligado a elegir entre convertirse al islam o morir. Un contemporáneo suyo relata su triste destino: «Con maravillosa obstinación, rechazó semejante acto criminal y se sintió horrorizado sólo con escuchar tal sugerencia. Este hombre, digno de alabanza, fue de inmediato llevado y atado a un árbol en medio del campo, donde fue desgarrado por flechas disparadas desde todos lados. Luego se le cortó la coronilla, para hacer con su cabeza una copa y asustar a nuestros hombres haciéndoles creer que de ella iba a beber el gobernador de Damasco, por cuyas órdenes estos actos habían sido llevados a cabo».[27]

Incluso para los cruzados que conseguían librarse de la muerte o el encarcelamiento, participar en la expedición era una experiencia increíblemente agotadora en la mayoría de los casos. El problema más común era la falta de agua y comida. Los suministros que los ejércitos podían llevar consigo eran limitados, y una vez que dejaban atrás el territorio de sus amigos y aliados podía resultar imposible conseguir que una población aterrorizada u hostil proporcionara las provisiones necesarias para su subsistencia. Quienes combatieron en la Primera Cruzada tuvieron que llegar a extremos insospechados para sobrevivir, algo que el autor de la *Gesta Francorum* conoció de primera mano: «Nuestros hombres padecían una sed tan terrible que tuvieron que sangrar a sus caballos o asnos y beber su sangre; otros sumergieron en una cloaca cinturones y trapos que luego exprimieron para obtener un líquido que llevarse a la boca; algunos orinaban en las palmas de las manos de sus compañeros para tener qué beber; otros estaban tan secos y sedientos que cavaban en la tierra húmeda, se tumbaban de espaldas y amontonaban la tierra sobre sus pechos».[28] Sobre el asedio a Jerusalén en julio de 1099, el mismo autor señala: «La sed nos hacía sufrir tanto que cosimos pieles de bueyes y búfalos y las usamos para transportar agua durante casi diez kilómetros. Aunque hedía, bebíamos el agua cargada en estos contenedores, y para obtener este líquido infecto y pan de cebada teníamos que pasar grandes angustias todos los días, pues los sarracenos acostumbraban a estar a la espera de nuestros hombres en cada manantial o pozo para matarlos y despedazarlos».[29] Al principio de la campaña, el asedio de Antioquía, en el norte de Siria, sometió a los cruzados a una dura prueba y los ocho meses que la ciudad tardó en caer llevaron al límite su capacidad de resistencia: «Tan terrible era su hambre que los hombres hirvieron y comieron hojas de higueras, parras, cardos y todo tipo de árboles. Otros cocieron pieles secas de caballos, camellos, asnos, bueyes y búfalos para poder comerlas».[30] No es sorprendente, por tanto, que los rigores de la empresa provocaran la deserción de miles de soldados. Con todo, en la época de la Tercera Cruzada una mejor organización y una disciplina más estricta consiguieron reducir de manera significativa el número de desertores, aunque los problemas de suministro de alimento y agua continuaron siendo un peligro potencial para todos los ejércitos medievales.

Relacionados muy de cerca con esta vida de privaciones, estaban los problemas de salud y las enfermedades. En 1098 un brote de (probablemente) tifus causó estragos en el ejército de la Primera Cruzada y las tropas que intervinieron en la tercera fueron diezmadas por diversas enfermedades debilitantes. Una peste especialmente espantosa golpeó el campamento cruzado durante el sitio de Acre entre 1190 y 1191, y miles de hombres, ricos y pobres por igual, perecieron a causa de la enfermedad. El autor del *Itinerarium Peregrinorum et Gesta Regis Ricardo,* una narración sobre la Tercera Cruzada, comenta al respecto:

> Una enumeración de la inmensa cantidad de hombres del ejército que murieron en tan poco tiempo parecería increíble. Según un escritor, únicamente puede establecerse el total de potentados fallecidos, que anotamos a continuación, mientras que la misma fuente declara que es imposible determinar las pérdidas entre las masas. En el ejército murieron: seis arzobispos y el patriarca de Jerusalén, doce obispos, cuarenta condes, quinientos nobles de gran valor, así como una multitud de sacerdotes, clérigos y personas cuyo número no conocemos.[31]

Los cuidados médicos y la atención de emergencia eran, evidentemente, mínimos. Los caballeros hospitalarios contaban con hospitales de campaña para las batallas en Tierra Santa, pero incluso así las posibilidades de morir debido a las heridas o a su infección seguían siendo considerables.

Por las duras exigencias físicas de la guerra y las convenciones de la sociedad medieval, la mayoría de los cruzados eran hombres. No obstante, también había mujeres que deseaban beneficiarse de las recompensas espirituales prometidas por la Iglesia. A principios del siglo XII, Orderico Vital escribía en Normandía que «las mujeres, entre lamentos, anhelaban con pasión dejar atrás a sus hijos y sus posesiones y seguir a sus maridos».[32] Aunque tenemos noticias de mujeres que abrazaron la cruz, estas fueron por lo general damas de alta cuna, como la reina Leonor de Francia (hoy más conocida como Leonor de Aquitania, que posteriormente se convertiría en esposa de Enrique II de Inglaterra). Por desgracia, Leonor se vio envuelta en uno de los mayores escándalos de la Edad Media cuando se la acusó de tener un romance con su tío, el príncipe Raimundo de Antioquía, lo que confirmó los prejuicios de buena parte del clero sobre el sexo femenino: para muchos representantes de la Iglesia, las mujeres sólo significaban problemas para el ejército cruzado debido a su natural predisposición a incitar a la lujuria y la envidia. Las mujeres comunes, por su parte, podían tener alguna presencia en la cruzada, ya fuera acompañando la expedición como peregrinas o por estar contratadas para la realización de tareas menores, como era el caso de las lavanderas y (en contra del carácter espiritual de la empresa) las prostitutas. No obstante, la mayoría de las esposas de los cruzados prefería permanecer en casa, donde su presencia, podemos suponer, era considerada más valiosa, ya que pasaban a ser las encargadas de cuidar de las tierras de la familia o de la siguiente generación de la nobleza.[33]

Es posible que algunas mujeres hayan incluso animado a sus esposos a tomar la cruz. Un cronista de la Tercera Cruzada nos informa: «Las esposas instan a sus maridos a emprender la marcha y las madres animan a sus hijos, y su única pena es el no poder acompañarlos también ellas debido a la debilidad de su sexo».[34] Por otro lado, también podía ocurrir lo contrario y que las mujeres se opusieran a que los hombres fueran a la cruzada. Gerardo de Gales había reclutado a un caballero para esta misma expedición, pero la esposa de este «coartó sus nobles intenciones aprovechándose de su flaqueza y empleando sus encantos femeninos».[35]

Dado que las probabilidades de morir durante la campaña eran altas, la presión emocional a la que estaban sometidos los cruzados debía ser intensa. En teoría, los hombres casados tenían que contar con el apoyo de sus esposas para hacerse cruzados. Sin embargo, es difícil saber si esta restricción tuvo algún efecto real: es posible que un hombre animado por un sermón entusiasta, bajo la presión de sus pares o de las tradiciones familiares, concediera escasa importancia a las opiniones de su cónyuge. Con todo, es probable que en algunos casos esta restricción sí hubiera incidido en el reclutamiento, pues en una carta de 1201 Inocencio se muestra contrario a ella al señalar (en contra del derecho canónico) que un hombre no tenía que buscar el consentimiento de su esposa para unirse a los cruzados, una afirmación con la que seguramente esperaba ampliar el apoyo a su campaña.

Independientemente de su estatus marital, eran muchos los cruzados que estaban dispuestos a dejar a un lado la seguridad y las comodidades del hogar y la vida familiar. Uno de los hombres que participaron en la Segunda Cruzada supo expresar de forma elocuente los sacrificios realizados: «Es un hecho que [los cruzados] han cambiado todos los honores y dignidades por una peregrinación bendita con el objetivo de alcanzar una recompensa eterna. El afecto y seducción de una esposa, el tierno beso de los niños de pecho, el todavía más reconfortante amor de los hijos, el deseadísimo consuelo que proporcionan parientes y amigos: todo esto han dejado atrás para seguir a Cristo y solo conservan el dulce pero doloroso recuerdo de su tierra natal».[36]

Podemos estar seguros de que la idea de dejar a la esposa, a los hijos, a los padres, a los familiares y a los amigos tuvo que ser motivo de profunda reflexión para quienes decidían abrazar la cruz. Las comunicaciones medievales eran tan rudimentarias que incluso enviar una carta a casa era un asunto complicado. No obstante, esta era al menos una opción para quienes pertenecían a la élite y aquellos que podían acceder a clérigos y aprender a leer y escribir. A principios de 1098, el conde Esteban de Blois consiguió enviar un saludo a Adela, «su dulcísima y amable esposa, sus queridos hijos y sus vasallos de todos los rangos», e informar sobre el buen progreso de la Primera Cruzada. La situación, sin embargo, podía cambiar con rapidez: cuando Adela recibió esta carta, un par de meses más tarde, el optimismo y el coraje de Esteban se habían evaporado y el conde había desertado de la expedición.[37] Debido a los limitados niveles de alfabetización, los mensajes enviados a las casas religiosas eran con frecuencia el principal vehículo de información con que contaban los europeos y, por tanto, eran los clérigos quienes transmitían las noticias a la población local. A la luz de estas limitaciones, lo único que podían hacer quienes se habían quedado en casa era rezar por el bienestar de los cruzados y, de hecho, el papado los animaba a hacerlo. Al menos en un caso tenemos constancia de una acción aún más devota: un tal Gualterio de Treione ingresó en el monasterio de San Pedro en Chartres con el fin de orar por su padre cuando este partió en 1147 para participar en la Segunda Cruzada.[38]

A medida que los hombres luchaban y se abrían paso hacia Tierra Santa, es probable que pensaran con frecuencia en su tierra natal. Algunas fuentes dejan entrever la nostalgia y la morriña de los cruzados, sentimientos que afloraban especialmente en momentos de crisis. Los primeros colonos francos que pelearon por establecer su dominio de Tierra Santa tuvieron que enfrentarse a ejércitos mucho mayores que el suyo. De momentos así, en los que las perspectivas parecían sombrías, Fulquerio de Chartres escribió: «Por todos lados estamos sitiados por nuestros enemigos... Nada ha ido bien durante el día, no hemos tenido descanso y ni siquiera hemos conseguido dar agua a nuestras sedientas bestias. En realidad, me encantaría estar ahora en Chartres o en Orleans, y lo mismo piensan los demás».[39] Sus palabras logran comunicarnos la intensidad con que anhelaba la seguridad de los sonidos y olores familiares de su Francia septentrional y nos permiten comprender la fatiga y el miedo padecidos por un ejército que se enfrentaba al peligro lejos de casa. Las expediciones posteriores tenían una ventaja sobre estos pioneros de 1095-1099, pues contaban ya con la presencia de los francos en Levante. El compartir una misma fe y una misma lengua con los colonos y, en muchos casos, la existencia de vínculos familiares entre estos y los recién llegados contribuían a aliviar el impacto cultural que suponía el viaje a Oriente.

La seguridad de sus familias y propiedades era otro importante motivo de preocupación para los hombres que se embarcaban en la cruzada. A nivel personal, quizá algunos temieran por la fidelidad de sus parejas. Durante el sitio de Lisboa en 1147, los musulmanes encargados de defender la ciudad disfrutaban provocando a sus atacantes: «Nos echaban en cara los numerosos hijos que nacerían en casa durante nuestra ausencia y nos decían que, con tantos bastardos a su cargo, nuestras esposas poco se preocuparían por nuestra muerte. Y además nos gritaban que, si cualquiera de nosotros sobrevivía, regresaríamos a nuestros hogares en la pobreza y la miseria, y hacían rechinar sus dientes para burlarse de nosotros».[40]

Una forma de intentar garantizar la seguridad de las mujeres (y su pureza sexual) era dejarlas al cuidado de una casa religiosa. De hecho, Gilberto de Aalst, que participó en la Primera Cruzada, fundó el monasterio de Merhem antes de partir hacia Levante para poder recluir en él a su hermana Lietgarda.[41]

La protección de las instituciones religiosas más importantes de la época fue fundamental para lidiar con otra de las mayores preocupaciones de los cruzados y sus familias. La Edad Media fue una época especialmente turbulenta y la ausencia de un noble y, casi con seguridad, de la mayoría de sus caballeros representaba una oportunidad caída del cielo que vecinos sin escrúpulos intentarían aprovechar. Para procurar prevenir situaciones de este tipo, el papado había prometido a los cruzados que sus tierras quedarían bajo custodia eclesiástica y que cualquier transgresor sería castigado con severidad. Sin embargo, el aluvión de litigios que siguió a la Primera Cruzada parece indicar que, pese a esta disposición, fueron muchos los caballeros y nobles que perdieron tierras o derechos durante su ausencia.[42] Los cruzados podían impedir que esto ocurriera nombrando a alguien que cuidara de sus propiedades, por lo general, un pariente cercano. En algunas ocasiones fue de este modo como se consiguió repeler las incursiones hostiles. Sibila de Flandes quedó a cargo del condado en 1146 cuando su esposo Teodorico partió a la Segunda Cruzada. Dos años después, el conde de Hainault intentó apoderarse de territorio flamenco y fue ella quien lideró la oposición que, finalmente, conseguiría hacer huir a los invasores. Aunque Sibila no fue la única mujer que quedó a cargo de las posesiones familiares durante las Cruzadas, lo cierto es que sólo en raras oportunidades esta situación permitió a las mujeres ejercer un verdadero poder político a lo largo de la Edad Media.[43]

Otro asunto que debía ser tenido en cuenta antes de abrazar la cruz eran los costes de la campaña. Equipar a un caballero, a su escudero y a sus sirvientes requería una inversión económica considerable. Las cotas de malla, las armas y, sobre todo, los caballos eran extremadamente costosos y también era fundamental contar con enormes sumas en metálico para comprar comida (aunque en ciertas ocasiones los nobles optaban por llevar consigo objetos de valor para canjearlos o emplearlos como regalo según fuera necesario).

La financiación de la cruzada obligaba a los hombres a hipotecar o vender sus tierras y derechos de propiedad, por lo general a la Iglesia, la única institución de la época que contaba con recursos suficientes para desembolsar grandes sumas de dinero. Conocemos miles de transacciones de este tipo realizadas durante la Edad Media gracias a que han quedado registradas en documentos conocidos como censos, y una porción significativa de ellos está relacionada con la financiación de las cruzadas. En unos pocos casos disponemos de dos o tres contratos suscritos por la misma persona en su intento de vender distintos derechos de propiedad para conseguir reunir los fondos necesarios para la empresa. En ciertas ocasiones, una iglesia en particular era incapaz de hacer frente a las demandas de dinero y se veía obligada a fundir objetos de metales preciosos. También podía ocurrir que las iglesias regalaran a determinados cruzados sumas de dinero o bienes de otro tipo que pudieran resultarles útiles, como animales de carga, por ejemplo. Es indudable que las familias aportaban todo lo que podían para respaldar a los cruzados, pero, no obstante, la venta o el traspaso de tierras y derechos de propiedad a menudo conducía a interminables discusiones sobre la validez de determinadas promesas o acuerdos.

Se ha calculado que, para participar en una cruzada, un caballero necesitaba disponer de una suma equivalente a sus ingresos de cuatro años, pero esto no incluye lo que su familia necesitaba para sobrevivir durante su ausencia ni las posibles reservas que tenía que dejarles para subsistir en caso de que nunca volviera. Al parecer fueron muchos los cruzados que agotaron sus recursos durante su viaje a Oriente, lo que los obligaba a depender del patrocinio de nobles de mayor rango o a obtener algún botín durante la campaña. Sin patrocinio o botín, el cruzado en esta situación se sabía abocado a la indigencia, y además todavía tenía que pagar su pasaje para poder regresar a Europa. No es sorprendente entonces descubrir a los cruzados expresando sus inquietudes financieras. En julio de 1203, Hugo de Saint-Pol, una de las principales personalidades de la Cuarta Cruzada, escribió a sus amigos del norte de Europa: «Estoy muy preocupado por mis propiedades y mis prestamos, pues si (Dios mediante) consigo regresar, lo haré cargado de muchas deudas y me interesa librar a mis tierras de ellas».[44]

Como muchos han advertido, es fácil pasar por alto la compleja mezcla de emociones que acompañan el final de un conflicto; lo que es cierto en el caso de episodios tan cercanos como la guerra de Vietnam o la del Golfo también resulta válido para las cruzadas. Para algunas familias, el regreso al hogar de los combatientes trajo fama y felicidad. Los logros de algunos hombres fueron consagrados en versos y obras literarias. En la década de 1120, Guillermo de Malmesbury narró los éxitos de Godofredo de Bouillon y Tancredo de Antioquía:

> …líderes de gran renombre, a cuyos elogios la posteridad no pondrá límite si sabe juzgarlos correctamente; héroes de la fría Europa inmersos en el intolerable calor de Oriente, descuidando incluso sus propias vidas… aplastaron tantas ciudades enemigas gracias a su fama y valor… Dejad a los poetas cantar ahora sus alabanzas, y que las historias fabulosas no celebren ya a los héroes de la Antigüedad, pues nada comparable a su gloria ha sido conseguido en otra época.[45]

En la década siguiente, el monje anglonormando Orderico Vital incluyó su relato sobre la Primera Cruzada en su *Historia eclesiástica* y explica su decisión anotando que se trata de «un noble y maravilloso tema» para cualquier escritor: «Nunca antes, creo, había existido un asunto más glorioso… que el que el Señor ha ofrecido a los poetas y autores de nuestra época cuando triunfó sobre los paganos de Oriente gracias a los esfuerzos de unos pocos cristianos a los que instó a abandonar sus hogares…».[46] El historiador flamenco Lamberto de Ardres relató las hazañas de su propio señor, Arnoldo el Viejo: «Sin embargo, es importante que sepáis que, en esta batalla en Antioquía [junio de 1098], Arnoldo el Viejo fue considerado el mejor entre los muchos nobles de tantas naciones y pueblos gracias a la fortaleza de su espíritu, así como a la destreza en las artes de la caballería de su excepcional cuerpo».[47] Cruzados como el conde Roberto II de Flandes llegaron a ser conocidos como *jerosolimitanus* en reconocimiento a sus hazañas en Oriente.

No obstante, además de fama y admiración, otras perspectivas menos halagadoras podían aguardar a quienes regresaban de las Cruzadas. Y aunque, según uno de sus contemporáneos, Guido de Rochefort volvió a casa «rico y famoso» tras la campaña de 1101, la mayoría lo hacía en relativa pobreza.[48]

Era muy común que un viaje a Tierra Santa abriera la posibilidad de portar de regreso alguna reliquia para la institución eclesiástica local. Objetos de inestimable valor, las reliquias eran, por un lado, una forma de agradecer el haber regresado a salvo y, por otro, una manera de reconocer el apoyo económico proporcionado por la Iglesia. Los miembros del clero volvían con reliquias para sus propias casas religiosas. En 1148-1149, el obispo Ortleib de Basilea regaló al monasterio de Schonthal un fragmento de la Vera Cruz, así como piedras procedentes de Getsemaní, el Calvario, el Santo Sepulcro, la tumba de Lázaro y Belén: objetos santificados por su relación con los Santos Lugares. Más allá de las reliquias, hubo un cruzado que encontró un recuerdo mucho más extravagante para conmemorar su experiencia: Gouffier de Lastours regresó a casa con un león domado; desconocemos cuál fue su destino.[49]

Por otro lado, los cruzados cuya campaña no había alcanzado su cometido debían cargar con el peso de la derrota. El fracaso de una expedición que, en teoría, contaba desde el principio con la bendición de Dios debía de tener alguna explicación y, por lo general, las razones aducidas eran bien de naturaleza práctica o bien de carácter espiritual. Durante la Segunda Cruzada, el ejército francés perdió su formación mientras atravesaba Asia Menor y fue diezmado por los turcos. Con relación a esta derrota las fuentes mencionan sistemáticamente el nombre de un único individuo, Godofredo de Rançon, y los cronistas dejan claro que fue considerado en todo sentido responsable de las inmensas pérdidas. Odón de Deuil, que estuvo presente en la batalla, escribió: «Godofredo de Rançon… se hizo merecedor de odio eterno… El pueblo entero consideró que debía ser colgado por no haber obedecido las órdenes del rey sobre la marcha del día, y fue quizá el tío del rey, que tenía parte de la culpa, quien protegió a Godofredo y evitó su castigo».[50] Bernardo de Claraval, el monje que había encabezado la predicación de la Segunda Cruzada, prefirió achacar la derrota a la codicia y los deseos de gloria de los participantes.

También, por supuesto, había familias que recibían la trágica noticia de que habían perdido a uno de los suyos. Más allá del efecto que este tipo de sucesos tenían en los asuntos políticos y dinásticos, apenas conocemos el coste humano y emocional que conllevaban, aunque contamos con unos cuantos ejemplos que nos permiten vislumbrarlo. Sabemos que Ebrolda, la viuda de Berengario, un caballero que pereció en la Primera Cruzada, se retiró del mundo y se encerró en el priorato de Marcigny, donde se hizo monja. La situación era todavía más difícil en aquellos casos en los que no se sabía con certeza si alguien estaba muerto o había sido capturado. En 1106, Ida de Lovaina tomó una decisión extraordinaria y partió a Oriente con la esperanza de hallar a su marido, Balduino de Mons, conde de Hainault, que había desaparecido en Asia Menor en 1098. Un cronista local anota que «por amor de Dios y de su esposo, haciendo grandes esfuerzos e incurriendo en enormes gastos, viajó a Levante, donde, desgraciadamente, no encontró consuelo ni certeza».[51] Otro contemporáneo escribió: «Hasta el día de hoy, nadie sabe si fue muerto o capturado».[52]

Incluso cuando los cruzados retornaban sanos y salvos a Occidente, tenían que sobrellevar el impacto psicológico de años de combate y sufrimiento, y vivir con el recuerdo de los parientes y amigos perdidos en el curso de la campaña. Los hombres tenían que volver a acostumbrarse a la vida en sus hogares y olvidar las rutinas y trabajos de la cruzada. En ciertas ocasiones era posible que parientes cercanos hubieran muerto en su ausencia; en otras, sus tierras podían haberse visto reducidas o estar amenazadas por la intervención de un rival local, lo que conducía a negociaciones, guerras o complicadas batallas jurídicas para recuperar los territorios o derechos perdidos. La familia y el hogar del cruzado también tenían que adaptarse de nuevo a un individuo a cuya ausencia se habían acostumbrado durante el tiempo que había durado la cruzada. Las fuentes medievales no son especialmente dadas a proporcionar esta clase de información, pero en uno o dos casos el comportamiento de determinado personaje nos permite entrever la terrible y traumática experiencia que, tanto física como mentalmente, tuvieron que soportar. El rey Conrado III de Alemania fue herido en la cabeza durante una batalla en Asia Menor en 1147 y, aunque estuvo recuperándose en Constantinopla antes de volver a la cruzada al año siguiente, la herida lo atormentó el resto de su vida. Además, es posible que Conrado hubiera contraído malaria durante su estancia en Oriente, pues, tras su participación en la cruzada, su salud se vio mermada durante varios años por una enfermedad sin relación con su herida en la cabeza. Otro cruzado, Guido Trousseau de Montlhéry, sufrió lo que parece haber sido una crisis nerviosa. Había desertado de la Primera Cruzada durante el sitio de Antioquía y, como recoge el abad Suger, «se había venido abajo debido a las tensiones de un largo viaje y a las molestias ocasionadas por diversas desgracias, así como a la culpa que sentía por su conducta en Antioquía... Ahora, consumido y sin fuerzas, vivía temiendo que su única hija pudiera ser desheredada». Incapaz de soportar el deshonor, Guido parecía estar literalmente muriéndose de vergüenza, un sentimiento difícil de evitar en una sociedad militar tan preocupada por el estatus y el prestigio.[53]

Otra visión del coste humano de una cruzada nos la proporciona una estatua de la época, en la actualidad en el Museo de Bellas Artes de Nancy (véase el cuadernillo de ilustraciones). Se cree que la pareja que aparece en esta pieza son el conde Hugo de Vaudémont y su esposa, Aigeline de Borgoña. La escultura se encontraba originalmente en la abadía de Belval, un priorato patrocinado por la familia Vaudémont, y es probable que hubiera sido encargada por Aigeline tras la muerte de su marido en 1155. Hugo había participado en la Segunda Cruzada y la estatua nos muestra a su esposa recibiéndolo a su regreso. La escultura consigue transmitir la emoción e intimidad de este momento y resulta un conmovedor recordatorio de los sentimientos de miedo y separación que provocaban las cruzadas. La pareja aparece representada con ambos miembros aferrados el uno al otro, la mano izquierda de Aigeline enlaza a su esposo y aparece justo debajo de la cruz del cruzado, mientras su otra mano descansa sobre el hombro derecho de este y con ternura roza su cuello. Su cabeza reposa contra su barbado rostro, apoyada en su hombro izquierdo, sintiendo su calor y cercanía. Puede apreciarse con claridad el alivio que le produce a Aigeline el ver de nuevo a Hugo, pero su regocijo está mezclado con cierta tensión, y la manera en que se aferra a su cuerpo parece sugerir que no desea dejarlo partir nunca más: tras años de separación, la mujer es incapaz de imaginar lo que sería perderlo otra vez. Por parte de Hugo, el esfuerzo invertido en completar su viaje resulta evidente en la expresión fija de su rostro: el conde mira al frente, exhausto pero decidido, con la cabeza erguida, satisfecho de haber cumplido su voto. Sostiene con fuerza su bastón de peregrino (en esta época las ideas de peregrinación y cruzada se solapaban, lo que explica el bastón y la bolsa de peregrino en esta escena) y su calzado está hecho jirones para representar las dificultades del camino. Con todo, la imagen también nos revela los sentimientos de Hugo hacia Aigeline: su mano derecha reposa sobre el hombro de ella en un gesto que sugiere protección y sus dedos la aprietan para tranquilizarla. Hugo y Aigeline fueron una pareja afortunada, lograron reunirse y su mutua devoción aún reluce en esta obra. Sin embargo, como es evidente, para muchos otros el resultado de las cruzadas fue mucho menos feliz.[54]

Una cruzada era, esencialmente, una empresa en extremo peligrosa que exigía enormes desembolsos, algo de lo que los cruzados eran conscientes. Participar en ella podía proporcionar fama y honor a un individuo y su familia, pero también podía conducirlo a la muerte, la inseguridad y la ruina económica. Las razones por las que durante generaciones los occidentales decidieron involucrarse en una aventura tan arriesgada son complejas y poderosas.

2

«Por ello, hermanos, tomad ahora el triunfal signo de la cruz»

El sermón del abad Martín en la catedral de Basilea, mayo de 1200

Entre finales de 1199 y principios de 1200, el papado redobló sus esfuerzos en la búsqueda de apoyos para la Cuarta Cruzada. Las noticias de que se estaba planeando una nueva expedición recorrieron el Occidente católico a través de los labios de mercaderes, peregrinos, diplomáticos y soldados. Los predicadores trabajaron sin descanso en las cortes, mercados y catedrales de Francia, Alemania, los Países Bajos, Inglaterra e Italia. Superando las barreras lingüísticas, políticas y sociales, el llamamiento a la cruzada llegó a todos en todas partes, recordando a cada uno de forma insistente e implacable que su deber cristiano era recuperar Tierra Santa.

Un predicador particularmente eminente fue Fulko de Neuilly.[1] De ser un simple párroco, Fulko había ascendido hasta convertirse en un personaje conocido en las escuelas de París y por el público en general. Las fuentes lo describen como un hombre muy riguroso y severo en los reproches que dirigía a los pecadores, en especial a las adúlteras y los usureros. Además, se lo considera responsable de muchos milagros y sanaciones.

«En todas partes era recibido con la mayor reverencia, como un ángel del Señor», escribió Radulfo de Coggeshall, cronista cisterciense contemporáneo suyo. En ciertos aspectos, sin embargo, Fulko era un individuo bastante mundano. El duro ascetismo de algunos religiosos no estaba hecho para él. Es sabido que se alimentaba muy bien y que nunca rechazaba comida, una actitud que producía sorpresa entre todos aquellos que preferían que sus santos varones ayunaran y sufrieran por su causa.[2]

El papa Inocencio había tenido noticias de su talento y habilidad como orador y le pidió que predicara la nueva cruzada.[3] El clérigo asistió a una reunión en la abadía de Citeaux para convencer a los monjes cistercienses de que lo ayudaran en esta labor; sin embargo, pese a la larga historia de predicación cruzada de la orden, pronto descubrió que estos no tenían intención de apoyarle. Fulko se marchó enfurecido y, en las puertas de la abadía, animó a la muchedumbre congregada allí para la ocasión a emprender el viaje a Jerusalén. Tal era su reputación que la gente acudió en masa para unirse a la expedición. «Desde todos los puntos llegaron en gran número: ricos y pobres, nobles y plebeyos por igual, los viejos junto a los jóvenes, una innumerable multitud de ambos sexos. Y llenos de ilusión recibieron de él la señal de la cruz», recoge Radulfo de Coggeshall.[4]

Entre sus conocidos en París, Fulko eligió a varios colaboradores para que lo ayudaran a predicar la cruzada, pero estos se revelaron por lo general muy poco eficaces. Al parecer, estaban demasiado obsesionados con ideas sobre la pureza espiritual y la reforma moral (temas particularmente importantes en el pensamiento religioso de la época) para servir de verdadero vínculo con la nueva cruzada.[5]

En la primavera de 1200, una de las regiones que aún no había sido visitada por un predicador oficial era la ciudad de Basilea y el Alto Rin, una zona que ya contaba con una rica historia de participación en las Cruzadas. Pero finalmente se hizo el anuncio: el 3 de mayo, aniversario del descubrimiento de la Vera Cruz, el abad Martín de Pairis, un monasterio cisterciense ubicado en Alsacia, pronunciaría un sermón en la catedral de Santa María, en Basilea.[6] Había llegado la oportunidad de que los fieles abrazaran la señal de la cruz y llevaran el emblema de Cristo en la guerra santa. Los historiadores normalmente dependen de la información consignada en crónicas, bulas papales, cartas y escrituras de la época para reconstruir los motivos que animaban a los cruzados. Sin embargo, en el caso de la Cuarta Cruzada la narración escrita por Gunther, uno de los monjes de Pairis, incluye el texto de un sermón que nos permite conocer de forma especialmente vivida el funcionamiento de la llamada a la cruzada.[7]

Gunther escribió su *Historia constantinopolitana* antes de que terminara el año 1205 y basó gran parte de su obra en el relato de la expedición que le proporcionó su abad. Martín participaría con entusiasmo en el saqueo de Constantinopla y regresaría a la abadía con un grandioso botín de reliquias. Gunther escribió su historia para justificar este santo expolio, que explica invocando la benevolencia con que Dios dirige los destinos de la humanidad. Su narración es un texto complejo, construido con verdadero ingenio para aprovechar del mejor modo posible los temas que trata.[8] El sermón que ahora nos interesa es introducido con la siguiente frase: «Se dice que él [Martín] habló empleando estas o similares palabras». Gunther, por tanto, reconoce que el texto no es una copia exacta del discurso original, sino que está basado en las palabras del abad (sobre las que probablemente haya realizado alguna pequeña adaptación). Pese a esta advertencia, este es uno de los primeros y más completos registros de un sermón de predicación de la cruzada que se conservan, y su desarrollo es un reflejo de la manera en que el papado apelaba a los motivos, esperanzas y creencias del cruzado.

La ciudad de Basilea se remonta a la época del Imperio romano: su nombre deriva del griego *basileus,* que significa 'emperador', y fue adoptado en honor del emperador Valentiniano I (364-275). Se encuentra a orillas del Rin, la gran arteria fluvial que recorre Alemania y Europa Central. La catedral de Santa María está ubicada en una colina que se eleva unos treinta metros sobre el nivel del río, y proporcionó a Martín un enorme auditorio para su discurso: el templo mide aproximadamente cincuenta metros de largo y la nave tiene casi quince metros de ancho.[9] En 1185, un incendio había dañado gravemente la iglesia y, dada la lentitud de los trabajos de reconstrucción, resulta improbable que el techo estuviera ya listo para 1200. Hasta cierto punto, el lado oeste de la iglesia se encontraba todavía en construcción y parte de él debía de estar todavía a merced de los elementos. No obstante, en la época en que Martín pronunció su sermón, es posible que los distintos arcos que recorren el cuerpo del templo estuvieran ya en su sitio. Cada uno de estos arcos, sólidos pero majestuosos, tiene un ápice ligeramente terminado en punta, lo que hoy conocemos como primer estilo gótico, un detalle que representaba la concepción arquitectónica más moderna de la época. En la actualidad, la pálida arenisca rosácea que fue empleada para construir casi toda la iglesia es prácticamente lo único que podemos apreciar en los muros de la catedral, lo que otorga al edificio un aspecto bastante austero. Sin embargo, en tiempos de Martín, la parte de la iglesia que estaba terminada debió de estar cubierta con pinturas y motivos decorativos de brillantes colores que representaban escenas bíblicas o episodios de las vidas de los santos. Las tumbas y columnas de la catedral estaban adornadas por complejas e intrincadas esculturas, algunas de las cuales se conservan en nuestros días: los mismos cristianos caídos, héroes del Antiguo Testamento y feroces animales mitológicos que hoy observan a los turistas y devotos debieron de fruncir el ceño y exhibir sus muecas ante Martín y su público hace ochocientos años.

En los pasillos de la cripta se conserva una imagen de Lütold de Aarburg, el obispo de Basilea que formó parte de la Cuarta Cruzada. La imagen había quedado oculta bajo una capa de yeso durante alguna reforma posterior del edificio y, aunque el cuerpo había sido destruido por completo, la cabeza y los pies del clérigo han podido recuperarse. Lo extraordinario es que esta constituye la única representación contemporánea, o casi contemporánea, que poseemos de uno de los hombres que participaron en la expedición, si bien se trata de un distinguido obispo y no de un cruzado propiamente dicho. En el crucero norte de Santa María encontramos una serie de paneles en los que se representan los sufrimientos y el sacrificio de san Vicente, uno de los mártires de los primeros siglos cristianos. Las imágenes describen el juicio, encarcelamiento y sepultura del santo, así como las torturas a las que fue sometido —flagelación, parrilla, ahogamiento—; toda una lección sobre el sacrificio del verdadero seguidor de Cristo. Estas escenas de sufrimiento y muerte debieron de recordar a los reclutas potenciales de Martín su posible destino, al mismo tiempo que las imágenes de los ángeles los reconfortaban en tanto símbolo de las recompensas celestiales que aguardaban a los fieles.

Las iglesias medievales eran a menudo el centro de la vida urbana. En la actualidad, estos templos son con frecuencia lugares silenciosos, austeros y ordenados; pero si queremos imaginarnos cómo eran en la Edad Media, debemos pensar en algo muy diferente: lugares ruidosos, caóticos, llenos de colorido. Alrededor del edificio pululaban vendedores de alimentos, cambistas y comerciantes de todo tipo, que pregonaban sus mercancías y sus servicios a los curiosos, los necesitados y los incautos. Artistas e intérpretes buscaban la oportunidad de cautivar al público con sus canciones o con relatos exóticos o de acciones heroicas. Formaban parte del ambiente los olores producidos por la comida cocinándose, los gritos de los mercaderes y las exclamaciones y los aplausos de quienes se reunían alrededor de los juegos de dados. Fuera de la catedral, la muchedumbre producía un murmullo continuo a medida que los allí reunidos se transmitían las últimas noticias, intercambiaban historias y contaban las habladurías e intrigas más recientes. En la Edad Media, los alrededores de las iglesias eran el mejor lugar para recoger información, y los escándalos y las tragedias se propagaban como la pólvora entre la multitud. También tenemos que imaginar un escenario en el que se oían diversas lenguas: como hemos señalado, Basilea se encuentra en el corazón de Europa, a orillas del Rin, una ruta de comunicación fundamental en la época; en semejante lugar el alemán, el occitano y el latín debían de ser comunes, y quizá fuera posible oír hablar en danés, castellano, inglés o ruso en el caso de viajeros más aventureros. El barullo de los alrededores de la catedral continuaba en el interior, donde los peregrinos y visitantes se mezclaban con los guías y clérigos locales. Es seguro que habría allí enfermos, lisiados e indigentes que suplicaban alguna limosna a los feligreses, intentando conseguir algo con lo que vivir gracias a la caridad de los demás. Algunas iglesias de la época contaban con suelos inclinados para que la basura y las inmundicias dejadas por este enjambre humano pudieran ser arrojadas con facilidad a la calle al final de la jornada. El día que ahora nos interesa, el centro de atención de todo este tumulto era, por supuesto, la nueva cruzada, y la idea de escuchar su predicación había atraído una gran multitud a la catedral de Basilea.

Para el abad Martín este sería el mayor encuentro de toda su trayectoria como predicador. Sabemos muy poco de su carrera anterior, pero es probable que el público de Basilea fuera el más numeroso de cuantos se había encontrado hasta entonces; la situación debió de parecerle sobrecogedora. Sobre sus hombros recaía la responsabilidad de realizar la obra de Dios y, teniendo un patrón tan exigente y severo como el papa Inocencio III a sus espaldas, la presión a la que estaba sometido tenía que ser tremenda. Mientras planeaba su sermón, Martín probablemente sopesó muchas ideas diferentes, algunas de ellas contradictorias entre sí. En primer lugar, el abad tenía que garantizar que los términos de su llamamiento eran adecuados para el tipo de personas que lo escucharían; se trataba de una reunión pública, no de una asamblea de clérigos educados o de un reducido grupo de señores locales a los que ya conocía bastante bien por estar encargado del día a día de los asuntos de su monasterio. Había algunos mensajes que el discurso debía expresar con suma claridad: debía subrayar que la cruzada era una necesidad urgente y hacer hincapié en las inestimables recompensas que aguardaban a aquellos que abrazaran la cruz. El recurso a una teología excesivamente compleja o a argumentos poco claros podía restar todo el atractivo a sus palabras.

Estas debían conseguir provocar una amplia gama de emociones: ira, pena, deseo de venganza, sentimientos que confirmarían a sus oyentes en su voluntad de recobrar Tierra Santa de manos de los infieles. Sin embargo, por otro lado, también era importante que el sermón lograra presentar el llamamiento a la cruzada desde una perspectiva más personal e íntima: Martín debía apelar al deseo de todo individuo de expiar sus pecados, evitar los tormentos del infierno y salvar su alma a través de un viaje penitencial (en otras palabras, de la cruzada). Podía también llamar la atención sobre valores más seculares como el honor familiar o las tradiciones cruzadas y espolear el deseo de beneficios materiales. Martín no desconocía que quienes optaran por tomar la cruz estarían realizando una enorme entrega y, acaso, tomando la decisión más importante de sus vidas. Viajar más de tres mil quinientos kilómetros desde Basilea hasta Tierra Santa para luchar contra un enemigo feroz e implacable, arriesgándose a morir, caer enfermo o quedar herido, era un asunto extremadamente serio (y esto sin mencionar la inmensa inversión en equipo, transporte y alimentos que semejante empresa suponía). Martín, además, estaría incitando a la gente a alejarse de su familia y estaría pidiendo a los hombres que dejaran a sus esposas e hijos sin su protección y que confiaran en que estarían seguros durante su ausencia.

A estos factores negativos, Martín podía oponer unos incentivos enormemente llamativos. Su primera baza era aprovechar la profunda religiosidad de la época: la arraigada devoción que en este período impregnaba la Europa cristiana y que había constituido la razón prioritaria de las cruzadas desde el inicio del movimiento en 1095. Además, las diversas cruzadas que habían tenido lugar antes de 1200 habían dado origen a una tradición en muchas familias y regiones, y esto era algo que el abad podía emplear a su favor, pues cada generación esperaba tener el honor de participar en la lucha por Tierra Santa. Martín también podía insistir en la posibilidad de obtener ganancias materiales. Algunos miembros de la Iglesia consideraban que esta idea era incongruente con la guerra santa, pero el papado había terminado aceptando la realidad de la situación y se había resignado a este aspecto de la práctica de las cruzadas. La obtención de un botín era por lo menos necesaria para compensar los costes de la campaña y poder pagar los salarios de caballeros, escuderos y demás soldados. Existía un sólido derecho canónico (mezcla de precedentes bíblicos y decisiones de anteriores papas) que respaldaba el pago de salarios dignos durante la guerra cristiana. No obstante, los excesos eran muy mal vistos: si un ejército se apoderaba de un botín demasiado grande estaba cometiendo un pecado de codicia, algo que Dios desaprobaba y que podía conducir al fracaso de la expedición.[10]

Es muy probable que mientras decidía qué palabras exactas emplear, el abad consultara (o recordara) ejemplos de anteriores predicadores cruzados. En la jerarquía internacional de las abadías cistercienses, la casa de Pairis estaba vinculada a la casa de Morimond, el centro intelectual de la orden, y quizá Martín hubiera acudido allí en busca de información. La biblioteca de esta abadía contenía historias de la Primera Cruzada, así como cartas y textos escritos por otros cistercienses como Bernardo de Claraval (muerto en 1153). Bernardo, canonizado en 1174, había sido uno de los predicadores de la cruzada más importantes e influyentes del siglo XII y, por la dulzura y elocuencia de sus palabras, se lo conocía como «el doctor melifluo». Martín, al parecer, tomó prestadas de él algunas ideas e imágenes, una decisión bastante sabia. El propio Bernardo había predicado la Segunda Cruzada en Basilea el 6 de diciembre de 1146.[11]

La escasa información que tenemos sobre la personalidad del abad Martín sugiere que se trataba de un hombre con las dotes necesarias para pronunciar el sermón. Aunque la única fuente con que contamos es Gunther, su compañero cisterciense y, por tanto, alguien cuyo punto de vista podría ser acusado de parcial y exagerado, parece ser que el abad era un individuo simpático y sociable. Se lo describe como alegre, humilde (un atributo fundamental para ser un buen clérigo) y popular. También se elogia su madurez, la cortesía con que trataba a sus monjes y, al mismo tiempo, la autoridad que lograba transmitir a laicos de todo rango; según Gunther, Martín era considerado, tanto por clérigos como por laicos, alguien amable con el que era fácil tratar. Cuando el abad inició su periplo como predicador, algunos monjes se mostraron preocupados de que su constitución no le permitiera soportar los rigores de la campaña de reclutamiento (probablemente una referencia a la debilidad producida por años de prácticas ascéticas como el ayuno y la vigilia). Décadas antes, san Bernardo había practicado disciplinas devotas tan extenuantes que su aparato digestivo había quedado prácticamente destruido: se ponía mal con tanta frecuencia que junto a su banco en la iglesia se practicó un agujero especial para que pudiera vomitar en él. No obstante, Martín era un hombre bastante más robusto, y su misión parecía haberlo revitalizado de forma particular, ya que, como anota Gunther, acometió su tarea con gran confianza en sí mismo.[12]

Su sermón fue anunciado con bastante antelación para atraer al mayor público posible. Y aunque muchos de quienes lo escucharon vivían en la ciudad, es probable que otros hubieran viajado hasta allí especialmente a oírlo. A finales de abril y comienzos de mayo, debió de parecer que Basilea poseía alguna suerte de atracción magnética. Los caminos tuvieron que llenarse de cruzados en potencia, mercaderes y simples curiosos que deseaban llegar a la catedral. Los devotos habrían viajado en carros y comprado, canjeado o mendigado comida en el camino, y, a medida que avanzaban hacia la ciudad, debieron de experimentar cierto sentimiento compartido de hermandad y aventura. Los visitantes tenían mucho de qué hablar. Intercambiaban noticias sobre la situación de Tierra Santa y la legendaria ferocidad de sus enemigos musulmanes; debatían las rutas del viaje a Oriente; comentaban posibles acuerdos sobre tierras y asuntos familiares y las dificultades que encontraban para reunir el dinero necesario para la campaña. Algunos de los asistentes quizá habían peregrinado antes a Oriente o participado en anteriores cruzadas, y estos, sin duda, contaban sus anécdotas y experiencias, embelleciéndolas con generosidad. Las proezas de los héroes cruzados, podemos estar seguros, fueron también tema de conversación. Desde los tiempos de la Primera Cruzada, los sucesos de la expedición habían sido contados una y otra vez, y las hazañas y reputación de los líderes de una empresa que todos creían bendecida por Dios habían sido glosadas y ampliadas. Las canciones de los trovadores de las cortes caballerescas, los relatos épicos (*chansons de geste*) y las crónicas escritas por los monjes de la época recordaban las proezas de sus predecesores.

El 3 de mayo de 1200 el gran día había llegado por fin y un gran número de personas aguardaba, «con avidez», el inicio de la predicación. El altar de la catedral de Basilea se encuentra encima de la cripta de la iglesia, en un área elevada que permitía a Martín estar varios centímetros por encima de su público y le proporcionaba una excelente tribuna desde la cual dirigirse a los fieles. Cuando el abad se puso en pie para pronunciar su sermón, la multitud quedó en silencio. Martín pudo sentir su inmensa expectación, «todo su ser ardía con devoción celestial» y, al acercarse el momento de su discurso, ofreció en silencio una oración. Fortificado por la inspiración divina, se dispuso a hablar. Para un lector moderno, muchas de las palabras e imágenes empleadas por el abad pueden resultar en extremo exageradas; de igual forma, la fortísima reacción de la multitud también puede parecernos poco natural. No obstante, es fundamental tener en cuenta que en la Edad Media gritar, estar en estrecho contacto físico con otros y postrarse en el suelo en señal de devoción no eran actos tan inusuales: quien estaba presente no dejaba de advertirlos, pero no pensaría que se trataba de algo extraordinario. Debemos recordar la magnitud del compromiso que el abad esperaba suscitar. Para convencer a la gente de que los enormes sacrificios del cruzado valían la pena, Martín necesitaba realizar la actuación de su vida.

Al comienzo de su sermón, Martín empleó un recurso realmente sorprendente: sugirió que sus palabras no eran suyas y que era Cristo quien hablaba a través de él. «Prestad atención a mis palabras, mis señores y hermanos, ¡prestad atención a mis palabras! De hecho, no a mis palabras, sino a las de Cristo. Cristo mismo es el autor de este sermón y yo soy apenas su frágil instrumento. Hoy Cristo se dirige a vosotros con sus palabras a través de mi boca. Es él quien llora ante vosotros por sus heridas». De inmediato, el discurso del abad quedó investido de autoridad divina y espiritual. Y los asistentes se veían así, desde el principio, invitados a responder positivamente a los deseos del Señor.

Martín alcanzó con rapidez el núcleo central de su mensaje: «Cristo ha sido expulsado de su santo lugar, de su trono de poder. Ha sido desterrado de la ciudad que él mismo consagró con su propia sangre. ¡Oh, qué dolor!». Relacionar las imágenes de la pérdida de Jerusalén y de la sangre de Cristo (sangre derramada para la redención de la humanidad) con la exclamación final fue una muestra de maestría retórica. Al sostener que a través de él era el Señor quien se dirigía a los feligreses, el abad había creado la sensación de que era Dios mismo, allí, en la catedral de Basilea, quien gritaba y sufría. En otras palabras, Martín había llevado la pérdida y los padecimientos de Cristo directamente a sus oyentes.[13]

El abad desarrolló a continuación la idea de que la expulsión de los cristianos de Jerusalén era una herida infligida al Señor. También repasó su vida, resurrección y trabajo con los apóstoles. Insistió en que Cristo mismo había instituido el sacramento del cuerpo y la sangre santos (la eucaristía), algo que resultaba familiar para todos los presentes, que debían de ser practicantes habituales. Tras esta sucinta presentación en la que la presencia de Dios en la tierra y sus dones al género humano quedaban inexorablemente vinculados a la pérdida material de Jerusalén, Martín trajo de regreso al presente a su auditorio de forma abrupta: «Esa tierra está ahora dominada por la barbarie de un pueblo infiel. ¡Qué miseria, qué pena, qué absoluto desastre! Tierra Santa... está ahora en manos de los impíos. Sus iglesias han sido destruidas, su santuario [el Santo Sepulcro] corrompido, su trono y dignidad reales transferidos a los gentiles». La imagen de los infieles corrompiendo y profanando Tierra Santa se remontaba a la época de la Primera Cruzada y era utilizada con frecuencia en sermones de este tipo. Es evidente que la intención de un cuadro semejante era suscitar la indignación de los presentes: una raza impura e infame estaba ocupando las tierras de Cristo. El daño ocasionado a las iglesias de Tierra Santa —templos que quizá algunos de sus oyentes habían visitado como peregrinos— era otro elemento que permitía a Martín volver al presente.

Junto a la destrucción de las iglesias, el abad mencionó la pérdida de la Vera Cruz: «La Cruz de madera más sagrada y venerable, la Cruz que recibió la sangre de Cristo, está en poder de personas para las que la palabra de la Cruz no son más que tonterías y que la mantienen oculta para que ningún cristiano sepa qué fue de ella o dónde buscarla».

La Vera Cruz era, probablemente, la reliquia más importante de la época y se pensaba que había formado parte de la cruz en la que Cristo había sido crucificado. Los cristianos consideraban que el cuerpo de Cristo se encontraba en el cielo y, al no haber dejado huesos que sirvieran como reliquias, los objetos estrechamente relacionados con su presencia en la Tierra eran muy apreciados. La Vera Cruz, el objeto en el que Cristo había sufrido por el bien de la humanidad, era una reliquia que, es evidente, estaba imbuida de enorme significado espiritual. Había sido hallada en Jerusalén en el siglo IV por Elena, la madre de Constantino, el primer emperador cristiano, y la festividad que conmemoraba el acontecimiento era el 3 de mayo.[14] Por tanto, Martín había conseguido vincular con gran ingenio el sufrimiento de Cristo, este importante acontecimiento histórico y la festividad que lo celebraba con su propia predicación. La reliquia había sido dividida en dos partes, y una había sido enviada a Constantinopla y se había dejado la otra en Jerusalén. Esta última había pasado más tarde a manos de los persas, hasta que fue redescubierta en el siglo VII por Heraclio, patriarca de Jerusalén. Tras la invasión árabe ocurrida ese mismo siglo, la reliquia fue dividida una vez más y fue un fragmento grande de esta nueva división el que encontraron los cruzados poco después de conquistar la Ciudad Santa en 1099. Con todo, debatir la complicada historia de la reliquia y, en último término, su autenticidad resulta irrelevante, pues la cuestión es que los cruzados creían sin lugar a dudas en su veracidad.

El fragmento de madera estaba engastado en una gran cruz de metal, decorada con oro y plata, y estaba guardado en una capilla especial dentro de la iglesia del Santo Sepulcro. Los francos la consideraban un talismán protector y, por tanto, llevaban la reliquia cuando se disponían a entrar en batalla. Sin embargo, en julio de 1187, Saladino capturó la cruz durante la batalla de Hattin y desde entonces no se la había vuelto a ver. Recuperarla era una preocupación fundamental de la Iglesia y se habían realizado diversos intentos de negociar su devolución sin ningún éxito. Martín invitó a sus oyentes a que ayudaran a recuperar una reliquia tan estrechamente unida a la presencia de Cristo en la Tierra. El que esta invitación estuviera siendo formulada precisamente el día de la Vera Cruz daba aún más fuerza a su llamamiento, y el hecho de que el abad hubiera elegido ese día precisamente demuestra el cuidado y el cálculo con el que había planeado su intervención.[15]

A continuación, Martín cambió de tema para comentar la situación militar en Levante: «Prácticamente todos los nuestros que antes habitaban esa frontera han sido eliminados». Martín señaló que los supervivientes, concentrados en la ciudad de Acre (hoy en el extremo norte de Israel), estaban sometidos a constantes ataques por parte del enemigo, y que la aflicción de Cristo por ello era tal que se veía obligado «a solicitar vuestra ayuda a través de mis labios». No obstante, la situación en Levante era en realidad muy diferente de la descrita por Martín. Aunque tras las conquistas de Saladino en 1187 las tierras en poder de los francos habían disminuido de forma notable, la Tercera Cruzada había logrado que estos se asentaran con firmeza a lo largo de la costa. Además, el mundo musulmán se había desintegrado debido a las agrias disputas entre los herederos de Saladino y no estaba en condiciones de organizar un ataque realmente serio contra los cristianos. La exactitud de los sermones, sin embargo, no era una cuestión esencial durante la predicación de la cruzada. No sólo era improbable que los fieles reunidos en la catedral conocieran todos los hechos relevantes, sino también que el mismo Martín los conociera. Y, después de todo, los puntos básicos de su discurso eran ciertos: la posición de los francos era débil y no controlaban Jerusalén. En cualquier caso, las exageraciones y las hipérboles eran recursos básicos de la predicación de las Cruzadas desde el comienzo. En 1095, por ejemplo, Urbano II había afirmado sin ningún fundamento que en Tierra Santa los cristianos eran atados a postes de madera por los infieles para ser utilizados como blanco en prácticas de tiro con arco o para sacarles las vísceras. No obstante, fueran verdaderas o falsas, este tipo de acusaciones servían para espolear el fervor religioso de los oyentes, que luego ardían en deseos de vengarse de los musulmanes. Los fieles tenían que creer que estaban arriesgando su vida por una buena razón, y el peligro que corrían sus correligionarios en Tierra Santa constituía un elemento clave de su causa.[16]

Después de exponer de forma tan impactante la necesidad de realizar la obra de Dios, el abad habló directamente a su auditorio: «Por tanto, guerreros de la verdad, apresuraos a ayudar a Cristo. Alistaos en Su ejército cristiano. Corred a uniros a las filas de los felices. Hoy os comprometo con la causa de Cristo, así que vuestra tarea será la de devolverlo a Su heredad de la que ha sido expulsado sin misericordia». Con esta llamada, la gravedad y urgencia de la situación quedaban absolutamente claras. Además, el abad tocaba un tema bastante familiar para los caballeros de la Europa occidental, a saber: el del heredero legítimo de un patrimonio. Los derechos de las tierras provocaban interminables litigios en Occidente, y la idea de que un individuo fuera desposeído del territorio que le correspondía por derecho tocaba una fibra especialmente sensible; que el individuo en cuestión fuera Cristo hacía que la necesidad de restablecer el orden fuera todavía mayor.

Luego, el abad afirmó que era consciente de los peligros que aguardaban a los cruzados en el futuro y de las preocupaciones que los inquietaban, e intentó fortalecer a sus oyentes recordando las hazañas de sus predecesores. «Para que no os llene de temor el saber que ahora mismo la ferocidad y la furia de los infieles contra nuestro pueblo se han incrementado, quiero recordaros los logros de... esa famosa expedición dirigida por el duque Godofredo... [el primer gobernante franco de Jerusalén].»

Esta lección de historia tenía como objetivo apelar al sentido del honor de los caballeros e incitar en ellos el deseo de emular las proezas de sus antepasados, así como el de cumplir con su deber como cristianos. Martín también proporcionó aliento a la multitud al recordar que los primeros cruzados triunfaron sin contar con ninguna base en Levante. En 1200, en cambio, los cristianos controlaban Acre y Antioquía y muchos castillos que podían servir como trampolín para la reconquista de Jerusalén.

En la última parte de su discurso, el abad se concentró en las recompensas del cruzado. Tras haber señalado los argumentos morales que invitaban a comprometerse con la causa, Martín apuntaló sus ideas de forma simple y directa apelando a dos de los mayores intereses del hombre medieval: la otra vida y el dinero. La cruzada era el trabajo de Dios, y Martín prometió que, desde luego, «cualquiera que abrace el signo de la cruz y realice una confesión sincera será totalmente absuelto de todos y cada uno de sus pecados cuando abandone esta vida, y recibirá la vida eterna no importa dónde, cuándo o por qué casualidad muera». Es difícil estimar la preocupación del hombre medieval por evitar las consecuencias del pecado y librarse de los eternos tormentos del infierno. Un historiador ha definido la Edad Media como «la época de la historia más atormentada por la culpa», un momento en el que pecados relacionados con la violencia, la lujuria, la avaricia y la envidia estaban constantemente en la mente de las personas y determinaban sus actos. Una rápida mirada a los dibujos y esculturas que aún se conservan en las entradas de las iglesias de Autun, Conques o Arlés demuestra sin lugar a dudas los horrores del infierno (véase el cuadernillo de ilustraciones). Demonios aterradores, dotados de dientes y garras temibles, arrastraban a los desventurados pecadores a diversos tormentos, todos igualmente nefastos: a las mujeres promiscuas se les ponían serpientes en sus pechos; quienes habían falsificado monedas eran obligados a beber metal fundido; un caballero condenado aparece asado lentamente en la parrilla, mientras que otro es empujado a las mandíbulas de un gigantesco monstruo. Un cruzado, sin embargo, podía ser absuelto de todas sus fechorías y perdonado si confesaba sus pecados. Era una oportunidad perfecta: realizar la obra de Dios en una cruzada era un acto de penitencia tan arduo que el participante recibiría una recompensa acorde con su generosidad. Este era el punto central de una oferta que había demostrado ser muy atractiva para generaciones de cruzados y cuyo origen se remonta a la empresa de la Primera Cruzada en 1095. Ahora bien, algo que siempre se intentó que quedara muy claro era que el momento de la muerte no malograba en ningún sentido la recompensa del cruzado; las afirmaciones de Martín alrededor de este punto tenían como objetivo resolver un asunto que preocupaba en especial a sus oyentes. Quienes le escuchaban eran conscientes de que muchos de ellos podían morir de camino a Tierra Santa, ya fuera en un naufragio, a manos del enemigo o, lo que era aún más probable, debido a alguna enfermedad, y lo que el abad intentaba garantizarles era que una vez hubieran hecho su voto y confesado sus pecados, su lugar en el Reino de los Cielos estaba asegurado. En otras palabras, si su intención era la adecuada, un cruzado ganaría su recompensa celestial incluso si no lograba completar su viaje hasta Tierra Santa.[17]

Junto al ofrecimiento de este premio gordo espiritual, Martín reforzó su propuesta al insistir en la posibilidad de obtener también recompensas seculares. Algunos informes sobre el sermón de Urbano II durante el Concilio de Clermont señalan que el papa se habría referido a «una tierra de leche y miel» al describir el lugar hacia el que los cruzados se dirigían. Aunque pocos de los predicadores de la segunda y la Tercera Cruzada utilizaron de forma tan explícita las recompensas materiales como incentivos para abrazar la cruz, Martín no fue tímido al respecto: «Ni siquiera debería mencionar que la tierra hacia la que os disponéis a marchar es bastante más rica y más fértil que esta y que es muy posible que muchos de vosotros consigáis una mayor prosperidad en bienes materiales allí de la que recodaréis haber disfrutado aquí». Algún cínico podría señalar que en este pasaje Gunther estaba preparando a sus lectores para momentos posteriores de su relato, cuando Martín —en nombre de la Iglesia, por supuesto— consigue reunir un gran número de riquezas durante el saqueo de Constantinopla. Gunther podría estar insinuando que los cruzados habían sido animados a semejante clase de actos por la forma en que se predicó la expedición, de la que se decía, debemos recordar, que contaba con el respaldo de Cristo. Por otro lado, también es posible que un mensaje como este fuera rutinario y que sea nuestro desconocimiento de más sermones de la época lo que nos hace fijarnos en él. De hecho, las posibilidades de obtener tierras y riquezas eran bastante reales en el caso de la Cuarta Cruzada (si la expedición hubiera conseguido recuperar Tierra Santa) debido al número de caballeros francos que habían resultado muertos o capturados en la batalla de Hattin en 1187.

Martín concluyó esta parte de su llamamiento con un recordatorio: «Ahora, hermanos, apreciad la magnífica garantía que acompaña esta peregrinación. En lo relativo al Reino de los Cielos, tenéis aquí un compromiso incondicional; en lo relativo a la prosperidad temporal, una esperanza superior a la de la mayoría». ¿Quién iba a resistirse a una propuesta tan atractiva?

A medida que se aproximaba el final de su intervención, Martín realizó una última floritura: «Yo mismo prometo unirme a vosotros en el viaje y en el trabajo y, hasta donde la voluntad de Dios lo permita, espero compartir vuestros logros y vuestras tribulaciones». Mientras que muchos de los predicadores de las cruzadas no llegaban realmente a participar en la expedición, Martín aseguraba aquí a sus oyentes que estaba preparado para sufrir y afrontar los mismos riesgos que ellos. Esto añadía un nuevo e importante aliciente a su discurso que realzaba la fuerza de sus palabras y contribuía a hacer aún más convincentes sus argumentos.

Después de esta enardecida exhortación, el abad exigió a los feligreses que actuaran. «Por tanto, hermanos, abrazad ahora el triunfal signo de la cruz con alegría, de tal manera que, al servir fielmente a la causa de Aquel que fue crucificado, os hagáis merecedores de un pago suntuoso y eterno por un trabajo breve y trivial.»

En este momento Martín se encontraba emocional y físicamente exhausto. Había forzado su voz al máximo en semejante espacio y había puesto toda su concentración y energía en su mensaje. También habían contribuido a su intervención sus propias lágrimas y gritos, así de profundos eran los sentimientos que había suscitado. El público que le había escuchado estaba igualmente conmovido por sus palabras. A lo largo del sermón, «podíais ver las lágrimas… de todos… Podíais escuchar gemidos y sollozos y suspiros, y todas las demás señales que revelan el arrepentimiento de una persona». Para provocar el máximo impacto posible en sus oyentes, Martín había construido su discurso con sumo cuidado y elegido sus mensajes con muchísima inteligencia, y esta circunstancia, unida a la convicción con que el abad logró pronunciarlo, consiguió que todos los presentes compartieran el sufrimiento de Cristo, advirtieran el peligro que corrían los cristianos en Oriente, recordaran a los héroes de la Primera Cruzada y escucharan una promesa de recompensas espirituales y materiales sin igual. «Cuando este sabio hombre cerró sus labios y quedó en silencio, la multitud rugió, aguijoneada por un dulce dolor; la gente corrió a buscar el signo de la cruz y el servicio divino para alistarse en las filas del Líder que nos conduce a las estrellas a través de la cruz.»

A pesar de la fatiga, Martín debió de sentirse eufórico. Eran legión los que acudían en tropel a comprometerse con el trabajo de Dios. Aunque probablemente eran muchos los que habían decidido tomar la cruz con antelación, sus palabras habían conseguido convertir estos pensamientos en realidad y, con certeza, persuadir a otros para que se unieran a la cruzada. Una vez que el tumulto se disipó, el abad pudo retornar a las cuestiones prácticas y fijar una fecha en la que todos debían ya haber puesto en orden sus asuntos privados. Llegado ese día se volverían a reunir en la catedral para «emprender con él el camino de la santa peregrinación».[18]

3

«El torneo fue una verdadera batalla campal y nunca se vio allí uno mejor»

El torneo de Écry, noviembre de 1199

El sincero llamamiento del abad Martín hizo mella en las esperanzas y aspiraciones de quienes le escucharon en Basilea. De forma similar, entre 1199 y 1200, otros predicadores pronunciaron sermones apasionados y vehementes a lo largo de toda la Europa occidental, con lo que cada vez fueron más las personas que quisieron unirse a la expedición. Sin embargo, el reclutamiento había cobrado vida en una situación muy particular y ello, sorprendentemente, no ocurrió con ocasión de un sermón o una reunión religiosa, sino durante un acontecimiento mucho más mundano: un torneo, la diversión más espectacular y sofisticada de las clases caballerescas del norte de Europa.[1]

El 28 de noviembre de 1199, en el castillo de Écry-sur-Aisne, el conde Teobaldo de Champaña y su primo, el conde Luis de Blois, reunieron a la élite de los caballeros de la Francia septentrional en un gran festival que tenía por objeto entretener a los asistentes y celebrar la destreza en el manejo de las armas, así como servir de plataforma para el ascenso social. En la actualidad el castillo prácticamente ha desaparecido y sólo quedan de él algunos de sus cimientos en el pueblo de Asfeld, junto al río Aisne, a unos veinticinco kilómetros al norte de Reims, la sede del ducado de Champaña.

Los torneos formaban parte integral de la vida cortesana de la Edad Media y, en cierto sentido, el propósito de tales encuentros y los valores y actitudes que escenificaban nos ayudan a explicar por qué muchos de los que asistieron al castillo de Écry decidieron alistarse en la cruzada. Ahora bien, es importante señalar que en la época de la Cuarta Cruzada los torneos eran muy diferentes de lo que las imágenes de la televisión y el cine nos han acostumbrado a imaginar. Para nosotros, un torneo supone un marco más o menos formal: dos caballeros se enfrentan el uno al otro en una justa, con sus lanzas en posición horizontal; a continuación, se produce un choque y las lanzas de madera se astillan en el momento en que cada uno golpea a su adversario; un ruido sordo se escucha cuando uno de los combatientes cae al suelo; quien ha resultado triunfador es aclamado. En las tribunas se agolpan quienes admiran el espectáculo, que, vestidos con trajes de brillantes colores, aplauden al vencedor. A uno y otro lado de la liza se alzan las tiendas de los caballeros, sobre las que ondean los estandartes bajo la luz del sol. Este cuadro quizá resulte verosímil para el siglo xiv, pero antes de esa época los encuentros como el de Écry eran en realidad mucho más caóticos y bastante más brutales.

Los torneos eran acontecimientos desordenados y anárquicos, aderezados con sangre y venganzas. No tenían lugar en un escenario cerrado como la liza de las justas, sino que se desplegaban por un territorio de muchas hectáreas. Por lo general, el campo de batalla estaba definido por dos poblaciones o castillos. El campo designado para el torneo de 1199 era el que había entre Écry y la aldea de Balham, a unos cuatro kilómetros al noreste del castillo, una ladera larga y ligeramente inclinada, a la izquierda de la cual corría el Aisne, un río ancho y rápido que serpentea suavemente a lo largo del valle. Más allá del río, las grandes planicies de la región proporcionaban un terreno amplio para un combate vertiginoso y muy variado.

Era necesario un espacio tan abierto porque era muy inusual que los hombres lucharan individualmente y lo común era que los combatientes se dividieran en dos contingentes de hasta doscientos caballeros cada uno. La formación de los grupos era, con frecuencia, reflejo de alianzas políticas verdaderas y podía convertirse en motivo de tensiones muy agudas. El torneo comenzaba, a la señal de un heraldo, con una carga con lanzas. Los dos grupos salían disparados el uno contra el otro a gran velocidad, y los gritos de los hombres se mezclaban con el estruendo de los cascos y el traqueteo de los arneses. Luego venía el tremendo impacto que producía el encuentro de los dos contingentes de hombres armados hasta los dientes, el ruido sordo de los cuerpos chocando entre sí, el violento sonido del metal contra el metal, la carne cediendo al impulso de la carga, los primeros gritos de los heridos. Entonces estallaba la lucha cuerpo a cuerpo y los golpes hacían repicar los yelmos con gran estrépito. En medio de esta furia de acero, el que los hombres resultaran heridos no era inusual; en algunos casos, alguien moría. Las reglas eran muy pocas y, además, no había árbitros. En ocasiones, el combate podía degenerar en un tumulto o refriega, un enfrentamiento caótico en el que el grupo que consiguiera mantener mejor el orden era el que tenía mayores posibilidades de hacerse con la victoria. No se tenía en cuenta el entorno en que se desarrollaba el combate: huertos, viñedos y cosechas eran pisoteados o arrasados; los caballeros podían utilizar un granero u otras edificaciones para esconderse y preparar emboscadas, y las calles de un pueblo podían de repente convertirse en escenario de una contienda a gran escala entre facciones rivales.

El propósito de estas brutales confrontaciones era practicar y prepararse para la guerra de verdad, y la única diferencia entre ambas actividades era que aquí el objetivo no era matar al oponente, sino capturarlo. Por supuesto, en el ardor del combate —y acaso también cuando alguien se topaba con un viejo adversario— las espadas quizá llegaban a blandirse con demasiada fuerza y alguien podía perder la vida. Tampoco era posible evitar los accidentes: el conde Godofredo de Bretaña, hermano menor de Ricardo Corazón de León, murió en un torneo en 1186; seis años después, el duque Leopoldo de Austria falleció cuando su caballo cayó sobre él durante un «juego de guerra». Otros podían quedar lisiados, y la desgracia podía sorprender a un hombre dejándolo atrapado en su armadura. Tras un encuentro particularmente feroz, Guillermo el Mariscal, el guerrero más grande de su época, desapareció en un momento dado sin que ninguno de los asistentes lo advirtiera. Por último, alguien consiguió localizarlo en la herrería local, doblado sobre la forja y sometido a los golpes del herrero, que intentaba retirarle el yelmo, tan deformado que nadie había podido quitárselo de la cabeza. Finalmente, Guillermo logró liberarse. En cierto sentido, cuanto más violento fuera un torneo, mejor; como señala Rogelio de Hoveden, un escritor inglés de finales del siglo XII: «No está hecho para la batalla aquel que nunca ha visto su propia sangre, quien no ha oído crujir sus dientes al ser golpeados por un adversario o no ha sentido nunca sobre sí todo el peso de su oponente».[2] El trepidante combate de un torneo ofrecía, de lejos, la preparación más realista para la guerra de verdad que cualquiera pueda imaginar; la *Historia de Guillermo el Mariscal* describe uno de tales encuentros como «una verdadera batalla campal».[3]

Los torneos eran enormemente populares en el norte de Europa (por extraño que parezca apenas se celebraron en la Francia meridional o en Italia) y la nobleza desarrolló un auténtico gusto por estos espectaculares certámenes. Jóvenes recién armados caballeros eran enviados a participar en las numerosas competiciones que tenían lugar durante la temporada de torneos con el objetivo de que aprendieran a trabajar junto a sus compañeros de armas y tuvieran la oportunidad de practicar el uso de la lanza, así como de enfrentarse en combates con la espada y la maza. Uno de los atractivos de los distintos torneos era la posibilidad de ganar dinero. Quienes eran capturados tenían que pagar si querían que se les liberara y también podían verse forzados a renunciar a sus caballos y equipos. En 1177, Guillermo el Mariscal y su compañero, Rogelio de Jouy, aseguraron haber capturado a ciento tres caballeros, una hazaña que contribuyó en gran medida a cimentar su reputación.[4] Un caballero joven, proveniente de sectores relativamente bajos, podía conseguir ascender socialmente gracias a su destreza en el uso de las armas, y era sabido que los nobles más importantes de la época acudían con frecuencia a estos certámenes para identificar a los nuevos talentos y convencerlos de que se unieran a sus casas. Por tanto, junto al entrenamiento militar, los torneos ofrecían la oportunidad de, como subrayó un escritor flamenco del siglo XII, «vivir gloriosamente y obtener honor secular».[5]

Si un joven caballero triunfaba como guerrero, era posible que lograra acceder también a otra clase de premio y conquistar el favor de una dama de la corte. En los límites del campo en que se desarrollaba el torneo había refugios especiales donde los caballeros podían descansar o atender sus heridas, en los que podían reunirse quienes presenciaban el combate. Además, sabemos que la gente veía los torneos desde las murallas de pueblos y castillos, lejos de los peligros de la acción. En la cultura caballeresca, la idea del amor cortés estaba muy arraigada y los caballeros trataban de despertar la admiración de las damas y ganar su favor; si un caballero conseguía demostrar su destreza en la batalla, su dama le concedía algún presente: un mechón de pelo, un pañuelo o algún obsequio. El caballero se convertía entonces en su paladín y, para corresponder a su amor y estima, intentaría realizar proezas y acciones valerosas en su nombre. En la *Historia de Guillermo el Mariscal* se anota que la llegada de las damas al torneo de Joigny dejó a los caballeros «convencidos de que se habían convertido en mejores hombres». Una vez que la contienda empezó, «quienes habían estado en compañía de las damas tuvieron en todo momento un mejor desempeño que los demás».[6] La literatura cortés creció para celebrar este juego erótico entre la dama y el caballero. A principios de la década de 1130, Godofredo de Monmouth escribió una *Historia de los reyes de Bretaña*, un texto semificticio en el que encontramos la siguiente descripción de la corte del rey Arturo: «Todos los caballeros del país conocidos por su valentía vestían libreas y armas con sus colores distintivos, y las mujeres a la moda con frecuencia lucían los mismos colores. Rehusaban entregar su amor a cualquier hombre que no se hubiera batido al menos tres veces en el campo de batalla. De esta forma, las mujeres permanecían castas y aumentaban su virtud, pues su amor a los caballeros era todavía más osado».[7]

En muchos casos, tales relaciones se limitaban a la entrega de algún obsequio o un beso al vencedor. Las constricciones morales y la necesidad de preservar la línea dinástica obligaban a las mujeres de la nobleza a comportarse con cautela. Por su parte, las mujeres de más alto rango que estaban casadas se cuidaban mucho de verse comprometidas con un caballero, no importa cuán valiente fuera, entre otras razones porque los castigos por adulterio eran especialmente severos. En algunos lugares, la pena prevista era la muerte; en otras, mutilaciones terribles como la rinotomía. Es evidente, sin embargo, que algunos caballeros y damas llegaron a mantener relaciones ilícitas, en ciertos casos con desastrosas consecuencias. En 1182, el conde Felipe de Flandes descubrió a su esposa en la cama con uno de los miembros de su séquito. El caballero fue objeto de un juicio sumario: tras ser golpeado por los carniceros de la casa, se le colgó cabeza abajo en una cloaca hasta que se ahogó. En ciertas ocasiones sólo los rumores eran suficientes para desencadenar un escándalo. Guillermo el Mariscal estuvo coqueteando supuestamente con la esposa de Enrique el Joven (el hijo mayor de Enrique II, que murió en 1183, seis años antes que su padre) y, cuando esto llegó a oídos del público, su esposa obligó al caballero a abandonar la corte. Con todo, algunos tratos clandestinos sobrevivieron y, al menos para quienes no estaban casados, el galanteo y las insinuaciones eran de rigor. Al pensar en las grandes damas de la época debemos imaginarlas vestidas con sus mejores sedas o, en invierno, cubiertas con pieles y mantos, partes esenciales del ritual del torneo.[8]

La exhibición social era un aspecto vital de la sociedad caballeresca. Los mejores caballeros no eran únicamente guerreros atrevidos, sino que también eran mecenas de la música y la literatura y generosos promotores y organizadores de espectáculos. A medida que los torneos se fueron convirtiendo en parte central de esta cultura, las grandes épicas literarias de la época celebraron y reforzaron su importancia. Ahora bien, aunque es necesario ser muy cuidadosos al emplear como fuente estos textos de ficción, es probable que, cuando describen acontecimientos tan familiares como los torneos, se ajustaran bastante a la realidad de la época para conseguir que su público se sintiera realmente implicado.[9] Chrétien de Troyes fue uno de los principales escritores de este período y su mecenas era el conde Felipe de Flandes, un hombre famoso por el inmenso entusiasmo que sentía hacia los torneos. En su relato *Erec y Enid*, Chrétien describe un torneo de la siguiente forma:

Un mes después de Pentecostés tuvo lugar el torneo y los caballeros se reunieron en la llanura... Hubo allí muchos estandartes de color rojo brillante y muchos azules y muchos blancos, y fueron numerosos los griñones y las mangas que se entregaron como pruebas de amor. También eran muchísimas las lanzas traídas por los jinetes; las había pintadas de azul celeste y rojo, de oro y plata, y de muchos otros colores, algunas a rayas, otras multicolores. Aquel día se vieron incontables yelmos adornados con cintas... Algunas eran verdes, otras amarillas y otras más de un rojo reluciente que brillaba a la luz del sol. Muchos eran igualmente los escudos de armas y las cotas de malla blancas, muchas las espadas al lado de la mano izquierda, muchos los buenos escudos, limpios y nuevos, de azul celeste y elegantes rojos, y de plata con salientes de oro. Y muchos eran los magníficos caballos..., todos los cuales llegaron al galope.

El campo estaba completamente cubierto de armaduras... El tumulto crecía. Se rompieron lanzas y se dañaron escudos; los caballos sudaban y echaban espuma por la boca. Las espadas se desenvainaban sobre aquellos que habían caído al suelo con gran estrépito; algunos corrían para aceptar las promesas del derrotado y otros para continuar luchando...

Erec no estaba interesado en ganar caballos o tomar prisioneros, sino en participar en las justas y hacerlo bien, de tal forma que su valentía resultara evidente a todos. Los soldados rasos temblaban ante él, y su destreza llenaba de entusiasmo y ánimo a los que peleaban en su mismo bando.[10]

Con tantos caballeros y nobles reunidos en el mismo lugar, un torneo era una ocasión maravillosa para exhibir otra tipo de atributos, además de los militares, como la hospitalidad y la liberalidad. En tales oportunidades podían ofrecerse regalos en forma de mecenazgo, dinero, objetos de valor, caballos e incluso tierras. El deseo de cada señor de superar a los demás hacía que el coste de organizar un acontecimiento semejante fuera enorme. Era necesario ofrecer alojamiento a los caballeros y sus séquitos, alimento a escuderos, mozos de cuadra y sirvientes, y establos para los caballos. Los banquetes organizados eran gigantescos y, además de ordenar que se prepararan los mejores platos, los anfitriones contrataban los servicios de juglares, magos, enanos, acróbatas y contadores de historias para divertir a sus invitados. Se empleaban recipientes de oro y plata para transportar la comida y las bebidas, y la complicada distribución de los participantes en la mesa reflejaba su jerarquía y estatus. Los músicos estaban siempre ocupados y la algarabía que producían los tamboriles, tambores, flautas, zampoñas y trompetas resonaba alrededor del gran salón del castillo.

También había baile. Al torneo de Joigny descrito en la *Historia de Guillermo el Mariscal* asistieron muchas mujeres hermosas. Cuando las damas llegaron, los hombres se pusieron en pie para conocerlas y uno de ellos les propuso bailar; el encargado de cantar fue el propio Guillermo, y los caballeros tomaron a las mujeres de la mano y bailaron con ellas.[11] Los salones estaban adornados con estandartes y escudos, y algunas habitaciones debían de estar cubiertas con frescos en los que se representaban escenas de las grandes batallas del pasado. A mediados del siglo XIII, Enrique III de Inglaterra había hecho decorar Westminster Hall y distintas habitaciones de la Torre de Londres, el castillo de Winchester y el palacio de Clarendon con imágenes de las hazañas de sus ancestros cruzados, el duque Roberto de Normandía y Ricardo Corazón de León.[12] El palacio del dogo de Venecia contenía frescos de la toma de Tiro en 1124. El castillo de Écry probablemente era un lugar demasiado humilde para albergar decoraciones tan espléndidas, pero la presencia en noviembre de 1199 de hombres como Teobaldo y Luis es una garantía de que el encuentro estuvo acompañado de magníficos festejos y espectáculos.

El que los castillos de los señores estuvieran decorados con las hazañas de los cruzados revela el vínculo entre este escenario secular y la guerra santa. La relación entre los torneos, las cruzadas y la Iglesia era tensa y contradictoria. En teoría, el papado estaba radicalmente en contra de los torneos. En 1139, el papa Inocencio II decretó: «Además, prohibimos por completo estas abominables justas y torneos en los que los caballeros se reúnen por mutuo acuerdo y de forma imprudente se dedican a demostrar su audacia y su destreza física, encuentros que con frecuencia tienen como resultado la muerte de seres humanos y ponen en peligro sus almas».[13] Desde el punto de vista de la Iglesia, los torneos servían para promover el pecado: los vicios de la soberbia, el odio y la vanidad; los banquetes conducían a la glotonería y, en general, se excitaba la lascivia de los caballeros, a quienes se animaba a impresionar a mujeres inmorales y de costumbres disipadas. La forma en que en realidad se desarrollaban estos encuentros respaldaba semejante argumentación. Los caballeros, de hecho, solo cuidaban de sus propios intereses; y también era importante tener en cuenta el desorden y la destrucción que tales contiendas provocaban. Sin embargo, a pesar de la promulgación de repetidas leyes en contra de los torneos (1130, 1139, 1148, 1179), los caballeros y los nobles de la Europa septentrional estaban cada vez más entusiasmados con ellos.

En realidad, los torneos no podían ser suprimidos, pues constituían un entrenamiento idóneo para la guerra y proporcionaban un escaparate inmejorable para que los caballeros se exhibieran, encontraran apoyo y ascendieran socialmente. Por ejemplo, a pesar de la prohibición papal, el emperador Federico Barbarroja organizó un gran torneo en Maguncia en 1184, al que asistieron varias personalidades eclesiásticas. Muchos de estos clérigos eran parientes de destacados miembros de la nobleza, con quienes además de los lazos familiares compartían un mismo entorno cultural y geográfico y, por tanto, les resultaba bastante natural asistir a este tipo de combates. Todavía más importante para la historia de las cruzadas es el hecho de que, más allá de las oportunidades de pecar que los torneos ofrecían a los ojos del papado, muchos de los hombres que participaban en ellos eran famosos por su piedad. El conde Felipe de Flandes luchó como cruzado entre 1177 y 1178, y luego, en 1191, moriría durante el sitio de Acre, en la Tercera Cruzada. El conde Enrique de Champaña, conocido como el Liberal debido a su generosidad, era un espléndido benefactor de varias casas religiosas y un experimentado cruzado. De hecho, Flandes y Champaña, que constituían el verdadero centro de los torneos, eran regiones profundamente comprometidas con la causa cruzada.[14]

La estrecha relación entre la práctica de las cruzadas y la caballería era evidente. La experiencia militar que los caballeros adquirían durante los torneos podía de igual forma aplicarse en la guerra santa. El que caballeros de diferentes regiones se reunieran y aprendieran cómo coordinar operaciones entre sí podía resultar inestimable a lo largo de una cruzada. Además, la caballería contaba con un fuerte componente religioso. La idea de estar al servicio de un señor, el concepto del honor, el ritual en el que los caballeros eran armados y la bendición de su equipamiento tenían importantes matices religiosos. A pesar de la profunda desconfianza que el papado sentía hacia estos acontecimientos, la verdad es que, más que un obstáculo para las cruzadas, los valores de camaradería promovidos por los torneos hacia comienzos del siglo XIII demostraron ser un auténtico estímulo para el movimiento cruzado. Más adelante, algunos miembros de la Iglesia empezaron a ver estas contiendas bajo una luz más positiva y apreciaron su valor como campo de entrenamiento para los cruzados. Humberto de Romanos, un destacado dominico, incluso llegó a considerar que participar en ellas era casi como ir a luchar contra los sarracenos.[15]

Sin duda, la necesidad de adquirir honor a través de las hazañas realizadas durante el combate era un incentivo poderosísimo para el caballero. ¿Qué mejor foro para ello que la obra de Dios? Ya hemos señalado el hecho de que los primeros cruzados fueron celebrados por su valentía: la reputación de Ricardo I de Inglaterra fue consecuencia de su participación en la Tercera Cruzada, durante la cual su audacia en el combate lo hizo digno de la admiración de uno y otro bando. Un observador musulmán escribió: «Nunca nos habíamos enfrentado a un adversario más vigoroso y perspicaz».[16] Un autor occidental lo describe como «el caballero más excelente sobre la faz de la tierra», y fue precisamente en la cruzada cuando recibió el sobrenombre de Corazón de León. Según un escritor contemporáneo, antes de realizar cualquier proeza en Oriente, el solo hecho de abrazar la cruz duplicó su valía.[17]

Conon de Béthune fue un caballero y trovador flamenco que participó en la Cuarta Cruzada. Conon vinculaba el aspecto más mundano de la caballería con las cruzadas al observar que ningún éxito en un torneo podía hacer que un caballero conquistara tanto la admiración de las bellas damas como el hecho de abrazar la cruz. Su contemporáneo, Guido de Coucy, manifestó sus sentimientos de forma más directa: «Ojalá Dios me conceda tal honor que pueda tener a aquella en quien todo mi corazón y pensamiento moran desnuda entre mis brazos una vez que cruce el océano hasta ultramar».[18] La cruzada se convirtió, por tanto, en un foro en el que, además de sus cualidades cristianas, los combatientes podían demostrar todas sus virtudes caballerescas. La predicación de una nueva cruzada en 1198-1199 ofrecía al caballero ambicioso y pío una magnífica oportunidad de demostrar su valía. Y quizá no sea una coincidencia el hecho de que, para esta época, una nueva generación emergió en las principales casas nobles de la Francia septentrional, un grupo dispuesto a dar un paso adelante y luchar por el Señor y, al mismo tiempo, labrarse una reputación en tierras lejanas.

En algún momento durante el torneo de Écry, el conde Teobaldo y su primo, el conde Luis, detuvieron los festejos y abrazaron la cruz para entregarse al servicio de Dios.[19] Los dos hombres debieron de haber sido animados a ello por un sermón privado del que no se conserva registro alguno. Con frecuencia los torneos coincidían con alguna festividad familiar o religiosa importante, y en 1199 la presencia en ellos de uno de los clérigos que predicaban la cruzada no era improbable. Esta situación, unida al llamamiento de Inocencio, tuvo que haber hecho que Teobaldo y Luis meditaran el asunto. Ambos eran hombres muy poderosos y con grandes responsabilidades como para que hubieran actuado de forma completamente espontánea. Sus familias contaban con numerosos ancestros cruzados y ambos eran conscientes de que, ante Dios, sus votos eran vinculantes. Los dos condes comprendían el profundo compromiso que habían hecho y sabían que, si intentaban eludirlo, sólo conseguirían atraer sobre sí una gran vergüenza, así como sanciones eclesiásticas. De hecho, junto a la religiosidad fundamental de la época y el espíritu caballeresco, el pasado familiar de estos jóvenes desempeñó casi con certeza un papel esencial en su decisión de tomar la cruz.

Teobaldo, con sólo veinte años, era el más joven de los dos; no obstante, llevaba ya tres años gobernando Champaña. Sus tierras constituían uno de los señoríos más grandes, ricos y prestigiosos de la Europa occidental; junto a los condes de Flandes, los condes de Champaña eran, probablemente, las principales figuras del reino después de los reyes de Francia. Entre los abuelos de Teobaldo se encontraban el rey Luis VII de Francia (1137-1180) y Leonor de Aquitania (ambos cruzados también), y era sobrino de Ricardo Corazón de León, del rey Juan de Inglaterra y del rey Felipe de Francia. Además de este asombroso árbol genealógico, Teobaldo pertenecía a un linaje cruzado impresionante: su padre, Enrique, había participado en la Segunda Cruzada y había hecho una expedición a Tierra Santa por su propia cuenta en 1179-1180. Su hermano, el conde Enrique II, había abrazado la cruz en la Tercera Cruzada y había comandado el contingente francés hasta la llegada del rey Felipe. Algo que añadía particular distinción a estos logros familiares era el hecho de que cuando Conrado de Monferrato, el hombre destinado a convertirse en el siguiente rey de Jerusalén, fue asesinado en 1192, Enrique fue el elegido para reemplazarlo. Por tanto, el 5 de mayo de ese año se convirtió en rey de Jerusalén, que seguía siendo una posición de enorme prestigio a pesar de que la ciudad continuaba en manos de los musulmanes. Enrique reinó hasta el 10 de septiembre de 1197, cuando su bufón enano resbaló y cayó de un balcón llevándoselo consigo. Isabel, su esposa, continuó ostentando el título de reina de Jerusalén y Teobaldo se convirtió en conde de Champaña. Es fácil entender el fuerte incentivo que tenía este joven para mantener las tradiciones cruzadas de su familia y ayudar a recuperar la ciudad que su padre había gobernado alguna vez. Había alcanzado la mayoría de edad en 1198 y ahora, siendo un hombre, tenía la oportunidad de mostrarse a la altura de su herencia.[20]

Luis de Blois tenía veintiocho años cuando abrazó la cruz. También él era nieto de Luis VII y Leonor y sobrino del rey Juan y el rey Felipe; y a pesar de su edad poseía ya experiencia como cruzado. Su padre, Teobaldo el Bueno había participado en la Tercera Cruzada y tenemos pruebas de que Luis lo había acompañado entonces. Teobaldo el Bueno fue uno de los muchos nobles que murieron durante el sitio de Acre en 1191, pero su hijo le sobrevivió y prosperó. La esposa de Luis, Catalina, le había proporcionado el condado de Clermont; su primer marido, Raúl, también había perecido en Acre y, por tanto, Luis gobernaba un territorio de considerable extensión.[21]

Fue la decisión de Teobaldo y Luis lo que inició el reclutamiento para la Cuarta Cruzada. Por fin el proyecto de Inocencio había conseguido atraer a hombres de verdadera autoridad. El papa debió de haber quedado encantado al enterarse de que nobles de tan distinguido linaje estaban dispuestos a formar parte de la expedición. Después de todo, había pasado más de un año desde su llamamiento inicial y, tras el fracaso de sus esfuerzos por convencer a los reyes de Inglaterra y Francia para que lucharan por Cristo, las posibilidades de que todo su plan cayera en el olvido parecían altas: un triste comienzo para el pontificado de un hombre con semejante ardor espiritual. Lo ocurrido en Écry fue fundamental. Como escribió Godofredo de Villehardouin, el autor de uno de los relatos más importantes sobre la Cuarta Cruzada: «Por todo el país la gente se sintió enormemente impresionada al saber que hombres de tanto prestigio habían abrazado la cruz».[22]

Una vez que Teobaldo hubo expresado su intención de participar en la cruzada, la presión para que muchos de sus vasallos (o al menos aquellos en edad de luchar) se unieran a la expedición fue inmensa. Godofredo de Villehardouin nos proporciona en su narración listas de los nobles y caballeros que siguieron a Teobaldo y Luis, muchos de los cuales tenían ancestros cruzados, incluido el propio autor. Godofredo tenía entonces poco más de cincuenta años y, como mariscal de Champaña, era el consejero y oficial militar más importante del conde. Godofredo había formado parte de la Tercera Cruzada, pero el 14 de noviembre de 1190, durante el sitio de Acre, cayó en una emboscada cuando estaba fuera del campamento cristiano y fue hecho prisionero por los musulmanes. Pasaron cuatro años antes de que pudiera regresar a Champaña, donde destacó de forma eminente en la vida de la corte como árbitro de justicia y figura clave en los acontecimientos de mayor relevancia.

Antes de morir en 1212 o 1213, Godofredo narró su historia, probablemente empleando apuntes de la época para apoyar su memoria. Como miembro de la pequeña élite de líderes de la cruzada, Godofredo participó en gran número de reuniones clave y su texto resulta incomparable por el conocimiento que nos proporciona sobre su funcionamiento. Con tenacidad, el mariscal proclama la veracidad de su trabajo: «El autor de esta obra... nunca ha escrito a sabiendas nada contrario a la verdad».[23] No obstante, algunos historiadores no están tan convencidos de ello y lo consideran un apologista que oculta aquellos hechos que podrían afectar negativamente la reputación de la campaña (su obra, por ejemplo, omite todos los detalles del saqueo de Constantinopla) y que silencia cualquier indicio que pudiera sugerir la posibilidad de que existiera un complot para desviar la expedición hacia Bizancio. Pese a ello, es más común que se vea a Godofredo bajo una luz más positiva, como un hombre inmerso en los valores de la clase guerrera a la que pertenecía. Es posible que, debido a ello, omita ciertos episodios o manifieste opiniones distorsionadas, pero, en general, no se le atribuye ningún propósito oscuro.[24]

Entre quienes tomaron la cruz en Écry se encontraban Reinaldo de Montmirail, primo de Teobaldo y Luis, y Simón de Montfort, un personaje que posteriormente se haría tristemente célebre como líder de la despiadada cruzada contra los herejes cátaros de la Francia meridional en 1208-1209. Simón ya había estado luchando en Tierra Santa en 1198-1199 y entonces estaba preparado para comprometerse con la causa cruzada por segunda vez.[25]

La región de Île de France proporcionó otro contingente; su líder fue el obispo Nivelon de Soissons. La implicación de clérigos destacados en las Cruzadas fue muy común a lo largo del movimiento. Tales personajes eran con frecuencia parientes cercanos de importantes nobles y se los necesitaba para que proporcionaran dirección espiritual a las tropas a través de oraciones regulares y de la confesión y la absolución, algo esencial antes de una gran batalla.

El entusiasmo por la cruzada empezó a difundirse por toda la Europa septentrional. El 23 de febrero de 1200, Miércoles de Ceniza, el conde Balduino de Flandes y su esposa María abrazaron la cruz en la ciudad de Brujas. Por encima de todas las demás casas nobles de Occidente, los condes de Flandes podían jactarse de poseer el más largo e intenso compromiso con la causa cruzada: el conde Roberto II había sido uno de los héroes de la Primera Cruzada; el conde Carlos el Bueno había luchado en defensa de Tierra Santa durante un año hacia 1108 aproximadamente; el conde Teodorico había participado en no menos de cuatro cruzadas a Levante en 1139, 1146-1149, 1157-1158 y 1164, un historial único de resistencia y piedad; el conde Felipe había estado en Levante entre 1177 y 1178 y había muerto en Acre en 1191. Con este pasado a sus espaldas, cualquiera podría concluir que la decisión de Balduino de hacerse cruzado no era más que cuestión de oportunidad.[26]

El conde tenía veintiocho años; su esposa, veintiséis. Ella era hermana de Teobaldo de Champaña y, por tanto, tenía sus mismos ancestros cruzados y lazos con la casa real de Jerusalén. Balduino y María habían sido prometidos de niños y habían contraído matrimonio a la edad de catorce y doce años respectivamente; sin embargo, a diferencia de muchos matrimonios acordados de la Edad Media, su relación fue (hasta donde sabemos) estrecha. Gislebert de Mons, un cronista contemporáneo, se refirió al «ardiente amor» de Balduino por María y lo elogió por haber sabido rechazar a todas las demás mujeres como pocos nobles de la época hicieron. Se dice que el conde estaba profundamente satisfecho con su esposa y que no acudió a la usual colección de prostitutas y amantes casuales que con tanta frecuencia encontramos en los matrimonios sin amor de los niveles más elevados de la sociedad medieval. Incluso en los documentos oficiales, Balduino opta por hacer cumplidos a su esposa; en lugar de limitarse a mencionar a María como testigo de una escritura, el conde se refiere a ella como «mi bella esposa», «mi adorada esposa» o «mi amadísima esposa», lo que está muy lejos del árido lenguaje de la diplomacia. Esto no era pura convención, sino un signo de la profunda devoción que Balduino le profesaba. Su amor por María era ampliamente conocido; el escritor bizantino Nicetas Choniates, que por lo general se muestra hostil con los occidentales que saquearon su querida Constantinopla, escribió de Balduino: «Además, en sus deberes hacia Dios era devoto, y se dice que su conducta personal se caracterizaba por la templanza; durante el largo tiempo que estuvo separado de su querida esposa, ni siquiera dirigió una mirada a otra mujer». Al parecer, Balduino esperaba que sus compañeros cruzados siguieran un código de conducta similar en lo que se refiere a la continencia, pues Nicetas continúa señalando: «Todavía más importante resulta el hecho de que dos veces por semana ordenaba que un heraldo proclamara que nadie que durmiera dentro del palacio podía mantener relaciones sexuales con cualquier mujer que no fuera legalmente su esposa».[27]

En la época en que Balduino y María abrazaron la cruz, ella se encontraba embarazada por primera vez, de una niña, Juana, que nacería a finales de 1199 o principios de 1200. La presencia en la cruzada de las esposas de grandes personalidades no extrañaba. La abuela de María, Leonor de Aquitania, constituye un precedente obvio (y tristemente célebre), y Ricardo Corazón de León se había casado con su prometida, Berenguela de Navarra, en Chipre, mientras viajaba a Oriente para participar en la Tercera Cruzada. Además de los sentimientos personales y el deseo de estar junto a sus esposos, lo que explicaba la presencia de mujeres como María en las cruzadas era una compleja mezcla en la que a la devoción religiosa se sumaba la necesidad de continuar intentando procrear herederos y la capacidad del señor para proteger y alimentar a su propia familia. Muchos otros flamencos, entre ellos el hermano de Balduino, Enrique, tomaron la cruz y partieron hacia Tierra Santa; estos formaban un contingente fuerte y experimentado que incluía a varios veteranos de la Tercera Cruzada, así como a numerosos hombres pertenecientes a familias con importantes tradiciones cruzadas a lo largo del siglo XII.

Después de que los flamencos se unieran a la expedición, Villehardouin señala que el conde Hugo de Saint-Pol, el conde Pedro de Amiens y el conde Godofredo de Perche, otros tres importantes nobles de la Francia septentrional, también decidieron comprometerse con la cruzada junto con un gran número de sus caballeros y hombres de armas. A los historiadores de la Cuarta Cruzada les resulta especialmente significativo un recluta del segundo de estos contingentes: Roberto de Clary, un humilde caballero, vasallo de Pedro de Amiens, que escribió un relato de sus experiencias que nos proporciona una de las narraciones más vívidas y excitantes sobre la campaña. Roberto regresó de la expedición en 1205 y en 1216 escribió o dictó su obra, que está compuesta en francés antiguo y no en el latín empleado por el clero. Su relato está contado desde la perspectiva de un caballero discreto que, a diferencia de Villehardouin, no estaba en contacto con los niveles más altos en los que se tomaban las decisiones. Su obra se encuentra plena de ideas y opiniones sobre cómo y por qué la cruzada se desarrolló de la forma en que lo hizo, y sus experiencias en primera línea en Constantinopla y su sentido de la maravilla ante el tamaño y dimensiones de la gran ciudad añaden especial fuerza y valor a su autoridad como fuente histórica primaria. Al igual que Villehardouin, Roberto menciona a distintos individuos de los contingentes franceses que tomaron la cruz y «llevaban estandartes» para indicar su estatus como caballeros ricos.[28]

En la primavera de 1200, los nobles decidieron reunirse en la ciudad de Soissons en el norte de Champaña. A pesar de la implicación de personajes tan distinguidos, aún había alguna preocupación de que, en términos generales, el número de cruzados fuera demasiado reducido para la empresa. Se acordó celebrar otra reunión dos meses más tarde, en Compiègne, donde se tomaron importantes decisiones para la expedición.[29]

Quizá para esta época la noticia de que la cruzada estaba consiguiendo apoyo en el Sacro Imperio ya había llegado al norte de Francia. Gracias al sermón del abad Martín en Basilea y al trabajo de otros predicadores, se había logrado que hombres como Conrado, obispo de Halberstadt (en Sajonia), se unieran a la cruzada con un contingente de considerables dimensiones. En cualquier caso, los nobles reunidos en Compiègne estuvieron debatiendo aspectos fundamentales de la cruzada. Podemos suponer que discutieron sobre cuestiones económicas en general y sobre cómo pensaba cada uno financiar su expedición. Indicarían cuántos hombres esperaban en sus séquitos y, probablemente, pensarían en quién más podría unírseles. Además, esta también era la oportunidad de decidir una cuestión crucial: cómo llegarían hasta el Mediterráneo oriental. La primera y la Segunda Cruzadas habían optado por recorrer Europa, atravesar el Imperio bizantino y abrirse camino luchando en Asia Menor hasta alcanzar el norte de Siria. Sin embargo, desde 1182 los bizantinos se habían opuesto con determinación a sus compañeros cristianos y eran claramente hostiles a cualquier incursión de los occidentales. El emperador Federico Barbarroja había logrado avanzar hasta Constantinopla y derrotar en batalla a los turcos selyúcidas en 1190, pero Ricardo y Felipe habían preferido navegar hasta Levante. Y fue esta última vía la que los nobles franceses reunidos en Compiègne decidieron seguir. En realidad, se trataba de la única opción realista que tenían a su disposición, teniendo en cuenta la enemistad de los griegos y el ejército relativamente limitado con el que contaban.

Muchos de los ancestros cruzados de los flamencos, un pueblo de marineros, habían navegado desde el norte de Europa, pasando a través del canal de la Mancha y bordeando la península ibérica para llegar finalmente a Tierra Santa.[30] Pero, aunque la ruta marítima constituía una opción más rápida que cualquier otra y —en términos militares— también más segura, para la mayoría de los que participaron en la Cuarta Cruzada un viaje por mar hasta Levante era una perspectiva aterradora. Mientras que una expedición por tierra tardaría por lo menos ocho meses, era posible viajar por barco desde Italia hasta el Mediterráneo oriental en un plazo de entre cuatro y seis semanas.[31] Pero en vista de que los cruzados de la Francia septentrional no eran navegantes y de que los flamencos carecían de las embarcaciones necesarias para transportar todo el ejército reunido, era necesario acudir a los servicios de ciudades marítimas italianas como Venecia, Génova o Pisa.

Estas tres ciudades constituían las tres potencias comerciales más desarrolladas de la Europa occidental y sus flotas mercantes recorrían toda la cuenca del Mediterráneo, incluso para comerciar con los territorios musulmanes del norte de África y España. Todas ellas habían participado en cruzadas a Tierra Santa y contra los musulmanes en las islas Baleares y la península ibérica. La intensa devoción religiosa que permeaba entonces toda la Europa occidental no se detenía a las puertas de los grandes centros mercantiles y los italianos poseían una potente mezcla de celo religioso e ilimitada ambición comercial.[32] Cada uno de estos centros estaba imbuido de un profundo sentido del deber cristiano y había participado en las guerras santas por la posibilidad de recibir recompensas espirituales; los cruzados de estas ciudades estaban tan decididos y encantados con la idea de recuperar Tierra Santa para los fieles como los demás católicos de Europa. De igual forma, les atraía la posibilidad de volver de Oriente con reliquias que venerar en sus iglesias: el tesoro de la catedral de San Lorenzo en Génova todavía incluye un fragmento de la Vera Cruz, una bandeja en la que se creía había sido llevada la cabeza de Juan el Bautista y un hermoso cuenco verde esmeralda proveniente de Cesarea, que alguna vez fue considerado el mismísimo Santo Grial. En la Primera Cruzada los venecianos se hicieron con el cuerpo de san Nicolás, y de la cruzada de 1123-1124 a Tiro regresaron con un bloque de piedra sobre el que, según se decía, Jesús había predicado.[33] Ligado de forma indisoluble con este celo religioso y su perspicacia comercial, pisanos, venecianos y genoveses contaban con un creciente sentimiento de orgullo por los logros de sus respectivas ciudades. Los italianos no consideraban esta mezcla de desarrollo espiritual, empresa comercial y prestigio ciudadano como la infeliz combinación que puede parecernos hoy. Un cronista genovés describe la toma del puerto de Almería en el sur de España en 1147 de la siguiente forma: «Conquistaron la ciudad para gloria de Dios y de toda la Cristiandad y decidieron mantenerla bajo su control por la necesidad que de ella tenían todos los cristianos y por el honor de Génova».[34]

Los italianos eran, sin lugar a duda, devotos cristianos; no obstante, su apoyo al movimiento cruzado había tenido siempre un precio considerable. En los primeros años de la conquista franca de Tierra Santa había sido necesario conquistar muchas de las ciudades y poblaciones costeras de Levante. Los cruzados no estaban en condiciones de proporcionar las naves para transportar a los occidentales que participarían en estas campañas y carecían de los conocimientos necesarios para organizar ataques marítimos en lugares como Cesarea, Beirut, Acre y Sidón. A cambio de sus servicios y conocimientos, los italianos adquirieron calles y casas en estas ciudades y derechos para usar los puertos y centros comerciales de cada una, algo que les resultaba en extremo rentable.

De igual forma, cada comunidad tenía su propia iglesia, dedicada al santo patrono de su ciudad de origen. Así, encontramos una iglesia de San Lorenzo en el barrio genovés de Acre y una de San Marcos en el distrito controlado por los venecianos. Además, se concedió a los italianos el derecho de administrar su propia justicia a su gente (una prerrogativa especialmente importante que mermaba la autoridad del señor o monarca local). Consecuencia fundamental de ello fue que en los estados cruzados crecieron pequeñas colonias de genoveses, venecianos y pisanos, manejadas por personal enviado desde cada ciudad de origen. Los mercaderes y administradores probablemente trabajaban en ellas durante períodos de dos o tres años antes de volver a casa.

Los italianos proporcionaban a los colonos francos un contacto esencial con Occidente. Dos veces al año, en marzo y septiembre (para Pascua y Navidad), partían desde Italia grandes flotas para transportar a Levante tanto a peregrinos y cruzados como a nuevos colonos. Las embarcaciones iban además cargadas con telas, lana y metal, que los italianos comerciaban a cambio de especias, seda, aceite y azúcar que luego llevaban a Europa. El puerto más importante del Mediterráneo oriental en esa época era, no obstante, una ciudad egipcia: Alejandría. El hecho de que esta ciudad estuviera controlada por los musulmanes no impedía que los italianos tuvieran allí sus propios puestos avanzados y mantuvieran relaciones comerciales normales con los locales. Con todo, es evidente que en épocas de crisis era posible que la situación se tornara peligrosa para los italianos destinados a esta ciudad, que podían ser expulsados por sus gobernantes o, en raras ocasiones, asesinados, como ocurrió en 1174. En cualquier caso, los requerimientos del mundo comercial no estaban dictados por la fe. El propio Saladino tuvo que justificar la presencia de los italianos en Egipto a su superior espiritual, el califa de Bagdad, y explicarle que comerciar con metales y equipo militar era esencial para su causa. De forma paralela, los mercaderes musulmanes podían moverse libremente a través de los estados cruzados y llevar sus mercancías de Damasco y Alepo a puertos como Acre y Beirut. Tenían que pagar altísimos impuestos, es cierto, pero lo mismo ocurría a los comerciantes francos que decidían aventurarse en territorio musulmán. Ibn Jubayr, un musulmán español que realizó una peregrinación a Tierra Santa en 1184, se sintió muy sorprendido por esta situación y escribió a propósito que:

> Una de las cosas más asombrosas es que, aunque el fuego de la discordia entre ambas partes continúa ardiendo... los viajeros musulmanes y cristianos van y viene sin interferencia. El sultán [Saladino] asediaba [el castillo de Kerak, en Transjordania], pero las caravanas continuaban viajando con éxito de Egipto a Damasco, recorriendo el territorio sin impedimento de su parte. De la misma forma, los musulmanes viajaban constantemente de Damasco a Acre, y tampoco ningún comerciante cristiano fue detenido u obstaculizado en territorios musulmanes... La seguridad no los abandona [a los mercaderes] en ninguna circunstancia, ya sea en la paz o en la guerra.

El prolongado sitio de Acre (1189-1191) hizo que el comercio se interrumpiera durante un tiempo, pero una vez se recuperó una relativa calma, el mundo del comercio volvió a la normalidad y los mercaderes y traficantes cruzaron una y otra vez las líneas que el enfrentamiento entre el cristianismo y el islam había trazado.[35]

Las tres ciudades italianas eran encarnizadas competidoras y en muchas ocasiones su rivalidad derivó en conflicto abierto; de hecho, en la época de la Cuarta Cruzada, Génova y Pisa estaban enzarzadas en una intensa disputa. A pesar de los intentos del papa por mediar en la pugna, sus continuas luchas hacían que les resultara difícil considerar la posibilidad de transportar un gran ejército hasta Tierra Santa.[36] Además, las disputas derivadas del transporte del ejército del rey Felipe II por parte de los genoveses durante la Tercera Cruzada hacían que los franceses estuvieran menos dispuestos a comprometerse con estos de forma exclusiva.

Los enviados se dirigieron entonces a Venecia. En su bula de agosto de 1198, Inocencio III había mencionado explícitamente el envío de su legado Sofredo a Venecia «en busca de ayuda para Tierra Santa»; en todo caso, estando Pisa y Génova enfrentadas, no tenía otra alternativa.[37]

Villehardouin señala que, cuando los líderes de la cruzada se reunieron en Compiègne, decidieron nombrar a seis enviados para negociar el transporte marítimo del ejército cruzado. Se les dieron diplomas, documentos sellados por los principales nobles en los que prometían respaldar cualquier acuerdo al que llegaran sus representantes. Se trataba obviamente de una enorme responsabilidad y los seis hombres fueron escogidos con el máximo cuidado: dos de cada uno de los contingentes dirigidos por Teobaldo, Luis y Balduino. Entre ellos estaba Godofredo de Villehardouin, cuya crónica nos brinda una visión única del proceso de toma de decisiones.[38]

Los términos que estos hombres negociaron tuvieron una gran influencia en el resultado final de la cruzada. El acuerdo al que llegaron fomentó una situación que orientó las acciones de los ejércitos de una forma que nadie habría podido prever y que, en última instancia, fue determinante para el terrible desenlace de la expedición. Villehardouin y sus compañeros, por supuesto, no habrían podido pronosticar las consecuencias de la campaña y partieron de buena fe a conseguir el transporte del ejército de Cristo encargado de recuperar Su patrimonio. En los primeros meses de 1201 cruzaron los Alpes y llegaron al norte de Italia, probablemente por Plasencia, y de allí se desplazaron a Venecia, ciudad a la que llegaron en marzo, en la primera semana de Cuaresma.

4

«Nuestros señores os ruegan, en nombre de Dios, que tengáis piedad de ultramar»

El tratado de Venecia, abril de 1201

Levantada sobre un puñado de islas en una laguna al norte del mar Adriático, la ciudad de Venecia era una fuerza poderosa e independiente en el mundo medieval, que podía ostentar una historia llena de orgullo y distinción.[1] Las islas que conforman la ciudad habían estado habitadas por pescadores desde la época de los romanos, cuando la región formaba parte del gran imperio. En aquellos días las lagunas eran mucho más amplias y se extendían tanto hacia el interior como al norte y sur de la zona sobre la que luego se alzaría Venecia. Con el declive del Imperio romano, entre el siglo IV y V la mayor parte de Italia quedó bajo el dominio de las tribus germánicas. Una de las excepciones fue el territorio conocido como Venecia, que permaneció bajo el control de funcionarios enviados desde Constantinopla, convertida en la «Nueva Roma» a partir del año 331, cuando los emperadores buscaron una sede más segura hacia el este. Durante los siglos siguientes, este vínculo con Bizancio resultaría fundamental para el desarrollo de la ciudad.

La invasión de Italia por los lombardos en el año 580 obligó a muchos refugiados procedentes del continente a establecerse en las islas de las lagunas. Diversos asentamientos fueron creciendo y para 697 los funcionarios bizantinos decidieron nombrar al primer dogo encargado de gobernar la zona. En el año 810, Pipino, hijo de Carlomagno, intentó conquistar la región en nombre del

Imperio franco, pero fue incapaz de llegar hasta la isla de Rialto, que ya entonces constituía el centro neurálgico del asentamiento.

Un tratado de paz firmado a continuación aclaraba que Venecia pertenecía al Imperio bizantino, pero los habitantes pronto empezaron a afirmar su independencia. Un vivo símbolo de ello tuvo lugar en el año 829, cuando las reliquias de san Marcos fueron robadas en Alejandría y la ciudad lo adoptó como su patrono en lugar de Teodoro, un santo militar griego. Sin embargo, la pérdida de vínculos políticos no supuso una ruptura total entre Venecia y Constantinopla y las relaciones comerciales entre ambas siguieron siendo fuertes, al igual que la influencia cultural griega, determinante, por ejemplo, en la arquitectura.

Por esta época, los venecianos concentraban sus conocimientos como navegantes en la multitud de valles que forman distintos ríos al pie de los Dolomitas, en el norte de Italia. Estos marineros se convirtieron en magníficos comerciantes que vendían sal y pescado procedentes de su propia región, así como productos del Mediterráneo importados por mercaderes bizantinos (especias, seda, incienso), a cambio de los granos y demás alimentos de primera necesidad que no podían cultivar en sus pequeñas y arenosas islas.

Durante los siglo IX y X, las regiones vecinas, como el valle del Po, se pacificaron, la economía prosperó y los venecianos comenzaron a viajar cada vez más lejos para satisfacer la creciente demanda de productos suntuarios. Sus naves se adentraron en el Mediterráneo con mayor frecuencia para comerciar con los musulmanes del norte de África, así como con Asia Menor y Levante. Los esclavos procedentes de los países eslavos y la madera de las llanuras y montañas del norte de Venecia se convirtieron en importantes productos de exportación. Unos y otros eran vendidos en las costas africanas a cambio de oro, que los venecianos empleaban para comprar en Constantinopla bienes de lujo que luego vendían en Occidente. Este aumento del comercio, unido a la disponibilidad de la madera, redundaron en el surgimiento de una industria veneciana de construcción naval que ayudó a sostener la supremacía comercial de la ciudad.

En 1082, el emperador Alejo I favoreció a los venecianos al eximirlos completamente del pago de aranceles en todo el Imperio bizantino, algo que impulsó, de forma sustancial, la economía de la ciudad.[2] En el siglo XI, Venecia era una potencia económica y política fuerte, rica y llena de energía. A diferencia de sus rivales Pisa y Génova, había conseguido mantener su independencia frente al emperador germánico, que gobernaba la mayor parte de la Italia septentrional, y en la época de la Cuarta Cruzada había crecido hasta convertirse en uno de los centros urbanos más grandes de Europa, con una población de aproximadamente sesenta mil habitantes, distribuidos en distintas islas alrededor de Rialto.

A principios de 1202, los enviados detuvieron sus caballos en el extremo oriental de la llanura veneciana y subieron a pequeñas barcazas para recorrer el último trayecto de su viaje. Las embarcaciones atravesaron la exuberante vegetación de las lagunas y se abrieron paso hasta las verdes aguas, desde donde pudieron ver por primera vez Venecia. La silueta de la ciudad que vieron era muy diferente de la de los demás pueblos y centros urbanos del norte de Italia. Siglos de rivalidad habían convertido lugares como Siena, Génova, Bolonia y Perusa en bosques de altas torres de piedra. Estas edificaciones, construidas por familias o grupos de parientes, constituían una afirmación de riqueza y poder, y servían como defensa contra las agresiones procedentes de dentro y fuera de la ciudad. Venecia no contaba con tales torres, en parte, porque no padeció muchas convulsiones políticas (el sistema no hereditario para la elección del dogo funcionó bastante bien) y, en parte, por cuestiones de carácter práctico, pues la arena sobre la que se levantaba no podía soportar semejantes construcciones. El suelo arcilloso de la laguna (bajo la arena) y los pilares de madera servían hasta cierto punto como cimientos, pero esta debilidad esencial y la ausencia de piedras en la localidad dificultaron la construcción de edificios altos. Incluso en nuestros días Venecia continúa siendo una ciudad de construcciones bajas y ofrece un perfil en el que destaca principalmente el *campanile,* el campanario de la plaza de San Marcos. Construido originalmente en 1173, la actual estructura procede del siglo XVI y tuvo que ser reconstruida piedra a piedra tras derrumbarse en 1902.

Poco después de la llegada de los enviados, el magistrado supremo de Venecia, el dogo Enrico Dandolo, dio la bienvenida a los franceses. Este extraordinario personaje estaba destinado a convertirse en una de las principales figuras de la Cuarta Cruzada.[3] Para entonces se trataba ya de un anciano venerable que superaba los noventa años, y además era ciego. Que hubiera sobrevivido hasta edad tan avanzada, una auténtica rareza en la Edad Media, es prueba de que era un hombre de constitución fuerte, aunque al parecer la genética favoreció en general a la familia Dandolo, pues muchos otros miembros del clan vivieron ochenta años o más.[4] Enrico había quedado ciego en la década de 1170 y le contó a Villehardouin que debía esta discapacidad a haberse dado un fuerte golpe en la cabeza. Rumores posteriores sugieren que la herida le había sido infligida por el emperador Manuel Comneno durante una embajada a Constantinopla en 1172. Manuel se había dado cuenta de que Dandolo era un peligroso adversario, así que había hecho que sus hombres lo ataran y luego lo cegaran empleando un cristal para reflejar en sus ojos los rayos del sol. Y, cuenta la historia, Dandolo juró vengarse de los griegos, lo que explicaría por qué la Cuarta Cruzada se desvió hacia Constantinopla. Por desgracia, este ingenioso razonamiento no coincide con lo que el propio Enrico dijo a Villehardouin, y sabemos con certeza que el dogo todavía podía ver en 1176. Por lo tanto, pese a lo atractiva que pueda ser, la idea de que Dandolo albergaba desde tiempo atrás un rencor hacia los griegos por haber sido cegado por Manuel Comneno es insostenible.[5]

A pesar de su discapacidad, Dandolo era un hombre de un vigor, una energía y una determinación increíbles, dedicado por completo a salvaguardar la fortuna y el honor de su gente. Algunos de sus contemporáneos, entre ellos Inocencio III —y algunos historiadores posteriores—, lo acusaron de ser un individuo de gran codicia y ambición; sin embargo, también es cierto que muchos de los cruzados alabaron sus cualidades.[6] Gunther de Pairis lo describe así: «Sus ojos podían estar privados de visión, pero su mente tenía tal perspicacia que su ceguera física quedaba compensada por un intelecto vivo y, por encima de todo, una capacidad de previsión incomparable. En cuestiones que resultaban poco claras, los demás buscaban siempre su consejo y, por lo general, seguían su ejemplo en los asuntos públicos».[7] Balduino

EL TRATADO DE VENECIA, ABRIL DE 1201

de Flandes se refirió a la gran estimación que todos los cruzados le profesaban.[8] Roberto de Clary consideraba que Dandolo había sido un hombre valiosísimo para la campaña.[9]

Dandolo había sido elegido dogo en 1192 y con rapidez asumió el cargo, haciendo hincapié tanto en su prestigio personal como en el municipal. Una manera de hacerlo fue reformar el sistema de acuñación de la ciudad que pasó del céntimo de plata estándar a una nueva denominación que incluía un gran *grosso* de plata que equivalía a veinticuatro céntimos. En la Edad Media no existía un patrón de acuñación a nivel nacional (y mucho menos internacional), y cada ciudad o condado tenía su propia moneda, lo que dio origen a un gigantesco y complejísimo mercado cambiario.

Además de su función financiera, las monedas podían indicar la manera en que determinada ciudad o región quería ser reconocida. En una época anterior al desarrollo de los medios de comunicación, las monedas eran uno de los pocos objetos que contaban con una amplia circulación y su diseño permitía transmitir una imagen particular de una región y sus gobernantes mucho más allá de sus límites geográficos. Algunos gobernantes, como los reyes de Francia, no participaron en esta actividad y se limitaron a acuñar monedas sin imaginación, adornadas solo con sus nombres, títulos y una simple cruz; otros, como los emperadores germánicos, prefirieron representar al monarca enfundado en su traje de ceremonias y sentado en el trono. En 1194, Dandolo decidió cambiar las monedas venecianas y su *grosso* fue una obra maestra de imaginería política y religiosa, así como una declaración de la pujanza económica de la ciudad (véase el cuadernillo de ilustraciones).

En una de sus caras, la moneda nos ofrece una hermosa representación de Cristo en su trono, mientras que en la otra vemos a san Marcos, el santo patrono de Venecia, bendiciendo al dogo, cuyo nombre puede leerse cerca del borde de la moneda. En otras palabras, el *grosso* mostraba la aprobación divina concedida al dogo y subrayaba que su autoridad estaba vinculada a la protección que el santo ofrecía al magistrado de la ciudad. Esta moneda fue en su momento la de mayor valor de Europa y su calidad y pureza (era plata en no menos de un 98,5 %, lo que la hacía superior a cualquier otra en todo Occidente) la hicieron merecedora de toda clase de elogios.

Debido a la posición de Venecia en el comercio internacional de la época, Dandolo no estaba interesado únicamente en los mercados de Europa occidental, sino también en los del mundo bizantino y el Mediterráneo oriental. Los venecianos habían empleado antes monedas procedentes del reino de Jerusalén y, en la segunda mitad del siglo XII, monedas bizantinas. Sin embargo, la pureza de estas había descendido en las últimas décadas, lo que unido a las inestables relaciones entre griegos y venecianos desaconsejaba confiar en ellas. El nuevo *grosso* estaba destinado a dar mayor independencia a los venecianos y pronto fue reconocido internacionalmente como la moneda de plata más importante de Europa y el Mediterráneo. El hecho de que fuera Enrico Dandolo quien la introdujo revela que era un hombre que poseía una gran visión política y económica.[10]

Los enviados de los cruzados se encontraron, por tanto, con un dirigente extraordinario y con muchísima experiencia, que conocía la forma adecuada de conducirse en el comercio y la diplomacia y que confiaba plenamente en las capacidades de su ciudad. Dandolo escuchó las credenciales de los embajadores y sus cartas de presentación y reconoció que se trataba de personas de altísima categoría; luego les pidió que le hablaran de su misión. Villehardouin señala que los franceses manifestaron su deseo de dirigirse al consejo de la ciudad para presentar a sus miembros el mensaje de sus señores. Sin embargo, aunque los enviados esperaban poder hacer esto al día siguiente, Dandolo respondió que necesitaría cuatro días para convocar una asamblea.

Los cruzados se presentaron a su debido momento en el palacio del dogo, ubicado junto a la iglesia de San Marcos en Rivo Alto, hoy Rialto, la isla central de Venecia. Villehardouin describe el palacio como un edificio bellísimo y ricamente amueblado. Allí, las principales figuras de la ciudad, el dogo y un grupo de jueces conocido como el Pequeño Consejo, aguardaban a los emisarios. Uno de los enviados se dirigió a este distinguido público de la siguiente forma:

Mis señores, nos presentamos ante vosotros en nombre de los principales nobles de Francia que han abrazado la cruz para vengar el ultraje sufrido por nuestro Señor y, si Dios lo permite, reconquistar Jerusalén. Y como nuestros señores saben que no hay nadie que pueda ayudarlos tan bien como vosotros, os ruegan, en nombre de Dios, que tengáis piedad de ultramar y del ultraje sufrido por nuestro Señor, y cortésmente os piden que hagáis cuanto esté en vuestras manos para proporcionarles una flota de naves de guerra y de transporte.

Aunque formulada en los conocidos términos de la guerra santa para recuperar el patrimonio de Cristo, lo que estos embajadores transmitieron a los dirigentes venecianos fue una solicitud directa de apoyo militar. Estos conocían de sobra el llamamiento del papa Inocencio a una nueva cruzada gracias a la visita del legado Sofredo y, gracias a sus redes comerciales, debían de contar con una idea bastante clara de cuál era la situación política y estratégica en Levante.[11]

«¿Cómo podemos hacerlo?», preguntó el dogo. A lo que los enviados respondieron: «En cualquier forma que creáis conveniente aconsejar o proponer siempre y cuando nuestros señores puedan cumplir con vuestras exigencias y pagar el coste». Quizá desconcertado por la magnitud de lo que se le solicitaba, el dogo pidió a los enviados una semana antes de darles una respuesta: «Que no os sorprenda una espera tan larga, pues un asunto tan importante requiere toda nuestra atención». Dandolo tenía razón al solicitar un período de gracia. Si aceptaba la propuesta de los enviados —y en este punto ellos tenían que haberle proporcionado alguna idea del número de efectivos con que esperaban contar— estaría pidiendo a su gente dar el paso más ambicioso de su historia comercial. Para transportar a los cruzados franceses a Tierra Santa se requeriría un esfuerzo sin precedentes en el comercio medieval. El número de embarcaciones necesarias para esta tarea implicaría toda la flota veneciana y, quizá, exigiría la construcción de muchas naves nuevas. Dedicar toda la mano de obra de la ciudad a un único proyecto era una idea capaz de dejar sin aliento a cualquiera; de hecho, semejante empresa prácticamente obligaría a suspender toda otra actividad comercial con el mundo exterior. Es como si en nuestros días una importante aerolínea internacional tuviera que suspender todos sus vuelos durante un año para adecuarse a los planes de un único cliente, al que luego serviría de forma exclusiva durante determinado período de tiempo. Para nosotros, los riesgos de semejante empresa resultan aterradoramente altos; solo las más firmes garantías (y las mayores recompensas) podrían permitir cerrar un acuerdo semejante. En el caso de la Cuarta Cruzada es necesario que pensemos en dos grandes motores: la fe y el comercio. Los venecianos tenían poderosos alicientes para participar en ella: por un lado, eran cristianos; por otro, esperaban conseguir unas ventajas económicas incomparables y duraderas en el Mediterráneo oriental.

Además de construir las naves necesarias, los venecianos participarían en la expedición como encargados de pilotar la flota. Esto significaba que la ciudad involucraría en esta cruzada a muchísimos más hombres de los que había proporcionado cualquier otra. Por otra parte, su dogo también estaría implicado, algo que resultaba apropiado para el gobernante de un estado marítimo. Entre 1122 y 1124 el dogo Doménico había dirigido una cruzada a Tiro, y ahora Enrico Dandolo se proponía hacer lo mismo. La idea de que un hombre de su edad estuviese dispuesto a someterse a los rigores del viaje por mar y de la guerra santa evidencia su increíble devoción y resolución. (Entre paréntesis podríamos añadir que muchos de los líderes de la Primera Cruzada fueron hombres de edad relativamente avanzada; se ha sugerido que su intención era terminar sus días en Tierra Santa y ser enterrados en el lugar que Cristo santificó con su presencia: quizá Dandolo pretendía tener un destino similar).[12] Dado el extraordinario nivel de compromiso exigido, Dandolo y sus conciudadanos debieron de haber querido contar con la más segura de las garantías de que sus trabajos serían recompensados. Si el acuerdo se venía abajo, Venecia quedaría arruinada y Dandolo sería el principal responsable de semejante catástrofe.

Una semana después, los enviados regresaron al palacio y, tras nuevas deliberaciones, Dandolo anunció los términos de la oferta que los venecianos tenían para los cruzados, oferta sujeta a la aprobación del Gran Consejo y de la asamblea comunal. Poseemos esa información gracias a Villehardouin:

> Construiremos transportes con capacidad para cuatro mil quinientos caballos y nueve mil escuderos y otras naves para llevar a cuatro mil quinientos caballeros y veinte mil soldados de a pie. Incluiremos en nuestro contrato el suministro de nueve meses de raciones para todos los hombres y de pienso para todos los caballos. Esto es lo que haremos por vosotros, y no menos, a condición de que paguéis [cuatro] marcos por caballo y dos marcos por hombre. Además, nos atendremos a los términos de la alianza que ahora ponemos ante vosotros durante el lapso de un año desde el día en que zarpemos del puerto de Venecia para actuar en servicio de Dios y de la cristiandad. El coste total de lo que hemos resumido aquí asciende a ochenta y cinco mil marcos. Y haremos más que esto. Proporcionaremos, por amor a Dios, cincuenta galeras armadas adicionales, a condición de que mientras dure nuestra sociedad tengamos nosotros una mitad y vosotros la otra de todo aquello que ganemos, ya sea por tierra o por mar. Ahora os corresponde decidir si podéis aceptar y cumplir con nuestras condiciones.[13]

El tratado ha sido conservado en su totalidad y, en general, los puntos clave son los señalados por Villehardouin, aunque incluye detalles adicionales como el suministro de alimentos para los cruzados (trigo, harina, fruta, legumbres, vino y agua) y, de igual forma, las provisiones necesarias para sus caballos.[14]

Los enviados solicitaron un día para considerar la oferta y, tras un largo debate que se prolongó hasta la noche, al final decidieron que estaban de acuerdo con sus términos. A la mañana siguiente manifestaron formalmente su aceptación. No obstante, el acuerdo no estaba todavía cerrado, pues ahora el dogo tenía que convencer a sus conciudadanos de que respaldaran el plan. En primer lugar, necesitaba persuadir al Gran Consejo, conformado por los cuarenta hombres más distinguidos de la ciudad. Según Villehardouin, Dandolo discutió con ellos su propuesta y poco a poco fue convenciéndolos de que debían aprobar el contrato. El enviado señaló que unos cuantos miembros del consejo se mostraron inicialmente renuentes y, dada la magnitud de la propuesta, no es sorprendente que llevara tiempo persuadir a algunos. Después de esto, era necesario que el pueblo de Venecia manifestara su apoyo al proyecto. Dandolo comprendió que para esto era necesario realizar un llamamiento de carácter más bien emotivo y por ello eligió un escenario especialmente apropiado para conseguir el resultado que deseaba.[15]

Además de conocer las ventajas comerciales que el acuerdo reportaría a Venecia, Dandolo era un hombre piadoso al que la idea de liberar Tierra Santa le resultaba estimulante. A fin de cuentas, este era el propósito fundamental de todo el movimiento cruzado y —con Villehardouin y sus acompañantes como representantes visibles de esa esperanza y como hombre que había jurado luchar y, de ser necesario, morir por Dios— era importante aprovechar la religiosidad del pueblo veneciano. Dandolo invitó a diez mil personas del pueblo a escuchar la misa del Espíritu Santo en la iglesia de San Marcos y a orar para que Dios los guiara en la solicitud de ayuda formulada por los enviados de los cruzados franceses.

La iglesia de San Marcos había empezado siendo una capilla privada del dogo, cuyo palacio se encontraba (y todavía se encuentra) al lado de ella.[16] El primer templo fue construido para albergar las reliquias de san Marcos, robadas en Alejandría en el año 828. El hundimiento del edificio y algunos incendios obligaron luego a emprender diversos programas de reconstrucción. San Marcos tiene forma de cruz griega (los cuatro brazos son de la misma longitud) y el reemplazo de su techo de madera con cinco bóvedas de ladrillo en la segunda mitad del siglo XI fue el que sirvió de base al edificio que vemos hoy. Esas bóvedas todavía se encuentran en su lugar, pero desde el exterior es difícil apreciarlas al haber quedado ocultas bajo las actuales cúpulas de plomo que dominan el paisaje de la ciudad. En otras palabras, al imaginar el templo que Villehardouin visitó en su época debemos pensar en un edificio más bajo y plano que el actual. Para aguantar estas bóvedas se levantaron muros grandes y gruesos, y se añadieron varios ábsides y un porche. La forma y decoración de la iglesia demuestra la afinidad cultural que existía entre Venecia y Bizancio, pues San Marcos fue construida, de manera deliberada, tomando como modelo la iglesia de los Santos Apóstoles en Constantinopla (destruida en 1453). Los gigantescos entrepaños centrales están recortados por arcos para permitir una mayor entrada de luz, y la cúpula central con su anillo de pequeñas ventanas prácticamente parece flotar sobre la bóveda. La tumba de san Marcos se encuentra en una cripta bajo el altar mayor; reposa, por tanto, al final de un largo camino que resultaba muy apropiado para las grandes ceremonias y procesiones de la iglesia y el dogo.

Aunque algunos de los mosaicos, esculturas, mármoles y baldosas conservados hasta nuestros días proceden del saqueo de Constantinopla, la iglesia que los franceses visitaron en la primavera de 1201 era un templo decorado suntuosamente. Había ya diversos mosaicos y algunos de los que conocemos hoy, como la figura de Cristo sobre el ábside oriental, son copias de trabajos del siglo XII. Bajo esta imagen de Cristo encontramos representaciones de cuatro santos patrones portando regalos, vestidos con hermosos trajes de color azul y marfil, una obra procedente de 1106.[17]

Al entrar en la iglesia, el visitante se enfrenta a una diversidad de mosaicos de color marrón, oro, azul y verde. Una desconcertante variedad de seres divinos y acontecimientos sagrados se ofrecen a la vista, y la opulencia e intensidad de la decoración general es impresionante. El último de los tres arcos de la nave corta se une con los pilares de apoyo centrales. Estos se extienden hacia arriba hasta las tres cúpulas centrales, que dan paso al foco de atención del edificio, el ábside oriental, en el que la figura de Cristo aparece dominando la tumba de san Marcos.

Villehardouin y sus compañeros entraron en la iglesia. Todos los que se encontraban dentro conocían la presencia de los enviados en la ciudad y, aunque tal vez no los detalles, sí la naturaleza de su visita. Con la cruz de los cruzados estampada en sus hombros, los franceses recorrieron el pasillo ante la mirada atenta de quienes estaban en la planta baja y de aquellos que se encontraban en las galerías por encima del porche y a lo largo de la nave.

Tuvo que ser un momento sobrecogedor. Los enviados habían conseguido llegar a un acuerdo que haría posible que su cruzada se convirtiera en una realidad, y ahora tenían que salvar un último obstáculo. Si quienes los observaban se oponían al plan, emprender la cruzada resultaría imposible y ellos habrían fracasado.

Dandolo presentó a los franceses a sus conciudadanos y fue el mismo Villehardouin, probablemente a través de un intérprete, el que se dirigió a la multitud. El enviado empezó pronunciando un emotivo llamamiento a los venecianos, a los que aduló señalando que los nobles de Francia se habían dirigido a su ciudad por tratarse de la mayor potencia marítima de la Cristiandad. Les pidió que tuvieran piedad de Jerusalén y les rogó, en nombre de Dios, «vengar la injuria perpetrada a nuestro Señor… Ellos [los nobles de Francia] nos han ordenado postrarnos a vuestros pies y no levantarnos hasta que aceptéis apiadaros de Tierra Santa». Godofredo puso especial énfasis en aquellos mensajes que apelaban al orgullo cívico y el fervor religioso de sus oyentes: los enviados creían con pasión en su causa y, a medida que Villehardouin se acercaba al final, empezaron a llorar y cayeron de rodillas en frente de la congregación. El llamamiento a socorrer los Santos Lugares llevó al dogo y sus compañeros a llorar también y todo aquel que se encontraba en la iglesia gritó para manifestar su consentimiento.

Los gritos de la multitud retumbaron en las figuras que adornaban las paredes y cúpulas, como si los venecianos estuvieran decididos a convencer a sus guardianes espirituales de su entusiasmo y sinceridad. La devoción popular había sido adecuadamente espoleada. «Esta gran oleada de piedad», como la llamó Villehardouin, consiguió convertir la idea de la cruzada en una realidad. La expedición fue aclamada y el pueblo de Venecia se comprometió con la guerra santa. El dogo volvió al facistol e, invadido por el orgullo y la emoción, dijo: «¡Contemplad el honor que Dios os ha concedido al inspirar a la nación más grande del mundo a apartarse del resto del mundo y elegiros a vosotros para unirse a ellos en una empresa de tanta envergadura como la liberación de nuestro Señor!». A pesar de su implacable instinto comercial, es importante recordar que los venecianos estaban profundamente conmovidos por el llamamiento espiritual que constituía el núcleo fundamental de la cruzada.

Las escrituras del acuerdo fueron debidamente preparadas. El texto recogió los motivos espirituales de la cruzada y los términos del contrato comercial. Al día siguiente fueron confirmados: ambas partes estaban ahora mutuamente comprometidas en un firme abrazo contractual que implicaba un altísimo riesgo y en el que estaba en juego su honor y un enorme desembolso económico. Se pagaría a los venecianos en cuatro plazos hasta abril de 1202 y la flota estaría preparada para partir el 29 de junio de ese año, la festividad de san Pedro y san Pablo.[18]

Las escrituras firmadas y selladas fueron llevadas al palacio de Dandolo y allí, en presencia de su Gran Consejo, el dogo se preparó para entregar los documentos a los enviados. La ocasión era de capital importancia, y la idea de cerrar por completo el pacto fue demasiado para Dandolo, que cayó de rodillas y empezó a llorar tras ofrecer a los franceses las escrituras. Con las lágrimas bañando su rostro, el dogo juró sobre la Biblia que cumpliría firmemente los términos del contrato. Conmovidos por la emoción de su líder, los miembros del consejo juraron a su vez y a continuación lo hicieron los cruzados. Ellos también sintieron la gravedad del momento y lloraron igualmente. Fue quizá en este instante cuando los venecianos y los franceses comprendieron que sus proyectos empezaban a pasar con claridad de la teoría a la realidad y que ahora estaban ligados de forma irrevocable a la cruzada.[19]

Aunque la magnitud de este acuerdo carecía de precedentes, el principio básico de transportar a determinado número de cruzados a un precio fijo por hombre y caballo era conocido. El contrato de 1190 entre genoveses y franceses era el ejemplo más reciente. Este especificaba el transporte de seiscientos cincuenta caballeros, mil trescientos caballos y mil trescientos escuderos a un coste de nueve marcos por unidad (es decir, un caballero, dos caballos y dos escuderos) durante ocho meses, lo que equivalía a trece marcos por año. El precio acordado con los venecianos fue de catorce marcos por año, una tarifa bastante similar.[20]

La diferencia fundamental del pacto de 1201 era la dimensión del ejército que debía ser transportado. Los cruzados habían jurado llevar a treinta y cinco mil hombres a Venecia en abril de 1202, y fue la imposibilidad de alcanzar esta cifra lo que dio origen a una fractura que resultaría crucial y determinaría el destino de toda la expedición. Fue como si en el preciso momento de su concepción, un defecto genético hubiera sido introducido en el pacto, un defecto capaz de deformar o mutilar todo el proyecto a medida que se acercaba a su realización.

Estrechamente vinculado al número de cruzados que se necesitaba llevar a Venecia estaba el coste de transportar a estos hombres. La suma requerida, ochenta y cinco mil marcos, equivalía a sesenta mil libras esterlinas, aproximadamente el doble de los ingresos anuales del rey Juan de Inglaterra o del rey Felipe de Francia. Por un lado, esto demostraba el gigantesco desembolso que los venecianos necesitaban para preparar la flota, pero además nos deja sin palabra ante la escala del compromiso.[21] En el caso del contrato entre el rey Felipe y los genoveses, es seguro que el monarca sabía que contaría con seiscientos cincuenta caballeros para acompañarlo: como rey de Francia, conocía el tamaño de su ejército gracias a sus consejeros y las obligaciones feudales básicas. Los enviados de 1201 no contaban en cambio con un punto de partida igual de sólido. Podemos suponer que tenían una idea bastante clara del número de hombres de Flandes, Champaña y Blois que habían abrazado la cruz; quizá habrían hecho un cálculo aproximado de los grupos de alemanes e italianos dispuestos a unirse a la expedición. Sin embargo, reunir a treinta y cinco mil hombres era un objetivo demasiado ambicioso dado el clima político de la época, y probablemente la cifra superaba con creces el número de quienes en ese momento de verdad se habían alistado para la campaña. Compárese este caso con el de cruzadas anteriores: aunque no disponemos de un recuento fiable para ninguna de las primeras expediciones, los historiadores calculan que en la Primera Cruzada participaron unos siete mil caballeros y cincuenta mil hombres más; hasta la fecha el mayor ejército cruzado había sido la gigantesca fuerza reunida por Federico Barbarroja, compuesta, según se dice, por cerca de veinte mil caballeros y otros ochenta mil participantes más.[22]

Un problema clave de los enviados de 1201 era su confianza en que muchos hombres abrazarían la cruz en un futuro cercano, lo que impidió que fundaran sus cálculos en quienes ya se habían efectivamente comprometido. En esencia, lo que estaban haciendo no era más que una conjetura optimista. Con todo, estos hombres eran cruzados y diplomáticos con muchísima experiencia y, por tanto, deberían haber sido capaces de establecer una cifra razonablemente correcta para un acuerdo de semejante trascendencia. Villehardouin había participado en la Tercera Cruzada, y este también era el caso de Conon de Béthune, Milo de Brabante y Juan de Friaise; en otras palabras, cuatro de los seis enviados conocían por sí mismos el tamaño de los ejércitos que una cruzada podía congregar. Es evidente que para embarcarse en un pacto con Venecia tuvieron que haber realizado un cálculo meditado y cuidadoso. El tiempo sería el encargado de revelar si su conjetura era producto del ciego optimismo, de un garrafal error de juicio o de un realismo puro y simple.

Aparte de las disposiciones esbozadas en el pacto aprobado, se introdujo un elemento adicional al planear la expedición: se acordó en secreto que los cruzados se dirigirían inicialmente a Egipto y no a Tierra Santa.[23] A primera vista, esto parece ilógico: si el objetivo de la campaña era recuperar Jerusalén, ¿por qué habría de intentarse la conquista de otras tierras en manos de los musulmanes? Sin embargo, la idea de invadir Egipto era, al menos en términos de estrategia, una solución excelente al problema de conquistar la Ciudad Santa, y de hecho no era una alternativa desconocida. Había una larga historia de cruzados y colonos francos que habían intentado controlar Egipto para obligar a los musulmanes a entregar Jerusalén. La extraordinaria riqueza del delta del Nilo y las rutas comerciales que iban desde el norte de África hasta Oriente Próximo habrían proporcionado a los cristianos una fortaleza económica y militar sin parangón, capaz de otorgar verdadera estabilidad a su control de Tierra Santa. Además, la conquista de Egipto acabaría de una vez por todas con la precaria posición de los francos, hasta entonces un frágil poder regional en la costa mediterránea rodeado por territorios en manos de las fuerzas del islam.[24] Si los cruzados conquistaban de inmediato Jerusalén, conseguirían una grandiosa victoria y, con seguridad, minarían la moral del mundo musulmán, pero en términos generales el equilibrio de poder simplemente volvería a ser el que precedió a la conquista de Jerusalén por parte de Saladino en 1187. Los musulmanes y los francos se habían dado cuenta hacía mucho tiempo de que controlar Egipto permitía controlar también Tierra Santa, y más tarde un escritor señalaría que «las llaves de Jerusalén se encuentran en El Cairo».

Conocemos el testimonio de un visitante franco maravillado al conocer la prosperidad de Egipto en la década de 1160. El arzobispo Guillermo de Tiro (muerto en 1185), canciller del reino de Jerusalén y autor de una historia del Oriente latino, se refirió a «la magnífica abundancia de todas las cosas buenas que hay allí y de cada artículo particular; el incalculable valor de los impuestos recaudados por el gobernante; los impuestos y gravámenes que producen las ciudades tanto en la costa como en el interior, y la enorme cantidad de rentas anuales... Allí la gente, entregada a una vida de lujo e ignorante de la ciencia de la guerra, se ha debilitado debido a un prolongado período de paz».[25] Después de que Saladino hubiera tomado el país en 1169, Guillermo lamentaba que se hubiera hecho con «un incalculable suministro del más puro oro de primera calidad».[26]

En sus intentos por conquistar la tierra a la que daban el nombre de Babilonia, los colonos francos habían empleado todas sus energías. El primer rey de Jerusalén, Balduino I (1100-1118), murió de camino a Egipto; y en las décadas de 1120 y de 1140 se libraron nuevas campañas. Entre 1163 y 1169 el rey Amalarico (1163-1174) invadió el país al menos cinco veces y, aunque en última instancia todos sus esfuerzos fracasaron, en una de sus incursiones consiguió que la bandera real ondeara en Alejandría. Más tarde Ricardo Corazón de León, precisamente el más grande general de la época, reconoció la necesidad de conquistar Egipto para garantizar, a largo plazo, el futuro de los estados cruzados. Durante la Tercera Cruzada, Ricardo intentó en dos ocasiones diferentes convencer al ejército de que debían marchar en dirección sur y no tanto hacia Jerusalén, pero en ambos casos la oposición de las bases le impidió convertir su plan en una realidad, pues estas no estaban dispuestas a desviarse y cambiar el objeto de su devoción para contemplar un escenario militar más amplio. Ricardo, además, estableció contacto con los genoveses, a quienes propuso utilizar sus conocimientos como navegantes en cualquier futura invasión de Egipto a cambio de ventajas comerciales.[27]

En las experiencias de Ricardo es posible apreciar ya los principales elementos que conformaron el acuerdo de 1201: la necesidad de navegantes expertos para atacar Egipto (Amalarico había empleado flotas pisanas y bizantinas); la oferta de beneficios económicos para quien proveyera esta fuerza, y cierta conciencia de que el grueso del ejército cruzado podría presionar para que se marchara sobre Jerusalén antes que dirigirse primero a El Cairo. Villehardouin y sus compañeros habían tenido experiencia directa de estas tensiones entre 1191 y 1193 y no tenían muchas objeciones al hecho de mantener oculto este aspecto de su plan. Como escribió el mariscal: esta parte del plan «se mantuvo como un secreto muy bien guardado; al gran público sólo se le dijo que iríamos al ultramar».[28] Jerusalén, la tierra en la que Cristo había vivido y caminado, poseía una fuerza espiritual que ningún otro lugar podía aspirar a igualar. Una cruzada viable necesitaba de un estallido masivo de entusiasmo popular y, para convencer a los hombres de que debían arriesgar sus vidas y dejar a sus seres queridos, esta no podía dirigirse a cualquier parte. Una invitación a atacar Egipto no hubiera conseguido despertar la imaginación popular de Europa occidental, pese a ser la mejor opción a largo plazo para quienes lideraban la cruzada. La palabra «ultramar» había sido elegida cuidadosamente por Villehardouin y constituía un ingenioso engaño: para el caballero, escudero o soldado de a pie típicos, esta automáticamente significaba Tierra Santa, lo que los animaba a abrazar la cruz con la moral muy alta.

Ocultar el destino final de la cruzada también tenía sentido desde un punto de vista estratégico. Tras la muerte de Saladino, el mundo musulmán se encontraba algo convulso y los gobernantes de El Cairo, Alepo y Damasco se esforzaban cada uno por dominar a sus rivales. Los francos eran muy conscientes de estas dificultades y sabían que se trataba de una situación que valía la pena aprovechar. Señalar con claridad determinada área como objetivo podría hacer que los musulmanes dejaran a un lado sus diferencias y se preparan para ofrecer una fuerte defensa contra los invasores. Además, a principios del siglo XIII Egipto se encontraba en una situación particularmente precaria, porque durante cinco años consecutivos el Nilo no se había desbordado, lo que había provocado hambre y pobreza en el país.

Por último, había una importante cuestión diplomática que considerar: la existencia de una tregua entre el reino de Jerusalén y los musulmanes de Siria. Gunther de Pairis menciona este acuerdo como parte de los motivos de los cruzados para atacar Egipto antes que Jerusalén. «Habían decidido... navegar directamente para asaltar Alejandría, una ciudad egipcia. Eligieron este destino porque en la época había una tregua vigente entre nuestra gente y los bárbaros en las regiones allende el mar. Nuestra gente no podía violar aquello a lo que se había comprometido de buena fe.»[29] A principios del siglo XIII, los cristianos y musulmanes de Tierra Santa se encontraban militarmente al límite de sus fuerzas y necesitaban tiempo para recuperarse y reagruparse. Ambos bandos tendían a respetar tales treguas, porque romperlas reduciría su valor en el futuro. La invasión de Egipto, en cambio, no supondría romper ningún acuerdo, ya que se trataba de una agresión cristiana no prevista por el pacto vigente.

Además de este factor diplomático, había otra razón para elegir Egipto como objetivo: la superioridad marítima de los occidentales. La marina musulmana era débil en comparación con la fuerza naval de Venecia. Los musulmanes sirios, que habían gobernado el país desde finales de la década de 1160, procedían de una cultura ecuestre aferrada a tierra firme que consideraba la navegación como una actividad peligrosa más apropiada para delincuentes comunes; es cierto que en las flotas musulmanas muchos de los marineros eran convictos. Un proverbio árabe expresa de forma concisa este sentimiento: «Es preferible oír las flatulencias de los camellos que las oraciones de los peces». Saladino, de hecho, había intentado desarrollar una marina, pero los limitados recursos y los escasos conocimientos de navegación de su pueblo hicieron que sus esfuerzos fueran en gran parte infructuosos. El grueso de su flota fue capturado durante el sitio de Acre en 1191 y tal fue la magnitud de este desastre que, en la época de la Cuarta Cruzada, sus sucesores todavía estaban intentando reconstruirla.[30]

Desde la perspectiva de los venecianos, por supuesto, la posibilidad de hacerse con un posición dominante en Alejandría era realmente tentadora. La ciudad era sin lugar a dudas la joya comercial del Mediterráneo oriental y les permitiría acceder a los mercados del norte de África y Oriente Próximo de una forma sin precedentes. Egipto era uno de los principales productores de alumbre, azúcar, especias y trigo, y constituía un importante mercado para la madera y los metales. Los venecianos tenían una reducida presencia en el país y sólo un 10% de sus negocios en el Mediterráneo oriental se desarrollaba en Alejandría (Bizancio representaba cerca de un 65% de estos y los estados cruzados el 25% restante).[31] En comparación con ellos, la actividad de genoveses y pisanos en los puertos musulmanes era mucho mayor.[32] Existían directrices papales que prohibían el comercio con el mundo islámico y, en respuesta a los intentos de Inocencio de recabar la ayuda de Venecia al comienzo de la Cuarta Cruzada, la ciudad envió emisarios para solicitar una dispensa que les permitiera tratar con Egipto. El papa se quejó de las ventas de materiales para la guerra (armas, hierro, madera para galeras) realizadas por los venecianos y los amenazó con excomulgarlos si estas continuaban. No obstante, Inocencio reconoció que la ciudad dependía del comercio para obtener todo su sustento (la veneciana era una economía comercial, no agrícola) y para animarlos a colaborar con la cruzada accedió a regañadientes a darles licencia para proseguir con el suministro de artículos no militares a los infieles. De esta forma, el papa intentaba solucionar de forma práctica los conflictos diplomáticos, religiosos y económicos creados por las actividades mercantiles de los venecianos.[33]

El propio Dandolo había estado en Egipto en 1174 y había apreciado su incomparable poderío comercial; sin embargo, al mismo tiempo también había advertido que su capacidad defensiva estaba en decadencia, algo que incluso Saladino había sido incapaz de resolver por completo. Guillermo de Tiro nos proporciona una vívida descripción de la ciudad en este período:

Alejandría posee una de las mejores situaciones para el desarrollo de intensas actividades comerciales. Posee dos puertos,
separados entre sí por una lengua de tierra muy estrecha. Al
final de esta se alza una torre de increíble altura llamada el Faro.
A través del Nilo, Alejandría recibe del alto Egipto abundantes alimentos de todo tipo y, de hecho, enormes cantidades de
prácticamente cualquier producto. Si hay algo de lo que el país
carezca, esto le es traído por montones desde los países al otro
lado del mar. En consecuencia, Alejandría es famosa por recibir
más suministros y mercancías de toda clase que cualquier otra
ciudad marítima. Sea lo que sea que falte en esta parte del mundo, trátese de perlas, especias, tesoros orientales o productos
extranjeros, es traído hasta aquí desde las dos Indias; Saba, Ara-
bia y ambas Etiopías, así como Persia y otros países cercanos...
Gente de Oriente y Occidente acude allí en gran número, y
Alejandría es un mercado público para ambos mundos.[34]

Ibn Jubayr elogió los espléndidos edificios de Alejandría, que
conoció mientras viajaba en peregrinación a La Meca en 1184-
1185:

Nunca antes habíamos visto una ciudad con calles más amplias
o edificaciones más altas, o más antiguas y hermosas. Sus mercados son también magníficos. Una característica de la construcción de la ciudad digna de ser destacada es que por debajo
del nivel del suelo los edificios son similares a como son por
encima, e incluso son más fuertes y de mejor calidad, pues las
aguas del Nilo fluyen bajo las casas y callejuelas... También
observamos muchas columnas de mármol de una altura, amplitud y esplendor que nadie podría imaginar.[35]

Por tanto, los venecianos también tenían buenas razones para
preferir el que el ataque se centrara en Alejandría. En comparación con ella, los puertos francos en Oriente eran, relativamente,
lugares de segunda categoría, lo que no significa que carecieran
de importancia (en especial, Acre). Aunque la magnitud del com-

promiso de los venecianos con la cruzada no puede ponerse en duda, también es importante entender que lo que estaba en juego era también enorme. Los términos básicos del contrato con los cruzados probablemente eran suficientes para cubrir la inversión inicial en naves y hombres, pero lo que en verdad terminó por convencer a Dandolo de que podía presentar la idea a sus principales consejeros fue la perspectiva de dominar el comercio del puerto más importante del Mediterráneo. Esta era una oportunidad única para los venecianos, una oportunidad que nunca antes se les había presentado. Para Dandolo representaba la ocasión de coronar su mandato con un doble triunfo: habría ayudado a recuperar el patrimonio de Cristo para los fieles y habría hecho de su ciudad la mayor potencia comercial del Mediterráneo.

Existía una conexión adicional entre Venecia y Alejandría y, aunque se trata de un asunto de menor importancia comparado con las cuestiones comerciales y estratégicas, vale la pena señalarla. El santo patrono de Venecia era Marcos el Evangelista, compañero de san Pedro y san Pablo, que vivió en Alejandría y se convirtió en mártir hacia el año 74. En el siglo IX, dos venecianos habían sacado el cuerpo del santo de Alejandría —oculto en un cargamento de cerdos para disuadir a los funcionarios portuarios musulmanes de examinar la carga con demasiada atención— y lo habían llevado a Venecia, donde fue guardado en la capilla privada del dogo, el edificio que finalmente se convertiría en la basílica de San Marcos. Este vínculo entre su santo patrono y el objetivo inmediato de la cruzada quizá contribuyó de algún modo a que los venecianos accedieran a involucrarse en la expedición.[36]

Una vez que el contrato formal y el pacto secreto estuvieron acordados, los franceses pidieron un préstamo para realizar un pago inicial de más de cinco mil marcos de plata a los venecianos, pues, aunque el desembolso de la primera cuota estaba previsto para agosto, los franceses querían que estos empezaran a trabajar en la flota de inmediato. Después de ello, los enviados partieron a caballo hasta Plasencia, donde el grupo se dividió de regreso a casa. Villehardouin se dirigió al norte hacia Francia, mientras que los demás viajaron al oeste y al sur para visitar las otras dos ciudades mercantiles italianas, Pisa y Génova, y saber si estaban prepa-

radas para proporcionar algún tipo de ayuda a la cruzada. Dada
la posición hegemónica de los venecianos, parecía improbable,
pero quizá los enviados consideraron que, por razones de conveniencia, algunos cruzados podrían preferir viajar desde el oeste
de Italia y, por tanto, deseaban saber qué convenios de transporte
podían ofrecerles estas ciudades en caso de ser necesario.[37]

Entretanto, los venecianos comenzaron a trabajar en la gran
flota. Tenían trece meses para preparar sus actuales naves y construir las nuevas embarcaciones necesarias para la operación. Dandolo y sus asesores emitieron las órdenes adecuadas: la atención
debía centrarse totalmente en la flota cruzada y toda la actividad
comercial debía suspenderse. Miles de marineros serían empleados como tripulantes en esta gigantesca expedición, y era necesario alistarlos y entrenarlos. Otra tarea fundamental era la recolección de las provisiones de alimentos; representantes de la ciudad
viajaron para contactar con los granjeros de la Italia septentrional
y acordar con ellos la compra de sus cosechas en un volumen sin
precedentes; contrataron centros regionales como Padua y Plasencia, así como Rávena y Rímini más al sur. Se recogió grano
y legumbres para los hombres y los caballos, así como 16 775
ánforas de vino para los cruzados, más una cantidad similar para
los soldados y marineros venecianos. Después de que las cosechas
fueran recogidas en el otoño de 1201, los caminos hacia la costa
veneciana, así como los transportes y barcazas que se movían por
la laguna, estaban abarrotados por los labradores, que, sin cesar,
llevaban sus vituallas a los almacenes de la ciudad, que parecía
presa de un apetito insaciable.

Dandolo debió de haber convocado a los jefes de los astilleros de la ciudad para presentarles todos los requerimientos del
contrato, aunque podemos suponer que, antes de establecer los
términos de la oferta, ya había solicitado su consejo. Los costes
de este programa de construcción eran de tal magnitud que un
escritor veneciano señaló más tarde que el dogo se vio forzado a
acuñar nuevos *grossi* para pagar los salarios de los constructores,
pues no había suficientes céntimos para hacerlo.[38]

El centro de la industria de construcción naval veneciana era
conocido como el Arsenal y estaba localizado (y aún está) a unos

setecientos metros al este de San Marcos, en el contiguo distrito de Castello. Había sido establecido en 1104 como astillero oficial del estado veneciano y su misión era producir y mantener la flota. De forma natural, esto dio origen a una institución de una pericia técnica enorme, una de las principales razones que explicaban el poderío marítimo de la ciudad. El acuerdo alcanzado con los cruzados exigía que se concibieran y crearan embarcaciones especializadas para el combate, el transporte de caballos y de tropas, y el Arsenal también se encargaría de los recambios y suministros necesarios para mantener estas naves. Dandolo tenía absoluta confianza en que el Arsenal podía encargarse del diseño y construcción de los barcos necesarios para satisfacer sus propias necesidades y las de los cruzados.[39]

El número de naves requeridas era inmenso. Los cuatro mil caballeros, nueve mil escuderos y veinte mil soldados de a pie viajarían en *naves,* grandes barcos de vela, con frecuencia empleados para el transporte de carga. Los nombres de algunos de los mayores de estos navíos han quedado recogidos en las fuentes y conocemos su particular papel en los acontecimientos posteriores. Su tamaño era variado: el mayor de todos, llamado *Mundo,* y algunos otros, como *Paraíso* y *Peregrino,* tenían mástiles suficientemente altos para alcanzar las torres de Constantinopla en 1204. No obstante, la mayoría de las embarcaciones empleadas debieron de ser relativamente pequeñas, y se calcula que se necesitaron entre sesenta y setenta de ellas para transportar a los cruzados (véase el cuadernillo de ilustraciones).

A nuestros ojos, estas embarcaciones pueden parecer feas y sin gracia, poco más que pequeñas bañeras redondeadas. Gracias a diversas representaciones que han llegado hasta nosotros en mosaicos, cerámicas y manuscritos ilustrados, así como gracias a los detalles incluidos en los contratos de transportes de mediados del siglo XIII, podemos calcular su tamaño y capacidad. Las dimensiones de tres cubiertas de la nave mercante típica medían poco más de treinta y tres metros de largo y menos de diez de ancho aproximadamente. Compárense estas cifras con las medidas de un avión moderno como el Airbus A320, que tiene algo más de treinta y seis metros de largo y un fuselaje de cinco metros de an-

cho; este avión transporta hasta ciento cincuenta pasajeros y ocho
tripulantes en vuelos de (normalmente) no más de cuatro horas y
media de duración, al cabo de las cuales la mayoría de los pasajeros tienen calambres y se sienten nerviosos. Cuando uno examina
las embarcaciones medievales, que en cuanto principal medio de
transporte de la época quizá podemos considerar el equivalente
de nuestros aviones a reacción, y piensa que los viajes tardaban
entonces muchas semanas, tales cifras resultan aleccionadoras.[40]

En cada uno de los extremos estas naves poseían estructuras de madera conocidas como castillos, que hacían que la altura
global del casco superara los doce metros. A ambos lados de la
popa, la embarcación contaba con unos gigantescos remos que se
mantenían unidos a ella por unas «alas» de madera y servían para
dirigirla. Estas grandes palas estaban conectadas mediante una
serie de pivotes y aparejos a una palanca que servía de rudimen-
tario timón, controlada por un marinero situado sobre el castillo
de popa (los timones propiamente dichos no aparecerían en las
embarcaciones mediterráneas hasta el siglo XIV). Los camarotes
de los caballeros se ubicaban en la última torre y proporcionaban
lo que entonces era considerado un alojamiento de lujo, donde
al menos podían permitirse algo de privacidad. Encima de esta
sólida superestructura había un compartimento de construcción
más ligera que ofrecía alguna protección contra los elementos y
que, una vez más, estaba a disposición de los pasajeros más importantes. El grueso de los hombres se alojaba en la parte central
de la nave, hacinados en el espacio más estrecho posible (hasta sesenta centímetros por metro y medio por persona de acuerdo con
un estatuto de mediados del siglo XIII). En una de estas grandes
embarcaciones podían llegar a viajar hasta seiscientos pasajeros,
además de una tripulación de entre ochenta y cien hombres, aunque la mayoría probablemente llevaba menos. Los crujidos de la
madera y el chasquido de las velas, el olor del mar y del sudor,
unidos a la proximidad de tantísima gente convertían el viaje en
una experiencia increíblemente dura.

Los medievales estaban acostumbrados a compartir alojamiento en el gran salón del castillo, pero aquí se añadía su falta de
familiaridad con el viaje por mar y el hecho de que los marineros

tenían que llevar a cabo sus tareas entre los cruzados. Mientras se acurrucaban en la oscuridad bajo las cubiertas y rodaban de un lado a otro en las entrañas húmedas y frías de la nave, muchos pasajeros debieron de arrepentirse de haber abandonado tierra firme. El miedo y el caos provocado por las tormentas aterrorizaban a los cruzados; las repentinas borrascas del Mediterráneo turbaban el ánimo de los pasajeros, que se ponían a rezar y prometían arrepentirse de todos sus pecados. Por encima de ellos, se alzaban mástiles de casi treinta metros de alto y vergas de más de cuarenta y cinco metros de largo con inmensas velas que chasqueaban azotadas por el viento. De acuerdo con los estándares actuales, estas embarcaciones eran lentas y un viaje de Venecia a Acre (menos de tres mil kilómetros si todo marchaba bien) podía tardar entre cuatro y seis semanas. En un viaje hasta esa ciudad, Creta era la primera escala vital después de atravesar el Adriático, luego venían Rodas, la bahía de Antalya en la costa sur de Asia Menor, Limasol en Chipre y Beirut en la costa levantina. Cada nave contaba con tres pequeños botes de remos, utilizados para ir a tierra firme y recoger allí agua fresca, que arrastraban tras de sí, con lo que las embarcaciones mercantes debían de parecer entonces gigantescas mamás pato seguidas por sus patitos.

El transporte de caballos por mar era difícil y peligroso.[41] Estos animales eran esenciales para las temibles cargas de los caballeros occidentales y constituían un costoso símbolo de estatus de la nobleza militar. Las naves encargadas de esta tarea, llamadas taridas, probablemente llevaban hasta treinta animales cada una, y almacenaban grandes cantidades de comida y agua para alimentarlos; cada animal debía ser suspendido de eslingas para impedir que cualquier movimiento brusco de la nave le hiciera perder pie y provocarse heridas; además, era necesario limpiarlo y tirar el estiércol por la borda. Los caballos se encontraban en la parte más baja de la embarcación, cuya entrada principal quedaba por debajo de la línea de flotación cuando su carga estaba completa. Una vez preparados para la batalla, la nave se hacía envarar en la costa, con lo que esta puerta podía abrirse y los caballos, ensillados y con sus jinetes completamente armados encima, atravesaban una rampa y salían de la nave para entrar de inmediato en combate. Dado el número de caballeros que los cruzados esperaban reclutar, el despliegue de sus tropas de asalto desde el mar, directamente a la batalla, proporcionaría a la fuerzas invasoras cristianas una formidable ventaja desde un punto de vista táctico. Para transportar los cuatro mil quinientos caballos de los cruzados se requerían cerca de ciento cincuenta taridas. Por otro lado, estas embarcaciones eran movidas principalmente por remeros y para impulsar cada una se requerían unos cien hombres. Si tenemos en cuenta que, además de estos, cada tarida contaba con otros treinta tripulantes, podemos concluir que sólo para el transporte de los caballos la campaña involucraría a unos diecinueve mil quinientos venecianos.

Por último, la expedición contaba con una flota de cincuenta galeras armadas, encabezadas por la del propio dogo, pintada de bermellón. También estas requerían más de cien remeros, además de una tripulación compuesta de soldados, oficiales y marineros. Estas galeras tenían aproximadamente treinta y ocho metros de largo, pero en cambio medían menos de cuatro de ancho (compárese esta relación ancho-largo de casi 1:10 con la de las naves mercantes, de más o menos 1:3,5). Tenían sólo cuatro metros de alto en la proa y menos de tres y medio en la popa. Por lo general, los remeros trabajaban de a dos por banco, cada uno de los cuales disponía de un remo de casi siete metros de largo. Estos conseguían mover el barco a una velocidad media de tres nudos por hora a lo largo del día, pero, a diferencia de lo que ocurría en las embarcaciones empujadas por el viento, necesitaban descansar durante la noche. Otro inconveniente de este tipo de barcos era que para hacer más eficiente el uso de los remos se hundían bastante en el agua, lo que por desgracia les impedía girar con rapidez y los hacía vulnerables a las inundaciones cuando había mar gruesa. Además, debían llevar un gran volumen de agua (casi cinco litros por día por cada hombre) para mantener hidratada a la tripulación en el calor del verano. Pese a todas estas desventajas, las galeras eran la principal embarcación de combate en las marinas del Mediterráneo medieval y sus remeros podían alcanzar velocidades de hasta diez nudos durante breves períodos. Su principal arma era un espolón de punta metálica situado en la proa por encima del nivel del agua (a diferencia del empleado por las galeras romanas, que estaba ubicado bajo el nivel del agua), diseñado para dañar los remos de las embarcaciones enemigas y paralizarlas mientras los soldados de la galera conseguían subir a ellas para capturarlas empleando cuerdas y garfios de hierro. Las galeras serían esenciales para derrotar cualquier oposición marítima que los musulmanes pudieran ofrecer a los cruzados, y en muchas ocasiones, como ocurrió durante los sitios de Tiro (1124) y Acre (1191), una victoria en el mar había allanado el camino hacia el triunfo en tierra firme. A comienzos del siglo XIII, la flota egipcia estaba recobrándose y contaba con cierto número de galeras armadas; por tanto, era fundamental que los cruzados estuvieran en condiciones de enfrentar y vencer estas embarcaciones.[42]

A partir de esta información, podemos calcular que, a grandes rasgos, los venecianos necesitaban al menos treinta mil hombres —lo que probablemente constituía más de la mitad de la población adulta de la ciudad— para tripular una flota del tamaño recogido en el contrato. Miles de marineros del Adriático debieron de haber llegado para unirse a la cruzada a medida que los venecianos se esforzaban en cumplir con su parte del trato. Mientras tanto, Villehardouin cabalgaba hacia el norte con la noticia de que se había alcanzado con éxito un acuerdo; en su camino quizá se preguntara cómo marchaba el reclutamiento para la cruzada y qué otros grandes nobles planeaban unirse a la expedición. Por casualidad, mientras atravesaba el monte Cenis, en el norte de Italia, el enviado se encontró con Gualterio de Brienne, un noble francés que había tomado la cruz con él y el conde Teobaldo de Champaña. Gualterio se dirigía a Apulia, en el sur del país, para recuperar algunas tierras pertenecientes a su nueva esposa, que era parte de la Corona siciliana. Él y sus compañeros elogiaron a Villehardouin por su logro y le prometieron reunirse con el ejército cruzado en Venecia una vez hubieran terminado con sus asuntos en el sur. Después de esto, el mariscal continuó su viaje con la moral muy alta. Ignoraba por completo que la cruzada estaba a punto de sufrir su primer y trágico contratiempo.[43]

5

«Ay, Amor, qué difícil separación debo emprender»

Últimos preparativos y partida, mayo de 1201-junio de 1202

Cuando en mayo de 1201 Villehardouin alcanzó el sur del condado de Champaña, recibió noticias profundamente perturbadoras. Su señor, Teobaldo de Champaña, uno de los tres líderes de la cruzada, se encontraba gravemente enfermo en la ciudad de Troyes. El conde estaba muy decaído cuando Godofredo llegó, pero su ánimo mejoró notablemente al enterarse del acuerdo con los venecianos. Aunque desconocemos la naturaleza exacta de la enfermedad de Teobaldo, sabemos que la noticia lo revitalizó lo suficiente como para permitirle cabalgar, algo que no había hecho durante semanas. Por desgracia, esta repentina explosión de energía fue efímera y al poco tiempo el conde volvió a empeorar y se sumió en un estado terminal. La enfermedad de Teobaldo resultaba todavía más dolorosa por el hecho de que su esposa, Blanca, vivía el final de su embarazo.

El conde comprendió que sus últimos días se acercaban e hizo testamento. Según Roberto de Clary, Teobaldo había logrado reunir cincuenta mil libras, parte de ellas obtenidas de la comunidad judía de Champaña. Los judíos eran un objetivo común para quienes buscaban fondos para financiar las cruzadas, porque poseían riquezas, a menudo producto de la práctica de la usura (el préstamo de dinero a interés), lo que constituía un terrible pecado a los ojos de la Iglesia católica. El siglo XII había sido testigo de una espectacular expansión de la economía de la Europa occidental, lo que había obligado a plantear varias cuestiones de carácter moral: ¿debía una sociedad cristiana pretender el beneficio económico? ¿Era correcto beneficiarse (con los intereses derivados de un préstamo) sin haber realizado aparentemente ningún trabajo? A medida que los clérigos empezaron a clamar contra los crímenes mortales de la avaricia y el fraude, la usura comenzó a ser comparada con el robo. Un argumento importante de esta desaprobación era la idea de que los usureros vendían tiempo (cuanto más largo era el préstamo, mayor era el interés pagado); el tiempo, no obstante, no era suyo, sino que pertenecía a Dios. En *Salmos* se describe al hombre justo como aquel que «no presta su dinero con usura» *(Salmos* 15:5). Mientras que el *Deuteronomio* señala: «No cobrarás a tu hermano interés por el dinero, ni interés por la comida, ni interés por ninguna cosa de la que se suele cobrar interés. Al extraño podrás cobrar interés, pero a tu hermano no le cobrarás, para que el Señor tu Dios te bendiga en todo lo que emprenda tu mano en la tierra a la cual entras para tomarla en posesión» *(Deuteronomio* 23:20-21).[1]

Los judíos, que no estaban sometidos a estas restricciones, eran, por tanto, los principales practicantes de la usura y constituían un motor fundamental de la floreciente economía europea. Sin embargo, para muchos occidentales los judíos eran herederos de un legado mucho más siniestro en tanto que asesinos de Cristo, un antecedente que los convertía en blanco perfecto de la guerra santa. En 1096, la indisciplinada muchedumbre de la cruzada popular (en ocasiones llamada también cruzada de los campesinos) cometió terribles actos de violencia, incluido el asesinato, contra las comunidades judías del Rin. De forma similar, cincuenta años después, la Segunda Cruzada provocó otro estallido de antisemitismo en la misma región. El argumento era, en términos muy simples, que, si la cruzada tenía como objetivo erradicar a los no creyentes, se debía empezar por casa, eliminando la impureza de los territorios cristianos. En 1146, Pedro el Venerable, abad de Cluny, escribió: «Pero por qué deberíamos perseguir a los enemigos de la fe cristiana en países lejanos y distantes cuando no lejos de nuestras casas, entre nosotros, viven esos blasfemos infames, mucho peores que cualquier sarraceno, a saber, los judíos, blasfemando, maltratando y pisoteando a Cristo y los sacramentos cristianos con total libertad, de forma insolente e impune».[2] De hecho, la Biblia afirmaba que los judíos no debían ser asesinados para que pudieran recibir su castigo en la tierra y, en última instancia, alcanzar la salvación. El mismo año del pronunciamiento de Pedro, el abad Bernardo de Claraval escribió: «¿No es acaso mayor triunfo para la Iglesia convencer y convertir a los judíos que pasarlos a cuchillo?».[3] Bernardo se esforzó por detener la persecución de los judíos y, al final, fue su punto de vista el que prevaleció.

A finales de la década de 1190, Teobaldo de Champaña tenía suficiente control sobre sus tierras como para prevenir cualquier brote de antisemitismo, y decidió que los judíos eran una fuente de financiación apropiada para su propia campaña. Hacia finales del siglo XII y principios del XIII, los gobernantes seculares estaban en condiciones de aprovechar la legislación eclesiástica contra los judíos y la usura para imponer gravámenes especiales a las comunidades judías; de hecho, el conde había conseguido reunir parte de sus fondos para la cruzada a través de un impuesto de este tipo. En su testamento, Teobaldo estipuló que ese dinero debía ser dividido entre aquellos que habían abrazado la cruz, aunque los beneficiarios individuales tenían que jurar que partirían desde Venecia: un temprano reconocimiento de la necesidad de canalizar hombres y recursos en esa dirección. Otra parte de los fondos se destinaría a la bolsa común del ejército cruzado para ser empleada como se considerara conveniente.

El conde falleció el 24 de mayo y fue llorado por todos. La muerte de una figura tan destacada era, en ese entonces, un asunto público. Villehardouin, que casi con absoluta certeza estuvo presente, anota que Teobaldo murió «rodeado por una gran multitud de parientes y vasallos. En cuanto al luto por su muerte y durante su funeral, no me atrevo a intentar describirlo, pues nunca antes se rindieron tantos honores a un hombre… Ningún otro hombre de su época fue más querido por su gente».[4] Estas palabras son en parte el tributo de un leal servidor; sin embargo, también tenemos razones para pensar que Teobaldo era realmente amado y admirado por su gente. Su viuda, Blanca, encargó para él un espléndido monumento conmemorativo en la iglesia de San Esteban en Troyes, donde Teobaldo fue enterrado a los pies de la tumba de su padre. Su sepultura no sobrevivió a la Revolución francesa, pero en 1704 un sacerdote redactó una detalladísima descripción del monumento. El pedestal estaba decorado con veintiocho esmaltes, treinta y cuatro columnas de plata y numerosos nichos que contenían figuras de parientes como Luis VII de Francia (1147-1180), que participó en la Segunda Cruzada, y Enrique II de Champaña, que gobernó Jerusalén a finales del siglo XII. El sacerdote registró la presencia de una magnífica imagen de un hombre con un bastón de peregrino que lucía en su hombro derecho una cruz hecha de la plata más fina y decorada con piedras preciosas. Una imaginería tan impactante estaba, por supuesto, ligada al incumplido voto cruzado de Teobaldo y la inscripción que había sobre su tumba trataba de vincular la expedición que el conde planeaba y la recompensa divina que quienes lo admiraban consideran que se merecía:

> Absorto en enmendar las heridas infligidas a la Cruz
>   y la tierra del Crucificado
> organizó el camino incurriendo en gastos, un ejército, una flota. Buscando la ciudad terrena, encontró la celestial; mientras estaba persiguiendo su meta en la distancia, la encontró en casa.[5]

En otras palabras, al morir Teobaldo había ido a la Jerusalén celestial, no a la terrena que esperaba alcanzar en la cruzada. Cerca de una semana después del funeral, Blanca dio a luz un hijo, que recibió también el nombre de Teobaldo y que más tarde lo sucedería en el título condal y dirigiría su propia cruzada a Tierra Santa entre 1239 y 1240.[6]

Aparte de perder a un amigo, la muerte de Teobaldo planteaba serios problemas a la cúpula de la cruzada. Un grupo de nobles de Champaña visitó al duque de Borgoña para ofrecerle su lealtad y todo el dinero de Teobaldo en caso de que accediera a ocupar el lugar del conde al frente de la expedición, pero este se negó a aceptar su propuesta. Poco después, el conde de

Bar-le-Duc, primo de Teobaldo, rechazó un ofrecimiento similar. Aunque resulta difícil valorar el impacto exacto de la muerte del conde, es evidente que la desaparición de una figura tan popular, cuyo ejemplo al abrazar la cruz había contribuido en gran medida a encender el entusiasmo inicial por la cruzada en el norte de Francia, debió de tener un efecto significativo en el reclutamiento y en la moral de sus hombres. Teobaldo poseía el carisma y el linaje necesarios para impulsar a muchos otros nobles y caballeros a acompañarle y, como evidencia su última voluntad, estaba decidido a ir a Tierra Santa desde Venecia y cumplir con el contrato que Villehardouin había negociado. El mariscal escribió que los cruzados estaban enormemente abatidos tras la muerte de Teobaldo.[7] Además, es posible que, preocupados por la sucesión del condado de Champaña, algunos de sus nobles consideraran que no era el momento más oportuno para partir a una cruzada: una mujer regente (Teobaldo no tenía más hijos) o la llegada de un extraño para hacerse cargo de la región eran una fórmula perfecta para la inestabilidad; por tanto, quizá lo más prudente fuera permanecer en casa.[8]

A principios de junio o julio, los principales cruzados se reunieron en Soissons en un intento de resolver la creciente crisis. La situación era cada vez más delicada y los condes de Flandes, Blois, Perche y Saint-Pol se unieron a la asamblea para debatir la mejor forma de llenar el vacío dejado por la muerte de Teobaldo. Villehardouin se atribuye haber sugerido la solución: propuso que Bonifacio, marqués de Monferrato (en el norte de Italia), se hiciera cargo de la cruzada en su totalidad. Bonifacio era un personaje de verdadero prestigio internacional cuya familia estaba emparentada con los reyes Capetos de Francia y con los Hohenstaufen, que aspiraban al trono del Sacro Imperio. Las tierras de Monferrato, ricas y fértiles, se extendían a lo largo del Piamonte e incluían la ciudad de Turín, Casale y Tortona. Era tal la reputación de Bonifacio que los nobles franceses le ofrecieron el control absoluto de todo el ejército, a diferencia de lo que al parecer ocurría antes con Teobaldo, Luis de Blois y Balduino de Flandes, que conformaban un triunvirato oficioso, cada uno encargado de su propio contingente.

Al igual que Teobaldo, Bonifacio provenía de una familia con un distinguido pasado cruzado y una larga tradición en la guerra santa. Sin embargo, a diferencia de los líderes cruzados de la Francia septentrional, el marqués era un hombre viejo —tenía alrededor de cincuenta años— que gobernaba Monferrato desde 1183, aunque nunca antes había participado en una cruzada. Durante la segunda mitad del siglo XII, el padre de Bonifacio, Guillermo el Viejo, y sus tres hermanos, Guillermo Larga Espada, Conrado y Raniero, habían dejado una impronta indeleble en el panorama político de Europa occidental, Bizancio y los estados cruzados. Guillermo el Viejo había combatido en la Segunda Cruzada y había retornado a Tierra Santa en 1185, donde fue capturado por Saladino durante la batalla de Hattin en 1187. Once años antes, su hijo Guillermo Larga Espada se había casado con Sibila, la heredera del trono de Jerusalén. El cronista Guillermo de Tiro nos ofrece un penetrante retrato de las cualidades y los defectos de este miembro del linaje:

El marqués era un hombre joven y apuesto, bastante alto y tenía los cabellos rubios. Era excesivamente irascible, pero valiente, generoso y de carácter abierto. Nunca ocultaba sus propósitos, sino que mostraba con franqueza cuáles eran sus pensamientos. Le encantaba comer y era además un gran bebedor, aunque nunca hasta el punto de perder la cabeza. Había sido entrenado en el uso de las armas desde muy joven y su experiencia en el arte de la guerra era famosa. Ocupaba una elevadísima posición en la sociedad de su época, y de hecho eran pocos, si los había, los que podían considerarse sus iguales.[9]

Por desgracia, apenas tres meses después de su matrimonio, cayó gravemente enfermo (es posible que se tratara de malaria) y al poco tiempo, en junio de 1177, murió, dejando a su esposa embarazada del futuro rey Balduino V de Jerusalén (1185-1186).

En 1179, la casa de Monferrato empezó a ampliar su influencia en el mundo bizantino. El prestigio de la familia era enorme, hasta el punto de que el emperador Manuel Comneno le ofreció a Raniero la mano de María, segunda en la línea de sucesión al trono imperial. En 1180, Guillermo de Tiro estuvo presente en la ceremonia y se mostró muy entusiasmado por el esplendor y magnificencia de las nupcias y la generosidad con que el emperador se prodigó con su propio pueblo, así como con los extranjeros:

> Podemos mencionar los juegos del circo que los habitantes de Constantinopla llaman hipódromo y los gloriosos espectáculos de diversa naturaleza mostrados a la gente con gran pompa durante los días de la celebración; la magnificencia imperial de las vestiduras y las túnicas reales adornadas con una profusión de piedras preciosas y pesadas perlas; la enorme cantidad de muebles de oro y plata de incalculable valor que había en palacio. Las palabras son incapaces de describir en términos apropiados la riqueza de las cortinas que adornaban la residencia real, y no consiguen dar cuenta de los numerosos sirvientes y miembros de la corte...[10]

La unión del occidental de diecisiete años con la princesa bizantina, que entonces tenía treinta, resultó desdichada. El historiador bizantino Nicetas Choniates, que no era precisamente un admirador de María, describió a la pareja de la siguiente manera: «La doncella [María], una princesa cortejada por muchos, era como Electra, la hija de Agamenón, que durante mucho tiempo deliró en palacio, majestuosa como un álamo blanco, anhelando el lecho nupcial. Después..., se convirtió en consorte de [Raniero de] Monferrato, que poseía un rostro hermoso, agradable a la vista: sus cuidados cabellos brillaban como el sol y era demasiado joven para que le creciera la barba; mientras que ella había superado la treintena y era fuerte como un hombre».[11]

El emperador pudo también haber otorgado a Raniero derechos de señorío sobre la ciudad de Tesalónica en el norte de Grecia, un considerable regalo que luego llamaría la atención de su hermano Bonifacio.[12]

Entre 1181 y 1182 Constantinopla se convirtió en escenario de conspiraciones y complots y, cuando el usurpador antioccidental Andrónico Comneno triunfó, tanto Raniero como María fueron envenenados. Para Bonifacio este episodio fue el origen de una rencilla entre la familia Monferrato y los bizantinos, un pésimo precedente que más tarde resultaría decisivo. Andrónico se convirtió en emperador en septiembre de 1183, pero sólo dos años después sería brutalmente despojado del cargo. Su sucesor, Isaac II Angelo (1185-1195), deseaba restablecer las relaciones con los Monferrato y ofreció a Bonifacio la mano de su hermana, Teodora. Como Bonifacio ya estaba casado, fue su hermano Conrado quien tomó a esta como esposa.

En Constantinopla, Conrado se hizo cargo del ejército imperial y consiguió controlar una nueva revuelta. Su valentía le hizo merecedor de los aplausos de los comentaristas locales: Nicetas Choniates lo describe como alguien «famoso por su enorme valor y sagacidad..., [un hombre] afortunado, poseedor de una inteligencia aguda y de fuertes brazos».[13] Conrado empleó a un buen número de mercenarios occidentales en su ejército; sin embargo, la desconfianza hacia los extranjeros sirvió de pretexto para que muchos en la jerarquía política aplazaran las verdaderas recompensas a las que su posición y estatus le hacían merecedor. Tras considerar que la actitud antioccidental todavía frecuente en algunas facciones de la ciudad constituía una amenaza, Conrado decidió cumplir con el voto cruzado que había realizado antes de que aceptara casarse con Teodora. Esto ocurrió en el verano de 1187, el momento preciso en que Saladino estaba destruyendo los ejércitos francos en Tierra Santa. Conrado navegó hasta Levante y llegó al puerto de Tiro (en el sur del actual Líbano) el 13 de julio, sin conocer aún la terrible derrota de los cristianos en la batalla de Hattin, en la que había sido capturado su padre, Guillermo el Viejo. Las fuerzas de Saladino barrieron el Oriente cruzado hasta alcanzar las murallas de Tiro, cuyos ciudadanos dieron gracias a Dios por haberles enviado «una nave [la de Conrado] en semejante momento de crisis».[14] El marqués dirigió una desesperada y valiente defensa de la ciudad y consiguió rechazar el ataque de los musulmanes con éxito, lo que proporcionó a las fuerzas cristianas una cabeza de puente clave, y solitaria, en la costa sur de Palestina. Tal era su determinación que incluso cuando Saladino hizo desfilar a Guillermo el Viejo frente a las murallas de Tiro y amenazó con matarlo si Conrado se negaba a rendirse, este se mostró desafiante: «Atadlo a un poste y yo seré el primero en dispararle, pues es demasiado viejo y vale muy poco». A continuación, los musulmanes condujeron a Guillermo el Viejo a las murallas, desde donde gritó con fuerza: «Conrado, querido hijo, protege bien la ciudad». Conrado tomó entonces una ballesta y disparó hacia donde se encontraba su padre. Se cuenta que cuando Saladino se enteró de lo ocurrido dijo que el marqués era un hombre descreído y cruel.[15] El sultán envió luego mensajeros para convencer a Conrado de que ciertamente se proponía matar a su prisionero, pero el marqués le respondió que, precisamente, deseaba que su padre muriera, pues así, a pesar de haber cometido actos vergonzosos y haber sido un hombre malvado a lo largo de su vida, Guillermo tendría una muerte noble y él podría decir que su padre había sido un mártir.[16]

Además de ser un negociador inflexible, Conrado era un magnífico soldado y un hombre extremadamente ambicioso.[17] Estando el rey Guido de Jerusalén cautivo, el marqués empezó a actuar como el rey *de facto* de Tierra Santa, y cuando luego Guido fue por fin liberado, Conrado se negó a conceder autoridad a un hombre que, en su opinión, había perdido su prestigio con la pérdida de Jerusalén. Guido era rey solo gracias a la sangre real de su esposa Sibila y, tras la muerte de esta durante el sitio de Acre, sus pretensiones al trono se vieron debilitadas. Durante el período de rivalidad que siguió a estos hechos, el recién llegado se alzó como el candidato más firme a la corona, y en 1191 Conrado se casó con Isabel, la hermana de Sibila, la única heredera del reino de Jerusalén. Este matrimonio fue un gesto de increíble oportunismo político: Conrado todavía estaba casado con Teodora, Isabel también estaba casada y, por si ello no fuera suficiente, ambos eran parientes lejanos. La unión, por tanto, poseía la extraña distinción de ser al mismo tiempo incestuosa y doblemente bígama. No obstante, las protestas contra su legitimidad apenas empezaban a pronunciarse cuando Conrado cayó víctima del puñal de los Asesinos en la ciudad costera de Acre, el 28 de abril de 1192.

Isabel había ido a los baños de la ciudad y, para matar el tiempo mientras ella regresaba para cenar, el marqués fue a visitar a su amigo, el obispo de Beauvais. Por desgracia, el obispo ya había cenado y Conrado decidió regresar a casa. Caminando por las estrechas callejuelas de la ciudad, encontró a dos hombres vestidos de monjes que le mostraron una carta. Sin sospechar nada extraño, Conrado los saludó y les tendió su mano, momento que aprovecharon para apuñalarlo en el estómago. El marqués se desplomó, herido de muerte, y una hora más tarde falleció.[18] Había dudas sobre quién había contratado a los miembros de la secta chií —los mejores sicarios de la época— para realizar esta tarea. Mientras algunos acusaban a Saladino, otros pensaban que el responsable era Ricardo Corazón de León, contrario desde hacía mucho tiempo a la candidatura de Conrado al trono de Jerusalén.

Pocos meses antes había muerto también Guillermo el Viejo. El Mediterráneo oriental se había cobrado la vida de cuatro miembros de la familia Monferrato. Aunque esto quizá fuera una advertencia, la nueva cruzada ofrecía a Bonifacio la oportunidad de añadir más gloria aún a su dinastía al permitirle dirigir una expedición a la tierra sobre la que su hermano debería haber gobernado.

Culto, dinámico y generoso, Bonifacio era mecenas de una brillante corte caballeresca que agrupaba a muchos caballeros y trovadores. Raimbaldo de Vaqueiras, que era ambas cosas, fue un compañero cercano del marqués. Oriundo de la región de Orange en el sur de Francia, ingresó al servicio de Bonifacio en Monferrato entre 1179 y 1180, y en una ocasión le escribió: «En vuestra corte reinan todas las buenas costumbres: munificencia, damas dignas de ser servidas, elegantes vestiduras, abundantes armaduras, trompetas y diversiones y violas y canciones, y a la hora de la cena nunca os ha gustado controlar la entrada».[19]

Para los organizadores de la Cuarta Cruzada, Bonifacio y su familia poseían una impresionante combinación de prestigio, experiencia militar y relaciones en Levante y el Mediterráneo oriental. En este sentido, el marqués era una elección muy inteligente, aunque, al tratarse de un italiano del norte vinculado con Génova y el Sacro Imperio, su elección añadía una serie de tensiones políticas que afectaban el carácter de la cruzada, predominantemente ligada a la Francia septentrional.

Se cree que es muy probable que Villehardouin visitara al marqués de camino a Venecia en 1201, por lo que este debía conocer desde muy temprano los planes de los cruzados, incluida la invasión de Egipto. Tan pronto como Villehardouin hubo convencido a los nobles franceses reunidos en Soissons de que su propuesta era la mejor alternativa, se enviaron emisarios a Monferrato. La respuesta de Bonifacio fue prometedora. A finales del verano, viajó en dirección norte hacia Soissons, atravesando los Alpes por el Gran Paso de San Bernardo, en compañía de otros nobles normandos y del abad Pedro de Locedio, un monje cisterciense que más adelante se convertiría en patriarca de Antioquía. De camino, Bonifacio se desvió para visitar al rey Felipe en París. La *Gesta Innocenti* sugiere que fue Felipe quien propuso el nombre de Bonifacio en primera instancia. En cualquier caso, fuera esto cierto o no, para el marqués era un movimiento político conveniente rendir sus respetos al monarca francés, su primo, cuando se encontraba en sus territorios y se disponía a dirigir a muchos de sus súbditos en una expedición fuera del país.[20]

La reunión con la nobleza francesa tuvo lugar en un huerto próximo a la abadía de Nuestra Señora de Soissons. A finales de agosto, los árboles estaban cargados de manzanas y el huerto proporcionaba un escenario tranquilo y sombreado para un asunto tan serio. Los cruzados franceses no ahorraron esfuerzos para convencer al marqués de que debía liderarlos. Le ofrecieron el control absoluto de su ejército, la mitad del dinero que Teobaldo había dejado para la cruzada y el compromiso de los hombres del conde. «Nos dirigimos a vos por ser el hombre más digno que conocemos… Aceptad ser nuestro señor y abrazad la cruz por amor a Dios.»[21] Rogaron al marqués que accediera a su solicitud y cayeron a sus pies llorando. Que Bonifacio era ya bastante receptivo a la propuesta para entonces tenía que ser algo evidente, después de haber viajado hasta el norte de Francia y visitado al rey Felipe. Tras escuchar a los franceses, se arrodilló ante ellos y solemnemente aceptó dirigir el ejército de Cristo.

Esto tuvo que encantar a los demás miembros de la cúpula cruzada, que recibieron su respuesta con gran alivio. Con todo, todavía era necesario que Bonifacio abrazara la cruz, y para ello el marqués recorrió la corta distancia que separaba el huerto de la iglesia de Nuestra Señora en compañía del obispo Nivelon de Soissons (que ya había abrazado la cruz), el abad Pedro de Locedio y Fulko de Neuilly (el hombre que había dirigido gran parte de la predicación de la cruzada en la Europa septentrional durante los últimos dos años).

El rito de tomar la cruz era un proceso bastante simple, según el primer texto litúrgico conservado que describe el acontecimiento. Se daba la bendición y luego se presentaba la cruz mientras se pronunciaban las siguientes palabras: «Señor, bendice esta enseña de la Santa Cruz para que contribuya a la salvación de tu siervo». El cruzado se ataba entonces la cruz en el hombro y recibía las tradicionales insignias del peregrino, el bastón y la bolsa, para subrayar la estrecha relación entre cruzada y peregrinación.[22]

Antes de abandonar la iglesia, es posible que los cruzados se detuvieran un momento en una tumba en particular para pedir ayuda divina. La abadía albergaba un sarcófago magníficamente esculpido (conservado hoy en el Louvre) con los restos de san Drausino, que había sido obispo de Soissons en el siglo VII. Drausino era famoso por su capacidad para conceder el éxito en la batalla a todos aquellos que pasaban una noche velando su tumba. Durante generaciones, los cruzados de Soissons habían venerado el lugar, y la creencia en la protección que el santo proporcionaba a los devotos estaba muy arraigada en la región. En la década de 1160, un autor señalaba que tal era la fe del pueblo en los poderes de Drausino que había quienes viajaban desde Borgoña e Italia para pedir su intercesión. Quizá Bonifacio, que provenía del norte de Italia, quiso también velar la tumba del santo y buscar el apoyo celestial ahora que tenía ante sí la responsabilidad de dirigir la cruzada.

Al día siguiente, el marqués estaba listo para abandonar Soissons: si iba a partir hacia Levante en la primavera de 1202, era mucho lo que tenía que hacer para dejar sus asuntos en orden. Instó a sus compañeros de expedición a proceder de igual forma y se despidió de ellos sabiendo que su próxima cita sería en Venecia. Mientras regresaba al sur, las conquistas de su familia debieron de haber dominado sus pensamientos: esta era su oportunidad de emularlas y superarlas y, quizá, de vengar algunos episodios del pasado familiar. También debía de sentirse muy orgulloso: que los nobles franceses se hubieran dirigido a él y le hubieran otorgado el indiscutido liderazgo de la cruzada era una gran distinción. Su amigo trovador, Raimbaldo de Vaqueiras, no estuvo presente en Soissons, pero no obstante quiso escribir una canción para alabar a su señor y destacar la noble tarea de los cruzados:

Ahora los hombres pueden saber y comprobar que por las buenas obras Dios ofrece buenas recompensas, pues Él ha concedido al noble marqués una recompensa y un don al darle ocasión de superar en valía incluso a los mejores, de tal forma que los cruzados de Francia y Champaña han suplicado al Señor que sea él, el mejor de todos los hombres, quien recupere el Sepulcro y la Cruz sobre los que una vez yació Jesús, quien lo tendrá a Su lado; y Dios le ha dado al marqués fieles vasallos y riquezas y valentía en abundancia para que pueda cumplir su tarea de la mejor forma.

…Con tal honor ha tomado él la cruz que parece no aguardarle ya ningún otro, pues con este honor posee él ya este mundo y el próximo, y Dios le ha concedido el poder, la inteligencia y la sabiduría para poseer ambos, por ello él se esfuerza al máximo.

…Que san Nicolás de Bari guíe nuestra flota y permita a los hombres de Champaña alzar su estandarte, y permita al marqués gritar «¡Monferrato y el león!» y al conde flamenco «¡Flandes!» cuando asesten golpes con fuerza; y conceda a cada uno de sus hombres golpear con su espada y romper su lanza, y que aplastemos y demos muerte a todos los turcos y recobremos en el campo de batalla la Vera Cruz que hemos perdido…

Nuestro Señor nos manda y pide a todos ir y liberar el Sepulcro y la Cruz. Permitid que aquel que desea estar a Su lado muera en Su nombre, pues vivirá en el Paraíso, y haga todo lo que esté en su poder para dar muerte a la raza de los perros.[23]

Tras salir de Soissons, Bonifacio no regresó directamente a casa, sino que prefirió ir a la abadía de Citeaux, algo más de doscientos ochenta kilómetros al sur, el corazón de la orden cisterciense. El 13 de septiembre de cada año, día de la festividad de la Santa Cruz, los abades de esta gigantesca organización internacional se reunían para debatir los asuntos de la hermandad.

La orden cisterciense fue creada a finales del siglo XI y se fundaba en los principios de pobreza, sencillez y alejamiento del mundo. Los monjes vestían hábitos blancos y se complacían en comparar la severidad de su estilo de vida con la actitud de otras órdenes monásticas, como la cluniacense, cuyos esplendor y riqueza eran bien conocidos. Los monasterios cistercienses eran edificios sencillos desprovistos de decoración, pero sorprendentemente hermosos en su austeridad. Con un portavoz tan carismático y convincente como Bernardo de Claraval, la orden había conseguido atraer a miles de novicios y recibir numerosas donaciones de tierras. Hacia finales del siglo XII había quinientas treinta casas cistercienses en todo el mundo cristiano y la orden se extendía de Palestina a España y de Sicilia a Noruega.[24] Un éxito tan extraordinario había proporcionado una riqueza institucional de enormes proporciones. Los cistercienses eran expertos granjeros y célebres por saber convertir los duros terrenos que les regalaban sus piadosos benefactores en tierras de labranza especialmente rentables. Esta riqueza les permitía, entre otras cosas, financiar a muchos cruzados.

A pesar de toda esta fortuna, el papado tenía en muy alta estima la integridad personal de los cistercienses y con frecuencia se encargaba a los monjes blancos predicar la cruzada. Con el tiempo, el capítulo general de la orden cisterciense (nombre con el que se conocía la reunión anual) había evolucionado hasta convertirse en algo más que un encuentro para tratar asuntos internos y transformarse en un importante punto de encuentro entre la Iglesia y la sociedad secular. La noticia de que Bonifacio estaría presente en él añadía un atractivo extra al acontecimiento de 1201, y se dice que varios miembros de la nobleza borgoñona y multitud de laicos decidieron por ello asistir también.

Fulko de Neuilly aprovechó la ocasión para pronunciar un sermón y predicar la cruzada. Provisto con una carta del papa Inocencio, se dirigió al encuentro y reclutó a los abades de Cer-

nanceaux, Perseigne y Vaux-Cernay. El cisterciense inglés, Radulfo de Coggeshall, señala al respecto: «En verdad, una exigencia
de semejante magnitud hacía necesario que muchos hombres de
probada religión acompañaran al ejército del Señor en una peregrinación tan ardua, hombres que pudieran consolar las debilidades del corazón, instruir al ignorante y animar a los justos en
la batalla del Señor, así como apoyarlos en todos los asuntos que
atormentan el alma».[25] Se dice que Fulko, acaso dejándose llevar
por la emoción, rompió a llorar mientras contaba al capítulo general que durante los últimos tres años había reclutado personalmente a doscientas mil personas, y todas ellas «habían renunciado
por un tiempo a sus padres, a su patria y a las alegrías de la vida
con el propósito de servir a Cristo».[26] Es cierto que en esta época
Fulko había recorrido los Países Bajos y Francia, pero semejante
cifra era claramente una exageración, algo que pudo comprobarse
en Venecia cuando alcanzar el número de cruzados previsto se
revelara imposible. Existen testimonios que confirman que Fulko
consiguió recaudar algún apoyo para la cruzada; sin embargo,
todo indica que su predicación estaba dirigida principalmente a
los pobres. Un autor sugiere que exhortaba solo a estos porque
«creía que los ricos no eran dignos merecedores de un beneficio
semejante». La verdad, por tanto, es que Fulko no había tenido
el éxito que aseguraba y su contribución a la cruzada fue en realidad bastante limitada.[27]

Antes de la asamblea de Citeaux, quienes se habían comprometido con la cruzada procedían mayoritariamente de Champaña y Flandes; no obstante, la participación de Bonifacio dio un
nuevo impulso a la expedición. Varios nobles borgoñones tomaron la cruz después de ello, entre otros Odón de Champlitte y su
hermano Guillermo; Ricardo de Dampierre y su hermano Odón;
y Guido de Pesmes y su hermano Amalarico. Este trío de hermanos cruzados nos muestra de nuevo cómo ciertas familias, a
menudo pertenecientes a una tradición cruzada, abrazaban con
entusiasmo la causa de Tierra Santa. Se unieron asimismo a la
expedición el conde Hugo de Berzé y su hijo (también llamado
Hugo), al igual que varios clérigos de importancia, como el obispo Gualterio de Autun. Además, la cruzada consiguió reclutas

procedentes de territorios más al sur, como el noble provenzal Pedro de Bromont.[28]

Mientras los cruzados franceses empezaban a prepararse para la expedición, Bonifacio (como correspondía al líder de esta) emprendía una campaña diplomática para allanar el camino y buscar nuevos apoyos. Desde Citeaux, cabalgó más de trescientos kilómetros en dirección noroeste hasta Hagenau, en el valle del Rin (la ciudad, al norte de Estrasburgo, formaba entonces parte del Sacro Imperio; hoy, sin embargo, pertenece a Francia), para visitar a su señor y primo, Felipe de Suabia, rey de Alemania. A principios del siglo XIII, el Sacro Imperio se encontraba dividido entre dos pretendientes al trono rivales: Felipe y Otón de Brunswick. Bonifacio, por supuesto, era partidario del primero, pero el papa Inocencio III respaldaba a Otón, un conflicto de intereses que durante la cruzada se convertiría en fuente de tensiones.

Bonifacio estuvo en Haguenau hasta la Navidad de 1201. Durante este tiempo, se encontró allí con un individuo que desempeñaría un papel fundamental en el destino de la Cuarta Cruzada. El príncipe Alejo Ángelo (nacido en 1182 o 1183) era un joven ambicioso pero inmaduro que aspiraba a convertirse en emperador de Bizancio.[29] Por entonces, Alejo estaba recorriendo las cortes de Europa en un intento de obtener algún tipo de ayuda para recuperar lo que consideraba su justa herencia. Prácticamente todas las figuras y autores de la época critican algún aspecto de su personalidad, aunque el hecho de que carezcamos de una fuente que nos explique su versión de los hechos puede ser el motivo de esta desproporción. El dogo consideraba que Alejo era un joven despreciable.[30] Nicetas Choniates lo describe como afeminado y estúpido, y crítica severamente que, una vez en Constantinopla, se dedicara a beber y jugar con los cruzados, para terminar señalando que «las personas sensatas lo consideraban abominable».[31]

Sin embargo, en el otoño de 1201 estos juicios aún no habían sido pronunciados. Como Irene, la hermana del príncipe Alejo, estaba casada con Felipe de Suabia, el joven bizantino era cuñado del alemán, hecho que explica su visita a Haguenau. Algunos historiadores ven en el encuentro entre Bonifacio y el príncipe

Alejo un siniestro antecedente del saqueo de Constantinopla.[32] Para ellos, este acontecimiento habría sido planeado para dirigir la cruzada hacia Bizancio, lo que daría a Bonifacio la oportunidad de vengar la muerte de su hermano Raniero y serviría a Felipe de Suabia para obtener poder y prestigio en su intento de convertirse en emperador. Este resultado quizá se adecuaba a las fantasías más extravagantes de las distintas partes involucradas, pero resulta inverosímil pensar que Balduino, el príncipe Alejo y Felipe hubieran podido dirigir la Cuarta Cruzada hacia tal final mediante los inesperados giros del destino que guiaron la expedición entre 1203 y 1204.[33]

Ahora bien, sobre lo que no existe duda alguna es de que las pretensiones del príncipe Alejo al trono bizantino tuvieron una influencia crucial en la Cuarta Cruzada. Su padre, Isaac II Ángelo, había gobernado el Imperio bizantino entre 1185 y 1195, año en que fue depuesto por su hermano mayor, también llamado Alejo (III). Isaac fue el primer miembro de la familia Ángelo en reinar en Constantinopla y ascendió al trono después de que la dinastía Comneno se derrumbara, por lo que tuvo que hacer frente a las consecuencias de un violento período de agitación política.

Por desgracia, Isaac, considerado por lo general una persona afable pero demasiado amante del lujo, no estaba bien preparado para esta tarea. Nicetas Choniates lo describe así:

> Cada día comía suntuosamente…, probando las más exquisitas salsas, dándose banquetes con guaridas de bestias salvajes, mares de peces y océanos de vino tinto. En días alternos, cuando se deleitaba en los baños, se entregaba a los olores de dulces ungüentos y se hacía rociar con aceites de mirra… El muy vanidoso se exhibía como un pavo real y nunca vestía el mismo atuendo dos veces… Como disfrutaba enormemente de las canciones procaces y lascivas y le gustaba confraternizar con enanos cómicos, no cerraba el palacio a los truhanes, los mimos y los juglares. Pero de la mano de estos llegaban los placeres de la bebida, seguidos por la disipación sexual y toda otra cosa capaz de corromper la salud y el bienestar del imperio. Por encima de todo, tenía una pasión enloquecida por levantar

gigantescos edificios y... construyó los baños y dependencias más espléndidos, edificios extravagantes..., arrasó iglesias antiguas y trajo la desolación a las mejores viviendas de la reina de las ciudades; hay quienes hoy pasan y derraman lágrimas ante el espectáculo de sus cimientos.[34]

A pesar de su amor por el lujo, Isaac reaccionó a tiempo para conseguir repeler una invasión de los normandos sicilianos a finales de 1185 y para hacer frente a una revuelta interna en 1187, ayudado, como hemos señalado antes, por Conrado de Monferrato. Sin embargo, tuvo menos éxito contra otros dos enemigos. En primer lugar, tuvo que hacer frente a revueltas en las tierras búlgaras y valacas en los Balcanes. En segundo lugar, decidió mantener una relación cordial con Saladino para protegerse contra su mutuo enemigo, los turcos selyúcidas de Asia Menor. Esto, por supuesto, lo llevó a entrar en conflicto con el ejército del emperador Federico Barbarroja cuando los alemanes marcharon a Tierra Santa durante la Tercera Cruzada. La rivalidad entre ambos imperios existía hacía décadas y, estando los dos bandos tan cerca, las tensiones se tradujeron en guerra abierta. Los occidentales vencieron a las tropas griegas al norte de Tracia en 1189. Y, dado que el ejército de Federico representaba una clara amenaza para Constantinopla, Isaac se vio obligado a proporcionarle comida a precios justos y naves para cruzar el Bósforo y a renunciar a cualquier reclamación por las pérdidas sufridas en su lucha contra los alemanes.[35] A largo plazo, este episodio resultó perjudicial para ambos bandos: mientras que para la Europa occidental los bizantinos actuaron como enemigos de los cruzados, para los griegos el incidente ilustró con claridad los peligros que tales campañas representaban para sus territorios.

Isaac intentó desarrollar una base de poder en Constantinopla mediante el apoyo de una camarilla de burócratas; no obstante, la enemistad de las familias nobles rivales, que pretendían conseguir más favores para sí mismas, unida a los continuos fracasos militares contra los búlgaros y los valacos, hicieron que los días del emperador estuvieran contados. Los conspiradores tramaron reemplazar a Isaac por su hermano, Alejo Ángelo, con la esperanza de que este entendiera mejor sus deseos. El propio Alejo no estaba muy a gusto con los honores y la posición que le habían sido concedidos y la idea de un golpe fue ganando fuerza.[36]

Una expedición de caza a Tracia ofreció a los conspiradores la oportunidad perfecta: el 8 de abril de 1195, cuando la partida del emperador salió del campo principal, Alejo y sus hombres realizaron su movimiento. Tras fingir que se encontraba enfermo, el aspirante decidió quedarse en el campamento; mientras Isaac se dedicaba a la caza, los conjurados condujeron a su hombre a la tienda imperial y lo proclamaron emperador. El ejército respaldó a Alejo y los burócratas imperiales que estaban presentes decidieron actuar con prudencia y seguir su ejemplo. Isaac advirtió el alboroto y comprendió con exactitud lo que había ocurrido. En un principio pensó cargar contra el campamento, pero contaba con muy pocos hombres para luchar de verdad y, al final, tuvo que huir. De inmediato, Alejo partió en su búsqueda, pues sabía que tenía que impedir a toda costa que su hermano regresara a Constantinopla y reafirmara en público su autoridad imperial. Poco tiempo después Isaac fue capturado y conducido al monasterio de Vera, cerca de Makre, al sur de Tracia. Allí, nos cuenta Nicetas, fue sometido a una atroz tortura: «Miró el sol por última vez, y a continuación le sacaron los ojos» (los bizantinos consideraban que la ceguera incapacitaba a un individuo para el gobierno). Después de que lo hubieran cegado, Isaac fue encerrado en una prisión.[37] Una vez en el trono, Alejo, convertido en Alejo III, mantuvo a Isaac bajo arresto domiciliario y le hizo prometer, junto a su hijo, el príncipe Alejo, que no conspiraría contra él. Padre e hijo, por supuesto, no cumplieron con su promesa, sino que concibieron un plan: el joven iría a Alemania para buscar la ayuda de su cuñado y su hermana: Felipe e Irene de Suabia.

En 1201, los cautivos contrataron a dos mercaderes de Pisa con sede en Constantinopla para acordar la liberación del príncipe. Cuando este se unió a Alejo III en una campaña en Tracia, los pisanos hicieron que su navío siguiera a la expedición y se mantuviera cerca de la costa. Tan pronto como el príncipe Alejo vio la oportunidad de huir, acudió a toda prisa a un punto de encuentro previamente acordado con los pisanos en el puerto de

Athyras sobre el mar de Mármara; allí le esperaba un bote de remos que con rapidez lo llevó a la nave mercante de los italianos. Sin embargo, nada garantizaba su seguridad, y, en cuanto Alejo III descubrió que su sobrino había escapado, ordenó que lo buscaran en todas las embarcaciones de los alrededores.

Hay diferentes explicaciones sobre cómo su presa consiguió evadirse sin ser detectada: Nicetas Choniates escribe que el príncipe se cortó su largo cabello, se vistió con ropas occidentales y se mezcló con la tripulación para no ser reconocido por los hombres del emperador.[38] La *Crónica de Nóvgorod,* un relato del siglo XIII sobre la época de la Cuarta Cruzada escrito en Rusia y basado en la información proporcionada por una fuente alemana, nos ofrece otra versión. Según este texto, el joven Alejo se escondió en el falso fondo de un barril de agua. Cuando los agentes del emperador llegaron, revisaron el barril quitándole el tapón, pero al ver que salía agua creyeron que estaba completamente lleno y siguieron buscando.[39] Sea cual sea la verdadera historia, el hecho es que el plan de los pisanos funcionó y su nave pudo zarpar y llegar al puerto de Ancona. Allí esperaban al prófugo escoltas enviados por Irene, que se encargaron de conducirlo a Haguenau, donde, llegado el momento, el príncipe se encontraría con Felipe y Bonifacio de Monferrato. Irene defendió la causa de su hermano, pero sus esfuerzos fueron infructuosos. Mientras que Bonifacio estaba decidido a llevar la cruzada a Egipto y Jerusalén, Felipe estaba envuelto en la guerra civil alemana contra Otón de Brunswick. Ninguno de los dos quería ser distraído.

Pese a ello, el príncipe Alejo no estaba menos decidido a conseguir ayuda y a principios de 1202 partió hacia Roma. Sin embargo, nunca tuvo verdaderas posibilidades de despertar la simpatía del papado y su solicitud fue rechazada. Inocencio III no estaba preparado para desviar su cruzada en ayuda de un personaje emparentado con Felipe de Suabia, que para entonces ya había sido excomulgado durante su enfrentamiento con el candidato del papa. Además, aunque las relaciones entre Alejo III y el papado eran frías, no eran tan malas como para que el pontífice intentara destronarlo. De hecho, en los primeros años de su pontificado, las relaciones entre Roma y Constantinopla habían experimentado varios cambios de dirección.

En un primer momento, Inocencio III había esperado poder trabajar junto con Alejo III para conseguir que la cruzada fuera un éxito y que la Iglesia católica y la ortodoxa acercaran posiciones.[40] No obstante, en noviembre de 1199, el papa optó por criticar con severidad al gobernante griego por su incapacidad para aliviar la apremiante situación del Santo Sepulcro y de los cristianos en Oriente y por la continuación del cisma que dividía a las dos iglesias. En ese entonces, Inocencio sugirió que, si el emperador no contribuía a la causa de la cruzada, su negligencia provocaría la ira de Dios: una predicción que resultaría increíblemente acertada.[41]

Alejo III respondió recordando al papa las heridas infligidas por la cruzada de Barbarroja y propuso debatir la unión de ambas iglesias en un gran consejo. En su réplica a esta propuesta, Inocencio intentó una vez más convencer a Alejo III de que apoyar la nueva cruzada era su deber cristiano, al tiempo que señaló su esperanza de que fuera capaz de lograr que la Iglesia ortodoxa griega reconociera la autoridad papal.[42]

Alejo III hizo muy poco por seguir las directrices papales y llegado el momento afirmó que el emperador bizantino estaba por encima del poder del papa. Semejante idea resultaba inaceptable para Inocencio, que creía que la Biblia investía de una autoridad más que suficiente y que todos los príncipes seculares debían subordinarse al clero. Con todo, entre finales de 1200 y comienzos de 1201, Inocencio moderó el tono de sus reclamaciones con el fin de allanar el camino a la inminente cruzada:

> Su Alteza sabrá si a través de nuestra carta hemos logrado o no guiar a su Excelencia Imperial hacia lo bueno y lo útil, y si le hemos aconsejado formas de actuar adecuadas y honorables, pues recordamos haberlo invitado únicamente a buscar la unidad de la Iglesia y ayudar a la tierra de Jerusalén. Ojalá Aquel que tiene en Su mano los corazones de los príncipes os inspire para que consintáis con nuestros consejos y hagáis aquello que merecidamente traerá honor al Nombre Divino, beneficios a la religión cristiana y salvación a vuestra alma.[43]

La innecesaria sangría que había supuesto para las energías occidentales la abierta hostilidad entre los griegos y el ejército de la Tercera Cruzada, por un lado, y la aversión que el pontífice sentía por Felipe de Suabia (aversión compartida por Alejo III), por otro, eran fuertes motivos para que Inocencio intentara obtener el respaldo del emperador bizantino para la nueva cruzada. Es posible también que el papa hubiera comprendido que Alejo III no iba a cambiar de postura ante sus amenazas y, estando la expedición tan próxima a partir, hubiera preferido adoptar un tono más conciliador.

Después de que el papa hubiera desairado al príncipe Alejo, llegó el turno de que Bonifacio tuviera una audiencia con él. Como líder de la cruzada, era lógico que el marqués tuviera que entrevistarse con el guardián espiritual de la Iglesia católica. Existe la posibilidad de que debatieran las aspiraciones de Alejo, pero en tal caso es seguro que Inocencio se habría apresurado a convencer a Bonifacio de lo inconveniente que resultaría desviar la cruzada hacia Constantinopla.

En abril, de regreso a su hogar en el norte del país, el marqués se detuvo para intentar que Pisa y Génova, que entonces se encontraban en guerra, llegaran a un acuerdo de paz. Su idea era alcanzar la estabilidad en Occidente antes de que la cruzada partiera, de tal manera que quedara abierta la posibilidad de que otras flotas colaboraran con la expedición. Bonifacio probablemente llegó a su tierra natal a principios de mayo de 1202; había estado lejos durante cerca de nueve meses desde que había sido llamado para dirigir la cruzada y ahora tenía, en muy poco tiempo, que prepararse para una ausencia todavía más larga.

Durante el invierno de 1201 y llegado el Año Nuevo de 1202, los preparativos de la expedición absorbieron la atención de comunidades enteras por toda Europa. Los líderes cruzados habían fijado la Pascua como fecha para que todos los ejércitos del norte de Francia se encontraran e iniciaran su marcha hacia el sur. Con el fin de reunir el dinero y el equipo necesarios para este viaje, los cruzados tuvieron que trabajar muy duro. Algunos nobles tenían acceso a riquezas considerables y podían permitirse la venta de activos para recaudar fondos adicionales. Los menos ricos tenían con frecuencia que hipotecar tierras o derechos para conseguir el dinero. Algunos de estos convenios se firmaban con otros nobles, con comerciantes o con la creciente burguesía urbana; no obstante, la gran mayoría de los documentos conservados en los que se recogen acuerdos de este tipo se refieren a tratos con instituciones religiosas, que preservaron miles de ellos gracias a una tradición profundamente arraigada de alfabetización y mantenimiento de archivos. Los caballeros y los nobles negociaban préstamos y donativos con los clérigos locales. Las escrituras consagraban estos acuerdos en letra escrita y los clérigos, los nobles, sus familias o miembros de su hogar servían como testigos.

Dadas las disposiciones de la Iglesia contra la usura, en estos documentos no encontramos nada parecido a un explícito préstamo a interés; sin embargo, los contratos permitían al prestamista usar o beneficiarse con total libertad de la tierra durante la ausencia de su dueño, algo que, aunque no exactamente igual, sí resulta muy similar.

Algunas escrituras tenían como objetivo solucionar una disputa para que el cruzado pudiera marcharse habiendo cumplido con sus obligaciones morales y prácticas. Una escritura contemporánea de la abadía de Floreffe, en el condado de Namur, cerca de Flandes, nos habla de un caballero llamado Tomás que quería arrepentirse por su anterior comportamiento y poner su alma en paz, así como dar fin a un viejo enfrentamiento:

Como lo que no se conserva en letra escrita desaparece fácilmente de la memoria, yo, Wéric, abad de Floreffe por la gracia de Dios y la comunidad, hago saber a aquellos presentes y futuros que Tomás, caballero de Leez, hombre libre, aguijoneado por la codicia, recobró las ocho *bonuaria* de tierra que legítimamente nos había otorgado en compensación por los daños a menudo infligidos a nosotros y formuló una acusación también contra nosotros. Pero ahora que está preparado para partir a la cruzada, se reconoce culpable y abandona y renuncia por completo a la tierra antes mencionada y a sus frutos delante de muchos y apropiados testigos... Para que no exista posibilidad de que alguien intente menoscabar los contenidos de este acuerdo y molestar a nuestra iglesia en esta materia, hemos agregado a este documento el sello de los hombres prudentes que dan cuenta de su autenticidad, a saber, los abades de Gembloux, Corneux y Leffe.[44]

Otras escrituras se limitaban a registrar generosos legados que tenían por fin ayudar al alma del donante, aunque es posible que a este se le hubieran entregado a cambio obsequios no registrados en los documentos. Un caballero de la Cuarta Cruzada realizó un donativo de este tipo en el siguiente fragmento:

> Yo, Godofredo de Beaumont, hago saber a todos en el presente y en el futuro que, a punto de emprender el camino a Jerusalén, con el consentimiento y el deseo de mi esposa Margarita y mis hijas Dionisia, Margarita, Aales y Eloísa, dono y concedo a los pobres monjes de San Josafat, por amor de Dios y por la salvación de mi alma, cinco sueldos al año provenientes de las rentas de Beaumont. [Serán entregados] el día de san Remigio [13 de enero] a las manos de los hermanos que presenten este documento. Para que esto quede fijado y se conserve, yo refuerzo y confirmo la actual escritura con mi sello. Promulgado en el año 1202 en el mes de mayo.[45]

Para algunos hombres, una cláusula en la bula papal de diciembre de 1198, *Graves orientalie terrae,* proporcionó una fuente de ingresos adicional. El papa Inocencio había establecido un impuesto de un cuarto a las rentas anuales de la Iglesia y decretado que: «Si los cruzados no pueden costear el viaje, debéis concederles subvenciones adecuadas a partir de este efectivo, tras recibir suficientes garantías de que estos permanecerán en Oriente para defender el territorio por un año o más, de acuerdo con el monto recibido».[46] Desconocemos cuánto dinero fue recaudado gracias a esta medida —es posible que, en muchos sitios, no se cobrara el impuesto o que el dinero no llegara a los destinatarios previstos—, pero es probable que un buen número de hombres financiara su cruzada de esta manera.

Además de dinero, los cruzados necesitaban reunir todo el equipo que se requería para participar en una expedición militar a varios miles de kilómetros de casa. Los cruzados tenían que conseguir centenares de caballos, desde los mejores corceles de combate hasta las bestias de carga necesarias para tirar de las carretas de camino a Venecia. Las forjas del norte de Francia fundieron miles de herraduras de recambio, y los artesanos del cuero fabricaron enormes cantidades de sillas y bridas. Se encargaron y compraron armas y armaduras, y los escudos fueron pintados de nuevo; los comerciantes se encargaron de que cada noble luciera el mejor equipo que pudiera costear y los señores adornaron sus contingentes con las mejores capas y estandartes.

Algunos personalizaban su armadura. Durante la Tercera Cruzada, por ejemplo, Sancho Martín, un noble español, vistió una túnica verde y decoró su yelmo con la cornamenta de un ciervo. La ostentosa exhibición de Sancho sin duda llamaba la atención, y se cuenta que cuando aparecía en el campo de batalla «los sarracenos corrían más para ver su magnífico atuendo que para cualquier otra cosa».[47] Parte fundamental de los preparativos era el entrenamiento para el combate, y durante este tiempo los cruzados se dedicaron a ejercitar sus habilidades como espadachines y luchadores. La prohibición de los torneos se replanteó en esta época y solo se aplicó a aquellos encuentros en los que los valiosos guerreros que iban a participar en la cruzada pudieran resultar heridos o muertos. Por otro lado, este ejército de hombres tenía que ser alimentado. Parte de las provisiones para ello podía llevarse junto con el resto del equipo: miles de cerdos ahumados y montones de carretas repletas de conservas, sacos de trigo y barriles de vino; otros suministros, sin embargo, tenían que ser comprados durante el trayecto, por lo que los cruzados necesitaban llevar consigo dinero en efectivo u objetos valiosos. Para el hombre moderno, acostumbrado a usar tarjetas de crédito y cambiar moneda extranjera, la idea de tener que transportar voluminosos objetos de oro y plata para emplearlos como forma de pago resulta muy poco práctica desde cualquier punto de vista. Sin embargo, dada la enorme y repentina demanda de monedas a la que daban lugar estos miles de hombres en búsqueda de efectivo —una demanda que superaba la capacidad de la mayoría de instituciones—, la comodidad de llevar una gran cantidad de monedas de pequeñas denominaciones no constituía realmente una alternativa (por no hablar de los problemas derivados de la mecánica cambiaria de la época). Los cruzados tenían que llevar consigo joyas y telas preciosas, enormes objetos ornamentales proporcionados por las iglesias y utensilios del hogar como platos y cuberterías, para cambiarlos, cuando fuera necesario, por alimento y bebida.

A medida que el momento de la partida se acercaba, todos los cruzados, desde el más importante de los señores hasta el sirviente de menor categoría, debieron de haberse visto afectados por una extraña mezcla de miedo y excitación, emociones que, probablemente, también inundaban los pensamientos de quienes permanecerían en los hogares y comunidades que estos se disponían a dejar. ¿Qué aventuras esperaban a los cruzados? ¿Lo que les aguardaba era la fama y la riqueza o, por el contrario, el sufrimiento, el dolor y la muerte? Con frecuencia los nobles marcaban estas fechas con un magnífico banquete en el que reunían a sus amigos y familiares. Este era también el momento de poner en orden los asuntos pendientes y resolver cualquier disputa, y de rogar para que se les permitiera regresar a casa sanos y salvos. Algo similar ocurría en el caso del personal eclesiástico: los clérigos tenían que dejar a sus hermanos, su «familia», y partir armados sólo con sus oraciones y su fe, preguntándose también ellos por lo que el juicio de Dios les depararía.

Por último, el día de la partida, cada cual tenía que prepararse para la despedida: las promesas finales, las últimas palabras, los últimos abrazos. Fulquerio de Chartres describe la angustia de un cruzado al dejar a su esposa:

Entonces el marido le dijo a la esposa cuándo esperaba volver, asegurándole que, si por la gracia de Dios sobrevivía, regresaría a su lado. ...La encomendó al Señor, la besó lentamente y, mientras ella lloraba, le prometió, una vez más, que retornaría. Ella, sin embargo, temía no volver a verlo e, incapaz de sostenerse en pie, se desvaneció y cayó al suelo, llorando al amado que iba a partir como si ya estuviera muerto. No obstante, él, como si no tuviera piedad —aunque la tenía— y las lágrimas de su esposa y el dolor de sus amigos no fueran capaces de conmoverlo —aunque estaba conmovido en lo más íntimo de su corazón—, partió firmemente decidido.[48]

Como escribió Roberto de Clary: «Había allí muchos padres y madres, hermanas y hermanos, esposas e hijos, lamentando la marcha de sus seres queridos».[49] El caballero y trovador Conon de Béthune cantó sus miedos y el dolor de tener que dejar a su esposa. Aunque el tono caballeresco resulta muy marcado en sus versos, estos también dejan entrever sus verdaderos sentimientos:

> Ay, Amor, qué difícil separación
> debo emprender de la mejor
> dama alguna vez querida y servida.
> Quiera Dios en su bondad
> devolverme a ella porque es cierto
> que la dejo con gran dolor.
> ¡Ay! ¿Qué he dicho? No
> la estoy dejando: incluso si mi cuerpo parte
> a servir a nuestro Señor, mi corazón se queda
> completamente a su servicio.[50]

Villehardouin relata que «muchas lágrimas, como podéis imaginar, fueron derramadas con dolor cuando los hombres dejaron sus tierras, su familia y sus amigos».[51] Un cruzado posterior supo captar el dolor de este momento con gran exquisitez al dar cuenta, al mismo tiempo, de los sentimientos de pérdida y de inquietud que afligían al que partía: «Nunca dejé que mis ojos miraran atrás…, pues el miedo hubiera podido llenar mi corazón de nostalgia al contemplar mi precioso castillo y los dos hijos que había dejado a mis espaldas».[52]

Muchos de los cruzados de la Francia septentrional iniciaron su viaje hacia Venecia entre finales de la primavera y principios del verano de 1202. Villehardouin no emprendió la marcha hasta el día de Pentecostés, el 2 de junio; una fecha tan tardía hacía que fuera poco realista esperar zarpar el 29 de junio, como estaba previsto, e implicaba, de entrada, que quienes llegaran al norte de

Italia a tiempo tendrían que soportar una larga espera hasta ser alcanzados por sus compañeros.[53]

Los cruzados recorrieron en su camino algunas de las principales rutas comerciales de la época. Casualmente, la región de Champaña ocupaba un lugar central en la economía europea y el entusiasta patrocinio de los condes había conducido al desarrollo de cuatro ferias internacionales al año (en Provins, Troyes, Lagny y Bar-sur-Aube), los acontecimientos comerciales más importantes del Occidente medieval. Estas ferias servían de punto de encuentro a mercaderes provenientes de Inglaterra, Flandes, Alemania e Italia septentrional, así como de la misma Francia. Las necesidades de quienes asistían a ellas dieron origen a una amplia red de carreteras que los cruzados pudieron utilizar. Para quienes iniciaban su recorrido en Flandes, había una carretera que partía de Brujas, llegaba a Reims, de allí a Chálons y, después, al escenario de la mayor de todas las ferias, la ciudad de Troyes. Al sur de Troyes los cruzados recorrían parte del río Sena y luego seguían por tierra hasta Italia. Para los cruzados este recorrido tenía la ventaja de seguir rutas establecidas (que en invierno, en todo caso, no eran más que pésimos caminos de barro) que contaban con toda clase de facilidades para la compra de comida, la oración y el descanso. La forma más fácil de llevar cargas voluminosas en la época era el transporte fluvial, y quienes marchaban a la cruzada probablemente lo utilizaron para parte de su equipo, si bien la mayoría del ejército continuó su camino a pie, en caballo o en carreta, mientras seguía a los barcos que llevaban sus posesiones. Más allá de Châtillon-sur-Seine, la ruta atravesaba una zona boscosa en la que los mercaderes eran asaltados con frecuencia por ladrones; en el caso de los cruzados la situación era diferente, pues los principales contingentes se protegían a sí mismos por su elevado número. Cuando el Sena dejaba de ser navegable, todo el equipo transportado por río se descargaba en tierra para proseguir el camino hacia el sur por una meseta de piedra caliza y, después, por una serie de colinas y valles antes de llegar a Dijon y continuar por otra arteria fluvial, el Saona, y adentrarse en Borgoña.

Esta ruta pasaba a unos veinte kilómetros de la gigantesca abadía de Cluny, junto a la de Citeaux, una de las instituciones religiosas de mayor prestigio y poder de la Europa medieval. Algunos caballeros del norte de Francia poseían tierras con prioratos afiliados a Cluny y quizá aprovecharan la ocasión para visitar la gran abadía madre. La iglesia había sido fundada en el año 909, luego reconstruida en 1088 y, finalmente, consagrada en 1130. Con casi ciento cincuenta metros de largo, el edificio fue durante siglos la mayor construcción del Occidente cristiano y su tamaño y esplendor constituían un paradigma para todas las demás casas religiosas. Los cluniacenses creían que la gloria de Dios debía ser celebrada a través de una decoración lujosa y frescos y esculturas ricos y vistosos.

El gran coro de Cluny estaba iluminado por una red de candelabros y una píxide de oro recubierta de piedras preciosas coronaba el altar. En contraste con las austeras abadías cistercienses, las cluniacenses ostentaban la riqueza de la orden y eran famosas por sus prolongados rituales litúrgicos y la excelencia de su vino y su comida. Como patrocinadores de la abadía y guerreros santos, quienes se hubieran desviado para visitarla habrían sido recibidos de forma especialmente favorable y las oraciones de los monjes negros (el color de su hábito) con seguridad acompañaron a los cruzados en su camino hacia el sur.

El camino continuaba pasando por Lyon y Vienne antes de girar hacia los Alpes. En épocas normales, los mercaderes y viajeros debían pagar aranceles aduaneros para poder atravesar los Alpes, pero los cruzados, en tanto que caballeros de Cristo, estaban exentos de esta obligación. Villehardouin cruzó los Alpes a través del paso del monte Cenis; en la actualidad este permanece cerrado al tráfico de vehículos desde noviembre hasta abril, por lo que resulta aún más increíble el hecho de que, en tiempos medievales, un constante flujo de valerosos comerciantes y viajeros se abrieran paso a través de sus empinados y escarpados caminos durante todo el año. En el verano, las condiciones eran relativamente buenas y el viaje de 1202 ha quedado registrado como uno sin incidentes. Un descenso vertiginoso hacia Susa completa el paso en el norte de Italia; un par de días más tarde, tras un tranquilo recorrido por el valle de Susa, el ejército llegó a Turín y al límite de las tierras de Bonifacio de Monferrato. Es probable que allí Balduino y los demás cruzados de la Francia septentrional se hubieran reunido de nuevo con el marqués para discutir el progreso de la expedición. Llegar a este punto desde Troyes, a unos quinientos cincuenta kilómetros, les debería de haber llevado cerca de un mes. Desde este punto la ruta era relativamente fácil, pasarían por Asti, Tortona y Plasencia, siguiendo el curso del río Po, y, por último, girarían hacia el norte en dirección a Venecia.[54]

6

«Parecía que todo el mar temblara y se encendiera al paso de las naves»

La cruzada en Venecia y el asedio de Zara, verano y otoño de 1202

A su llegada a Venecia, los cruzados se encontraron con la calurosa bienvenida de sus anfitriones. Los venecianos habían meditado con cuidado dónde alojar a los franceses y habían preparado un terreno en la isla de San Nicolás, conocida en la actualidad como el Lido. Esta larga franja de arena (de algo más de doce kilómetros) al oriente de la ciudad se encuentra situada a unos doce kilómetros de la plaza de San Marcos, pero en su punto más cercano está a sólo unos cuatrocientos metros de Rialto, la isla principal. El Lido constituye una barrera que protege las islas centrales del mar abierto y hoy es un famoso centro de veraneo; en el siglo XIII, sin embargo, el lugar estaba aún por desarrollar y el único edificio con que contaba era el monasterio de San Nicolás, construido en el siglo XI. La decisión de albergar los cruzados en el Lido fue el resultado de una cuidadosa mezcla de pragmatismo diplomático y simple viabilidad. La especial topografía de Venecia descartaba la posibilidad de que la mayoría de los franceses levantaran su campamento en la ciudad o en sus afueras, y el Lido era el espacio abierto más cercano capaz de albergar un ejército de tales dimensiones. Por otro lado, si los cruzados resultaban ser indisciplinados (como tantos lo habían sido en el pasado), estarían lejos del centro de la ciudad y dependerían de las embarcaciones venecianas para salir de la isla en gran número. En otras palabras, aunque quisieran, les resultaría difícil amenazar la tranquilidad de sus anfitriones.

A medida que iba pasando el verano y más y más cruzados se congregaban en la ciudad, un perturbador rumor llegó al campamento: se decía que algunos de quienes habían prometido reunirse en Venecia habían escogido otras rutas para llegar a Tierra Santa. Este desarrollo de los acontecimientos alarmó muchísimo a Villehardouin, que, al ser uno de los responsables de la negociación del acuerdo original, sabía que, si los rumores eran ciertos, los cruzados se arriesgaban a no poder cumplir con su parte del contrato con los venecianos. Habían prometido pagarles ochenta y cinco mil marcos con la esperanza de que treinta y tres mil quinientos hombres y cuatro mil quinientos caballos llegarían a Venecia (la cifra, recordemos, preveía una tarifa especial por hombre y por caballo). El total era inamovible y debía ser pagado, incluso si al final llegaban menos cruzados. Esto significaba, por tanto, que, con menos hombres, el coste individual se elevaría de forma espectacular, probablemente muy por encima de los recursos de la mayoría, y en tal caso serían los organizadores de la expedición quienes tendrían que hallar fondos extra para cubrir el déficit.

El mariscal se mostró especialmente cáustico con quienes, a su modo de ver, habían defraudado a sus camaradas al no acudir a Venecia y su relato recoge los nombres de los que para él eran los principales culpables. Sin embargo, tratándose de uno de los hombres que participó en la negociación del tratado de Venecia de 1201, era también una forma de desviar la atención lejos de su exagerado cálculo del número de cruzados que se reunirían en Venecia y un intento de convencer a la posteridad de que él no era el responsable de este error. A finales del verano de 1202, el mariscal debió de haber sentido, en privado, verdadero temor al pensar que quizá él y los demás enviados habían cometido una terrible equivocación y que los cruzados no lograrían cumplir con su parte del acuerdo firmado con los venecianos.

No obstante, quienes decidieron viajar a Tierra Santa por algún otro camino tenían con frecuencia buenas razones para hacerlo. Un grupo de flamencos, dirigido por Juan de Nesle, gobernador de Brujas, iba a partir de Flandes, atravesar el canal de la Mancha y recorrer la península ibérica: una decisión bastante lógica si tenemos en cuenta que varias expediciones anteriores procedentes de los Países Bajos habían empleado esa misma ruta. Las naves de Juan transportaban soldados, ropa, alimentos y otros suministros para el conde Balduino y el principal contingente flamenco, y habían prometido reunirse con él «en cualquier lugar del que tuvieran noticias de que él había ido».[1] Villehardouin, muy poco honesto en este punto, asegura en cambio que este grupo había roto su juramento y abandonado a sus colegas porque «temía hacer frente a los muchos peligros que el ejército reunido en Venecia tenía que afrontar».[2] De hecho, cuando los hombres de Juan de Nesle se enteraron después del desvío de la expedición, decidieron no luchar en Constantinopla y navegar directamente a Levante.

Los cruzados de Borgoña y de l'Île-de-France también eludieron acudir a Venecia y prefirieron en cambio zarpar de Marsella y Génova. Aquí encontramos un nuevo fallo todavía más clamoroso en el razonamiento de Villehardouin: además de haber sobrestimado el número total de cruzados, no había sido capaz de tener en cuenta el hecho de que quienes decidieran participar no tenían ninguna obligación de emprender el viaje desde Venecia. Quizá cegado por la perspectiva de la maravillosa marina veneciana y creyendo (no sin fundamento) que en términos puramente militares esta era la mejor forma de llegar a Egipto, había dado por hecho que todos los guerreros santos desearían unirse a la misma flota. Un hecho crucial es que los signatarios del tratado actuaban sólo en representación de Champaña, Flandes, Blois y Saint-Pol. Los demás contingentes no tenían la obligación de embarcarse en Venecia. De igual forma, no había ninguna directriz papal que ordenara semejante acción y ninguno de los nobles que formaban parte de la expedición poseía autoridad suficiente para obligar a todos los cruzados a reunirse al norte del Adriático.[3] Los principales líderes de la cruzada, Bonifacio, Balduino y Luis, podían animar a sus propios hombres a hacerlo en caso de considerarlo razonable, pero realmente no estaban en condiciones de exigir que fuerzas independientes como las del obispo Gualterio de Autun y el conde Guigue de Forez se desplazaran a Venecia. Para estos cruzados procedentes de Borgoña resultaba mucho más barato navegar río abajo por el Ródano y embarcarse en Marsella que atravesar la Italia septentrional hasta Venecia; por otro lado, también es posible que los marselleses ofrecieran un transporte más económico que los venecianos.[4] La mayoría de las expediciones cruzadas anteriores habían viajado a Levante de forma fragmentada y *ad hoc,* y cada uno de los contingentes principales elegía su propia ruta y organizaba sus propios acuerdos de transporte. En ocasiones, algunos de estos grupos optaban por viajar juntos por conveniencia o, ya en Asia Menor, por seguridad, pero pedir que un ejército políglota como el de la Cuarta Cruzada se reuniera en Europa era un hecho sin precedentes. A medida que avanzaba el verano de 1202, la idea de que la expedición viajara formando una única y enorme flota parecía ser cada vez más improbable.

La apremiante situación de los cruzados empezó a ser evidente para todos. Balduino de Flandes había llegado a Venecia, pero Luis de Blois y muchos nobles seguían sin aparecer. Se confirmó que algunos estaban embarcándose en otros puertos y, a medida que la noticia se difundió por el campamento, la posibilidad de que se produjera un déficit de hombres y de dinero se hizo más patente. Quienes se encontraban en Venecia formaron un consejo y decidieron que, al menos, era fundamental convencer a Luis de que no los abandonara. Una delegación compuesta por Villehardouin y el conde Hugo de Saint-Pol cabalgó de Venecia a Pavía (unos doscientos cuarenta kilómetros en línea recta) para encontrarse con el conde. Que uno de los principales signatarios del contrato original intentara eludir el acuerdo era una verdadera calamidad: un acto de profunda deslealtad hacia sus camaradas que era tremendamente desalentador para todos. Godofredo y Hugo reprendieron a Luis y sus compañeros por su falta de coraje y, tras recordarles la difícil situación que atravesaba Tierra Santa, sostuvieron que la mejor forma de ayudar a los fieles en Oriente era reunirse con el resto del ejército principal en Venecia. Esta apelación directa funcionó y Luis y sus hombres aceptaron marchar al norte del Adriático. En otros casos, sin embargo, este tipo de intervención personal no era factible y Villehardouin lamentó que muchos eligieran marchar hacia el sur desde Piacenza y embarcarse en Apulia; uno de los que optaron por no acudir a Venecia fue Villain de Neuilly, según Godofredo, «uno de los mejores caballeros del mundo», una reputación que seguramente se había ganado por su participación en los torneos.[5]

Hacia mediados del verano, los franceses que habían atravesado los Alpes y llegado a Monferrato y Lombardía pudieron haberse enterado de los problemas que se estaban cociendo para aquellos compañeros que habían seguido hacia el este. Quizá hubo quienes calcularon que los cruzados reunidos en Venecia no tenían posibilidad de cumplir su contrato con el dogo; para estos la idea de viajar allí y quedar atrapados en una situación tan molesta debió parecerles absurda. Como no existía ninguna exigencia formal que los obligara a ir a Venecia, no había nada que les impidiera seguir hacia el sur de Italia y navegar al Mediterráneo oriental libres de las restricciones contractuales y las disputas económicas que resultarían inevitables para sus compañeros que habían acudido al Adriático. Estos hombres continuaron siendo guerreros santos, entregados de lleno al cumplimiento de sus votos y a la lucha en Tierra Santa, y el simple hecho de que se negaran a embarcarse en Venecia no los convierte, como a Villehardouin le gustaría hacernos creer, en traidores de su propia causa.

A pesar de esta triste situación, la llegada del conde Luis y sus caballeros aportó algo de alegría a quienes ya se encontraban en Venecia. Los recién llegados fueron recibidos con banquetes y celebraciones cuando ocuparon sus alojamientos en las playas cubiertas de conchas de Lido. Al principio todo fue muy bien, y los venecianos abrieron un mercado para el aprovisionamiento de hombres y caballos. Los líderes cruzados fueron conducidos a la ciudad, donde se les mostró el Arsenal y los numerosos astilleros privados en las islas. Los franceses miraron maravillados la espléndida flota que los venecianos habían construido en su nombre y comprendieron que los hombres del dogo habían cumplido con su parte del contrato. La *Gesta Innocenti* señala que «los venecianos prepararon una magnífica flota, y ninguna igual ha sido vista desde hace muchísimo tiempo».[6] Villehardouin, por su parte, escribió: «La flota que tenían ya preparada era tan excelente y estaba tan bien equipada que no hay hombre en toda la Cristiandad que haya visto alguna vez una capaz de superarla».[7] Incluso teniendo en cuenta la propensión de las fuentes medievales a la hipérbole, esta era sin duda la mayor y, casi con certeza, la más espléndida de todas las flotas reunidas en el Occidente cristiano. La *Devastatio Constantinopolitana* afirma que estaba formada por cuarenta naves, sesenta y dos galeras, y cien barcos de transporte. Roberto de Clary consigna que el dogo tenía cincuenta galeras propias.[8] Una carta escrita en la época por el conde Hugo de Saint-Pol señala que doscientas embarcaciones llegaron a Constantinopla en el verano de 1203, y el historiador bizantino Nicetas Choniates contó más de setenta transportes, ciento diez transportes para caballos y sesenta galeras en la misma etapa de la expedición.[9] De tan diversas fuentes parece posible concluir que la flota consiguió reunir más de doscientas embarcaciones. Es verdad que anteriores flotas cruzadas habían estado cerca de tener similares proporciones, en particular la flota procedente de la Europa septentrional que conquistó Lisboa en 1147, compuesta por cerca de ciento sesenta navíos, aunque es importante señalar que estos eran bastante más pequeños que los empleados en la Cuarta Cruzada. Por lo que sabemos, por ejemplo, no hubo en Lisboa transportes para caballos y no hay ninguna posibilidad de que este grupo de cruzados marítimos contara con los recursos financieros y los conocimientos técnicos necesarios para construir nada comparable a la extraordinaria flota reunida en Venecia en 1202.

A lo largo del verano, los cruzados continuaron llegando a la ciudad. El 22 de julio lo hizo el cardenal Pedro de Capua, el legado papal, que pasó algún tiempo predicando a las tropas reunidas en el Lido y, se dice, consiguió elevar la moral del ejército. A finales de julio, Gunther de Pairis y los cruzados del Alto Rin culminaron su recorrido. El 15 de agosto llegó Bonifacio de Monferrato, que como jefe nominal de la cruzada debió de alegrar el corazón de quienes ya se encontraban allí. Esta fue además la primera ocasión en que los tres miembros de la jefatura de la cruzada —el marqués, los nobles de la Francia septentrional y los venecianos— estuvieron juntos y pudo haber sido una importante oportunidad para debatir la estrategia y planificación de la expedición. Por esta misma época, el contingente alemán encabezado por el obispo Conrado de Halberstadt (al norte de Alemania) y el conde Bertoldo de Katzenellenbogen (en la zona central del Rin) alcanzó las costas del Adriático, lo que animó aún más a quienes se encontraban en el Lido.[10]

No obstante, a pesar de estos momentos de optimismo, la dura realidad de la situación empezó a ser evidente para todos. Gran parte del trabajo y de los enormes recursos empleados en la construcción de la armada veneciana habían sido vanos: para el otoño era demasiado obvio que los cruzados reunidos allí eran muy pocos. Los cálculos de los enviados se habían revelado completamente incorrectos y de los treinta y cinco mil cruzados prometidos sólo habían llegado cerca de doce mil. A este respecto, Villehardouin escribió: «[La flota] comprendía tal cantidad de barcos de guerra, galeras y transportes que hubiera podido con facilidad acomodar a tres veces el número de hombres que conformaban todo el ejército».[11]

Montones de naves yacían inmovilizadas en los astilleros, mientras que otras se balanceaban en el agua, sujetas a su ancla y listas para partir. Sin embargo, la falta de combatientes condenó a decenas de estas embarcaciones a una inactividad fantasmal. Tanto para los cruzados como para los venecianos esta era una situación catastrófica: los primeros se enfrentaban a la humillación que supondría incumplir los términos del contrato y a la necesidad de encontrar una enorme cantidad de dinero; los segundos se veían al borde la ruina financiera y consideraban que habían desperdiciado, por lo menos, todo un año de trabajo. Dandolo tenía que actuar: convocó a los jefes de la cruzada y, sin rodeos, exigió que se le pagara el dinero que se le debía. Roberto de Clary sugiere que esta solicitud vino acompañada de una amenaza. Según el cronista, el dogo había exclamado:

> Señores, nos habéis hecho un gran mal, pues tan pronto como vuestros mensajeros llegaron a un acuerdo conmigo ordené que en todo mi territorio ningún comerciante continuara sus negocios, pues todos debían ayudar a preparar esta flota. Por esto ellos han esperado desde entonces, y no han ganado nada durante el año y medio que ha pasado, sino que, por el contrario,

han perdido mucho, y por tanto mis hombres y yo deseamos que nos paguéis el dinero que nos es debido. Y si no lo hacéis, sabed entonces que no podréis partir de esta isla hasta que ello no ocurra y que no encontraréis a nadie que os traiga comida o bebida.[12]

La *Devastatio Constantinopolitana,* un relato anónimo de un cruzado del Rin que fue testigo presencial de la expedición, nos dibuja un sombrío cuadro de las condiciones de vida en las áridas playas del Lido: atrapados día tras día en la monótona franja de arena, aburridos y hambrientos, los soldados estaban condenados a esperar las decisiones que tomaran sus comandantes. El autor subraya el sufrimiento de los pobres y su sentimiento de que estaban siendo explotados por los líderes de la cruzada, independientemente de si estos eran franceses o venecianos.[13] Escribe, por ejemplo, que los precios de los alimentos se habían elevado de forma exagerada, y se queja de que «con frecuencia les gustaba a los venecianos decretar que nadie transportara a ningún peregrino... y en consecuencia los peregrinos, casi como cautivos, estaban bajo su dominio en todo sentido». El tedio y el sentimiento de impotencia, así como las dificultades para sobrevivir, son un buen reflejo de la suerte que aguardaba al cruzado y nos revelan cuán arduas podían ser estas expediciones. La *Devastatio* también señala que muchos cruzados desertaron para regresar a casa o para viajar al sur hasta Apulia. Entre quienes se quedaron, cuenta, la tasa de mortalidad ascendió de manera excepcional y, como resultado, «los vivos apenas pudieron enterrar a los muertos».[14] Aunque esta última afirmación quizá sea poco convincente, la posibilidad de que durante los calurosos meses del verano hubiera estallado un brote de algún tipo de enfermedad en el Lido es muy alta. El comportamiento aparentemente hostil de los venecianos alimentó entre estos descontentos un resentimiento y un rencor que se traduciría en conflicto abierto semanas más tarde, tras el sitio de Zara.[15] La diversidad de puntos de vista refleja las distintas experiencias de los participantes y deja claro que los miembros de la nobleza estaban en mejores condiciones de procurarse suministros y alimentos que los empobrecidos soldados de a pie.

Que Dandolo solicitara lo que se le debía difícilmente sorprendió a alguien. La primera respuesta de los jefes de la cruzada fue pedir que cada cual contribuyera con los costes de su transporte. Sin embargo, muchos fueron incapaces de hacerlo, algo que ilustra a la perfección las dificultades que planteaba la recaudación de fondos para este tipo de campañas. Quizá esperaban que un señor rico los acogiera y patrocinara (lo que sucedía con bastante frecuencia en las cruzadas) o bien creían que los fondos generales, incluidas las sumas producto de los impuestos papales, contribuirían a pagar sus gastos.

Para algunos de estos hombres, el atractivo inicial de la cruzada se había desvanecido y su entusiasmo por la reconquista de Tierra Santa se había convertido en un sueño cada vez más distante y efímero en comparación con las necesidades y dificultades del día a día. El cardenal Pedro de Capua intentó, sin éxito, interceder ante los venecianos y convencerlos de que debían ser más pacientes con los cruzados. Además, en un intento de hacer más eficiente la expedición, concedió cartas en las que liberaba de sus votos a los enfermos, los indigentes, las mujeres y «toda persona débil», documentos que les permitían regresar a casa sin ser castigados con la excomunión, un gesto de gran prudencia por parte del legado.[16] Entre quienes se quedaron, los nobles recogieron cuanto dinero pudieron, pero incluso así no fueron capaces de reunir ni la mitad de la suma global. Era evidente que necesitaban debatir el asunto de nuevo.

Los franceses reconocieron que los venecianos habían cumplido con su parte del trato de buena fe y que eran los cruzados quienes tenían un problema. Una vez más, Villehardouin culpa aquí del incumplimiento del contrato a quienes no acudieron a Venecia: «Esto es culpa de aquellos que se han dirigido a otros puertos».[17] Y olvida mencionar de nuevo el flagrante error cometido al sobrestimar el número de cruzados y el hecho de que estos eran libres de elegir en qué puerto querían embarcarse. Al igual que en pasajes anteriores, Godofredo se niega a reconocer su propia responsabilidad en el cálculo original e intenta desviar toda la culpa que le corresponde por un error que resultaba cada vez más grotesco.

Sin dinero suficiente para pagar a los venecianos, los nobles contemplaban la sombría posibilidad de que la expedición fracasara antes de empezar. Les inquietaba la herida infligida a su honor y lamentaban no poder remediar los problemas de Tierra Santa. Algunos hombres se mostraron dispuestos a abandonar por completo el contrato con Venecia y sostuvieron que, ya que como individuos habían pagado la suma acordada por su pasaje, si los venecianos se negaban a llevarlos a Levante, zarparían de cualquier otro lugar o, como sospechaba Villehardouin, simplemente regresarían a casa. Con todo, una mayoría mucho más decidida resolvió persistir: «Preferimos renunciar a todo lo que poseemos y, como pobres, unirnos al ejército que ver a este disolverse y a nuestra empresa convertirse en un fracaso, pues la voluntad de Dios sin duda nos recompensará cuando llegue Su momento».[18] El siniestro tono de esta última afirmación delata nuevamente el conocimiento que Villehardouin poseía del resultado final de la cruzada: desde su punto de vista, el saqueo de Constantinopla fue la forma en que Dios reconoció la disposición de sus hombres a sacrificar todos sus bienes materiales y mantener sus votos cruzados por el bien de Su causa.

Los organizadores de la expedición escarbaron muy hondo en sus propios recursos para intentar salvar la brecha entre la suma recaudada y el dinero que se debía al dogo. Vasijas, jarras, platos y cubiertos de oro y plata fueron entregados y transportados al palacio de Dandolo para ayudar a pagar la deuda. Sin embargo, a pesar de que incluso algunos nobles pidieron dinero prestado, los cruzados todavía necesitaban treinta y cuatro o treinta y seis mil marcos más (según usemos como fuente a Villehardouin o Roberto de Clary, respectivamente) para alcanzar la cifra de ochenta y cinco mil que reclamaban los venecianos. Y de este punto muerto no parecía haber salida.[19]

Los cruzados, no obstante, no contaban con el ingenio de Dandolo. Como Roberto de Clary señala, el dogo había gastado gran parte del pago previsto en la construcción y el equipamiento de la flota y, además, había exigido a los venecianos poner fin a toda actividad comercial durante más de un año, una decisión con obvias consecuencias económicas. Al ser el hombre que había conducido en nombre de su pueblo las negociaciones originales, Dandolo tenía el deber de garantizar que Venecia no saliera perdiendo. Que el dogo se encontraba bajo una enorme presión era evidente, pues no solo tenía que mantener en orden las finanzas de la ciudad, sino también recuperar la gigantesca inversión que había hecho en la flota cruzada. Por otro lado, era un hombre orgulloso y sabía que, si su legado a la metrópoli era la bancarrota, su reputación quedaría fatalmente comprometida. No obstante, el dogo era también un político astuto, capaz de reflexionar sobre un panorama diplomático muy amplio. Dandolo razonó que, si los venecianos se quedaban con lo que les había sido pagado, pero no llevaban la cruzada a Tierra Santa debido al déficit global —algo que legalmente tenían todo el derecho de hacer—, se convertirían en el blanco del rencor de buena parte del Occidente cristiano. Y lo que era aún peor, enfurecerían a un ejército que acampaba a las puertas de su ciudad. Como tal desarrollo de los acontecimientos resultaba inaceptable, estaba claro que la cruzada debía continuar y que él tenía que hallar una forma en que los cruzados pudieran saldar su deuda completamente. El dogo realizó un ofrecimiento: una propuesta pragmática que resultaba muy ventajosa para Venecia, pero que golpearía el núcleo mismo de la motivación de los cruzados y provocaría un profundo malestar entre muchos de aquellos comprometidos con la causa de Cristo. Dandolo sugirió que la crisis podría resolverse si los venecianos y los cruzados atacaban la ciudad de Zara en la costa dálmata, a unos doscientos setenta kilómetros al sureste de Venecia.

El control de Zara había sido durante mucho tiempo objetivo de los venecianos y ahora tenían una oportunidad excelente para imponer su autoridad allí. El dogo decidió que el pago de la deuda quedaría aplazado y que luego, si Dios lo permitía, los cruzados estarían en condiciones de obtener, por derecho de conquista, el dinero que le debían.[20] Además, había llegado el mes de septiembre y casi era demasiado tarde para que el viaje a Egipto resultara seguro. Un desvío hacia Zara al menos serviría para dar inicio a la campaña y alejaría a los hombres de los alrededores de Venecia.

Aunque la propuesta de Dandolo parecía en muchos aspectos bastante simple, había un inconveniente más bien siniestro: Zara era una ciudad cristiana, estaba bajo jurisdicción del rey Emerico de Hungría (1196-1204) y, lo que era todavía peor, este monarca había abrazado la cruz, es decir, nominalmente estaba comprometido con la misma causa que quienes se proponían atacarlo. El líder veneciano, por tanto, estaba pidiendo a los cruzados que dirigieran sus energías contra una ciudad cristiana y, lo que era aún más importante, contra un hombre cuyas tierras, como cruzado, estaban bajo la protección del papa. ¿Era esto imperialismo por parte de los venecianos o sólo una ingeniosa forma de mantener a la cruzada con vida? La respuesta, probablemente, sea que la proposición de Dandolo era ambas cosas a la vez; sin embargo, a medida que la campaña se desarrollaba, más y más cruzados descubrieron que se trataba de una mezcla que les resultaba demasiado difícil digerir.

Los líderes de la expedición discutieron la oferta y, según Roberto de Clary, decidieron no revelar los planes de atacar Zara a las bases del ejército, ya que temían que su reacción fuera adversa. Prefirieron anunciar, en cambio, que la cancelación de la deuda a los venecianos quedaba aplazada —el pago se realizaría a partir de las primeras ganancias que los cruzados hicieran por su cuenta— y que la expedición por fin se pondría en camino.[21] Las masas recibieron encantadas esta noticia y lo celebraron encendiendo grandes antorchas que llevaron por todo el campo en las puntas de sus lanzas para comunicar su felicidad a todos.

En la versión que nos ofrece Villehardouin, la decisión de atacar Zara se encontró en un principio con la oposición de aquellos líderes que querían que el ejército se disolviera de cualquier forma, pero esta no tardó en ser superada y el acuerdo de sitiar la ciudad fue cerrado con rapidez.[22] Sin embargo, cuando el plan de asediar Zara finalmente se filtró, este se convertiría en el origen de serias desavenencias entre los cruzados y los conduciría a desobedecer de forma abierta al papa.

Zara era una ciudad rica, una potencia mercantil independiente, obligada a vivir bajo la sombra de la economía veneciana. Un contemporáneo, el autor de los *Hechos del obispo de Halberstadt*, la describe de la siguiente forma: «Zara es, con seguridad, una ciudad rica en extremo... Está situada sobre el mar. Está muy bien protegida por una muralla excelente y torres altísimas».[23]

A lo largo del siglo XII, la ciudad había intentado en múltiples ocasiones liberarse de la supervisión de su poderoso vecino del norte. En la época en que funcionaba bajo el señorío véneto, los mercaderes de Zara gozaban en Venecia de los mismos privilegios que los mercaderes nativos. Galeras patrulla les impedían comerciar libremente con otros puertos y garantizaban que sus artículos se enviaran a través de Venecia, de manera que todos los impuestos fueran a parar a las arcas del dogo. Zara también era importante porque proporcionaba buena parte de la madera empleada en la construcción de la flota veneciana; mientras los bosques de Dalmacia contaban con excelentes robles, estos eran escasos en el Véneto de entonces. Sin embargo, en 1181, Zara logró zafarse de la autoridad veneciana y seis años después llegó a un acuerdo con el rey Bela III de Hungría (1173-1196) para quedar bajo su protección. Hasta 1202 los venecianos habían fracasado en sus tres ataques a la ciudad, pero ahora el dogo tenía la oportunidad de aplastar a sus rebeldes vecinos y acabar con una posible fuente de desorden durante la ausencia a la que lo obligaría su participación en la Cuarta Cruzada, una alternativa en extremo tentadora.

Por la misma época en que adelantó su propuesta, el dogo se vinculó aún más a la causa cruzada (lo que por supuesto resultaba muy irónico, ya que precisamente estaba a punto de asaltar una ciudad cristiana). Dandolo reunió a los ciudadanos más destacados de la ciudad y a los principales cruzados en la iglesia de San Marcos. Allí, antes de que la misa empezara, subió al facistol y desde él, bajo la gran cúpula central, se dirigió a los feligreses. Hasta este momento, Dandolo había sido simplemente un contratista al que se había encargado el transporte de los cruzados y, en consecuencia, solo había actuado como negociante. No obstante, ahora deseaba dar un paso adelante en términos de estatus y prestigio espiritual. Su abuelo, su padre y su tío habían participado en la cruzada de 1122-1124, y ahora quería, al igual que los nobles franceses con ancestros cruzados, sumarse a esta tradición de guerreros santos. El dogo reconoció sus achaques físicos, un obstáculo para cualquier otro de su edad y condición —«Soy un hombre viejo, débil, necesitado de descanso, y mi salud es precaria»—, pero rogó que le fuera permitido abrazar la cruz y «proteger y guiar» a los venecianos.[24] Los fieles reunidos en la iglesia proclamaron su aprobación: «Os suplicamos en nombre de Dios que abracéis la cruz». Este acto tuvo además implicaciones políticas concretas: Enrique se aseguró de que sus ciudadanos aprobaran la elección de su hijo Raniero como regente, lo que en términos prácticos confirmaba a la dinastía Dandolo en el poder por una generación más. Después de haber garantizado la continuidad del gobierno (y, por supuesto, la posición de su propia familia), el anciano fue conducido al altar mayor bajo la cúpula oriental del templo. Allí, sollozando, se arrodilló y entregó su gorra de algodón a los clérigos, que, quizá en reconocimiento de su estatus, se apartaron de la costumbre y cosieron la cruz en ella y no en su hombro. Dado que Dandolo quería que todos lo vieran como un cruzado, su ejemplo inspiró a muchos otros de sus conciudadanos a tomar la cruz. Este compromiso espiritual consiguió estrechar aún más los lazos entre italianos y franceses, y contribuyó a intensificar la idea de objetivo común que sostendría la cruzada durante los siguientes años. Villehardouin anota que: «Nuestros [hombres] vieron al dogo abrazar la cruz con gran alegría y profunda emoción, conmovidos fuertemente por el valor y sabiduría exhibidos por este buen anciano».[25] Para aquellos miembros del ejército cruzado que habían dudado de las verdaderas intenciones de los venecianos, este acontecimiento fue una señal convincente de que sus esfuerzos poseían una dimensión religiosa. Con todo, algunos de los cruzados todavía no lograban aceptar la perspectiva de una campaña contra Zara, y cuanto más tiempo pensaban en ello, más impopular se les hacía la idea.

Que una cruzada atacara territorios cristianos no era nuevo. En 1107-1108, Bohemundo de Antioquía había dirigido una expedición contra los griegos con el respaldo del papa Pascual II.[26] Más reciente todavía era la toma de Chipre por Ricardo Corazón de León (1191), que había arrebatado la isla a Isaac Ducas Comneno, miembro renegado de la dinastía bizantina, sin causar gran inquietud en Occidente. La diferencia fundamental entre esos casos y el plan de los venecianos era que Zara era una ciudad católica. Sitiar una ciudad que pertenecía al dominio de un cruzado (en esta ocasión, el rey Emerico de Hungría) significaba entrar en conflicto con la promesa papal de que las propiedades de todo aquel que abrazara la cruz estaban bajo su protección, por lo que era posible que los atacantes fueran excomulgados. Al parecer, las noticias de cuál era el objetivo elegido empezaron a difundirse entre la tropa y cada vez los rumores de disensión fueron mayores. En este punto, sin embargo, el descontento hervía justo por debajo de la línea de superficie y no obstaculizó los preparativos finales antes de partir. Los caballos de los cruzados fueron recluidos en los establos bajo las cubiertas de los transportes y las puertas fueron calafateadas. Villehardouin señala que se cargaron más de trescientas máquinas de asedio, además de equipo y material para la construcción de torres y escaleras: una prueba adicional del cuidado con que los venecianos habían preparado la flota para la invasión de Egipto y el asalto de Alejandría.

Por último, a principios de octubre de 1202, la gran flota veneciana se hizo al mar y al fin la cruzada se puso en marcha. Aunque los largos meses pasados en el Lido habían erosionado la moral de las tropas, la actividad real devolvió el vigor a los guerreros santos y les infundió nuevas energías. Los testimonios de los testigos presenciales describen con claridad el magnífico espectáculo que ofreció la partida, un calidoscopio de color y movimiento. La galera bermellón de Dandolo dirigía la expedición con el mismísimo dogo en cubierta, protegido bajo un dosel de seda. Delante de él había cuatro trompetas y encima de su cabeza ondeaba el león alado del estandarte de San Marcos; en otras naves, el redoble de los tambores era torrencial e implacable. Cada uno de los nobles cruzados tenía su propia embarcación: Balduino, Luis, Hugo, Godofredo, Martin de Pairis, Conrado de Halberstadt, todos acompañados por sus hombres. Todos portaban la cruz del cruzado, por tradición roja en el caso de los franceses y verde en el de los flamencos. Los caballeros colgaron sus escudos, hermosamente decorados con los colores de sus respectivas familias, en el frente de sus naves, e izaron sus estandartes al extremo de los mástiles. Una deslumbrante colección de banderas y pendones revoloteaban y brillaban en la brisa de otoño. Roberto de Clary cuenta que unos cien pares de trompetas de plata y bronce pudieron oírse el día de la partida, y lo mucho que le maravilló escuchar el retumbar de tantos tambores y tamboriles y demás instrumentos. El ruido ensordecedor emocionó enormemente a los cruzados y la explosiva exhibición de color y poderío militar les infundió un intenso sentimiento de confianza y aumentó sus expectativas. Con todo, esta ostentación de honor y orgullo terrenales no excluía el aspecto espiritual de la campaña. Los peregrinos (así los describe Roberto) habían hecho que sus clérigos y sacerdotes subieran a las torres al frente de cada nave y cantaran el *Veni creator spiritus,* un himno vinculado tradicionalmente con las cruzadas que empieza diciendo: «Ven, Espíritu Santo, inspira e ilumina nuestras almas con el fuego celestial».[27] Todos lloraron con emoción al comprender que la gran aventura se había puesto en marcha. Lentamente, los cruzados fueron alejándose de la ciudad que había sido su hogar durante los últimos meses y adentrándose en el Adriático: la guerra santa había empezado.

A medida que la flota avanzaba, las naves empezaron a desplegar sus velas como si fueran mariposas que extendían por primera vez sus alas tras abandonar sus capullos. Roberto describe el espectáculo como «la cosa más excelente de ver desde el comienzo del mundo».[28] Y añade que «parecía que todo el mar temblara y se encendiera al paso de las naves». Su texto nos permite entrever lo que sentían entonces los cruzados, la emoción de compartir un poder y una fuerza casi incontrolables, y logra así transmitirnos el estremecimiento que tuvo que sentir en su momento todo el ejército cristiano.

No obstante, las cosas no se desarrollaron sin contratiempos para todos los viajeros. El *Viola,* uno de los transportes más grandes, se hundió. Varios nobles franceses no consiguieron embarcarse debido a que se encontraban enfermos, y un grupo, el dirigido por Esteban de Perche, optó finalmente por viajar a Apulia, desde donde partirían hacia Levante en la primavera de 1203. Más significativo todavía fue el hecho de que Bonifacio de Monferrato afirmara que necesitaba atender algunos asuntos urgentes en sus tierras y partiera hacia ellas con la promesa de que se reuniría con el ejército tan pronto como le fuera posible. Estos asuntos, cualesquiera que fuesen, impidieron la participación del marqués en el ataque contra Zara, lo que le permitió mantener buenas relaciones con el papa.

Navegando en dirección este desde Venecia, la cruzada pasó por las ciudades de Trieste y Muglia, que se sometieron a la flota.[29] Esencialmente, la expedición recorrió la costa nororiental del Adriático y empleó el poderío de la cruzada para imponer la autoridad de Venecia en la región. La flota obligó a Istria, Dalmacia y Eslavonia a pagar tributo, y se detuvo luego en Pula, donde los cruzados hicieron una breve escala para recolectar comida y agua antes de seguir rumbo a Zara, ciudad a la que llegaron el 11 de noviembre de 1202, día de san Martín.

En ese momento, los habitantes de Zara ya se habían enterado de las intenciones de los venecianos. Los espías eran ubicuos en el mundo medieval, y una vez que las noticias del plan llegaron al ejército cruzado fue inevitable que Zara descubriera pronto lo que se tramaba y se preparara para defenderse.

Entretanto, en Roma, el papa Inocencio se había enterado del inquietante rumbo tomado por la expedición gracias a su representante, el cardenal Pedro de Capua, que había viajado de Venecia a la corte papal a finales del otoño. Pedro había intentado convencer al dogo para que llevara a los cruzados directamente a Alejandría como en un principio estaba previsto, pero no logró que este les perdonara el pago de su deuda. El cardenal sentía cierta simpatía por los cruzados y comprendía el horrible dilema en el que estaban y, al menos para él, la principal prioridad era ver a la cruzada ponerse en marcha. El obispo Conrado de Halberstadt quiso conocer qué pensaba Pedro de toda la cuestión: «El señor papa preferirá pasar por alto cualquier acción impropia de su parte que ver a esta peregrinación desintegrarse».[30] Con esta declaración Pedro había, fundamentalmente, aprobado el avance hacia Zara.

Sin embargo, el papa tenía una opinión muy diferente, y podemos imaginar el helado recibimiento que ofreció al legado cuando se enteró de que la expedición se había desviado hacia Zara y de lo que se proponía hacer allí. Inocencio se sintió profundamente conmocionado por este giro de los acontecimientos. Escribió una carta (hoy perdida) en la que prohibía por completo el ataque a la ciudad bajo pena de excomunión. En una carta posterior el papa se refiere a haber tenido el cuidado de «prohibiros [a los cruzados] estrictamente cualquier intento de invadir o violar las tierras de los cristianos a menos que estos impidieran por maldad vuestro viaje o surgiera alguna otra causa justa y necesaria que os obligara a actuar de forma distinta de acuerdo con la orientación de nuestro legado, lo que debió de haberos disuadido de participar en un plan tan perverso».[31] La *Gesta Innocenti* repite un mensaje similar. El papa no había previsto que su legado pudiera respaldar semejante acción; y al amenazar a los cruzados con la excomunión estaba recurriendo al arma más poderosa de su arsenal espiritual. La excomunión implicaba una exclusión absoluta de la comunidad cristiana y, por tanto, al excomulgado se le negaba el acceso a todos los sacramentos y oficios de la Iglesia, con lo que se arriesgaba a la condena eterna, algo que, como hemos señalado, preocupaba enormemente a los hombres y mujeres de la Edad Media. El que Inocencio hubiera considerado semejante respuesta nos indica con claridad su profundo horror ante la situación. El abad Pedro de Locedio fue el encargado de entregar la carta del papa en Zara, adonde llegó justo cuando los cruzados acampaban fuera de las murallas de la ciudad.

Tras la llegada de la flota, los habitantes de Zara habían cerrado las puertas de la ciudad y, aunque eran muy conscientes de que en verdad no tenían posibilidad de resistir el ataque de los cruzados, se habían armado tanto como pudieron. El 12 de noviembre enviaron una embajada de destacadas figuras al pabellón del dogo para ofrecerle la rendición de la ciudad y la entrega de todas sus pertenencias a cambio de que sus vidas fueran respetadas. Dandolo, prudente, respondió que él no podía aceptar algo semejante sin antes consultar con los nobles cruzados, una señal de que no deseaba pasar ante sus camaradas como alguien que actuaba de forma independiente. A pesar de que era bastante evidente que el sitio de Zara era un proyecto veneciano, el dogo fue muy cuidadoso al atraer consigo a los cruzados. Ahora, sin embargo, una desavenencia empezaba a dividir el ejército francés.

Un grupo de nobles, encabezado por Simón de Montfort, era contrario a la campaña e intentó subvertir el asedio por completo.

Cuando estaban muchos de los principales cruzados encerrados con Dandolo, la facción de Simón se comportó con gran audacia. Afirmando que representaban a los cruzados franceses en su conjunto, Simón y sus acompañantes se dirigieron a los enviados de Zara para preguntarles por qué la ciudad quería rendirse si sólo tenía que enfrentarse a los venecianos y no a los franceses, los cuales, prometían, no se unirían al ataque. «No tenéis nada que temer de ellos», dijeron los negociadores, sostiene Villehardouin. Los embajadores solicitaron que la propuesta fuera repetida públicamente y se eligió a Roberto de Boves para ir hasta las murallas y repetirla allí. Después de esto, los representantes de Zara, convencidos de que los cruzados estaban enemistados con los venecianos, decidieron romper las conversaciones. Al mismo tiempo, sin embargo, el dogo había hablado con la mayoría de los nobles cruzados y estos lo habían exhortado a que aceptara la propuesta de Zara. Fortalecido por este mandato, Dandolo y sus consejeros regresaron al pabellón para informar a los enviados, solo para descubrir que estos se habían ido. Los embajadores de Zara no tenían forma de saber que habían tratado únicamente con un grupo escindido de la nobleza francesa y que Roberto de Boves no era el portavoz de todos sus compatriotas.

Dandolo reaccionó con furia ante esta ruptura de la unidad de los cruzados; después de todo, él se había esforzado especialmente por mantener un acercamiento consensual a la toma de decisiones. Además, la situación estaba a punto de empeorar con la intervención de Guido, un abad cisterciense de Vaux-Cernay (un monasterio a unos treinta y cinco kilómetros al suroeste de París) partidario de Simón de Montfort. Guido se las apañó para conseguir la carta del papa en la que este prohibía de forma explícita atacar Zara y amenazaba con la excomunión a todos aquellos que desobedecieran esta orden.

Esto era, evidentemente, dinamita política y emocional. El abad leyó a los nobles la carta del papa Inocencio y les dijo: «Mis señores, en el nombre del papa de Roma, os prohíbo atacar esta ciudad, pues quienes la habitan son cristianos y vosotros portáis la señal de la cruz».[32] El mensaje no era ambiguo en ningún sentido: el ejército estaba equivocado al asediar la ciudad de un cruzado. No obstante, para el dogo, esta orden era una cuestión secundaria frente al solemne acuerdo contractual que su pueblo y los franceses habían firmado. Cuando la misiva papal fue revelada, Dandolo mostró todo su enfado: más allá de las cuestiones financieras, Zara había hecho mucho daño en el pasado a su gente y merecía ser sitiada. Roberto de Clary lo cita diciendo: «Señores, sabed que yo no renunciaré de ningún modo... Ni siquiera por orden del apostólico [el papa]».[33] Luego solicitó el apoyo de los líderes cruzados: «Habéis prometido ayudarme a conquistarla [la ciudad de Zara], y ahora os pido que mantengáis vuestra palabra».[34] Los franceses quedaban así enfrentados a un dilema espantoso: desobedecían al papa y se exponían a la excomunión, o negaban su apoyo a Dandolo y se arriesgaban a que la cruzada terminara de inmediato.

Se desencadenó entonces una violenta discusión entre el dogo y Simón de Montfort. Pedro de Vaux-Cernay, sobrino del abad Guido, escribió que los venecianos amenazaron a su tío y que el conde Simón tuvo que levantarse de un salto e intervenir para que los hombres del dogo no mataran al clérigo.[35] Simón, que ya había mostrado su descontento al distanciar a sus hombres del asedio, fue rotundo: «No he venido aquí para eliminar cristianos». El conde prometió que ni él ni sus hombres dañarían a los habitantes de la ciudad: había tomado una decisión y se retiró del campamento.

La fragmentación de la cruzada era un problema muy serio. La primera fractura había tenido lugar cuando varios contingentes optaron por zarpar de puertos diferentes de Venecia; lo ocurrido en Zara constituía una segunda herida, mucho más profunda, a la causa de la guerra santa. Campañas anteriores, como la Primera Cruzada o el cerco de Lisboa de 1147 (durante la Segunda Cruzada), debían su éxito en gran parte a la unidad de propósito y fortaleza militar de sus ejércitos; en 1202, estas dos cualidades fundamentales estaban perdiéndose con rapidez. La partida de Simón tenía inmediatas consecuencias prácticas y espirituales para la expedición—por un lado, esta perdía un poderoso contingente de caballeros; por otro, la legitimidad del ataque a una ciudad cristiana quedaba en entredicho—, pero además dejaba a los restantes cruzados todavía más abiertos a las posibles ofertas de apoyo militar de grupos ajenos a la expedición e interesados en influir en su destino.

Las acciones de Roberto de Boves y Simón de Montfort no sólo enfurecieron a los venecianos, sino que también hicieron que los demás franceses se sintieran avergonzados; tras haber dado al dogo su palabra de que sitiarían la ciudad, estos sentían ahora que su honor quedaría comprometido si no se unían al asalto. En un extraordinario ejercicio de manipulación, los líderes de la cruzada ocultaron deliberadamente la carta del papa al grueso del ejército (sólo los nobles conocían su contenido) e iniciaron el ataque de la ciudad. La conveniencia había triunfado con claridad sobre la estricta teoría eclesiástica.

El asedio de Zara comenzó el 13 de noviembre de 1202. Mientras que los defensores habían colgado cruces de las murallas en un vano intento de remover las conciencias de los cruzados, los santos guerreros estrecharon el cerco de la ciudad. La marina había ya descargado mucha de la maquinaria bélica que con tanto cuidado había sido ensamblada en Venecia. Los cruzados desplegaron su fabulosa colección de armas de asedio, entre ellas petrarias y almajaneques con los que iniciaron un bombardeo constante de rocas y demás proyectiles contra las murallas y torres de Zara. Por desgracia, las descripciones y nomenclatura de estas máquinas que nos proporcionan los autores medievales son divergentes y contradictorias. En tiempos de los romanos, una *mangana* era un dispositivo propulsado mediante torsión que empleaba una única viga cuyo extremo inferior se incrustaba en un gran devanado de cuerda situado en posición horizontal. Esta viga se empujaba hacia atrás en contra de la fuerza ejercida por la tensión de la cuerda y se liberaba para que golpeara contra un marco y lanzara una piedra desde un receptáculo ubicado en su extremo superior. Sin embargo, se cree que a finales del siglo XII la artillería mediante palancas constituía la principal forma de máquina de asedio. Estos dispositivos eran originarios de China y habían llegado a Europa gracias a los árabes en el siglo IX. Básicamente consistían en una viga que daba vueltas entre dos postes verticales. Quienes la manejaban empujaban de un extremo de esta viga para que el otro saliera despedido hacia arriba y lanzara un proyectil colocado en un receptáculo cóncavo o en una especie de cabestrillo. Estas máquinas conseguían arrojar una piedra, de unos quince kilos, a ciento veinte metros, aproximadamente, algo que no producía un gran efecto en las fuertes murallas de los castillos, pero podía infligir algún daño a los pasillos y estructuras salientes de madera conocidas como matacanes, mucho más vulnerables. Además servían para hostigar a los soldados y provocaban importantes bajas, lo que significa que también eran utilizadas como arma de defensa. Mientras que las petrarias eran probablemente una versión mucho más grande de estas máquinas y estaban diseñadas para ser empleadas contra los muros de las ciudades, los almajaneques resultaban más apropiados contra las tropas.[36]

A su llegada a Zara, la flota cruzada había destrozado una cadena que se extendía a lo largo de la entrada del puerto (y hacía las veces de puerta de este). Esto permitió que las naves se detuvieran cerca de las murallas para que los soldados instalaran escaleras por las cuales trepar a las defensas de la ciudad. La *Devastatio Constantinopolitana* señala: «Asediaron Zara por todos lados, tanto desde tierra como desde el agua. Erigieron más de ciento cincuenta máquinas, almajaneques, al igual que escaleras, torres de madera y numerosos instrumentos de guerra».[37]

Durante cinco días, los cruzados intentaron entrar en la ciudad ya fuera golpeando las murallas o subiendo a ellas, pero todos sus esfuerzos fueron infructuosos. Por tanto, decidieron recurrir a la que probablemente era la más efectiva de todas las armas de asedio medievales: la mina. La creación de una mina era un asunto complejo y peligroso que implicaba, por lo general, la construcción de una serie de galerías subterráneas en dirección a las murallas de la ciudad o fortaleza sitiada. Las condiciones del terreno determinaban cuán fácil o difícil era cavar tales galerías. Las tierras pantanosas o unas amplias defensas acuáticas proporcionaban cierta protección contra la mina, mientras que el terreno firme permitía la construcción de pasadizos apoyados en postes de madera. Cuando se creía que la mina estaba bajo las murallas, el extremo final del túnel se llenaba de maleza y otros materiales inflamables y se encendía. El objetivo era que esta explosión y la quema de los apoyos hicieran que tanto el túnel como la muralla que había sobre él se vinieran abajo, dejando una brecha por la que los atacantes pudieran entrar a la ciudad. Tanto musulmanes como cristianos utilizaron estas técnicas con efectos mortíferos a lo largo de la Edad Media. Durante el sitio de Lisboa en 1147, los cruzados construyeron una enorme cantidad de minas; la *Conquista de Lisboa* nos ofrece el relato de un testigo de los acontecimientos:

> Los [cruzados] empezaron a cavar una mina bajo la muralla de la fortaleza, una mina que, me maravillo al contarlo, tenía cinco entradas y una profundidad de hasta cuarenta codos desde el frente, y que culminaron en un mes... Cuando la muralla hubo sido socavada, el material combustible fue colocado en su interior y encendido, y esa misma noche, antes del amanecer, treinta codos de la muralla se vinieron al suelo. Entonces se oyó a los musulmanes que defendían la muralla, quienes angustiados gritaban que había llegado el fin de sus trabajos y que ese sería su último día.[38]

Tres años antes, Zengui, el señor musulmán de Alepo, había conseguido entrar de la misma forma en la ciudad cristiana de Edesa, en el norte de Siria. En 1202, los habitantes de Zara comprendieron lo letal que esta estrategia resultaría y de inmediato ofrecieron rendirse de acuerdo con los términos de su propuesta original.

El 24 de noviembre la ciudad abrió sus puertas y, como ocurría en casi todos los asedios medievales, los vencedores se repartieron el botín. Los cruzados habían prometido respetar las vidas de quienes se encontraban dentro, pero ello no impidió que la ciudad fuera saqueada. Una iglesia guardaba el cuerpo de san Crisógono, cuya festividad, irónicamente, era el 24 de noviembre; por desgracia, el santo no proporcionó protección divina a sus devotos.[39] Aunque Gunther de Pairis asegura que Zara cayó sin derramamiento de sangre o matanzas, el papa Inocencio III acusó a los cruzados de haberse cobrado vidas durante el asedio y no tanto en la posterior ocupación de la ciudad.[40]

Tras la caída de Zara, la expedición se vio obligada a hacer una pausa. Dandolo señaló que no era factible continuar navegando, pues el invierno se cernía sobre ellos y en tales condiciones avanzar aún más resultaba imposible. Y, en cualquier caso, Zara era una ciudad rica que podía suministrar todo lo que la expedición necesitaba. Los hombres del dogo tomaron la mitad de la ciudad más cercana al puerto y los franceses la otra, y cada grupo se apropió de las mejores casas para sus principales hombres.

A medida que el año 1202 se acercaba a su fin, Dandolo podía pensar con cierta satisfacción en que había doblegado a su rebeldes vecinos. Sin embargo, los cruzados debieron de enfrentarse a sentimientos más encontrados; su grandiosa empresa era una mezcla de contratiempos y pasos vacilantes: la muerte de Teobaldo de Champaña; el casi desastre que había supuesto el escaso número de hombres llegados a Venecia; y los mínimos progresos de la campaña, que todavía no abandonaba el norte del Adriático. En contrapartida, el sustituto de Teobaldo era un hombre de muchísimo prestigio, la expedición aún estaba en marcha, se encontraba magníficamente equipada y ya había demostrado su tremenda eficacia militar. No obstante, por encima de todo esto, la preocupación más inmediata de los cruzados era cuál iba a ser la reacción del papa Inocencio cuando se enterara de la caída de Zara.

La inquietud de los cruzados se hizo evidente muy pronto con el envío de una misión diplomática a Roma con la esperanza de que el pontífice los absolviera de la excomunión. El propósito de esta embajada puede ser en parte cuestionable, pues el ejército no solo había tomado la ciudad, sino que era improbable que, dijera lo que dijera Inocencio, estuviera dispuesto a devolverla. Con todo, el envío de una embajada a Roma era un modo de aplacar a la masa de cruzados que casi con certeza reaccionaría con furia y violencia cuando la noticia de la excomunión se anunciara públicamente. Por otro lado, el saqueo de Zara no implicaba que los principales nobles involucrados en la campaña hubieran abandonado la dimensión espiritual de sus esfuerzos. El propio hecho de que estos hombres estuvieran en la cruzada era, en primera instancia, una clara demostración de su sinceridad religiosa; sin embargo, procurar reconciliar esa piedad con las exigencias de dirigir una expedición tan endeudada era un reto que parecía estar por encima de la experiencia y las posibilidades de cualquiera de ellos.

La embajada que partió hacia Roma en diciembre de 1202 a buscar la absolución por las acciones del ejército cruzado estaba formada por cuatro hombres: el obispo Nivelon de Soissons; el clérigo Juan de Noyen, canciller del conde Balduino; Roberto de Boves y Juan de Friaise. Los venecianos no enviaron a ningún representante, ya que consideraban que no habían hecho nada malo y, por tanto, que no tenían que responder por sus actos: una actitud de aparente confrontación que Dandolo explicaría más tarde en una carta al papa. En lo que a él se refería, Zara merecía ser atacada por haber roto los juramentos feudales que habían hecho a los venecianos. El dogo fue todavía más polémico al afirmar que no podía creer que el papa ofreciera su protección a Emerico, que había abrazado la cruz por falsos motivos, «solo para lucirla, ni siquiera para completar el viaje que los peregrinos normalmente realizan al tomarla, sino para apoderarse de las posesiones de otro y mantenerlas de forma criminal».[41] Dandolo sabía que Emerico había abrazado la cruz en 1200 fundamentalmente para usarla como escudo en la guerra civil que libraba contra su hermano Andrés y que, en realidad, tenía muy pocas intenciones de viajar a Tierra Santa. El tiempo corroboraría la certeza de esta opinión pero, en su momento, no era un argumento que fuera bien recibido en Roma.

Gunther de Pairis cuenta que el abad Martín se unió a la misión como delegado oficioso en representación de los cruzados alemanes, y recoge sus pensamientos acerca de este episodio. Esto quizá fuera en parte un intento de distanciar a Martín de lo ocurrido en Zara, pero, en todo caso, sirve también para demostrar el profundo desasosiego espiritual que el abad sentía respecto a la dirección que había tomado la cruzada: «Cuando Martín vio que no solo toda la cuestión de la cruz se aplazaba, sino que además todo nuestro ejército era forzado a derramar sangre cristiana, no supo adónde ir o qué hacer. Estaba completamente afligido y horrorizado, y de las muchas opciones a su disposición, todas las cuales lo disgustaban, eligió aquella que en esa situación en particular parecía ser la mejor».[42] El abad se sentía arrinconado, incapaz de seguir los dictados de su conciencia. Diecinueve meses antes había sollozado con verdadero fervor religioso al animar a los fieles de Basilea a participar en la salvación de Tierra Santa. Que un hombre que había conseguido inspirar a centenares de individuos a abrazar la cruz se nos muestre tan desmotivado evidencia el fuerte contraste entre la realidad de la Cuarta Cruzada y las elevadas esperanzas con que la expedición se inició. Tan consternado estaba el abad que incluso había tratado de abandonar la cruzada al acudir al cardenal Pedro de Capua para pedirle que lo eximiera de su voto y le permitiera regresar al claustro. El cardenal le reprochó su debilidad y le prohibió de forma absoluta volver a casa sin haber culminado su peregrinación.

Ya antes algunos cruzados habían dejado Venecia y marchado a Roma para obtener una dispensa similar, dispensa que Inocencio había concedido a regañadientes y solo con la condición de que no aplazaran su voto más allá de unos pocos años. La mayoría de quienes hicieron esto eran hombres pobres cuya presencia no habría tenido un gran efecto en la expedición, aunque, como advierte Gunther de Pairis, su deserción pudo apagar el profundo fervor de quienes planeaban unirse a la cruzada y, probablemente, minó la moral de quienes se quedaron.[43] Muy diferente era la situación del abad Martín, y la idea de permitir que una figura tan importante como él abandonara la expedición resultaba intolerable; para ligarlo todavía más a la campaña, Capua lo ratificó como guardián espiritual de los cruzados alemanes y le encargó permanecer junto a los soldados en todo momento con el fin de procurar que estos no derramaran sangre cristiana. El que su solicitud fuera rechazada entristeció a Martín; no obstante, relata Gunther, este se armó de valor para seguir adelante, cumplir con su voto y asumir sus nuevas responsabilidades:

Cómo sufrió Martín cuando la licencia le fue negada.
¿Quién podría imaginarlo, quién lo creería si intento relatarlo?
Martín duda, es un hombre devoto y tiene el corazón destrozado.
El dolor invade su pecho, no desea semejantes cosas y, siendo
obligado, teme por él y sus compañeros. Teme todavía más
que él y su gente lleguen a participar en la horrorosa carnicería.

Con todo, se somete y sufre para dar prioridad a sus votos;
se compromete a continuar; quizá sea el mejor camino, pero su
corazón no está en él.[44]

Mientras tanto, en Zara, no tardaron en surgir problemas entre
los cruzados a medida que las tropas empezaban a establecerse en
la ciudad para pasar el invierno. Los conflictos entre contingentes
de vencedores eran frecuentes en el caso de un asedio exitoso.
Algunas veces eran consecuencia de viejas tensiones entre grupos
procedentes de diferentes áreas, algo similar a lo que ocurre en la
actualidad con los hinchas de los equipos de fútbol rivales que re-
viven viejas rencillas y causan disturbios en las calles de ciudades
extranjeras. El enfrentamiento en Zara tenía una causa diferente:
solo tres días después de conquistar la ciudad estalló una violenta
disputa entre los venecianos y lo que Roberto de Clary describe
como «la gente simple» de Francia. Esta pelea no era consecuencia de una vieja enemistad, sino por la división del botín: un legado de la controversia sobre el pago del viaje por mar y la relativa
pobreza de los franceses.

El coste del transporte marítimo debió de tener un impacto
significativo en los recursos de la mayoría de los cruzados comunes. Además, como hemos señalado, los nobles habían intentado
sacarles todavía más dinero para cubrir el déficit económico provocado por la ausencia de suficientes cruzados en Venecia. Para
el soldado común, el saqueo de una ciudad era una oportunidad
inusual de obtener dinero y recuperar las grandes sumas que ya
había invertido en la campaña. El que Zara fuera una ciudad cristiana era una cuestión que en verdad preocupaba a algunos de
estos hombres; sin embargo, fuera moralmente apropiado o no,
hacia finales de noviembre la ciudad había sido tomada y ello hacía que la situación fuera diferente: si otro bando (en este caso los
venecianos) intentaba apropiarse de un botín que todos necesitaban de forma desesperada, y si ese bando ya se sospechaba como
rico y codicioso, los hombres lucharían con todas sus fuerzas para
conservar lo que habían ganado.

En la tarde del 27 de noviembre empezó una discusión entre
un grupo de franceses y otro de venecianos. El conflicto pronto

se extendió por la ciudad. Lo que había comenzado siendo una reyerta local se convirtió en una auténtica batalla campal con los hombres corriendo a empuñar las armas y las calles invadidas por el ruido que producía el choque de las espadas, los zumbidos de las flechas disparadas por las ballestas y los gritos de los furibundos, los heridos y los agonizantes. Frente a semejante perturbación del orden, los líderes de la cruzada se vieron obligados a intervenir. Balduino y Luis se pusieron su armadura y entraron en el combate para intentar ponerle fin. Sin embargo, las proporciones del disturbio eran tales que, como los incendios en los bosques, tan pronto como había sido controlado en un área, volvía a estallar en otra. Durante toda la noche el enfrentamiento continuó hasta que los combatientes se agotaron y, a la postre, reinó la calma. Fue una suerte que la ciudad no fuera incendiada hasta quedar hecha cenizas, pues la probabilidad de que algo semejante ocurriera durante un disturbio era muy alta. Tanto los venecianos como los franceses sufrieron bajas; un noble flamenco, Gilles de Landast, fue golpeado en el ojo y más tarde moriría a causa de esta herida; muchos hombres de menor rango perdieron la vida. La *Devastatio Constantinopolitana* habla de casi un centenar de muertos.[45] En los días que siguieron a este enfrentamiento, tanto el dogo como los nobles franceses trabajaron sin cesar para llevar la paz a ambos grupos y subsanar cualquiera que fuera la causa del conflicto. Villehardouin sintió que todo el episodio había sido tan grave que llega a señalar que el ejército se salvó por los pelos de ser aniquilado en su totalidad.[46] Pese a ello, Balduino, Luis y el dogo consiguieron calmar la situación y, por lo visto, con tan buenos resultados que Roberto de Clary pudo escribir luego que nunca después de ello volvió a haber mala voluntad entre ambos bandos.[47]

Antes de que los enviados de los cruzados llegaran a Roma, una carta del papa arribó a Zara. Inocencio se había enterado de la conquista de la ciudad y, por supuesto, estaba furioso y entristecido por este giro de los acontecimientos. Su mensaje era enérgico y manifestaba con claridad la intensidad de sus sentimientos. Para cualquiera que lo leyera, su rabia y repugnancia tuvieron que resultar evidentes. El papa creía que el sentido de corrección moral que todo ejército cruzado triunfador debía poseer por naturaleza había sido comprometido y corrompido: «Mirad, vuestro oro se ha convertido en vil metal y vuestra plata se ha oxidado, pues, al haberos alejado de la pureza de vuestro plan y desviado para tomar la ruta intransitable, habéis, por decirlo de algún modo, retirado vuestra mano del arado..., ya que... debiendo haberos apresurado a llegar a la tierra en la que manan la leche y la miel, habéis en cambio dado la vuelta para extraviaros rumbo al desierto».[48]

Inocencio acusaba de lo ocurrido al Diablo, que, envidioso del sacrificio que los cruzados estaban haciendo los habría impulsado a combatir contra sus hermanos cristianos, «de tal forma que le paguéis [al Diablo] los primeros frutos de vuestra peregrinación y sirváis a los demonios vuestra sangre y la sangre de vuestros hermanos». Pero, junto a Satán, había también otros culpables: la carta del pontífice no ocultaba su idea de quienes eran los verdaderos responsables y señalaba que los cruzados se habían aliado con «ladrones», con lo que indudablemente se refería a los venecianos. «Aunque os han despojado de vuestro manto de virtudes..., no tienen por el momento deseos de partir o dejaros medio vivos.» El papa criticaba que se hubieran tomado suministros en Trieste y Muglia, antes del saqueo de Zara. Todavía más grave resultaba el hecho de que los cruzados no hubieran mostrado tener piedad alguna con los habitantes de una ciudad cuyas murallas estaban adornadas con la cruz: «... sino que habéis atacado la ciudad y a quienes en ella vivían, con lo que habéis infligido una herida de no poca importancia al Crucificado, y además los habéis obligado a rendirse mediante la violencia».[49]

Inocencio también recriminó a los cruzados el hecho de que el rey Emerico de Hungría y su hermano, el duque Andrés, portaran la señal de la cruz, y les recordó su prohibición de atacar territorios cristianos.[50] Es evidente que el papa desaprobaba el consejo que Pedro de Capua había dado al ejército al sugerir que el enorme bien que suponía el mantener viva la cruzada estaba por encima del necesario mal del ataque perpetrado contra Zara. Y es importante advertir que el cardenal no volvería a reunirse con los cruzados hasta 1204, un retraso que quizá se explique por la furia de Inocencio.

El papa no podía dejar que este flagrante desprecio a su autoridad pasara desapercibido y, por tanto, concluyó su misiva con un castigo. Si sus destinatarios habían prestado atención a sus anteriores cartas, recordarían muy bien que había señalado que todo aquel que incumpliera sus órdenes sería excomulgado y, lo que era fundamental para un cruzado, se le negarían los beneficios de la indulgencia: tal era la sanción a que se habían hecho acreedores. Semejante condena debió de haber perturbado enormemente a muchos de los participantes en la expedición, ya que la remisión de todos los pecados había sido, sin duda, una de las principales razones por las que habían abrazado la cruz en un primer momento. Por otro lado, Inocencio también se refirió al hecho de que en Zara los venecianos habían derribado murallas y edificios y robado iglesias, y ordenó, en los términos más duros posibles, que se pusiera fin a todo ello. La carta finaliza recordando, una vez más, que la remisión de los pecados había sido retirada al ejército excomulgado.

Por primera vez en el desarrollo de la cruzada, las limitaciones a las que estaba sometida la autoridad papal se revelan con claridad en este episodio. Inocencio tenía el poder de llamar a la cruzada y de dirigir su prédica y ciertos aspectos de su financiación; sin embargo, a pesar de contar con legados en su representación, no podía ejercer un directo control sobre estos, en especial cuando, como en el caso de Pedro de Capua, los legados también empleaban su propia capacidad de decisión y razonaban por sí mismos. Aunque el papa podía amenazar a los cruzados con la excomunión y prohibir de forma expresa determinadas acciones, su poder dependía en gran medida de la aprobación de los demás grupos involucrados. En Zara, la cúpula de la cruzada se había enfrentado al terrible dilema de tener que elegir entre el ataque a una ciudad cristiana o el fracaso de su gran empresa. En tales circunstancias, los líderes optaron por ocultar la carta de Inocencio para actuar de acuerdo con sus propios objetivos y evitar intranquilizar a amplios sectores de las huestes cruzadas. Al actuar de esta manera, ignoraron la autoridad papal; después de esto, era muy poco lo que podía hacer Inocencio para enmendar lo sucedido.

Los venecianos, por supuesto, tenían prioridades muy diferentes de las del papado. Aunque no debe menospreciarse su religiosidad, es evidente que su fe estaba acompañada de un intenso sentido práctico; ejemplo de ello es el hecho de que, como hemos visto antes, los venecianos (al igual que los genoveses y los pisanos) hubieran entablado relaciones comerciales con los musulmanes. Cuando fue evidente que los cruzados eran incapaces de reunir el número de hombres necesario para cumplir con el pago acordado, el dogo sintió que la supervivencia de su ciudad estaba en peligro y, en un caso semejante, los intereses de Venecia estaban por encima de los del papado, que se acomodaba a sus necesidades o seguía su propio camino.

Después de la conquista de Zara, Inocencio tuvo que haber comprendido, con gran dolor, su limitada capacidad para dirigir el curso de la expedición. La desobediencia del mandato papal, la indiferencia de los venecianos y el saqueo de una ciudad cristiana resultarían imposibles de olvidar a medida que intentaba conducir la campaña de forma que complaciera a Dios. Inocencio, por supuesto, no carecía de poder (como demuestra la embajada enviada a buscar la absolución papal tras la conquista de Zara), pero los últimos acontecimientos le habían dado suficientes razones para estar preocupado.

7

«Es vuestro deber restituir sus posesiones a quienes injustamente han sido desposeídos»

La oferta del príncipe Alejo, diciembre de 1202-mayo de 1203

A finales de diciembre de 1202, estando ya acomodado el ejército para pasar el invierno en Zara, llegó a la ciudad una embajada para solicitar una audiencia con el dogo y los líderes de la expedición. Los enviados eran representantes de Felipe de Suabia y del príncipe Alejo, y traían consigo una inquietante propuesta, redactada con gran astucia y cálculo para satisfacer los deseos del príncipe bizantino, los de los cruzados y, con ellos, los del papa Inocencio III. En la reunión se encontraba también presente Bonifacio de Monferrato, que para entonces se había vuelto a reunir con sus compañeros. El mensaje que portaban los enviados comenzaba así:

> Dado que marcháis para servir a Dios y para que se haga el bien y la justicia, es vuestro deber restituir sus posesiones a quienes injustamente han sido desposeídos. El príncipe Alejo acordará con vosotros los mejores términos que se hayan ofrecido nunca a cualquiera y os proporcionará el máximo apoyo para la conquista de las tierras de ultramar... En primer lugar, si Dios os permite recuperar la herencia que le corresponde, someterá todo su imperio a la autoridad de Roma, de la que hace tanto tiempo se alejó. En segundo lugar, dado que sabe que habéis gastado todo vuestro dinero y no tenéis ya nada, os entregará

doscientos mil marcos de plata y os dará provisiones para cada uno de los miembros de vuestro ejército, oficiales y soldados por igual. Además, él mismo os acompañará a Egipto con diez mil hombres o, si lo preferís así, enviará este mismo número de hombres con vosotros; por otro lado, mientras viva, mantendrá con sus propios recursos un contingente de quinientos caballeros para que custodien ultramar.[1]

Resulta claro que las anteriores negativas de Bonifacio y el papa Inocencio no habían disuadido al joven Alejo, que continuaba empeñado en convencer a los occidentales de que lo apoyaran. El acercamiento del príncipe se basaba en una combinación de justificaciones morales (vinculaba el objetivo de la cruzada de recuperar las tierras cristianas a su propia reclamación de la herencia bizantina) y posibles ventajas materiales y políticas.

Sin duda todo esto era un aliciente inmensamente atractivo y, al menos en la superficie, parecía ser la respuesta a las necesidades y aspiraciones de todos los bandos involucrados en la expedición. La primera parte de la oferta, referente al reconocimiento de la primacía romana, estaba dirigida principalmente al papa. El príncipe Alejo y sus consejeros conocían la profunda hostilidad que Inocencio había mostrado hacia el despliegue del ejército cruzado contra los cristianos de Zara, y eran conscientes de que ya antes había rechazado la idea de deponer al emperador Alejo III. Para vencer esta oposición era necesario realizar un ofrecimiento particularmente atractivo, y el príncipe tenía una idea bastante apropiada al respecto: si el usurpador era depuesto, el tan deseado reconocimiento de la autoridad del papa sobre la Iglesia ortodoxa no tardaría en producirse. Es posible que Alejo hubiera hecho este ofrecimiento a Inocencio cuando se entrevistó con él a principios de 1202. En Zara, sin embargo, lo que deseaba conseguir era que los clérigos de la cruzada secundaran su plan, confiando en que las ventajas materiales que este ofrecía a la expedición lo ayudaran a convencerlos. El príncipe debió de prever que la posibilidad de mantener viva la cruzada y la sumisión de la Iglesia ortodoxa a Roma formaban una combinación irresistible. Si lograba persuadir a los clérigos que se encontraban en Zara, ¿no podría acaso persuadir también a Inocencio? O, con mayor cinismo, si conseguía que el acuerdo fuera un *fait accompli*, ¿qué podría hacer el papa para impedir su realización si, como en el caso de sus pronunciamientos sobre Zara, su opinión podía ser ignorada?

Gunther de Pairis señala que la oferta de Alejo contaba con un trasfondo mucho más poderoso: «Tenía a su favor el saber que esta ciudad [Constantinopla] se mostraba rebelde y ofensiva respecto a la Santa Iglesia Romana, y no creía que su conquista por nuestra gente pudiera disgustar demasiado al sumo pontífice e incluso a Dios».[2] Aunque esta no fuera la posición que Inocencio había manifestado hasta el momento, resulta significativo que se lo considere capaz de albergar una opinión semejante, pues ello puede quizá ayudarnos a explicar el tipo de acercamiento elegido por los enviados.

Por lo que respecta a los cruzados franceses, la propuesta del príncipe Alejo ofrecía una perspectiva muy tentadora, al permitirles saldar las deudas que hasta entonces habían agobiado a la expedición. La conquista de Zara no había aliviado su situación financiera (su objetivo había sido únicamente aplazar el pago de la deuda) y, como los enviados habían señalado con absoluta franqueza, los cruzados no tenían nada. Los doscientos mil marcos y las provisiones para todo el ejército prometidos por Alejo acabarían con estas preocupaciones en un santiamén. Junto a esta bonanza financiera, el contar con diez mil hombres adicionales en el ejército cruzado compensaría el déficit inicial de combatientes y ayudaría a reemplazar a los que se habían escabullido por el camino. Los términos de la oferta de Alejo miraban además hacia el futuro: la idea de una guarnición de quinientos caballeros que ayudara a mantener el dominio cristiano en Tierra Santa era muy apetecible. La experiencia había mostrado que, tras cumplir con su promesa, la mayoría de los cruzados regresaba a sus hogares, lo que dejaba la tarea de hacer frente al inevitable contraataque musulmán a los colonos francos en Levante con sus limitados recursos. Un contingente de quinientos caballeros fortalecería en gran medida el ejército de Tierra Santa y contribuiría enormemente a garantizar la presencia cristiana en el Mediterráneo oriental.

No obstante, a cambio de todo esto, los cruzados debían devolver al príncipe al poder, una empresa que exigiría que la expedición se desviara hacia Constantinopla, una ciudad cristiana a la que, quizá, también tendrían que atacar. Por segunda vez, los cruzados deberían dirigir sus armas contra personas de su propia fe, no contra infieles. Los enviados aseguraron a sus oyentes que estaban autorizados a cerrar semejante acuerdo y concluyeron su exposición señalando que unas condiciones tan favorables nunca se habían ofrecido a nadie y que quien rehusara aceptarlas probablemente tenía muy pocos deseos verdaderos de conquista.[3] No obstante, era imposible obligar al dogo y a quienes dirigían la cruzada a tomar de forma apresurada una decisión de tanta trascendencia. Los líderes de la expedición no tardaron en comprender que era necesaria una asamblea mucho más amplia de nobles y clérigos para debatir el asunto, reunión que fue convocada para el día siguiente.

La Cuarta Cruzada ya había tenido que soportar diversas crisis: la muerte de Teobaldo de Champaña, la decisión de atacar Zara y la bula de excomunión papal. Esta nueva propuesta, sin embargo, podía convertirse en la más incendiaria y destructiva de todas. El déficit de hombres y dinero que ya había lastrado la expedición en Venecia continuaba siendo un problema para los cruzados y fue la necesidad de darle solución lo que los colocaba en una situación tan odiosa.

«Hubo una gran diversidad de opiniones en la asamblea.»[4] Con este genial eufemismo, Villehardouin abre su relato del encuentro: los argumentos esgrimidos por cada bando eran bastante conocidos y la forma en que cada uno defendió su postura fue tan inflexible y enérgica como siempre. Lo ocurrido en Zara había demostrado que existían marcadas diferencias entre los cruzados y, una vez más, quien inició el debate fue el abad Guido de Vaux-Cernay, que manifestó su oposición a cualquier acuerdo con el príncipe Alejo subrayando la razón más básica para ello: «Significaría marchar contra los cristianos. Ellos [los cruzados] no habían dejado sus hogares para hacer tal cosa y, en cambio, querían ir a Siria [como en ocasiones se denomina a Tierra Santa]».[5] La predecible respuesta no tardó en llegar: «Debemos insistir en que solo a través de Egipto y Grecia [en otras palabras, Constantinopla] podemos aspirar a recuperar las tierras de ultramar».[6]

Tan profunda era la división entre los cruzados que incluso los abades cistercienses discrepaban entre sí. Guido de Vaux-Cernay encontró un feroz adversario en otro monje blanco, el abad Simón de Loos. Simón era un partidario cercano del conde Balduino de Flandes y representaba a aquellos que creían que lo fundamental era mantener con vida la expedición. Se dirigió a los cruzados y los exhortó a aceptar la propuesta pues esta «ofrecía la mejor oportunidad de recuperar ultramar». Sus palabras dejaron impasible a Guido de Vaux-Cernay para quien este plan estaba viciado: la única forma de lograr algo realmente digno era marchar directamente a Siria.

Quienes estaban a favor de la campaña pudieron sostener que la cruzada no estaba, en el papel al menos, dirigida contra los griegos y que, en cambio, de acuerdo con el razonamiento del príncipe Alejo, lo que se libraría sería una guerra moralmente justificable para devolver al trono al verdadero soberano de Bizancio. Para sus adversarios, la distinción no era tan clara y la idea de que hombres que portaban la cruz de Cristo lucharan para abrirse paso en otra ciudad cristiana —en especial, una de las cinco grandes sedes patriarcales de la fe, junto a Jerusalén, Roma, Antioquía y Alejandría— les resultaba completamente repugnante y aborrecible.

Quizá alguno cuestionó la validez de las reclamaciones del príncipe Alejo. Este había nacido antes de que el reinado de su padre empezara y, por tanto, no «en la púrpura» (una referencia a la cámara púrpura del palacio de Bucoleón, donde las consortes de los emperadores reinantes daban a luz a sus hijos), por lo que según la costumbre no era un legítimo aspirante al trono. El propio Inocencio demuestra estar enterado de esta circunstancia en una carta de noviembre de 1202, y es probable que se tratara de un hecho bastante conocido entonces.[7]

Por otro lado, aunque el énfasis puesto por el príncipe en la injusta deposición de su padre era una sólida base para pedir reparación, algunos de los que se oponían al desvío probablemente recordaban que en la época de la Tercera Cruzada el ahora ciego Isaac Ángelo había apoyado a Saladino: ¿por qué razón el ejército de Cristo debía ayudar ahora a Isaac y a su hijo? Alejo, por supuesto, podría haber replicado que él no había participado en esos acuerdos y que su deseo de ayudar a los cruzados era auténtico.

Implícitas en este debate de alto nivel estaban las opiniones de los hombres de rango inferior, que conocemos gracias a Roberto de Clary. A diferencia de Villehardouin, la principal preocupación de Roberto durante el invierno transcurrido en Zara no eran los asuntos de la alta política, sino una cuestión de naturaleza práctica e inmediata. La estancia de los cruzados allí estaba recortando sus provisiones y, pese a todas las descripciones de la evidente prosperidad de la ciudad, parece ser que su conquista no había reportado verdaderos beneficios a los rangos inferiores. Roberto nos dibuja a los cruzados hablando entre sí con preocupación e inquietud, pues carecían del dinero suficiente para llegar hasta Egipto o Siria y, en definitiva, para conseguir algo de valor en cualquier lugar. Sin embargo, todos sus problemas se verían resueltos si aceptaban la oferta del príncipe Alejo. Por otro lado, esto no hacía desaparecer la dimensión moral del debate. Estos hombres habían abrazado la cruz debido a su fervoroso deseo de ayudar a recuperar Tierra Santa para la fe cristiana. Hallar el equilibrio perfecto entre lo que se necesitaba para mantener la cruzada en marcha y la pura distorsión de ese voto sagrado era extremadamente difícil, y los hombres se vieron obligados a tomar decisiones bastante incómodas. La otra fuente proveniente del día a día del campamento con que contamos, la *Devastatio Constantinopolitana,* nos muestra que para algunos ambas cuestiones no podían ser reconciliadas de ningún modo y que, en consecuencia, «los soldados rasos... juraron que nunca irían [a Constantinopla]».

Con todo, los menos dogmáticos todavía necesitaban poder justificar la desviación hacia Bizancio. Roberto de Clary nos ofrece su propia versión (aunque su cronología resulta un tanto confusa, pues ubica las principales discusiones sobre la desviación en Corfú, la siguiente escala de los cruzados después de abandonar Zara) y nos permite conocer lo que un caballero de bajo rango como él pensaba de las ideas de algunas de las principales figuras involucradas. Por ejemplo, Roberto atribuye al dogo y al marqués Bonifacio el haber apoyado la oferta de Alejo. Según él, Dandolo había reconocido la pobreza de los cruzados y señalado que Grecia (Bizancio) era un país tan rico que si «podemos disponer de una excusa razonable para ir allí y hacernos con provisiones y otras cosas…, entonces podríamos estar en condiciones de viajar a ultramar».[8] La necesidad de una «excusa razonable» constituye un eco de la prohibición de Inocencio de no atacar tierras cristianas a menos que surgiera una «causa justa y necesaria». Por una misteriosa coincidencia, Bonifacio estaba en condiciones de proporcionar una similar. El marqués describió su reunión con el príncipe Alejo en Haguenau y contó la traición que había despojado del trono al emperador Isaac; según el marqués, era correcto luchar por restituirlo, algo que además les proporcionaría los suministros que tanto necesitaban.

Roberto representa a Bonifacio de Monferrrato como un defensor particularmente apasionado del trato propuesto por el príncipe y explica de esta forma los motivos que este tenía para ello: «Quería vengarse por el daño que el emperador de Constantinopla… le había hecho». Bonifacio, nos dice, «odiaba» al emperador Alejo III.[9] El episodio en cuestión se remontaba a 1187, cuando, como hemos visto antes, Conrado, el hermano de Bonifacio, se había casado con Teodora de Constantinopla y había ayudado al emperador a reprimir una rebelión, sólo para ser mal recompensado y verse obligado a dejar la ciudad y marchar a Tierra Santa. En realidad, Roberto estaba bastante equivocado, pues en esa época el emperador era precisamente el padre del príncipe Alejo, Isaac Angelo. Pese al error, lo importante es que algunos de los cruzados de menor rango creían que Bonifacio estaba motivado por su personal deseo de venganza al querer dirigir la cruzada hacia Constantinopla: al menos una porción de los cruzados franceses parecía sospechar de su líder italiano.

El dogo también resultaba sospechoso para quienes (especialmente *a posteriori*) consideraban que su respaldo al plan del príncipe Alejo se inspiraba sólo en razones económicas. Gunther de Pairis creía que la interesada opinión de los venecianos dependía, «en parte, de la esperanza en el dinero prometido (algo que esta raza codicia en extremo) y, en parte, de que de esta forma su ciudad, apoyada por una gran marina, conseguiría arrogarse una absoluta soberanía sobre todo el mar».[10]

La implicación de los venecianos en Constantinopla se remontaba varios siglos atrás y los estrechos vínculos entre ambas ciudades eran de tipo político, económico y cultural.[11] El período que había precedido a la Cuarta Cruzada había sido testigo de varios episodios turbulentos en la relación entre ambas ciudades, lo que constituía un trasfondo problemático para la campaña. En una fecha tan lejana como 1082 se había otorgado a los venecianos unos generosos privilegios a lo largo de la mayor parte del Imperio bizantino y esto había redundado en el desarrollo de una comunidad veneciana en Constantinopla, dedicada a la exportación de aceite y pimienta. Bajo el emperador Juan Comneno (1118-1143), la concesión de derechos sobre Creta y Chipre había impulsado el comercio con el norte de África y Tierra Santa y había conducido a un incremento significativo de la inversión en el Imperio bizantino. La seda tebana se convirtió entonces en un importante renglón del comercio veneciano. Es complicado establecer por qué razón el 12 de marzo de 1171 el emperador Manuel Comneno ordenó el arresto de todos los venecianos que se encontraran en su imperio y el decomiso de todas sus propiedades. Una disputa entre los venecianos y sus rivales genoveses en Constantinopla fue el motivo inmediato del conflicto, pero había otras causas más profundas. Las fuentes griegas sugieren una fricción provocada por el estatus de los venecianos establecidos en territorio bizantino y casados con mujeres locales; estos gozaban de privilegios aún mayores, lo que había dado lugar a la formación dentro del Imperio de un grupo poderoso y, además, independiente. Las complejas relaciones entre Manuel, el Sacro Imperio, el papado y las ciudades comerciales italianas eran un factor que había contribuido a desencadenar la violencia entre genoveses y venecianos en Constantinopla.

La respuesta de Venecia fue el envío de una flota dirigida por el dogo Vitale Michiel que devastó la isla de Eubea y luego pasó el invierno de 1171 en Quíos. Allí los italianos fueron golpeados por la peste, que acabó con su poderío militar y los obligó a realizar diversos intentos de encontrar una solución diplomática al conflicto. Por último, Vitale Michiel fue obligado a regresar a su ciudad, donde una turba enfurecida lo mató por su incapacidad para vengar el daño infligido a los intereses venecianos en Constantinopla. Finalmente, se logró firmar un tratado en el que se reconocía una compensación por las pérdidas de los italianos de mil quinientas libras de oro (o ciento ocho mil monedas). El régimen que siguió a la dinastía Comneno aprobó estos acuerdos, y en 1187 y 1189 Isaac confirmó y aumentó los antiguos privilegios de los venecianos, si bien también ofreció buenos términos a los pisanos y los genoveses.[12] En 1195, el emperador Alejo III, favorable a los intereses de Pisa, suscitó nuevas tensiones con los venecianos y otra serie de embajadas acordaron el pago de las cuatrocientas libras de oro que todavía se debían a estos. Sin embargo, la verdad es que para el cambio de siglo las relaciones entre los griegos y los venecianos se encontraban hasta tal punto dañadas que un arreglo parecía imposible, a pesar de que los tratados parecían haber hecho mucho por devolverlas a su antigua situación. No es sorprendente entonces que este pasado hubiera conducido a hombres como Gunther de Pairis a considerar que las acciones de Dandolo se inspiraban en la posibilidad de obtener ventajas comerciales.

Pensaran lo que pensaran las masas y a pesar de la discordia que inevitablemente traería una decisión semejante, un núcleo fundamental de la élite cruzada estaba resuelto a aceptar la oferta del príncipe Alejo y continuar con la expedición hacia Constantinopla. Gunther de Pairis supo comprender con sagacidad la realidad de esta situación al reconocer el efecto acumulativo de los distintos intereses en juego: «Debido a la unión de todos estos factores y, acaso, de otros, todos descubrieron que estaban unánimemente a favor del joven y le prometieron su ayuda».[13] El dogo Dandolo manifestó su apoyo a la propuesta; Bonifacio, Balduino de Flandes, Luis de Blois y Hugo de Saint-Pol coincidieron con él y convocaron a los enviados de Alejo a los alojamientos del dogo en Zara, donde juraron el acuerdo y firmaron escrituras selladas en las que ratificaban la alianza.[14] Estaba decidido: la cruzada se dirigiría a Constantinopla.

La inquebrantable resolución de estos hombres era evidente. Balduino, Luis y Hugo habían sido el motor de la cruzada desde el torneo de Écry en noviembre de 1199. Habían quedado atados por el fatídico acuerdo de abril de 1201 (con los venecianos), que era el que los había vinculado con Dandolo y Bonifacio. Estos cruzados contaban con un sentido del honor y la obligación que les exigía continuar con la expedición a toda costa para intentar socorrer a Tierra Santa y mantener su promesa de contribuir a la causa cristiana. Ahora bien, aunque el atractivo de la riqueza del príncipe Alejo era tal que su oferta resultaba irresistible, su situación de heredero injustamente depuesto tocaba además una fibra muy sensible en las familias que gobernaban Europa. Una usurpación constituía una alteración del orden natural de las cosas y, por ello, los enviados del príncipe subrayaron con insistencia este punto. Cierto número de obispos cruzados dictaminaron que ayudar al príncipe sería una buena obra, lo que sin duda contribuyó a aliviar las preocupaciones de algunos hombres sobre la moralidad de esta acción.[15]

Quienes dirigían la campaña necesitaban cualquier justificación, por pequeña que fuera, pues fuera del selecto grupo de nobles que constituían la élite de la cruzada muy pocos respaldaban la decisión de ir a Constantinopla. Nuevamente, la unidad que tan crucial resultaba para el buen término de la expedición se desvanecía. Villehardouin nos ofrece al respecto este sincero comentario: «Debo deciros que solo doce personas de todas juraron en nombre de los franceses; ninguna más pudo ser convencida de seguir adelante». Esta era una cifra extremadamente reducida y demostraba sin rodeos el limitado entusiasmo suscitado por el plan.[16] Los cruzados estaban sometidos a una inmensa presión debido a las tensiones que había entre los nobles más destacados y la insistencia de quienes querían imponer su voluntad a un ejército dividido y desconcertado. El mariscal señala: «Puedo aseguraros que los corazones de nuestra gente no tenían paz, pues un bando estaba continuamente intentando dividir el ejército, y el otro, mantenerlo unido».[17] Además de estas preocupaciones, los cruzados temían también un posible ataque por parte del rey Emerico de Hungría, que, es comprensible, estaba furioso por la toma de Zara.

La decisión de ayudar al príncipe Alejo tuvo efectos corrosivos que pronto se extendieron a cada rincón del campamento cruzado. Villehardouin escribe que muchos de los soldados de menor rango decidieron embarcarse de regreso a casa y que quinientos de ellos murieron en un naufragio. Otros intentaron marcharse hacia el norte a través de Eslovenia, pero fueron atacados por los habitantes locales y los supervivientes se vieron obligados a regresar a Zara. Werner de Boland, un noble bávaro, se escabulló en una nave mercante, lo que le hizo merecedor del desprecio de todos los que se quedaron. Todavía más grave fue que un contingente de varios caballeros franceses, dirigido por Reinaldo de Montmirail (nada menos que un primo del conde Luis de Blois), pidiera una licencia para partir hacia Siria, aparentemente para informar a quienes se encontraban en Levante de lo que estaba ocurriendo y peregrinar a los Santos Lugares. Antes de abandonar Zara, estos hombres juraron sobre la Biblia que permanecerían en Tierra Santa no más de dos semanas y que volverían para unirse al resto del ejército; sin embargo, pese a sus promesas, ninguno reapareció durante el asedio de Constantinopla, aunque Reinaldo se reunió con sus compañeros tras la toma del Imperio bizantino y luchó y murió intentado defenderlo en abril de 1205.[18] Villehardouin resume la situación de los cruzados en Zara: «Así, nuestras tropas disminuían significativamente día tras día».[19] En cierto sentido, estas deserciones tuvieron un efecto positivo en aquellos que continuaron con la expedición, ya que dieron lugar a la formación de un grupo con vínculos mucho más estrechos: una unión nacida de la adversidad. A medida que el tamaño del ejército cruzado disminuía, su decisión de continuar adelante se fortalecía. Según Villehardouin, fue sólo gracias al favor de Dios que los cruzados que quedaban consiguieran mantenerse firmes ante semejantes dificultades.

La noticia de que la flota flamenca al mando de Juan de Nesle había llegado a Marsella y esperaba órdenes para reunirse con la flota principal después del invierno fue un rayo de esperanza. Los nobles franceses y el dogo eran conscientes de la importancia para la expedición de los hombres y el apoyo logístico que este contingente aportaría, y ordenaron a Juan que abandonara Marsella a finales de marzo de 1202 para encontrarse con la flota veneciana en el puerto de Methoni, sobre la lengua de tierra más occidental de la península del Peloponeso. Sin embargo, todo parece indicar que el plan de atacar Constantinopla no interesó demasiado a Juan y sus compañeros, que optaron por viajar directamente a Siria para reunirse con quienes habían preferido luchar en Tierra Santa.[20] Al no estar sometidos a la presión de una deuda con los venecianos, a la persuasión de los representantes de Alejo ni a la férrea determinación de los nobles franceses, estos flamencos simplemente decidieron que no les gustaba la nueva orientación que había tomado la cruzada.

Mientras todo esto ocurría en Zara, la embajada del ejército cruzado se encontraba en Roma. Los enviados rogaron a Inocencio que absolviera a los cruzados de la excomunión y de la pérdida de las recompensas espirituales con que los había castigado, argumentando que no habían tenido alternativa y que los culpables de lo sucedido eran aquellos que no habían acudido a Venecia: quienes sí se habían reunido allí habían luchado en Zara solo para mantener al ejército unido.

En febrero de 1203, Inocencio envió una carta en respuesta a las fuerzas cruzadas. Al parecer, los enviados habían conseguido aplacarlo. En esta carta, el papa todavía manifestaba su enojo: «Aunque portáis la Cruz de Cristo, habéis vuelto vuestras armas contra Él. Y vosotros, que teníais el deber de atacar los territorios de los sarracenos, habéis ocupado la cristiana ciudad de Zara». Señala que conoce la explicación ofrecida por los cruzados de que la necesidad los obligó a realizar este ataque, pero advierte que ello no es excusa para su crueldad. Con todo, reconoce que tienen el deseo de hacer penitencia y les pide (pensando particularmente en los venecianos) que devuelvan todo el botín obtenido en Zara; luego, dictamina que la absolución otorgada por los obispos cruzados carece de validez y ordena a Pedro de Capua o a su representante que se encargue de realizarla de forma apropiada. Inocencio también pidió que se realizaran juramentos —cuyos términos, en este punto, ya deberían resultarnos familiares— que obligaran a los cruzados a garantizar que en el futuro no invadirían ni violarían «las tierras de los cristianos de ninguna manera, a no ser que por ventura estos impidieran por maldad vuestro viaje o surgiera alguna otra causa justa y necesaria que os obligara a actuar de otra forma de acuerdo con la orientación ofrecida por la Sede Apostólica».[21]

La ambigüedad de esta última cláusula resulta inquietante: ¿qué constituye una «causa justa y necesaria»? Aunque la exigencia de aprobación papal intentaba de algún modo prevenir la interpretación interesada de esta fórmula, se dejaba suficiente espacio para que el mandato fuera entendido de forma muy generosa y pudiera adecuarse a gran variedad de situaciones.

Inocencio se encontraba en un momento difícil, pues Roma atravesaba uno de sus frecuentes períodos de descontento civil y el papa tuvo que huir a la cercana Ferentino, donde meditó sobre los progresos realizados por los cruzados. El papa era consciente de los problemas originados por las reducidas dimensiones del ejército que había llegado a Venecia; recordaba que en un principio había pensado en una campaña dirigida por los soberanos de Inglaterra (ahora el rey Juan) y Francia, y en las cartas que envió a estos expresó su frustración por el hecho de que su constante enfrentamiento hiciera imposible la organización de una cruzada de gran envergadura. Inocencio consideraba que el conflicto anglofrancés estaba relacionado directamente con los problemas de Levante, donde los musulmanes se regocijaban con la discordia cristiana, pues les permitía hacerse más y más fuertes. También vinculaba el optimismo del enemigo con la desviación de los cruzados hacia Zara y aludió a que ellos habían «planeado intentar cosas aún peores», una posible referencia a la propuesta de llevar la expedición hacia Constantinopla. Que el papa mencionara el contenido de estos rumores (que es lo que eran en ese momento) nos muestra de nuevo su incapacidad para ejercer auténtica influencia sobre la campaña.[22]

Poco después, los líderes cruzados enviaron a Inocencio una carta en la que le informaban que el nuncio del cardenal Pedro los había visitado y absuelto de sus pecados, pero que los venecianos se habían negado a arrepentirse y habían sido formalmente excomulgados. La carta también rogaba al pontífice que viera con ojos indulgentes el que Bonifacio de Monferrato ocultara este hecho, algo que era necesario para mantener unida a la flota y poder contribuir a la causa de Tierra Santa.[23]

El propio Bonifacio escribió también una carta de tono similar en la que sostenía, de igual manera, que era necesario mantener en secreto la bula de excomunión con el objetivo de que el ejército se mantuviera unido. Y, aunque esto era cierto, también es verdad que la publicación de una bula que excomulgaba formalmente a los venecianos habría proporcionado una munición considerable a quienes estaban en contra de que la cruzada se desviara a Constantinopla.[24]

A medida que se acercaba la primavera, los cruzados empezaron a prepararse para abandonar Zara: acondicionaron de nuevo sus naves, recogieron su equipo y cargaron sus caballos. Los venecianos, sin embargo, no habían olvidado ni perdonado los continuos esfuerzos de Zara por escapar a su dominio, por lo que en una demostración de fuerza arrasaron la ciudad por completo para que sus habitantes no olvidaran sus nuevos juramentos; incluso las murallas y las torres fueron demolidas, solo las iglesias se salvaron de la destrucción general.

Antes de que la flota zarpara, hubo un último giro de los acontecimientos (aunque, en esta ocasión, uno predecible). Simón de Montfort y sus compañeros, entre ellos el abad Guido de Vaux-Cernay, se negaron a unirse a los demás cruzados y se dirigieron a los territorios del rey Emerico de Hungría. Simón era una figura destacada y el que desertara de esta forma no dejaba de ser significativo; no obstante, para los cruzados su decisión tenía al menos la ventaja de apartar del ejército a los críticos más vociferantes de la expedición.

El príncipe Alejo llegó justo antes de que el dogo y el marqués Bonifacio abandonaran la ciudad. La aparición del príncipe fue muy oportuna, y es posible que la fecha haya sido elegida de forma deliberada; coincidió con el día de san Marcos (25 de abril), un día especialmente apropiado para encontrar a los venecianos de buen ánimo. El joven recibió una cálida bienvenida y los venecianos le proporcionaron galeras y tripulación.[25]

La principal flota cruzada planeaba navegar rumbo al sur y reencontrarse en Corfú. Mientras seguían al grueso de la flota, el príncipe y los venecianos pasaron por la ciudad de Durazzo, en el límite noroeste del Imperio bizantino. Allí los ciudadanos abrieron de inmediato sus puertas al príncipe Alejo y le juraron su lealtad. Ello resultaba muy esperanzador, aunque no está del todo claro si se trataba de auténtico entusiasmo o, dadas las recientes acciones de los cruzados en Zara, de simple prudencia. El joven príncipe debió de sentirse animado por este acontecimiento y es probable que lo mismo ocurriera con los líderes de la cruzada, que, al ver que el pueblo de Alejo parecía recibirlo con alegría, tal vez pensaron que Constantinopla también le abriría sus brazos con igual rapidez.

En última instancia, tales esperanzas resultarían infundadas, aunque en un primer momento todo parecía estar desarrollándose de acuerdo con un plan. Como el príncipe Alejo había llegado a Zara después de que la mayoría de los cruzados franceses ya habían zarpado hacia el sur, su primer encuentro con buena parte de ellos tuvo lugar en Corfú. Para entonces, los cruzados ya habían levantado sus tiendas y pabellones y se dedicaban a ejercitar sus caballos cuando la noticia de su llegada empezó a difundirse por el campamento. Caballeros, nobles y cruzados normales y corrientes se apresuraron a acudir al puerto, curiosos por ver al hombre en el que sus líderes tanto habían invertido y que prometía responder a tantas de sus necesidades. Las primeras impresiones fueron positivas: el príncipe fue aclamado con gran ceremonia y honor y su tienda fue erigida en el centro del campamento cruzado, justo al lado de la de Bonifacio de Monferrato, a cuyo cargo Felipe de Suabia había dejado a su joven cuñado.

Como el acuerdo alcanzado por los nobles y los enviados bizantinos no había conseguido un apoyo mayoritario, la controversia había continuado y fue inevitable que la presencia del príncipe Alejo reabriera la espinosa cuestión del avance hacia Constantinopla. Ahora una nueva sección del ejército amenazaba con escindirse. Si las cosas seguían así, pronto Alejo quedaría en compañía de una fuerza tan pequeña que sus esperanzas de recuperar Constantinopla se desvanecerían.

Una carta escrita por Hugo de Saint-Pol a varios de sus conocidos en Occidente en el verano de 1203 nos muestra a Alejo suplicando en persona a los cruzados que no se dejen convencer de abandonar su causa. Nuevamente, el príncipe subrayó la injusta usurpación que había arrebatado el trono a su padre y su promesa de apoyar la cruzada con generosidad. Pese a la bienvenida que se le había dado a su llegada a Corfú, parece que Alejo también tenía que ganar la batalla por el respaldo del grueso del ejército. Hugo se refiere a la inquietud general: «El desacuerdo había ido creciendo en nuestro ejército y el descontento y las quejas eran enormes. Todos gritaban que debíamos apresurarnos a ir a Acre, y no había más de diez que hablaran a favor de seguir hacia Constantinopla».[26] Entre estos hombres se encontraban, una vez más, el mismo Hugo, Balduino de Flandes, Villehardouin y el obispo Conrado de Halberstadt. Según relata Hugo, «demostramos con claridad al ejército entero que el viaje a Jerusalén era vano y perjudicial para todos en la medida en que estábamos en la indigencia y contábamos con pocas provisiones, y que ninguno de ellos estaba en condiciones de mantener los servicios de los caballeros y pagar a los soldados, y tampoco podía costear el uso de petrarias o la construcción de nuevas armas de guerra. Y bien, al final cedieron…».[27] Alejo probablemente repitió la oferta que había presentado a los cruzados en Zara y los términos fueron acordados de nuevo por los individuos mencionados, aunque, en realidad, estos representaban solo una fracción de todo el ejército, algo que pronto resultaría evidente.

Un grupo de destacados cruzados franceses, entre los que se encontraban Odón de Champlitte, Jacques de Avesnes y Pedro de Amiens (protector de Roberto de Clary), todos ellos figuras de alto rango muy influyentes, decidieron que preferían permanecer en Corfú cuando la flota veneciana zarpara hacia Constantinopla. Su plan era enviar mensajeros a Brindisi, en el sur de Italia, donde se encontraba Gualterio de Brienne, otro destacado cruzado, y solicitar a este el envío de una nave con la que continuar su viaje hacia Tierra Santa. Villehardouin insinúa que estos hombres temían la probable duración, así como los peligros de un ataque a Constantinopla, y reconoce que, aunque algunos escondían sus verdaderos sentimientos, «más de la mitad del ejército era de la misma opinión».[28] Era obvio que una división de tal magnitud significaría el fin de la cruzada. Bonifacio, Balduino y Hugo se horrorizaron ante esta perspectiva y comprendieron que tenían que actuar de forma inmediata y decidida. Villehardouin recoge un discurso pronunciado por algún miembro de este grupo: «Mis señores, nos encontramos en una situación bastante desesperada. Si estos hombres nos dejan, como ya otros han hecho en diferentes ocasiones, nuestro ejército está condenado y nunca conquistaremos nada. Por tanto, por qué no vamos y les rogamos que, por amor a Dios, muestren más consideración por sí mismos y por nosotros, y no se deshonren de esta manera ni nos priven de la oportunidad de liberar las tierras de ultramar».[29] El mariscal elige describir lo ocurrido como una cuestión de honor caballeresco, mezclada con la necesidad de ayudar a Tierra Santa: una clara demostración de la necesidad de mantener la palabra dada y no desprestigiarse. Los líderes cruzados actuaron de inmediato y corrieron a encontrarse con el otro grupo, que se hallaba reunido en un valle cercano.

Lo que siguió a continuación constituye uno de los incidentes más intensos y emotivos de toda la cruzada. Bonifacio, el príncipe Alejo y los obispos y abades que simpatizaban con ellos montaron en sus caballos y partieron a galope tendido. Cuando vieron a sus camaradas reunidos discutiendo, detuvieron las bestias y se acercaron a ellos a pie, acaso en señal de humildad, acaso para no parecer amenazadores. Al observar el frenético acercamiento de la jefatura cruzada, Odón, Jacques y Pedro temieron un ataque y subieron a sus caballos; sin embargo, cuando los otros desmontaron, hicieron lo mismo. Ambos bandos se acercaron el uno al otro y entonces, en lo que solo pudo haber sido un último y desesperado intento de llegar a los corazones y mentes de sus compañeros cruzados, Bonifacio, Balduino, Luis y Hugo se arrojaron a los pies de sus amigos. Gritaron pidiendo su ayuda, lloraron y sollozaron afirmando que no se moverían de allí hasta que los otros prometieran continuar a su lado y luchar junto a ellos.[30]

La diplomacia moderna rara vez condesciende a semejantes exhibiciones, pero —como hemos tenido ocasión de ver respecto al sermón en la catedral de Basilea— tales actos no eran del todo desconocidos en la Edad Media. El episodio de Corfú fue una combinación imprevisible de sentimientos genuinos, absoluta desesperación y chantaje emocional. Con amigos, parientes y señores alineados frente a frente, una súplica directa de esta naturaleza tenía una altísima probabilidad de acertar. Los aspirantes a desertores rompieron también a llorar y todos y cada uno se sintieron superados por la emoción. Ninguno se dejó llevar lo suficiente como para aceptar allí mismo ayudar al príncipe Alejo, pero, en cuanto todos recuperaron la compostura, solicitaron algo de privacidad para debatir el asunto.

Así, alejados de los demás, los miembros de esta facción debatieron los términos de su participación en la campaña de Constantinopla y resolvieron que se comprometerían a permanecer con el ejército hasta el día de san Miguel Arcángel (29 de septiembre) de 1203, pero que, después de esa fecha, exigirían a la cúpula cruzada que se les proporcionaran naves para viajar a Siria en las dos semanas siguientes al momento en que las solicitaran. Los líderes cruzados estuvieron de acuerdo con esta condición y el convenio fue ratificado con un juramento. Un sentimiento de alivio inundó el ejército cruzado: al menos para el futuro inmediato, la dirección de la expedición estaba confirmada.

Sin embargo, incluso después de esto, la estancia de los cruzados en Corfú no fue del todo apacible. La isla formaba parte del Imperio bizantino y, aunque los habitantes de Durazzo se habían mostrado obedientes al apresurarse a reconocer la autoridad de Alejo, la recepción que otros isleños le dispensaron fue mucho más hostil. La ciudad de Corfú se negó a abrir sus puertas y sus habitantes declararon su oposición a Alejo empleando catapultas y petrarias para obligar a la flota cruzada a retirarse del puerto. Resulta improbable que haya habido un asedio formal a la ciudadela (en gran parte porque los cruzados tuvieron que comprender que esta era demasiado fuerte para ser capturada de forma rápida y sabían que su prioridad no era esa), pero la antipatía de la ciudad hacia el joven pretendiente dejaba claro, por un lado, que Alejo no podía dar por hecho que recibiría una bienvenida amistosa en todo el Imperio y, por otro, que la lealtad hacia el actual régimen no era tan frágil como le hubiera gustado.

Un segundo episodio en esta misma isla reveló otro fallo potencial en las promesas que Alejo había hecho a los cruzados. Cuando el ejército acampaba a las afueras de la ciudad de Corfú, el arzobispo local invitó a algunos de los clérigos católicos a comer con él. Mientras los ejércitos adversarios luchaban con espadas y proyectiles, su personal eclesiástico libraba una batalla de palabras e ideas. La comida no fue una ocasión para demostrar de forma relajada y prolongada la hospitalidad local, sino un intenso y apasionado debate sobre cuestiones teológicas de la mayor importancia, en especial las interminables reclamaciones de la Iglesia católica respecto de la primacía de Roma sobre la Iglesia ortodoxa griega. El arzobispo ortodoxo observó, con deliciosa ironía, que el único fundamento que conocía para la primacía de Roma era el hecho de que los soldados romanos habían crucificado a Cristo, una respuesta perfecta dadas las ambiciones de los clérigos cruzados.[31] Bajo esta observación subyacía una cuestión muchísimo más seria, pues nos revela que, al menos en esta instancia, un destacado miembro del clero ortodoxo no estaba preparado para someterse al papado: un siniestro presagio (para aquellos que decidieron prestarle atención) de que el príncipe podría tener problemas para cumplir con este aspecto concreto de su promesa a los cruzados.

Mientras la expedición se preparaba para abandonar Corfú, Alejo instó a los cruzados a saquear la isla en señal de que sus deseos debían ser respetados: un gesto destinado a mostrar que estaba resuelto a reclamar el trono a quienes le aguardaban delante.

8

«Esa ciudad que reina suprema sobre todas las demás»

La cruzada llega a Constantinopla, junio de 1203

El ejército partió hacia Constantinopla el 24 de mayo de 1203, la víspera de Pentecostés. Estando toda la flota reunida, la expedición debía de producir una impresión fortísima. Villehardouin declararía que «nunca antes se había visto una imagen tan excelente». De nuevo, como ya había ocurrido al relatar el día que partieron de Venecia, el mariscal se muestra orgulloso del ejército cristiano y, previendo en parte lo que sucederá a continuación, escribe: «De hecho, parecía que allí había una flota capaz de conquistar tierras, pues hasta donde la vista alcanzaba no había otra cosa que velas desplegadas sobre la enorme colección de naves, una visión que llenaba el corazón de cada hombre de intensa alegría».[1] Las galeras, transportes y naves de guerra iban ahora acompañadas por embarcaciones mercantes, que aprovechaban la protección que ofrecía el núcleo principal de la flota para suministrar comida y otros artículos a los cruzados. Los propietarios de estas naves también debían de tener alguna esperanza en beneficiarse del nuevo régimen que iba a establecerse en Constantinopla, aunque era obvio que quienes estaban en mejor situación para obtener privilegios comerciales a gran escala eran los venecianos.

El viaje desde Corfú transcurrió sin mayores contratiempos. La flota pasó delante de las islas de Cefalonia y Zacinto antes de empezar a dar la vuelta a la península del Peloponeso, pasando por el puerto de Methoni cerca del extremo suroeste (hoy

Methoni conserva los espléndidos restos de un gigantesco pueblo fortificado construido por los venecianos durante el siglo XIII) y dirigiéndose luego hacia el Peloponeso oriental en cabo Malea. En su recorrido la expedición se tropezó con dos naves repletas de cruzados que regresaban a Europa desde Siria. Estos hombres se habían embarcado en Marsella, probablemente en el verano de 1202, cuando el ejército principal todavía se encontraba en Venecia, y habían pasado el otoño y el invierno combatiendo en Levante. Balduino de Flandes envió un barco a su encuentro para conocer sus experiencias. Villehardouin sostiene que los hombres que iban en estas embarcaciones se sentían avergonzados por no haber formado parte de la expedición principal, pero resulta evidente que semejante afirmación es injusta. Después de todo, ellos habían estado luchando en Tierra Santa y habían cumplido con sus votos cruzados sin comprometerlos de la manera en que lo había hecho el ejército principal. Uno de estos hombres, sin embargo, advirtió la posibilidad de obtener aún más gloria y saltó al bote del conde de Flandes, desde donde gritó a sus compañeros: «Me voy con esta gente, pues me parece cierto que conquistarán alguna tierra para sí mismos».[2] No era precisamente el pensamiento más piadoso de que era capaz un cruzado, pero en cambio constituye un buen reflejo de las esperanzas y aspiraciones engendradas por la nueva campaña hacia Constantinopla. Villehardouin señala que las tropas dieron una cordial bienvenida a este hombre y, satisfecho de sí mismo, comenta que «no importa la forma en que un hombre haya podido extraviarse, al final siempre le será posible volver al camino correcto».[3]

Desde cabo Malea, las naves giraron en dirección norte y pasaron la península del Ática hasta la gran isla de Eubea. Allí, la dirección de la cruzada se reunió y decidió dividir la flota. Mientras el resto de las naves atravesaba el Egeo en dirección noreste rumbo a la costa de Asia Menor, donde pasaron por la antigua ciudad de Troya antes de entrar en el estrecho de los Dardanelos (conocido entonces como el Helesponto), Bonifacio y Balduino navegaron hacia el sur a la isla de Andros. La búsqueda de suministros probablemente fuera el motivo de esta separación. Andros era una isla rica y, cuando los cruzados la invadieron, sus habitantes suplicaron clemencia al príncipe Alejo, a quien ofrecieron dinero y bienes si respetaban sus vidas. El único momento que estropeó este desvío fue la muerte de Guido de Coucy, un poderoso noble del norte de Francia, que fue enterrado en el mar.[4]

La mayoría de la flota entró en los Dardanelos y se detuvo en la antigua ciudad de Abydos, en la costa de Asia Menor. Los cruzados estaban golpeando ya el corazón del Imperio bizantino. A unos doscientos cincuenta kilómetros, al otro extremo del mar de Mármara, en el Bósforo, estaba Constantinopla, decidida a pelear y repeler a los intrusos.

Los ciudadanos de Abydos actuaron con prudencia y se rindieron al ejército cruzado. Sin embargo, la jefatura de la expedición era consciente de la necesidad de producir la mejor impresión posible a medida que se acercaban a Constantinopla y, por tanto, organizaron una guardia que garantizara la seguridad de la ciudad e impidieron cualquier intento de saquearla de forma indisciplinada. Eso no significa que los cruzados no se llevaran nada: la cosecha de invierno estaba lista para ser recogida y los occidentales se apropiaron de cuanto estaba disponible, pues sus propios suministros habían comenzado a escasear. El buen clima permitió a Balduino y Bonifacio encontrarse con sus compañeros en Abydos en un lapso de una semana. Reunida de nuevo, la flota se preparó para realizar el acercamiento final a Constantinopla.

El viaje a través del Bósforo estaba lejos de ser fácil, en gran parte debido a los vientos del noreste, que eran predominantes, y a las corrientes adversas procedentes del mar Negro, que alcanzaban una velocidad de hasta seis o siete nudos.[5] La habilidad de los navegantes venecianos permitió a la flota superar sin contratiempos estas dificultades; según Villehardouin, a medida que se aproximaban a Constantinopla, «todas las naves de guerra, galeras y transportes parecían estar en flor. Contemplar una cosa tan hermosa fue, en verdad, una experiencia maravillosa».[6] Sin embargo, la situación era muy diferente para los bizantinos, que más allá de todo el colorido de las naves cruzadas veían en ellas una terrible amenaza. El 23 de junio, víspera del día de san Juan el Bautista, la flota llegó a la abadía de San Esteban, situada a unos ocho kilómetros al suroeste de su objetivo. Los cruzados no tardaron en divisar por primera vez la ciudad que habían ido a atacar y mientras sus naves echaban anclas empezaron a intentar asimilar lo que tenían en frente.

Constantinopla era, sin duda alguna, la metrópoli más grandiosa del mundo cristiano. Su inmensa población (de entre trescientos setenta y cinco mil y cuatrocientos mil habitantes) hacía que cualquier ciudad occidental resultara pequeña en comparación; en la misma época, por ejemplo, París y Venecia probablemente tendrían unos sesenta mil habitantes cada una. Rodeada por sus formidables murallas, Constantinopla sobrecogió a los cruzados, a quienes su vista inspiró admiración y no poca inquietud.[7] ¿Qué responsabilidad habían aceptado? Villehardouin nos ofrece una vívida descripción de sus sentimientos:

> Puedo aseguraros que todos aquellos que no habían visto Constantinopla antes contemplaban la ciudad con toda su atención, pues nunca habían imaginado que pudiera existir en el mundo un lugar tan maravilloso. Se fijaron en sus altas murallas y en las sublimes torres que la rodeaban, advirtieron sus ricos palacios y sus elevadas iglesias, que eran tantas que nadie lo habría creído si no lo hubiera visto con sus propios ojos, y vieron lo larga y ancha que era esa ciudad que reina suprema sobre todas las demás. De hecho, no hubo hombre tan valiente y osado que su carne no sintiera un estremecimiento ante lo que tenía enfrente. Y tampoco debe esto sorprendernos, pues nunca antes desde la creación del mundo había alguien realizado una empresa tan magnífica.[8]

Roberto de Clary también recoge el sobrecogimiento experimentado por el ejército cruzado: «La flota miraba el gran tamaño de la ciudad, tan larga y tan ancha, y se maravillaba en extremo».[9]

Constantinopla se encontraba en el corazón de un imperio que abarcaba partes de lo que hoy son Turquía, Grecia, Macedonia, Albania, Serbia y Bulgaria, y cuya frontera norte se extendía hasta el Danubio. También incluía la mitad oeste de Asia Menor y la mayoría de sus costas norte y sur, así como las islas griegas, Creta y Chipre. Era una gigantesca entidad, culturalmente com-

pleja y heterogénea. Los habitantes de Constantinopla se sentían
muy orgullosos de su ciudad, a la que llamaban la «Nueva Roma»
o la «Reina de las Ciudades», descripciones inspiradas en su poderío histórico y en su esplendor ininterrumpido. El emperador
Justiniano se había referido a ella como «la ciudad imperial cus-
todiada por Dios».[10] Roma, por supuesto, podía también ostentar un pasado imperial y muchos edificios grandiosos, pero los
estragos causados por las invasiones bárbaras y la inestabilidad del
papado al comienzo de la Edad Media no habían contribuido a la
conservación de este patrimonio. De todas las ciudades conocidas
entonces por los cristianos, solo Bagdad era más grande, aunque
por cuestiones de fe y geografía sólo había sido visitada por los
mercaderes y viajeros occidentales más intrépidos. Los habitantes
de Constantinopla habían adoptado a la Virgen María como su
protectora especial, y el descubrimiento de reliquias ligadas a ella
en el siglo XI aumentó todavía más su convicción de que la ciudad
estaba bendecida por Dios.[11]

Constantinopla había sido fundada en el siglo IV cuando el
emperador Constantino estableció su control sobre las partes
oriental y occidental del Imperio romano. Para conmemorar su
victoria (en el año 324), ordenó que el asentamiento griego de Bizancio se llamara Constantinopla en su honor y adoptó medidas
para convertir la ciudad en el centro de su imperio. Cuatro años
después, a pie y con una lanza en la mano, el emperador marcó
los límites de su capital, límites que luego sus sucesores ampliarían. No fue una coincidencia que la Nueva Roma fuera construida sobre siete colinas, el mismo número de su ilustre predecesora.
Constantino había elegido el lugar con sumo cuidado: la ciudad
estaba situada entre Asia y Occidente, a la entrada del mar Negro, y disponía en gran medida de fuertes defensas naturales. El
Bósforo y el Helesponto permitían el acceso al mar de Mármara,
lugar que un historiador describe como «un foso natural».[12] La
ciudad tenía forma triangular, con el mar de Mármara al sur y
la ensenada del Cuerno de Oro dividiéndola en dos. El Cuerno
de Oro se extiende en dirección norte casi diez kilómetros y crea
un puerto perfecto. El lado más débil del triángulo lo constituye el situado ante las grandes planicies que se extienden hacia el

noroeste en dirección al Danubio, la frontera con el mundo bárbaro; la inexistencia de obstáculos naturales hacía necesario un sistema de fortificaciones masivo, una cuestión que preocuparía a muchos de los emperadores futuros.

El 11 de mayo de 330, Constantinopla fue formalmente refundada y pasó a ser la verdadera capital del Imperio romano. Dieciocho años antes, Constantino había sido el primer emperador en convertirse al cristianismo y apoyar públicamente la fe. Constantinopla, por tanto, fue el resultado de una síntesis entre el imperialismo romano, la tradición helénica y el emergente poder de la religión cristiana.[13] El impacto de estas tres fuerzas puede apreciarse en el desarrollo material, intelectual y espiritual del Imperio bizantino a medida que su fortuna aumentaba o disminuía a lo largo de los siglos. El reinado de Justiniano (527-565) constituyó un período de especial esplendor, ya que consiguió recuperar partes del Imperio que en décadas anteriores habían pasado a manos de los godos, mientras que en la misma Constantinopla inició un extraordinario programa de construcción centrado en la iglesia de Santa Sofía.

A lo largo de los siglos, Bizancio había tenido que hacer frente a amenazas provenientes de todos los puntos cardinales. El período entre los años 600 y 800 fue particularmente difícil debido al surgimiento del islam en Oriente como una nueva fuerza dinámica y agresiva, y al ascenso de un poderoso Imperio en Occidente con Carlomagno (muerto en el 814). A finales del siglo IX y comienzos del siglo X, la cristianización y absorción del reino de Bulgaria representó un avance para los bizantinos, pero su aplastante derrota en la batalla de Manzikert en 1071 y la humillante captura de su emperador supusieron la pérdida de buena parte de sus territorios en Asia Menor. La llegada de las cruzadas condujo a la creación de vínculos más estrechos con Europa occidental. Hasta cierto punto esto fue positivo: con la ayuda de la Primera Cruzada, Alejo I Comneno recuperó las regiones occidentales de Asia Menor, aunque los esfuerzos de los griegos por imponer su señorío sobre el principado de Antioquía resultaron inútiles. Más adelante, los normandos de Sicilia emergieron como una fuerza expansionista y violenta en el Mediterráneo central y, además, los bizantinos descubrieron que también era necesario contener las ambiciones del papado y del Sacro Imperio. Bajo Manuel Comneno (1143-1180), el Imperio consiguió posicionarse como una auténtica potencia, pero las décadas de confusión política que siguieron a su muerte contribuyeron en gran medida a crear la situación en la que las fuerzas de la Cuarta Cruzada encontraron la ciudad. El orden político había degenerado gravemente antes de la cruzada. Mientras que entre 1101 y 1180 la ciudad fue escenario de muy pocos conflictos, el período comprendido entre 1180 y 1204 fue testigo de cincuenta y ocho rebeliones y conspiraciones. Esto demuestra las tensiones acumuladas durante el régimen de Manuel y el hecho de que diferentes miembros dentro de la familia imperial estuvieran descontentos con su propia posición. A esta situación vendría a sumarse el creciente número de levantamientos provinciales, resultado de los cuales fueron el establecimiento del Imperio búlgaro y la pérdida de Chipre y Tesalónica.[14]

Muchos de los edificios de la Antigüedad tardía lograron sobrevivir para dominar el panorama y la topografía de la Constantinopla medieval. Estas construcciones contaban la historia de la ciudad y constituían la esencia de su identidad en la época de la Cuarta Cruzada. Los cruzados tenían ante sí una verdadera maravilla: una mezcla de defensas formidables, iglesias espléndidas y palacios suntuosos, así como todos los elementos fundamentales para el funcionamiento de cualquier ciudad, aunque en gran parte de los casos a una escala desconocida para la mayoría de ellos. La ciudad misma, dividida por pequeñas colinas, abarcaba un área de aproximadamente treinta kilómetros cuadrados, aunque ya en la Edad Media había barrios que se extendían fuera de las murallas hacia el norte y al otro lado del Cuerno de Oro, en Gálata.

Una de las características más impresionantes e intimidantes de Constantinopla eran sus murallas. En el siglo v, mientras la ciudad se expandía, el emperador Teodosio II (408-450) adoptó medidas para dar cobijo al exceso de ciudadanos y proporcionar defensas adecuadas contra los devastadores hunos.[15] Estas fortificaciones, de más de cinco kilómetros y medio de largo, constituían un poderoso obstáculo para cualquier potencial agresor, y en su mayor parte se han conservado completas hasta nuestros días; algunos tramos han sido restaurados y otros todavía se encuentran en ruinas; sin embargo, a medida que se alzan y caen siguiendo los altibajos del terreno, las murallas parecen interminables, llegando en algunos puntos a ir de horizonte a horizonte.

Las murallas consistían en una serie de diferentes obstáculos (véase el cuadernillo de ilustraciones). La muralla interior contaba con noventa y seis torres, de casi dieciocho metros de alto, que estaban separadas entre sí por algo más de cincuenta metros a lo largo de un muro de unos nueve metros de alto y cuatro metros y medio de ancho en su base. A continuación, entre las murallas interiores y exteriores se extendía una terraza de unos dieciséis metros de ancho para permitir el movimiento de las tropas encargadas de la muralla externa. Vista desde fuera de la ciudad, esta tenía algo más de ocho metros de alto y hasta dos metros de grueso; sus torres tenían casi diez metros de alto y estaban dispuestas de forma alternada entre las torres de la muralla interior para proporcionar la mejor protección. A continuación, para maximizar la distancia entre los atacantes y los defensores, había otra terraza, de dieciocho metros de largo, y luego un foso de similar amplitud, que, aunque hoy está cubierto en gran parte, en su momento tenía casi siete metros de profundidad, aunque no está del todo claro si estaba lleno de agua todo el tiempo.

Las murallas de Teodosio disponían de diez puertas. Los visitantes de cierta importancia que llegaban por tierra entraban por la Puerta de Oro, en el extremo sur de las murallas, al suroeste de Constantinopla. Este era el camino por el que los emperadores regresaban a su capital: atravesando primero el profundo foso y luego el complejo defensivo. Dos grandes torres de mármol flanqueaban la Puerta de Oro, que originalmente había sido un arco de triunfo construido por Teodosio I en 391 y luego se había incorporado a las murallas principales. Su nombre derivaba del hecho de que las tres puertas que formaban la entrada tenían incrustaciones de oro.[16] Dos inmensos elefantes de cobre hacían guardia sobre la puerta en la época de las cruzadas.[17] Aunque su decoración inevitablemente se ha perdido, las torres de esta entrada todavía existen, integradas en un complejo defensivo posterior. Por todas partes, las entradas y las torres estaban adornadas por estatuas que representaban escenas clásicas, como los trabajos de Hércules, por ejemplo.

Desde la Puerta de Oro al centro imperial de Constantinopla había una distancia de unos cinco kilómetros, un recorrido por amplias avenidas decoradas con estatuas y salpicadas de *fora* (plazas públicas) construidas en los siglos IV, V y VI. Mientras en el Foro del Toro se alzaba una enorme estatua de bronce de tema ecuestre, el Foro de Constantino contenía muchas maravillas, entre otras una gigantesca estatua de bronce de la diosa Hera, cuya cabeza, se dice, era tan grande que fueron necesarias cuatro yuntas de bueyes para transportarla. En el centro del foro se encontraba la columna de Constantino. Aunque la construcción original quedó destruida tras una tormenta en el año 1106, Manuel Comneno la hizo reconstruir y en la actualidad todavía se mantiene en pie, si bien desprovista de la estatua que en su época la coronaba; se conservan seis de sus siete tambores de pórfido, que se levantan desafiantes (y bastante maltrechos) sobre un tosco pedestal de piedra.[18] Junto a estos monumentos más bien convencionales, se encontraban otros bastante más idiosincrásicos. Por ejemplo, el foro ostentaba también una inmensa veleta llamada *Anemodoulion* o Sirviente del Viento: un altísimo dispositivo mecánico hecho en bronce y decorado con pájaros, peces y pastores. El *Anemodoulion* terminaba en una especie de pirámide sobre la cual había una figura femenina que daba vueltas, movida por el viento.[19]

Unos cuatrocientos cincuenta metros después del Foro de Constantino se hallaba el impresionante complejo de edificios que constituía el verdadero centro de Constantinopla: el hipódromo, el palacio imperial y la maravillosa iglesia de Santa Sofía. Aquí lo sagrado y lo profano se encontraban y solapaban en una deslumbrante exhibición del poder y la piedad imperiales, que, aunque basadas en el pasado clásico de la ciudad, resultaban esenciales para la conservación de la autoridad del emperador en la Edad Media. El complejo incluía las instituciones fundamentales del gobierno para el control de las finanzas y la administración de justicia: tesorerías, cuarteles, prisiones; la religión y el espectáculo también prosperaban en este lugar en los imponentes interiores de Santa Sofía y el hipódromo.

El Gran Palacio, al que los occidentales denominaban a menudo el Bucoleón debido a su escultura de un león luchando a muerte con un toro, era un enorme complejo de edificios situado en la esquina suroriental de la ciudad, enmarcado por el hipódromo, la plaza de Santa Sofía y, en los dos lados restantes, el mar de Mármara. Basado en el palacio original de Constantino, había sido ampliado y desarrollado en muchas ocasiones a lo largo de los siglos.[20] Guillermo, arzobispo de Tiro y canciller del reino de Jerusalén, describió una visita del rey Amalarico al emperador Manuel Comneno en 1171. En esa ocasión, a los francos se les concedió el honor de permitirles atracar en el muelle de palacio, desde donde fueron conducidos a su interior a través de un maravilloso camino pavimentado con el mejor mármol. El palacio disponía de incontables corredores y pasillos y el emperador recibió a Amalarico en un salón cubierto con cortinajes de tejidos preciosos y en cuyo centro había dos tronos de oro, uno de ellos más bajo con el propósito de evidenciar el menor rango del rey franco.[21] Roberto de Clary realiza un gran esfuerzo para transmitir a sus lectores las verdaderas dimensiones del palacio, en el que, asegura, «había quinientos salones, todos conectados entre sí y todos cubiertos de mosaicos de oro». Según Roberto, solo en el Gran Palacio había más de treinta capillas, entre ellas la más espectacular de todas, la iglesia de la Bendita Virgen del Faro, la cual «era tan rica y tan noble que no había en ella una sola bisagra o anilla o cualquier otro elemento normalmente hecho de hierro que no fuera de plata, y en la que no había columna que no fuera de jaspe o pórfido o algún otro material precioso. Y el suelo de esta capilla era de un mármol blanco tan liso y tan claro que parecía estar hecho de cristal, y esta capilla era tan rica y tan noble que nadie podrá nunca describiros su belleza y nobleza». La lista de las reliquias que albergaba era extraordinaria, e incluía dos grandes fragmentos de la Vera Cruz, algunos de los clavos que habían atravesado las manos y los pies de Cristo, una ampolla con Su sangre, la Corona de Espinas, una parte del vestido de la Virgen María y la cabeza de Juan el Bautista.[22]

El Gran Palacio también disponía de un gigantesco salón dorado, construido por Manuel Comneno y decorado con mosaicos en los que estaban representadas sus victorias. Él, o quizá Isaac Ángelo, construyó además el maravilloso *Mouchroutas* (su nombre deriva de la palabra árabe para cono), del que el autor bizantino Nicolás Mesarites nos ofrece una descripción:

> Los escalones que conducen hasta él están hechos de ladrillo cocido, cal y mármol; la escalera, que se abre a ambos lados y gira formando un círculo, está coloreada de azul, rojo oscuro, verde y morado gracias a una combinación de baldosas pintadas cortadas en forma de cruz. Este edificio es obra de una mano persa. El techo está compuesto por hemisferios unidos para conformar una bóveda celestial que ofrece un espectáculo multicolor, con ángulos que se proyectan hacia dentro y hacia fuera; la belleza del tallado es extraordinaria, y maravillosa resulta la presencia de cavidades que, recubiertas de oro, producen el efecto de un arco iris de tonos más vivos que aquel que se esconde en las nubes. El placer es aquí inagotable, y no se encuentra oculto, sino que está en la superficie.[23]

Por desgracia, durante siglos el Gran Palacio ha estado prácticamente destruido por completo, y apenas sobrevive un pequeño fragmento de la muralla exterior que daba al mar de Mármara. A nivel del suelo, sin embargo, un extraordinario descubrimiento arqueológico (realizado en la década de 1950 y en la actualidad abierto al público) nos permite hacernos una idea de la increíble opulencia del palacio; se trata de una inmensa zona de mosaicos del siglo VI en la que se representan escenas de caza, un hallazgo que, junto a los testimonios literarios, nos proporciona alguna indicación de los magníficos suelos de mármol que decoraban el palacio medieval.[24]

Uno de los edificios del Gran Palacio disponía de un pasillo por el que podía accederse directamente al palco imperial del hipódromo, el gran estadio deportivo. Construido por el emperador Septimio Severo a principios del siglo III, ampliado por Constantino y todavía en uso en el siglo XII, tenía más de trescientos veinte metros y podía albergar a más de cien mil espectadores. Las carreras de caballos en la pista oval debieron de ser un espectáculo increíble de ruido, polvo y emoción. Benjamín de Tudela describe exhibiciones en las que participaban malabaristas y combates entre bestias salvajes; tenemos también noticias de proezas en la cuerda floja, ejercicios gimnásticos y, por supuesto, carreras de caballos, que, como en los tiempos clásicos, seguían corriéndose entre los equipos rojo, azul, verde y blanco.[25] Hoy el hipódromo ha desaparecido casi por completo, aunque el parque que recorre parcialmente la antigua pista y los restos de tres columnas, en su época ubicadas en el centro de la arena, nos permiten hacernos una idea de las dimensiones del lugar.

Fuera del hipódromo se encontraba el Foro del *Augusteion,* en el que se alzaba una gigantesca columna coronada por una estatua de Justiniano. Roberto de Clary nos ha dejado una vívida descripción de este escenario:

> Había una gran columna cuyo grosor era tres veces la longitud del brazo de un hombre… Estaba hecha de mármol y de cobre sobre mármol y estaba unida por fuertes cintas de hierro. En la cima de la columna había un bloque de piedra plano de [algo más de cuatro metros de lado], sobre el que reposaba un emperador hecho de cobre encima de un gran caballo también de cobre que apuntaba con su mano en dirección a la tierra de los paganos; y había letras escritas en la estatua, las cuales decían que él había jurado que nunca daría tregua a los sarracenos. Y en la otra mano, la estatua tenía un orbe dorado con una cruz… En la grupa del caballo y en la cabeza y alrededor de ella había un total de diez nidos de garzas, que anidaban allí todo el año.[26]

Cruzando la plaza desde el hipódromo estaba Santa Sofía (Santa Sabiduría), que, junto a la abadía de Cluny (con su inmensa iglesia de casi ciento cincuenta metros de largo), era uno de las edificaciones más grandiosas de la cristiandad medieval. Mientras muchas de las riquezas del Imperio bizantino han sido destruidas a lo largo del tiempo, el formato básico y la increíble envergadura

de este templo todavía resultan patentes, un imponente testimonio del esplendor de la época imperial.[27]

En el año 532, un incendio destruyó la estructura que entonces existía en ese emplazamiento y el emperador Justiniano
aprovechó la oportunidad para construir un edificio nuevo de
unas dimensiones hasta entonces inimaginables. Formidable desde su concepción, con sus enormes pilares, sus altas bóvedas y su
domo cavernoso, la iglesia fue consagrada por primera vez en el
año 537. Desde lo alto del domo, inscrito en un cuadro de unos
treinta metros de alto y apoyado en arcos de casi cincuenta y
cinco metros de ancho (diseñado por comparación con la bóveda
celeste), la nave de setenta metros de largo da lugar a una serie de
semicúpulas que, desde el exterior, caen en cascada para dar una
impresión de la extraordinaria solidez del conjunto y ocultando
por completo el enorme espacio vacío que se alza en el interior de
la iglesia. Procopio, un historiador contemporáneo, nos ofrece la
siguiente descripción del edificio:

> El emperador, haciendo caso omiso de cualquier consideración
> referente al gasto, se apresuró a iniciar la construcción y buscó
> artesanos del mundo entero... De esta forma la iglesia se con-
> virtió en un espectáculo de gran belleza, magnífica para quienes
> la contemplan y en todo sentido increíble para quienes oyen
> hablar de ella...
>
> Ostenta una belleza inefable, pues combina de forma sutil
> el volumen con la armonía de sus proporciones... La brillante
> luz solar abunda en extremo aquí. Se diría que el espacio [inte-
> rior] no lo ilumina el sol desde el exterior, sino que el resplan-
> dor se genera dentro, tan grande es la abundancia de luz que
> baña este santuario por todas partes...
>
> Elevándose por encima de este círculo se encuentra una
> enorme cúpula esférica que hace que el edificio resulte excep-
> cionalmente hermoso. Esta no parece apoyarse en una obra de
> sólida mampostería, sino que produce la impresión de estar
> suspendida del cielo por esa cadena dorada y es así como cubre
> el espacio. Todos estos elementos, unidos en medio del aire de
> forma maravillosa, suspendidos unos de otros y reposando solo

en las partes adyacentes a ellos, producen una extraordinaria armonía a la vez que impiden que la mirada de los espectadores descanse sobre cualquiera de ellos por mucho tiempo, pues cada detalle se apresura a atraer la atención sobre sí mismo.[28]

La gigantesca cúpula estaba decorada con mosaicos de Cristo Pantocrátor (Cristo Todopoderoso) y, en el ábside, con mosaicos de la Virgen María; el ministerio de Cristo en la tierra estaba representado en las galerías laterales. Sin embargo, no toda la imaginería de la iglesia era bíblica, aunque muy pocas de estas hermosas creaciones sobreviven. Entre las que se conservan se encuentra, al final de la galería sur, un espléndido mosaico del emperador Juan Comneno y su pelirroja esposa, la emperatriz Irene, en compañía de su hijo Alejo. El simple tamaño de Santa Sofía y sus deslumbrantes mosaicos la convertían en una fuente de maravilla para todo aquel que la visitaba. Roberto de Clary, que probablemente estaba acostumbrado al plano rectangular de la mayoría de las iglesias del norte de Europa (aunque algunas, como la de Nivelles, eran redondas), se sintió cautivado por su forma y escribió que el templo era «redondo por completo y dentro de la iglesia había cúpulas, redondas también, que eran soportadas por grandes y ricas columnas... de jaspe o pórfido o algún otro material precioso».[29]

En la actualidad, el visitante de Santa Sofía puede experimentar todavía parte de ese asalto a los sentidos que la iglesia supuso para los cruzados. Aunque gran parte del oro y la plata de sus decorados ha desaparecido, las extraordinarias paredes de mármol se conservan aún. Al menos diez clases diferentes de este material fueron empleadas en la construcción, todas dispuestas con sumo cuidado para provocar el mejor efecto visual posible. En algunos casos, enormes láminas habían sido cortadas por la mitad y dispuestas como gigantescas alas de mariposa para poder apreciar mejor sus bellos patrones. Los arquitectos de Santa Sofía buscaron por todo el mundo para reunir la sorprendente variedad de colores y patrones que adornan el edificio. Por ejemplo, el mármol blanco fue transportado desde Laconia (en el Peloponeso), el verde pálido de la isla de Eubea, el rosa y blanco de Frigia (en el oeste de Asia Menor), el amarillo de Numidia (Argelia), el verde de Tesalia, el blanco sobre negro de los Pirineos, el pórfido de color púrpura imperial de Egipto y el pórfido verde de Laconia.

Un derrumbamiento parcial en el año 558 y la reconstrucción que siguió a este, que tardó cinco años, dieron origen a la forma básica del edificio que conocemos en nuestros días. Nuevos soportes estructurales resultarían fundamentales más tarde, y siglos después, cuando los otomanos gobernaban Constantinopla (lo hicieron desde 1453) y el edificio había pasado a manos de sus terceros guardianes religiosos (tras los cristianos ortodoxos y los católicos), la introducción de cuatro destacados minaretes marcó su conversión en mezquita. Por último, en 1934 el edificio fue secularizado durante el gobierno de Atatürk y hoy sobrevive convertido en museo.

El tesoro de Santa Sofía contenía riquezas incalculables, en especial reliquias de la pasión de Cristo: fragmentos de la Santa Lanza que atravesó Su costado, una parte de la Vera Cruz sobre la que fue crucificado, la Corona de Espinas, un clavo empleado en la crucifixión, el Santo Sudario, la piedra que cubrió el Santo Sepulcro y muchas más.

Con todo, Santa Sofía no era la única iglesia grandiosa de Constantinopla. De hecho, la ciudad contaba con centenares de instituciones eclesiásticas, y dentro de sus murallas abundaban las iglesias y los monasterios. Alberico de Trois-Fontaines, un monje cisterciense del siglo XIII originario de Champaña, habla de la existencia de «cerca de quinientas abadías o iglesias conventuales».[30] Muchas de ellas contenían maravillosas reliquias que también veneraban con fervor los peregrinos occidentales. Odón de Deuil, un monje francés que en 1147 visitó Constantinopla durante la Segunda Cruzada, escribió que, aunque las demás iglesias no igualaban en tamaño a Santa Sofía, sí lo hacían en belleza, y eran tan dignas de ser admiradas por sus muchas reliquias santas: «Quienes tienen la oportunidad visitan estos lugares, algunos para contemplarlos y otros para orar con devoción».[31]

Dos de estas iglesias merecen mención aparte. En primer lugar, tenemos la iglesia de los Santos Apóstoles, a la que Roberto de Clary considera más noble y más rica que Santa Sofía.[32] Este edificio, construido por Justiniano, albergaba las tumbas de muchos emperadores, así como reliquias de san Andrés, san Lucas y san Timoteo, y —como hemos señalado antes— sirvió de modelo a la iglesia de San Marcos en Venecia.

Otra iglesia digna de ser mencionada es una que (a diferencia de la de los Santos Apóstoles) todavía existe: el monasterio de Cristo Pantocrátor, hoy conocido como la mezquita de Zeyrek. El edificio se encuentra en el centro de un complejo fundado por el emperador Juan Comneno entre el 1118 y 1136.[33] Era, como tantas otras instituciones bizantinas, un espacio multifuncional que albergaba una comunidad monástica, un gran número de clérigos para atender a los laicos y un hospital para cincuenta personas que contaba con un personal médico compuesto por setenta y seis trabajadores, además de veintisiete encargados del servicio.[34] La comparación con las prácticas occidentales resulta significativa: en el siglo XII el hospital de San Juan, en Jerusalén, podía acoger a más de un millar de pacientes, pero solo contaba con cuatro doctores para atenderlos.[35] En la actualidad el monasterio de Pantocrátor funciona como mezquita, aunque los estragos causados por el paso del tiempo resultan visibles. Las colosales entradas de mármol marrón oscuro todavía se alzan orgullosas, y en las bóvedas de lo que antiguamente fue la iglesia principal aún pueden verse pequeñas cruces muy cerca del techo. El complejo se convirtió en el mausoleo familiar de la dinastía Comneno, pero las tumbas de Juan y Manuel desaparecieron hace mucho tiempo, aunque hacia 1750 todavía existían y se las exhibía en el palacio de Topkapi.[36]

El otro importante edificio secular de Constantinopla —muy conocido por los visitantes occidentales— era el palacio de las Blaquernas, el segundo gran palacio imperial, un lugar muy bien fortificado en el extremo norte de las murallas terrestres. Había sido desarrollado por el emperador Alejo I (1081-1118) y con frecuencia era empleado, junto con el Gran Palacio (el Bucoleón), como sede de la autoridad imperial y lugar para recibir a los visitantes. Su situación hacía que emperadores como Manuel Comneno, a quien le encantaba la caza, lo utilizaran a menudo, pues les permitía llegar al campo con rapidez. El palacio de las

Blaquernas era importante porque estaba al lado del principal santuario de la Virgen María, la guardiana de Constantinopla, y era un sitio seguro durante las épocas de descontento social ya que, comparativamente, quedaba alejado de la impaciente turba ciudadana.[37]

Odón de Deuil vio el palacio en 1147: «Su exterior es de una belleza casi incomparable, pero su interior supera cualquier cosa que pueda decirse de él. Por todas partes está decorado minuciosamente con oro y con una gran variedad de colores, el suelo es de mármol, pavimentado con gran delicadeza…».[38] Alejo I había construido un suntuoso salón del trono en el interior del edificio y este era probablemente el lugar empleado para recibir a los embajadores. Guillermo de Tiro estuvo allí algo más de veinte años después y vio valiosos cortinajes, numerosos sirvientes, vestiduras y trajes reales adornados con gran profusión de perlas y piedras preciosas, así como «la enorme cantidad de muebles de oro y plata de incalculable valor que había en palacio».[39]

Sin embargo, la ciudad que conquistó las miradas de los cruzados en junio de 1203 no estaba hecha únicamente de excelentes edificios y de demostraciones del poderío imperial. El comercio (y, por tanto, los impuestos) era una fuente de riqueza para los bizantinos y numerosas comunidades de mercaderes tenían sede en el lado de la ciudad que daba al Cuerno de Oro. Constantinopla era la capital comercial del Imperio bizantino, pero, al mismo tiempo, era un centro fundamental para el comercio del mar Negro, el Mediterráneo y Europa occidental. Las ciudades italianas de Venecia, Amalfi, Pisa y Génova tenían allí sus pequeñas comunidades, a cargo de su propio personal y apoyadas por almacenes y embarcaderos que les permitían introducir y sacar sus mercancías de la ciudad. Al otro lado del Cuerno de Oro se encontraba el barrio de Gálata, al que se llegaba mediante transbordadores y en el que vivían aquellos elementos de la sociedad que los demás ciudadanos preferían mantener a distancia. Benjamín de Tudela nos informa de que en 1171 había allí una comunidad judía de unos dos mil quinientos miembros, la mayoría de los cuales se dedicaba al trabajo de la seda. Se trataba además de una comunidad que se había hecho muy rica, aunque, señala nuestra fuente, los griegos oprimían y vilipendiaban a su pueblo.[40] Junto a los judíos se encontraban los curtidores, empujados fuera de la ciudad debido a los hedores que acompañaban a esta industria, y una colonia de leprosos, expulsados por el temor al contagio.

Dado el enorme tamaño de Constantinopla, había en ella grandes barrios atestados de personas empobrecidas que dependían de la caridad o del trabajo que pudieran encontrar en las principales instituciones de la ciudad. Odón de Deuil escribió que esta «es miserable y fétida y en muchos lugares la oscuridad es permanente, pues los ricos ensombrecen las calles con sus edificios y dejan estos lugares sucios y oscuros para los pobres y los viajeros».[41] Juan Tzetzes, un autor casi contemporáneo de la Cuarta Cruzada, describió la vida en su propio piso, atrapado entre los niños y los cerdos del sacerdote que vivía arriba y el heno almacenado por un granjero en la planta baja.[42] Esta gente con frecuencia vivía hacinada en departamentos de madera; los muchos edificios elegantes y pequeños palacetes privados estaban solo al alcance de los ricos. Razones prácticas hacían necesaria la existencia de escuelas, baños públicos y orfanatos. En vista de que Constantinopla carecía de suficientes manantiales naturales, el suministro de agua era una cuestión fundamental que sus primeros gobernantes procuraron solucionar con la construcción de enormes acueductos y cisternas.

Los bizantinos continuaban utilizando estas instalaciones dejadas por los emperadores de finales del período romano, en especial el gran acueducto de Valente (364-378), del que aún se conservan en el centro de la ciudad unos ochocientos metros de su antiguo recorrido. Varias de las inmensas reservas subterráneas han sobrevivido hasta nuestros días, la más accesible de ellas, conocida como Cisterna Basílica, se remonta al reinado de Justiniano. Está localizada justo a las afueras de Santa Sofía y constituye una demostración de la extraordinaria escala de cada uno de estos proyectos de ingeniería civil. La gigantesca caverna tiene casi setenta metros de ancho, unos ciento cuarenta metros de largo y posee trescientas treinta y seis columnas. En su momento, tenía una capacidad de ochenta mil metros cúbicos de agua, que era traída desde el mar Negro, a más de veinte kilómetros de distancia.

El grueso de la población de Constantinopla constituía lo que Nicetas Choniates denominaba «la turba», la hirviente masa de los marginados, distraída y aplacada por los espectáculos del hipódromo, pero por lo demás inquieta e interesada en su apoyo a los cambiantes regímenes de la década de 1180.[43] Por una simple cuestión de número, resultaba fundamental que el emperador estuviera al tanto de los deseos y el estado de ánimo del populacho. Tales eran las dimensiones de esta población que Radulfo de Coggeshall, un monje que vivió en Essex a principios del siglo XIII, asegura que «quienes conocen los pormenores de la vida en esa ciudad afirman con confianza que hay más habitantes en ella que en el área que se extiende entre la ciudad de York y el río Támesis [unos trescientos quince kilómetros]».[44]

Mientras sus miradas atravesaban el mar de Mármara, los cruzados debieron de comprender por primera vez la magnitud del compromiso que tenían con el príncipe Alejo. Ante ellos se encontraba la vasta y poderosa Reina de las Ciudades, sostenida con solidez por siglos de gobierno imperial y protegida por la certeza de no haber caído nunca en manos de un conquistador. Algunos de los miembros del ejército cruzado habían estado dentro de la ciudad antes y conocían los tesoros espirituales y materiales que encerraban sus murallas, la opulencia de sus iglesias y palacios y la riqueza de sus gobernantes. Otros habrían escuchado hablar de ello y quizá sintieron que sus expectativas se identificaban plenamente con lo que veían en el horizonte. Todos debieron de desear con fervor que el príncipe Alejo fuera bien recibido y poder así cumplir con su parte del acuerdo con el mínimo esfuerzo posible. A pesar de las dimensiones de la tarea que acaso tendrían que afrontar, había algunos indicios que los animaban. El más acertado de todos lo constituían la violencia, el desorden y las usurpaciones de los últimos veinte años, prueba de una inestabilidad que quizá los cruzados pudieran aprovechar.

Las dos últimas décadas habían minado en parte la fortaleza militar de Constantinopla; las murallas no se conservaban a la perfección y la antes formidable marina bizantina prácticamente había desaparecido. Además, Alejo III se había negado a emprender los preparativos pertinentes para el ataque de los cruzados.

Nicetas Choniates nos ofrece una espléndida y cáustica descripción de los esfuerzos del emperador para organizar la defensa de la ciudad. Al parecer, Alejo III conocía los movimientos de los cruzados desde tiempo atrás y, sin embargo,

> en su desinterés por lo que era necesario para el bienestar común, su excesiva indolencia era equivalente a su estupidez. Cuando se le propuso que tomara precauciones para que hubiera armas en abundancia, se emprendiera la preparación de máquinas de guerra apropiadas y, por encima de todo, se iniciara la construcción de naves de combate, fue como si sus consejeros se dirigieran a un cadáver. Se entregó a las conversaciones de sobremesa y se permitió desatender de forma intencionada los informes sobre los látinos [los cruzados]; se ocupó en la construcción de lujosas casas de baño y en nivelar colinas para plantar viñedos…, dedicando todo su tiempo a estas y otras actividades. Aquellos que deseaban cortar madera para construir naves fueron amenazados con el más grave castigo por los eunucos que custodiaban los espesos bosques de las montañas imperiales, reservados para las cacerías del emperador, como si se tratara de arboledas sagradas …[45]

Sólo cuando el emperador se enteró de que su sobrino y los cruzados habían llegado a Durazzo en el Adriático (mayo de 1203) decidió por fin despertar, aunque las medidas que introdujo entonces difícilmente formaban parte de un plan de acción riguroso y exhaustivo: «Por consiguiente, inició la reparación de los pequeños esquifes, apenas veinte en total, que estaban podridos y comidos por los gusanos, y, mientras recorría las murallas de la ciudad, ordenó que las viviendas ubicadas fuera de ellas fueran derribadas».[46]

Acaso Nicetas esté siendo demasiado severo aquí, pues hasta el acuerdo entre el príncipe Alejo y los cruzados en Zara no había ninguna certeza de que Bizancio fuera a ser atacada y este convenio no fue cerrado sino hasta finales de abril. No hay duda de que el emperador conocía los intentos de su sobrino para conseguir respaldo en Occidente, pero dado su fracaso en Roma y en

Haguenau, había muy pocos indicios de que fuera a tener mejor suerte con Dandolo, Bonifacio y Balduino. Por otro lado, si se tienen en cuenta las usuales tensiones entre los ejércitos cruzados y los griegos, prepararse de alguna forma habría sido prudente, y es evidente que Alejo III prefirió no hacerlo. En cualquier caso, las quejas de Nicetas apuntan en realidad a un problema que venía de mucho antes: la lamentable decadencia de la marina bizantina. El emperador quizá había puesto su confianza en una carta de Inocencio III de finales de 1202, en la que el pontífice le aseguraba que había rechazado cualquier sugerencia de dirigir la cruzada hacia Constantinopla para ayudar al príncipe Alejo.[47]

Tiempo atrás, durante el reinado de Manuel Comneno, los griegos habían estado en condiciones de enviar poderosas flotas para participar en, por ejemplo, la invasión de Egipto en colaboración con los gobernantes de Jerusalén. Guillermo de Tiro señala que en 1169 Manuel envió ciento cincuenta «naves de guerra equipadas con espolones y dobles hileras de remos… Había, además, sesenta barcos más grandes y provistos de una buena coraza que habían sido construidos para transportar caballos… También había diez o veinte embarcaciones más de enormes proporciones que llevaban armas y… máquinas de guerra».[48] No obstante, tal fue el declive de la marina tras la muerte de Manuel por lo que los griegos terminarían contratando piratas para que combatieran por ellos y hacia 1203, como señala Nicetas, solo contaban con veinte navíos medio podridos para hacer frente a los cruzados. Es probable que el príncipe Alejo tuviera algún conocimiento de ello, y también Dandolo, que pudo haber sido informado de la situación en años anteriores por los mercaderes venecianos que operaban en Constantinopla. De lo que tenemos muy pocas dudas es de que, cuando los cruzados tuvieron que decidir si podían o no ofrecer apoyo militar al príncipe Alejo en caso de ser necesario, el hecho de conocer la debilidad de la marina bizantina tuvo que haber influido de forma significativa en su elección. La idea de tener que enfrentar a una flota de las dimensiones de la que Manuel había enviado a Egipto podría haberlos disuadido de comprometerse de manera semejante. Por fortuna para los occidentales, la perspectiva de una gran batalla naval contra una fuerza más o menos equivalente a la suya o incluso la idea de que una escuadra en condiciones de navegar pudiera acosarlos, fue algo contra lo que no tuvieron que luchar. Gracias a Dandolo y los venecianos, los occidentales contaban con la flota más hábil y experimentada del Mediterráneo. Si la usaban de forma adecuada, el control de los mares les proporcionaría una iniciativa fundamental para el asalto de la capital imperial.[49]

No obstante, las fuerzas de tierra bizantinas no eran tan débiles. Y si bien su poderío había disminuido desde la muerte de Manuel en 1180, todavía constituían un enemigo formidable.[50] El ejército del emperador Alejo estaba compuesto por una mezcla de tropas nativas, mercenarios (procedentes de Bulgaria, Asia Menor, Europa occidental y los territorios eslavos) y la legendaria guardia varega, un temible cuerpo de élite formado por hombres que habían jurado permanecer leales al emperador. Con el paso de los siglos, los griegos habían adquirido la fama de ser un pueblo poco belicoso y afeminado. Benjamín de Tudela valoraba sus habilidades militares de la siguiente manera: «Contratan soldados llamados bárbaros procedentes de todas las naciones para luchar contra... los turcos, pues los nativos [los griegos] no son guerreros, sino que son como las mujeres, que no tienen fuerza para pelear».[51] Si el empleo de combatientes extranjeros para conformar el grueso de su ejército no les permitía disipar los rumores sobre su virilidad, los griegos habían al menos sabido elegir con sabiduría a estos guerreros. Los varegos eran soldados fuertemente armados, famosos por usar unas poderosas hachas de batalla de un solo filo que llevaban sobre sus hombros. La guardia varega contaba con más de cinco mil hombres y representaba el núcleo del ejército imperial. Estaba formada principalmente por escandinavos, que habían llegado a Constantinopla atraídos por los elevados salarios que allí se pagaban. Muchos de los guerreros ingleses que habían sido derrotados en la batalla de Hastings en 1066, o desplazados por la conquista normanda que siguió a esta, también viajaron a Oriente para unirse a la guardia imperial. Otros reclutas procedían de tropas como la que había acompañado al rey Sigurd de Noruega en su expedición a Tierra Santa en 1110, que de regreso a casa habían realizado una escala para unirse a la guardia o servir temporalmente al emperador.[52]

Otros dos contingentes que ayudaron a defender Constantinopla en 1203 estaban formados por pisanos y genoveses. Estos
representantes de las comunidades mercantiles transfirieron su
implacable rivalidad comercial con los venecianos al escenario de
las cruzadas y el Bósforo. Quienes dirigían la cruzada aseguraron
luego que se habían enfrentado a una fuerza bizantina formada
por sesenta mil caballeros, además del personal de infantería.[53]
Los historiadores modernos, sin embargo, calculan que el número de efectivos del ejército imperial era a lo sumo de treinta
mil; además, por supuesto, de los ciudadanos de Constantinopla,
que podían apoyar y pelear junto a él si estaban motivados para
hacerlo.[54] Si alguna de estas dos cifras es correcta, es evidente
entonces que los griegos disponían de una superioridad numérica
aplastante, así como de la importante ventaja que suponían las
defensas de la ciudad.

El dogo y los nobles tenían ahora que decidir cuál sería su siguiente movimiento. Dandolo, práctico como siempre, aconsejó
actuar con cautela. Con base en sus anteriores visitas a Constantinopla (en 1171 y 1183) y el detallado conocimiento proporcionado por la continua presencia de los venecianos allí durante
muchas décadas, el dogo subrayó que los cruzados necesitaban
primero reunir los suministros adecuados y proceder luego con
sumo cuidado. «Estáis involucrados ahora en la empresa más
grande y peligrosa que ningún otro hasta el día de hoy haya jamás emprendido; es por lo tanto fundamental que actuemos con
sabiduría y prudencia.»[55] Dandolo afirmó que el hecho de que
los cruzados carecieran de alimentos y dinero podía obligarlos a
deambular y dispersarse por las tierras de los alrededores, lo que
incluso podía llevarlos a perder hombres, algo que el ejército no
estaba en condiciones de permitirse dada la magnitud de la tarea
que tenía delante.

Cerca de ellos estaban las islas de los Monjes (en la actualidad
llamadas islas del Príncipe, localizadas a unos nueve kilómetros
de la ciudad principal), en las que, el dogo sabía, se producían
grano y carne. Dandolo aconsejó que la flota amarrara allí, re-
cogiera provisiones y se preparara a continuación para asaltar la
ciudad. En esta ocasión, recurrió a la versión del siglo XIII de uno

de los aforismos militares más famosos de todos los tiempos: «El hombre que tiene algo que comer tiene más posibilidades de vencer en el combate que aquel que no tiene nada en su estómago».[56]

El 24 de junio, día de san Juan el Bautista, los hombres prepararon sus naves. El equipo había sido guardado o cubierto para protegerlo de los elementos durante el largo viaje. Sin embargo, ahora, estando Constantinopla tan cerca, se izaron los banderines y estandartes en los castillos de los barcos y se colgaron los escudos de los caballeros en los macarrones. Así, la flota se transformó una vez más en el colorido espectáculo que casi nueve meses antes había partido de Venecia. En esta ocasión, no obstante, la guerra era inminente: no contra los infieles sino contra los cismáticos griegos y el usurpador que hacía las veces de emperador. Las naves desfilaron por primera vez frente a las murallas de Constantinopla. A la cabeza iban las embarcaciones de transporte, después las galeras de combate. A medida que sus navíos se acercaban a la ciudad, el tamaño de sus defensas y la majestuosidad de los edificios, palacios, iglesias y monumentos que se recortaban contra el cielo, debieron de helar los corazones de los cruzados. Allí estaban las murallas que daban al mar, la gran mole del hipódromo, la gloria del Bucoleón. A continuación divisaron Santa Sofía, ocupante indestructible de la colina más cercana al extremo oriental de la ciudad. Algunos hombres estaban tan excitados con la idea de enfrentarse al enemigo que lanzaron flechas y proyectiles a las naves bizantinas que se encontraban delante de las murallas, aunque sin lograr infligirles mayor daño.

Los griegos, por su parte, se amontonaron en las murallas de la ciudad, movidos por la curiosidad de ver a su enemigo; también ellos debían de estar inquietos. El último gran ejército cruzado que había pasado por el Imperio bizantino era el de Federico Barbarroja, que había hecho caso omiso de sus advertencias y había marchado desafiante a través de sus territorios. Los belicosos ejércitos occidentales eran considerados un peligro para Constantinopla desde la época de la Primera Cruzada, y eran muchos los griegos que pensaban que quizá todo el movimiento cruzado no fuera más que un pretexto para atacar su ciudad.[57] Hasta el momento esto nunca había sucedido, pero en 1203 la presencia de un aspirante al trono imperial entre las tropas occidentales hacía que la posibilidad de que ocurriera fuera mucho más alta. En términos militares, también había una diferencia significativa en esta ocasión, pues la fuerza que llegaba por mar suponía un nuevo desafío en comparación con los ejércitos de tierra anteriores. La presencia del príncipe Alejo y de la flota cruzada constituían juntas una amenaza única.

Un fuerte viento de popa impidió que la flota se detuviera como estaba previsto en las islas de los Monjes y los marineros hicieron lo mejor que pudieron para dirigir las naves hacia Asia Menor, donde echaron amarras en el puerto del palacio de Calcedonia, al otro lado del Bósforo respecto de la capital imperial, que quedaba entonces a unos tres kilómetros. Como era de esperar, los nobles se alojaron en el palacio, que, de acuerdo con Villehardouin, también era «uno de los más bellos y encantadores que el ojo humano haya visto».[58] Los caballeros y soldados de a pie armaron sus tiendas y levantaron un campamento, y los caballos fueron desembarcados con especial cuidado para que volvieran a familiarizarse con tierra firme después de las semanas pasadas en el mar. Además, los cruzados tuvieron buena suerte, ya que la cosecha de grano acababa de ser recogida y estaba allí, apilada, lista para que se apropiaran de cuanto quisieran. Este hecho es un claro indicio de la falta de preparativos serios por parte de Alejo III: dejar a disposición del enemigo semejantes provisiones tan cerca de la ciudad que este se proponía sitiar era ser tristemente inepto.

Dos días después los cruzados trasladaron todo su ejército unos cinco kilómetros más al, este a otro palacio imperial en Crisópolis, y continuaron reuniendo toda la comida posible para prepararse para el asedio. Entretanto, Alejo III había empezado a reaccionar a la amenaza y había desplazado su ejército fuera de la ciudad para tomar posiciones en la orilla europea del estrecho con el objetivo de ofrecer resistencia al desembarco cruzado. A finales de junio de 1203, los dos ejércitos se encontraban frente a frente, uno a cada lado del Bósforo, preparados para la guerra.

9

«Nunca antes, en ninguna ciudad, habían sido tantos sitiados por tan pocos»

El primer asedio a Constantinopla, julio de 1203

Había todavía dos formas de evitar el conflicto. La primera era convencer a los cruzados de que debían marcharse; la segunda, que, con o sin el consentimiento del emperador Alejo III, los griegos decidieran abrir las puertas al príncipe y le permitieran asumir el control de la ciudad. El emperador fue el primero en actuar. El 1 de julio, una incursión cruzada había aniquilado un gran contingente de caballeros griegos a unos quince kilómetros al este del campamento de los invasores. Como resultado del enfrentamiento, los occidentales habían capturado muchos caballos y mulas a los bizantinos, que habían huido despavoridos ante la carga enemiga. El peligro que suponían los occidentales había quedado bastante claro en ese primer encuentro y el daño infligido a la moral de los griegos fue enorme. Quizá era hora de que el emperador emprendiera alguna acción de tipo diplomático. Al día siguiente, Alejo III envió a un lombardo, Nicolo Rosso, a preguntar a los cruzados por qué habían viajado a Constantinopla y a pedirles que explicaran su proceder. Sin duda, el italiano también tenía ordenes de recopilar tanta información como fuera posible sobre las fuerzas cruzadas, una tarea bastante habitual de las funciones de los emisarios diplomáticos. Nicolo comunicó debidamente el mensaje del emperador al jefe de la expedición, el marqués Bonifacio. Algunos temían el efecto que pudiera tener este acercamiento, y las palabras de Hugo de Saint-Pol reflejan la vieja sospecha sobre la hipocresía de los griegos: «No queríamos que los griegos nos ofrecieran regalos o intentaran ablandarnos con ellos».[1] Tan pronto como tuvo la certeza de que las credenciales de Nicolo eran correctas, Bonifacio lo invitó a dirigirse a los demás nobles. El enviado formuló la pregunta más obvia: ¿por qué los cruzados que habían jurado liberar Tierra Santa y el Santo Sepulcro estaban amenazando Constantinopla? Y dado que Alejo debía de saber desde hacía meses que estos no contaban con suficientes provisiones y recursos financieros, Nicolo pudo asegurarles encantado que, si esto era lo que necesitaban, el emperador podía proporcionarles cuanto estuviera en sus manos si estaban dispuestos a marcharse.

Sin embargo, bajo este barniz de cortesía diplomática había una amenaza: «Si os negáis a marcharos, [el emperador Alejo III] se mostrará reacio a haceros daño, aunque está en condiciones de hacerlo. Pues aunque fuerais veinte veces los que sois, no podríais, en caso de que él decidiera atacaros, dejar este país sin perder muchos hombres y ser derrotados».[2] Estas palabras evidencian la confianza que el emperador tenía en la gran superioridad numérica de las fuerzas que protegían la capital bizantina, incluso a pesar de que los acontecimientos del día anterior hubieran mostrado que su efectividad militar no estaba garantizada.

Los cruzados eligieron a Conon de Béthune para ofrecer su respuesta. Conon era una destacada figura entre los nobles presentes y era famoso por sus dotes como autor de *chansons de geste* y por ser un orador muy elocuente. Con elegancia, Conon volvió la pregunta de Nicolo en su contra: «Por Dios, señor, nos has dicho que quien os envía se pregunta extrañado por qué razón nuestro señor y nuestros nobles han entrado en sus dominios. Nuestra respuesta es que no hemos entrado en sus dominios, puesto que él ha tomado posesión de estas tierras sin derecho y en desafío de Dios y de las normas de la justicia». De esta forma, Conon ofreció las razones que justificaban el proceder de los cruzados: reparar la injusticia cometida por el emperador Alejo III contra su hermano, Isaac Ángelo, y su sobrino, el príncipe Alejo. Y, al igual que el embajador bizantino, terminó su intervención con una amenaza: si el emperador accedía a someterse al príncipe, ellos le darían suficiente dinero para vivir rodeado de lujos, «pero, a menos que vuelvas para entregarnos tal respuesta, ruega para que no tengas que regresar aquí».[3] Planteada así, la postura de los cruzados era, al menos superficialmente, igual de intransigente que la del emperador. Sin embargo, es obvio que también ellos deseaban evitar una guerra; además de ser una cuestión de supervivencia, el no tener que combatir en Constantinopla les permitiría salvar hombres y recursos valiosos en un momento en el que intentaban mantener viva su verdadera meta, es decir, la realización de una campaña triunfal en Tierra Santa.

El dogo concibió una última estratagema para prevenir el conflicto: hacer desfilar al príncipe Alejo ante la población de Constantinopla con la esperanza de que la aclamación popular consiguiera provocar la caída del emperador y su sobrino pudiera ascender al trono; una idea con la que los nobles estuvieron de acuerdo.[4] Una carta escrita por ellos a finales del verano de 1203 y que circuló ampliamente por Europa occidental deja clara su firme creencia en que entre los habitantes de Constantinopla había una fuerte corriente de apoyo popular al príncipe: el texto señala que habían avanzado hacia Bizancio «convencidos por rumores creíbles y sólidos argumentos de que la facción ciudadana más fuerte (y la mayoría del Imperio) anhelan la llegada a la corte [imperial] de… [el príncipe] Alejo».[5] Es evidente que tales rumores eran una de las razones por las que los cruzados habían alcanzado un acuerdo con el joven príncipe en primera instancia. Ahora bien, el problema era que había inquietantes signos de que ese apoyo era, para decirlo suavemente, difícil de apreciar. La carta de Hugo de Saint-Pol a Occidente señala que cuando los cruzados llegaron a Constantinopla, se sintieron muy sorprendidos y quedaron atónitos ante el hecho de que «ninguno de los amigos o familiares del joven que nos acompañaba, o algún mensajero suyo, viniera a verlo para informarle de la situación de la ciudad».[6] Quizá, pensaron, el príncipe necesitaba evidenciar su presencia de una forma más pública.

El dogo y el marqués Bonifacio abordaron una galera armada junto con el príncipe Alejo, mientras que los principales nobles

les siguieron en otras nueve naves. Amparados por la bandera de la tregua, el joven príncipe y sus acompañantes desfilaron frente a las murallas de Constantinopla, mientras los cruzados proclamaban: «He aquí a vuestro verdadero señor». El emperador Alejo III, afirmaron los cruzados, no tenía derecho a ocupar el trono imperial, pues había cegado a Isaac y se había tomado el poder de manera inapropiada. Los occidentales invitaron al pueblo a corregir esta situación y apoyar al príncipe, pero tampoco en esta ocasión dejaron de añadir una amenaza a su discurso: «Si no cambiáis vuestra postura, os haremos todo el daño que podamos».[7] Roberto de Clary sostiene que nadie parecía reconocer al príncipe o, de hecho, saber quién era.[8] Quizá esto fuera consecuencia del resentimiento provocado por la actitud coercitiva adoptada por los cruzados o acaso, como señala Villehardouin, del miedo a las posibles represalias de Alejo III; la cuestión, sin embargo, es que «ningún hombre en esa tierra o en la ciudad se atrevió a mostrarse partidario del joven príncipe».[9]

Otra posible explicación para este frío recibimiento la constituye el hecho de que el príncipe Alejo hubiera establecido abiertamente vínculos con un ejército extranjero conformado por cruzados franceses y venecianos, dos grupos cuyo historial de relaciones con Constantinopla no era precisamente el más feliz. El emperador Alejo III había aprovechado esto en su ofensiva propagandística. Los cruzados escribieron que él había «infectado tanto a aristócratas como a plebeyos con venenosas arengas en las que afirmaba que… [los occidentales] habían venido a acabar con su antigua libertad y que su afán era devolver el lugar y su gente al [papado] y subyugar el Imperio… Ciertamente este relato conmovió a la gente y, en igual medida, indispuso a todos contra nosotros».[10] Por otro lado, hay una cuestión sobre la que resulta importante llamar la atención: mientras que, para este momento, Alejo III llevaba ocho años gobernando Bizancio, el príncipe Alejo no sólo carecía de cualquier experiencia como gobernante sino que había estado lejos de la ciudad durante mucho tiempo.

Para los dirigentes cruzados y, es evidente, para el propio príncipe, la absoluta ausencia de muestras explícitas de respaldo tuvo que resultar devastadora. Podemos imaginar que el breve trayecto de regreso desde las murallas de Constantinopla hasta el campamento de Crisópolis fue una escena lúgubre que transcurrió en completo silencio. Los cruzados sabían ahora, sin sombra de duda, que habían tenido demasiada fe en las afirmaciones del joven aspirante y, lo que resultaba aún más importante, que tendrían que pelear para obtener los suministros que este les había prometido. Estaba claro que la hostilidad que la gente de Corfú había mostrado hacia el príncipe Alejo había sido un augurio del recibimiento que les esperaba en Constantinopla.

El 4 de julio de 1203, los líderes de la expedición asistieron a una misa, decididos a renovar sus fuerzas y con la esperanza de encontrar orientación espiritual. Con todo, había pocas alternativas diferentes de la guerra y los nobles empezaron a trazar un plan de batalla. Para empezar dividieron el ejército en siete divisiones. La primera de ellas sería dirigida por el conde Balduino de Flandes, a quien se encomendó la tarea de formar la vanguardia del ejército cruzado por ser el que contaba con el contingente de hombres con más experiencia (a pesar de haber perdido a los flamencos, que habían partido a Tierra Santa desde Marsella) y el mayor número de arqueros y ballesteros. Estas últimas fuerzas resultarían cruciales para establecer una cabeza de puente cuando el ejército cruzado llegara a tierra, pues se esperaba que con sus disparos mantuvieran a raya a los griegos y así ganaran algo de tiempo para que el grueso de los caballeros pudiera desembarcar con seguridad. La segunda división quedó a cargo de Enrique, hermano de Balduino, y también estaba compuesta de nobles flamencos y sus hombres. Hugo de Saint-Pol dirigió el tercer grupo, en el que se encontraba Pedro de Amiens y, con él, el cronista Roberto de Clary. El conde Luis de Blois encabezó la cuarta división; Mateo de Montmorency, Godofredo de Villehardouin y los caballeros de Champaña formaron la quinta; Odón de Champlitte comandó a los borgoñones en la sexta, y, por último, estaba la retaguardia formada por lombardos, toscanos, alemanes y provenzales, todos dirigidos por Bonifacio de Monferrato. Los venecianos, por su parte, se encargarían de cuidar de la flota. Estos detallados preparativos evidencian la importancia de conservar las distintas identidades regionales en el momento de establecer un orden de batalla. Por razones de disciplina y familiaridad, era esencial mantener estos grupos tan intactos como fuera posible; en algunas ocasiones, esto podía provocar rivalidades entre contingentes particulares, pero en el calor del combate toda precaución destinada a salvaguardar la cohesión de los distintos contingentes se consideraba prioritaria.[11] Se decidió que el conflicto comenzaría al día siguiente: los cruzados atravesarían el Bósforo y su campaña para tomar Constantinopla habría empezado.

Villehardouin expresó de forma sucinta cuál era la situación: «Las tropas subirían a sus naves y avanzarían para tomar la tierra por la fuerza y vivirían o morirían. Era, os aseguro, una de las empresas más formidables jamás emprendidas».[12] Para todos los cruzados, bien fueran grandes nobles o humildes soldados de a pie, la noche del 4 de julio fue de reflexión y expectativa. Roberto de Clary cuenta que todos los hombres temían muchísimo el momento del desembarco.[13] Para algunos veteranos que habían participado en la Tercera Cruzada, la espera de una gran batalla era probablemente una experiencia conocida; sin embargo, para muchos otros, un enfrentamiento militar de semejante magnitud era algo nuevo en todos los sentidos, una dura prueba que los atemorizaba. Por otro lado, tratándose de una cruzada, había cuestiones espirituales que resolver antes de entrar en combate; ya que nadie sabía si viviría lo suficiente como para ver la próxima puesta de sol, era esencial que cada uno confesara todos sus pecados e hiciera testamento. Los obispos y demás personal eclesiástico exhortaron a los combatientes a limpiar sus almas antes de la batalla, predicaron a las tropas y luego recorrieron el campamento escuchando a los cruzados que querían hacer las paces con el Señor, administrando la comunión y pidiendo a Dios que protegiera a sus soldados.[14] Como escribió Hugo de Saint-Pol, «confiamos en la ayuda y poder de Dios».[15] Este era también el momento de realizar los preparativos logísticos finales y dar el último toque a la organización del ejército. Se limpió el equipo y las armas fueron acondicionadas y afiladas una última vez, los caballos fueron preparados para sus caballeros, la munición fue ordenada.

Los cruzados planeaban tomar Constantinopla en dos etapas. La idea de intentar un ataque directo contra las murallas los atemorizaba y se propusieron, en cambio, asaltar el suburbio de Gálata, al norte, al otro lado del Cuerno de Oro respecto de la ciudad principal. Una enorme cadena colgaba sobre las aguas para proteger la flota bizantina reunida en el Cuerno de Oro y defender ese lado de la metrópoli. El primer objetivo de los cruzados sería, por tanto, romper la cadena y dejar al descubierto ese costado de Constantinopla. Debido a su inferioridad numérica, los cruzados tenían que aprovechar el área en la que contaban con una clara ventaja: el mar. Si lograban tener acceso a la ensenada, podrían utilizar al mismo tiempo sus fuerzas navales y terrestres, lo que probablemente les proporcionaría su mejor oportunidad de triunfar.

La mañana del 5 de julio el clima era excelente y el cielo estaba despejado. Los cruzados estaban preparados para emprender la invasión anfibia más grande jamás intentada en la Europa medieval. A bordo de los barcos que transportaban los caballos, los caballeros cruzados ensillaron sus corceles y los cubrieron con gualdrapas de brillantes colores. Un centenar de trompetas de plata llamaron al ataque y los tambores y tamboriles fueron golpeados con fuerza, y así, con una explosión de ruido, comenzó el asedio de Constantinopla. Para procurar garantizar un paso seguro a lo largo del Bósforo, cada galera arrastró un barco transporte. Así, la flota evitaba quedar a merced de los caprichos del viento y de las corrientes y, al mantenerse unida, maximizaba el impacto de la fuerza invasora. Entretanto, al otro lado del estrecho, el emperador Alejo III había preparado y ordenado su ejército para la batalla.

Hugo de Saint-Pol habla de los más de doscientos barcos de transporte y galeras que componían la flota cruzada.[16] Desembarcar una fuerza de este tamaño frente a un ejército enemigo de dimensiones considerables era una acción increíblemente audaz que requería de una excelente coordinación, un número correcto de guerreros y, lo que también era muy importante, buena suerte con el clima. La invasión de Inglaterra emprendida por Guillermo el Conquistador en 1066 fue de una escala sustancial, pero, por fortuna para él, su desembarco en Pevensey se realizó sin oposición alguna. Durante las cruzadas, muchos asedios, como el que precedió a la conquista de Tiro en 1124, se realizaron empleando ataques combinados por tierra y por mar (pero no desembarcos). Los occidentales intentaron aprovechar esta experiencia en 1203, aunque el desembarco que planearon para Constantinopla era, de algún modo, diferente de un asedio convencional.

Los cruzados tenían en frente a una masa de bizantinos armados que cubría las orillas del Bósforo. Roberto de Clary cuenta que el mismo dogo se encargó de esta parte marítima de la operación y dirigió a las huestes a lo largo del estrecho. Se ordenó a los arqueros y ballesteros que se colocaran delante de las naves con la esperanza de que pudieran hacer huir a los griegos.[17] Cuando los barcos que transportaban los caballos alcanzaron la orilla, sus puertas se abrieron, se extendió un puente y de inmediato desembarcaron los caballeros, montados ya sobre sus corceles y armados por completo: una visión que para sus enemigos tuvo que resultar realmente aterradora.[18] Arqueros, soldados de a pie y ballesteros saltaban de sus embarcaciones apenas estas echaban anclas. Los primeros caballeros formaron y bajaron sus lanzas preparándose para la carga; sin embargo, al advertir que los cruzados estaban a punto de emplear su táctica más temible sobre ellos, los griegos se dieron la vuelta y, simplemente, echaron a correr. Hugo de Saint-Pol describe la escena de la siguiente forma: «Todos los griegos, que se habían reunido con el propósito de impedir que cruzáramos, por la gracia de Dios se retiraron a semejante distancia que apenas podíamos alcanzarlos disparando flechas».[19]

Para los lectores modernos, familiarizados con las historias de la intensa lucha que se desarrolló en las playas de Normandía durante la segunda guerra mundial, el que los bizantinos no hubieran hecho algo más por resistir el desembarco cruzado resulta en principio sorprendente. Como es lógico, este era precisamente el momento en que el ejército atacante resultaba más vulnerable. Y, aunque los arqueros y ballesteros cruzados contribuyeron en buena medida a dispersar a los griegos, sigue pareciendo extraño que la caballería haya podido formar con relativa tranquilidad. Quizá la osadía y novedad de las tácticas empleadas por los occidentales cogió por sorpresa a Alejo III (muy pocos se habían enfrentado antes a un desembarco anfibio) o quizá sus tropas carecían de agallas para el combate, lo que, por supuesto, no era el mejor augurio para el emperador.

Más tropas cruzadas descendieron de las naves y los hombres se aglutinaron en los contingentes locales que habían sido acordados de antemano. El conde Balduino condujo a la vanguardia hacia el campamento que el ejército imperial acababa de abandonar, donde sus hombres hallaron un buen botín. Alejo III se había retirado con tanta rapidez que había dejado sus tiendas y pabellones en pie y los cruzados tomaron posesión de estos y muchas otras recompensas.

El siguiente obstáculo que tuvo que afrontar el ejército fue la Torre de Gálata, un sólido complejo defensivo que custodiaba la gran cadena de hierro que se extendía hasta la ciudad principal atravesando el Cuerno de Oro.[20] Todos los puertos medievales tenían cadenas de este tipo, pues era el método más simple y efectivo de controlar la entrada y salida de los barcos. Aunque en principio su objetivo era la defensa del puerto, también servía como lugar para el cobro de impuestos: en condiciones comerciales normales, si una nave quería entrar o dejar un puerto tenía que pagar un peaje para que la cadena fuera levantada o sumergida. Para el asedio de Constantinopla resultaba fundamental que los cruzados superaran la cadena y tuvieran acceso al Cuerno de Oro. Desde la perspectiva de los venecianos, resultaba más fácil para las naves asaltar las murallas que daban al Cuerno de Oro, pues la ensenada ofrecía aguas más calmadas que las del Bósforo o las del mar de Mármara.

Sin embargo, los cruzados se disponían a confrontar mucho más que la Torre de Gálata y la cadena de hierro. Merodeando detrás de la barrera metálica se encontraban las naves griegas: no solo las galeras de su marina, sino todos los navíos mercantes de Constantinopla, así como todas las barcazas y transbordadores.[21] Y aunque tales embarcaciones no constituían en sí mismas una peligrosa amenaza, sí suponían un obstáculo adicional para la flota occidental.

El ejército acampó fuera de la Torre la noche del 5 de julio, y hacia las nueve de la mañana del día siguiente los griegos realizaron un ataque sorpresa. El emperador envió en barcazas un contingente de soldados al otro lado del Cuerno de Oro para que se unieran a la guarnición de la Torre y asaltaran el campamento cruzado. Tan veloz fue su avance que los occidentales ni siquiera tuvieron tiempo de montar en sus caballos. Cogidos por sorpresa, los caballeros tuvieron que empezar a combatir de pie y el noble flamenco Jacques de Avesnes, hijo de un famoso guerrero de la Tercera Cruzada, se encargó de dirigir la resistencia. La incursión bizantina conmocionó a los cruzados y se abrió pasó entre ellos, y el mismo Jacques recibió una dolorosa herida de lanza en el rostro. En ese instante, herido y separado de sus compañeros, probablemente pensó que estaba condenado. Sin embargo, uno de sus caballeros, Nicolás de Jenlain, había advertido el peligro en que se encontraba su señor y tras conseguir apropiarse de un caballo acudió en su ayuda. La llegada de un soldado montado a gran velocidad y con todo el ímpetu de un caballero armado hasta los dientes fue suficiente para asustar a los griegos que rodeaban a Jacques, que al verse enfrentados a tan formidable adversario abandonaron a su presa. Nicolás rescató así a su señor y fue alabado por su valentía y arrojo.[22]

Mientras se desarrollaba este intenso drama a escala local, los cruzados habían sido llamados a las armas para iniciar un contraataque coordinado. Los griegos habían alborotado el avispero y muy pronto fueron obligados a retroceder en completo desorden. Algunos corrieron a refugiarse en la Torre, otros intentaron escapar en sus barcazas. Aunque hubo quienes consiguieron huir y regresar a la seguridad que proporcionaba Constantinopla, muchos fueron atrapados mientras intentaban subir a las embarcaciones y algunos se ahogaron en su esfuerzo por salvarse. Los cruzados persiguieron con energía a quienes huían en dirección a la Torre, hasta entonces cerrada para impedir la entrada del enemigo. Los primeros griegos que llegaron a ella entraron por la puerta de entrada impulsados por la certeza de que estaban corriendo por sus vidas y pensando, quizá, que al menos habían conseguido un respiro momentáneo; por desgracia para ellos, no fue así. Los perseguidores más rápidos habían alcanzado a los soldados griegos más lentos y les impidieron cerrar la puerta. Un feroz combate se desencadenó cuando los cruzados advirtieron la oportunidad de lograr un avance fundamental. Tomar la Torre mediante un asedio podría llevar días o incluso semanas, lo que expondría a los atacantes a las incursiones lanzadas desde la ciudad e implicaría consumir valiosas provisiones. Sin embargo, si lograban forzar la puerta, habrían conseguido tener una gran ventaja, si no la victoria total.

Muy pronto los defensores de la Torre comprendieron que su situación era desesperada y decidieron rendirse, algo que complació enormemente a los cruzados. Poco después, el *Águila,* uno de los barcos más grandes de la flota atravesó la cadena: el puerto y las embarcaciones bizantinas estaban ahora a merced de los venecianos.[23] Las galeras atacantes dieron caza a los tristes restos de la flota griega, hundiendo algunas naves y capturando otras, mientras que unos pocos griegos optaron por hundir ellos mismos sus navíos para impedir que fueran atrapados por los venecianos. La ruptura de la cadena fue un golpe tremendo para los bizantinos pues, desaparecida esta barrera defensiva, los occidentales podían moverse libremente por el Cuerno de Oro. Esto, además, les permitió acercar su flota aún más a las murallas de la Reina de las Ciudades, lo que aumentaba de forma espectacular la presión que ejercían sobre los griegos. Este triunfo fortaleció en gran medida el ánimo de todos los cruzados, que agradecieron al Señor el que hubiera aprobado su proceder. Alberico de Trois-Fontaines señala que la cadena fue más tarde enviada al puerto de Acre (en el reino de Jerusalén) como símbolo de esta victoria.[24]

Al día siguiente, toda la flota cruzada dejó su amarradero en el Bósforo y se dirigió a las tranquilas aguas del Cuerno de Oro. Esta acción prudente y práctica por parte de los venecianos debió de incrementar todavía más la preocupación de quienes se encontraban en Constantinopla: la verdad era que los occidentales estaban realizando demasiados progresos. Contemplar la entrada de las naves enemigas al puerto de la ciudad y verlas luego pasar en gran número tuvo que haber hecho que los bizantinos comprendieran la gravedad de la situación y el peligro que se avecinaba. Por otro lado, las murallas de la Nueva Roma habían resistido con éxito muchos otros intentos de invasión a lo largo de los siglos y probablemente habría quienes pensaran que esta nueva amenaza sería resistida de igual manera.

Los líderes del ejército tenían ahora que decidir cuál sería su siguiente paso. Los venecianos querían organizar todo el asalto mediante escaleras situadas sobre sus naves; los franceses, sin embargo, se opusieron a ello, pues no se sentían cómodos empleando una forma de combate que les era extraña. Preferían en cambio desplegar a sus hombres en tierra, donde consideraban que sus habilidades para la lucha, ejercitadas en los campos de los torneos de Europa, podrían ser muchísimo más útiles. La lógica se impuso y ambos bandos acordaron actuar de manera coordinada y enfrentarse al enemigo de la forma que era habitual para cada uno: los franceses por tierra, los venecianos por mar.

Durante los cuatro días siguientes, los cruzados descansaron y pusieron en orden sus armas y equipos. Luego, el 11 de julio, formaron y marcharon unos tres kilómetros a lo largo de la costa hasta el puente de las Blaquernas que cruzaba el Cuerno de Oro.[25] Los griegos habían destruido el puente de piedra después de su primera retirada, pero los cruzados emprendieron su reconstrucción tan pronto como les fue posible. Kilómetros más arriba se encontraba otro puente sobre el Cuerno de Oro; sin embargo, los occidentales no deseaban dividir sus fuerzas o gastar sus energías en una marcha innecesaria. Algo que resulta extraño es que el emperador no hubiera hecho demoler el puente de las Blaquernas por completo (los cruzados fueron capaces de reconstruirlo en un día) y que no intentara oponerse a su reconstrucción. Alejo III también habría podido ofrecer alguna resistencia al cruce del puente por parte de las tropas cruzadas: un contingente de la pavorosa guardia varega habría sido muy difícil de sacar de un lugar tan estrecho. Y la ventaja que hubiera podido lograr con solo mantener a los cruzados lejos de las murallas terrestres —o, al menos, obligándolos a desviarse y, por tanto, a dividir sus fuerzas terrestres y marítimas— habría sido fundamental. Como escribió luego Hugo de Saint-Pol: «Separados de forma significativa de nuestra flota, quizá habríamos corrido mayores riesgos y afrontado bajas».[26] Dado que los atacantes carecían de provisiones suficientes, cuanto más tiempo se prolongara el asedio, mayores eran las opciones del emperador, pues con un ejército tan reducido los occidentales no podían aspirar a bloquear por completo Constantinopla. En todo caso, el hecho es que Alejo III no tomó ninguno de estos caminos, y Roberto de Clary no dejó de advertir la mínima resistencia que encontró el ejército al cruzar el Cuerno de Oro.[27]

Los cruzados tomaron posiciones en las afueras del palacio de las Blaquernas, en el extremo norte de la ciudad, con lo que la residencia imperial quedaba directamente amenazada. Aunque sus murallas se encontraban al pie de una ladera, el palacio estaba bien defendido por fortificaciones increíblemente gruesas de unos quince metros de alto. Los cruzados establecieron su campamento principal en la colina al otro lado del palacio. Allí se encontraba un edificio que los cruzados conocían como castillo de Bohemundo (el príncipe normando de ese nombre había estado allí durante la Primera Cruzada), pero que en realidad era la abadía de San Cosme y San Damián. La flota veneciana estacionó al lado opuesto de la parte del palacio que daba a las aguas del Cuerno de Oro, de tal forma que las fuerzas cruzadas formaron un eje alrededor del límite nororiental de la ciudad. Desde la cima de la colina, los franceses pudieron por primera vez contemplar realmente las defensas terrestres de Constantinopla: hacia el oeste, extendiéndose arriba y abajo según el relieve de las colinas, se encontraba el obstáculo de más de cinco kilómetros de largo que conformaban las murallas de Teodosio. No había en Europa occidental una estructura defensiva comparable y, en vista de que los cruzados contaban con un ejército relativamente pequeño, cualquier intento de realizar un ataque a todo lo largo de las murallas habría resultado muy poco práctico. No obstante, Villehardouin sentía cierta satisfacción al pensar que los cruzados estaban listos para enfrentarse a los griegos en la batalla, pues un desafío de tales proporciones sería una verdadera prueba de su valentía y audacia. Con todo, también era lo bastante sensato como para advertir que no les esperaba una tarea fácil: «Era una visión que henchía el corazón de orgullo y de miedo».[28]

Los dos grupos del ejército cruzado se prepararon para iniciar el asedio. Roberto de Clary nos ofrece una descripción detallada de las maravillosas máquinas de guerra construidas por los hombres del dogo en las cubiertas de sus naves. Los venecianos cogieron las vigas diagonales de las que colgaban las velas y ataron las necesarias sobre los mástiles para formar un improvisado puente. Estos puentes, que medían más de treinta metros de largo, se cubrían luego con tablones para formar un pasillo tan ancho como para permitir el paso de tres o cuatro caballeros. A continuación, se añadían pasamanos y revestimientos hechos con cuero y lona para proteger a los atacantes de las flechas disparadas por los arcos y las ballestas enemigas. Al final de esta operación, los venecianos habían dispuesto encima de sus naves inmensos tubos de cuero y madera desde los cuales era posible que los caballeros fuertemente armados saltaran sobre las almenas de Constantinopla.[29] Los venecianos también dispusieron petrarias y catapultas en las cubiertas de sus barcos de transporte. De esta forma, la flota se erizó, amenazadora, con su letal cargamento de armas y hombres, preparada para desatar todo su poder sobre los griegos.

Mientras los franceses preparaban sus máquinas de guerra para el ataque por tierra, los bizantinos los hostigaron de forma implacable. Seis o siete veces al día salían de las distintas puertas ubicadas a lo largo de las murallas y provocaban que se llamara a las armas a todo el campamento. Así conseguían paralizar a sus propios sitiadores, pues la estrecha vigilancia de los griegos hizo que nadie se atreviera a abandonar el campamento para buscar comida más allá de cuatro tiros de flecha. Las provisiones eran cada vez menos y, además de harina y beicon, lo único que había para comer era la carne de los caballos que habían muerto durante la batalla. Villehardouin afirma que las fuerzas cruzadas sólo tenían alimento suficiente para tres semanas: «Nuestro ejército estaba por tanto en una situación en extremo desesperada, pues nunca antes, en ninguna ciudad, habían sido tantos sitiados por tan pocos».[30] Ahora bien, pese a sus recientes reveses militares, la posibilidad de que los bizantinos se quedaran sin comida era muy remota debido a la incapacidad de los occidentales para bloquear una ciudad tan grande como Constantinopla. Los cruzados eran conscientes de que tenían que llevar el asedio a un punto crítico de inmediato, pues no estaban en condiciones de soportar un sitio largo e interminable (como el de Lisboa en 1147, que duró diecisiete semanas, o el de Acre, que empezó en agosto de 1189 y terminó en julio de 1191).

En respuesta a las incursiones griegas, los cruzados fortifica-
ron su campamento. Esta era una práctica común entre los ejércitos sitiadores y evidenciaba que estaban decididos a conservar
su posición (fuera esta determinación auténtica o no). Los soldados excavaron trincheras y construyeron una fuerte empalizada
con tablones de madera y vigas transversales para incrementar la
seguridad, pero incluso así los bizantinos prosiguieron con sus
incursiones. Al respecto, Villehardouin anota que por lo general los cruzados consiguieron repelerlas con éxito y que incluso
lograron causar importantes bajas al enemigo. Los contingentes
occidentales se turnaban la guardia para compartir la carga que
esta suponía. Un día, cuando los borgoñones estaban a cargo de
la vigilancia, la guardia varega realizó un ataque relámpago. Los
cruzados respondieron ferozmente y sus adversarios tuvieron
que retroceder en dirección a Constantinopla; sin embargo, al
parecer, todo lo ocurrido había sido una treta, pues al acercarse
demasiado a las murallas los perseguidores quedaron de repente
a merced de los proyectiles lanzados desde ellas. Los bizantinos
arrojaron grandes piedras sobre sus atacantes, una de las cuales le
rompió un brazo a Guillermo de Champlitte. Con todo, el enfrentamiento no dejó de tener algún resultado positivo: Gualterio
de Neuilly consiguió capturar a un miembro de una de las familias más destacadas de la ciudad, Constantino Láscaris, que fue
hecho prisionero por los cruzados. La captura de prisioneros era
algo usual, pues siempre existía la posibilidad de que este tipo de
rehenes resultaran útiles en posteriores negociaciones o pudieran
ser cambiados por valiosos rescates.

Durante diez días prosiguieron las incursiones, los contra-
ataques, los bombardeos y los actos individuales de valentía o
tragedia. Mientras hombres como Pedro de Bracieux y Mateo
de Wallincourt obtuvieron fama y reconocimiento, otros, como
Guillermo de Gi, perecieron. Entretanto, los cruzados se dedicaron a construir con esmero las escaleras que emplearían cuando
se intentara el asalto de la ciudad. Durante este período, ambos
bandos se disparaban continuamente oleadas de flechas y proyectiles, que, de un lado, caían sobre las tiendas de los cruzados
y, del otro, penetraban por las ventanas del palacio o golpeaban

sus paredes. Nicetas Choniates señala que en los enfrentamientos entre jinetes y caballeros las hazañas de los griegos no carecieron de nobleza, lo que sugiere que para entonces el conflicto había llegado a un punto muerto.[31]

El jueves 17 de julio empezó el ataque definitivo. Como los cruzados temían que los griegos intentaran asaltar su campamento mientras el ejército se esforzaba por tomar las murallas de la ciudad, se decidió separar las tropas para dejar tres divisiones, dirigidas por Bonifacio de Monferrato, a cargo de la seguridad del campamento, mientras que otras cuatro, encabezadas como siempre por Balduino de Flandes, entrarían en batalla. Simultáneamente, los venecianos empezarían a atacar desde el agua para someter así a los defensores del distrito de las Blaquernas a una doble presión. Las trompetas de guerra tocaron y las tropas francesas avanzaron con determinación hacia las murallas de Constantinopla. El que llevaran consigo escaleras hacía que su plan resultara claro para todos los que estaban dentro; Alejo III, por su parte, había actuado con precaución al desplegar sus mejores tropas, la guardia varega, en este emplazamiento clave. Una lluvia de proyectiles enemigos recibió a los cruzados que avanzaban hacia la ciudad, pese a lo cual un grupo de cuatro hombres consiguió eludir los disparos mortales y colocar dos escaleras contra una barbacana cercana al mar. Con gran esfuerzo, estos cuatro cruzados lograron subir por la escalera y crear una cabeza de puente que permitió que otros once hombres más se les unieran. Los miembros de la guardia varega blandían sus hachas de batalla y los cruzados se defendían con sus espadas. En el combate con armas blancas, la simple fuerza de la élite del ejército bizantino les permitió hacerse con la victoria y los cruzados fueron forzados a retroceder y bajar de sus escaleras, algo que no lograron hacer dos de ellos, que fueron atrapados y llevados ante el emperador Alejo. Por primera vez, sus soldados habían logrado repeler al enemigo y muchos de los franceses habían sido heridos o bien tenían alguna fractura, causada por los proyectiles lanzados desde las murallas o por haber caído de las escaleras. Hugo de Saint-Pol señala que los cruzados habían logrado crear un túnel bajo la muralla y provocar el desplome de una torre, pero tales eran las dimensiones de las fortificaciones de la ciudad y la ferocidad con que resistieron quienes las defendían que no hubo forma de aprovechar este avance. Quizá la política adoptada por el emperador era correcta, y las formidables murallas de Constantinopla y la brutal determinación de su guardia personal serían suficientes para salvar la ciudad. Lo ocurrido parecía indicar que la fuerzas francesas podían ser contenidas; no obstante, la flota veneciana constituía un tipo de amenaza muy diferente.

Dandolo había organizado sus naves formando una gigantesca fila paralela a las murallas del norte de la ciudad. Estas fortificaciones en particular solo consistían en un único obstáculo de unos diez metros de alto, debido a que habían sido diseñadas pensando que su propia solidez y la proximidad del Cuerno de Oro serían suficientes para repeler los ataques de los enemigos. En este punto, la ensenada no tiene más de doscientos treinta metros de ancho, un estrecho escenario para esta fase del conflicto. Una triple descarga de proyectiles fue lanzada desde las embarcaciones venecianas. Desde los castillos situados en la parte superior de cada nave, los ballesteros dispararon sus pequeñas pero letales saetas que cruzaron zumbando hasta el otro lado de la ensenada; los arqueros, por su parte, lanzaron sus delgadas flechas que volaron aún más alto y, entretanto, sobre las cubiertas, la tripulación liberaba los almajaneques para que arrojaran su carga de piedras sobre las murallas de Constantinopla, atestadas por los defensores. También aquí hubo una tenaz resistencia desde las almenas, donde un grupo de pisanos, decididos a defender los intereses de su ciudad natal, trabajaba hombro a hombro con unos cuantos miembros de la guardia varega. En algunas partes, las murallas prácticamente llegaban hasta el mar y las naves sobre las que se habían montado escaleras consiguieron acercarse lo suficiente para intercambiar golpes con el enemigo. Villehardouin describe el tremendo ruido producido por este combate: los crujidos de las embarcaciones de madera, los golpes de los remeros en su esfuerzo por mantener las naves firmes, los gritos y alaridos de guerra y el agudo choque del metal contra el metal. En una zona, un grupo de caballeros fuertemente armados consiguió llevar un ariete hasta la muralla. El sordo y rítmico sonido producido por la máquina al chocar contra la piedra anunció su presencia y, al poco tiempo, se había abierto una brecha en la mampostería. No obstante, pisanos, varegos y griegos resistieron con tesón y los atacantes fueron obligados a salir de nuevo.[32] Nicetas Choniates se lamenta de que la horrenda batalla que siguió se librara en medio de los gemidos de ambos bandos.[33]

De pie sobre la proa de su galera bermellón, el dogo Dandolo consideró que sus hombres no estaban haciendo grandes progresos y que era necesario inspirarlos de alguna manera. Con el león alado de la bandera de San Marcos ondeando frente a él, amenazó con graves castigos a todos los haraganes y exigió a los marineros que lo dejaran en la orilla. La tripulación obedeció de inmediato e impulsó la galera hacia delante, empujándola vigorosamente con sus remos. Los venecianos contemplaron el avance de la nave del dogo y vieron cómo su bandera desembarcaba. Como Dandolo había previsto, su valentía hizo que el resto de la flota sintiera vergüenza; animados por el ejemplo del anciano, los venecianos decidieron que no podían abandonar a su venerable líder y corrieron a reunirse con él. Tan pronto como los primeros navíos alcanzaron las aguas poco profundas, los hombres no esperaron a llegar a la orilla y saltaron y vadearon hasta allí. Debido a su mayor calado, las embarcaciones más grandes no podían arriesgarse a acercarse tanto, pero su tripulación subió a botes de menor tamaño para alcanzar la orilla. El carismático liderazgo exhibido por Dandolo valió la pena. Ante semejante avalancha, los defensores de Bizancio desfallecieron y emprendieron la huida, lo que permitió a los venecianos entrar libremente por las puertas y apoderarse de una sección de las murallas compuesta por veinticinco torres.[34] Parecía que Alejo III había cometido un grave error. Creyendo que la principal amenaza era la que representaban las tropas francesas, el emperador había concentrado la mayoría de la guardia varega en el palacio de las Blaquernas. No obstante, había subestimado la capacidad de los venecianos para realizar un ataque significativo contra las murallas marinas y lograr desembarcar a sus tropas. Los defensores de las murallas del Cuerno de Oro se habían sentido satisfechos bombardeando a los venecianos desde la relativa seguridad de las almenas, pero la idea de combatir cuerpo a cuerpo con ellos era una cuestión muy diferente y la mayoría huyó ante la posibilidad de verse obligada a ello. Dada la fortaleza y determinación que los miembros de la guardia varega exhibieron en el palacio de las Blaquernas, quizá si un contingente más grande de estos hubiera sido desplegado junto a los pisanos y los locales a lo largo del Cuerno de Oro, los venecianos hubieran tenido que enfrentarse a una resistencia más seria.

Villehardouin describe este triunfo como «un acontecimiento tan maravilloso que bien podría ser considerado un milagro».[35] El dogo comprendió el valor que esta noticia podía tener para las fuerzas francesas y envió mensajeros para comunicarles el gran paso dado por la flota. Además, evidenció tener una gran conciencia de sus necesidades cuando ordenó de inmediato que se les llevaran hasta doscientos de los caballos que había capturado para reponer los que habían perdido durante la batalla. Sin corceles, los caballeros carecían de la velocidad, el poderío y la maniobrabilidad que tan fundamentales eran para su capacidad militar.[36]

Alejo no tardó en entender la gravedad de la incursión veneciana y ordenó que un contingente de la guardia varega intentara expulsar a los venecianos de la ciudad. La llegada de estos hombres cambió de forma radical el equilibrio del combate y los venecianos empezaron a tener que retroceder. Sin embargo, a medida que lo hacían, intentaron hacer más lento el avance bizantino prendiendo fuego a los edificios que se encontraban entre ambos ejércitos. Bien fuera por casualidad o verdadero cálculo, lo cierto es que el viento empezó a soplar a espaldas de los venecianos y en dirección a sus oponentes. Avivadas por la brisa, las llamas se alzaron cada vez con mayor fuerza y los venecianos pudieron desaparecer tras una densa e impenetrable nube de humo que les sirvió de barrera defensiva. El que el viento continuara llevando el fuego hacia los griegos permitió a los atacantes consolidar sus posiciones en las murallas y torres. El incendio creció aún más hasta alcanzar algunas casas y negocios situados dentro de las murallas. La colina de las Blaquernas impidió que la conflagración se extendiera en dirección noroeste hacia el palacio imperial, pero las laderas menos pronunciadas del sur constituían una barrera menos significativa y solo la cisterna abierta de Ezio detuvo el infierno. Los historiadores calculan que unas cincuenta hectáreas de la ciudad fueron arrasadas por el incendio, lo que dejó a veinte mil bizantinos sin sus bienes y sin hogar. Nicetas Choniates relata con gran tristeza los daños causados por el incendio: «Era un espectáculo lastimoso el que ese día contemplamos, uno que exigiría ríos de lágrimas para compensar el inmenso daño causado por el fuego».[37]

Parece que en este momento Alejo III comprendió por primera vez que, si quería ganar la batalla y mantenerse en el trono, tenía que ser él quien llevara la iniciativa. Nicetas Choniates, cansado, escribe: «Por fin tomó las armas». La relativa inactividad del emperador había empezado a provocar descontento entre la ciudadanía; algunos lo acusaban de ser un cobarde por permanecer en la seguridad de su palacio en vez de hacer frente al enemigo cara a cara. «Era como si hasta ese momento no se hubiera dado cuenta de que prevenir era mejor que curar, de que es preferible anticiparse al enemigo y no que sea él quien se anticipe», fue la exasperada evaluación que el cronista bizantino hizo de la actuación de Alejo III.[38] Con todo, había algunas razones para que los griegos se sintieran optimistas con fundamento. A pesar de la pérdida de vidas humanas y bienes materiales, habían conseguido rechazar con éxito el ataque de los franceses, que se habían visto obligados a huir del campo de batalla, y se esperaba que semejante victoria obligara a los venecianos a renunciar a su limitado control sobre una sección de las murallas marítimas, lo que podría significar la desintegración definitiva de la cruzada.

Y como si las murallas de la ciudad y el palacio de las Blaquernas no ofrecieran un escenario suficientemente espectacular para este momento, las nubes de humo que subían al cielo desde la metrópoli eran un elemento de distracción que contribuía a hacer que la situación pareciera más fatídica. Con este sombrío telón de fondo, el emperador reunió a un gran número de hombres y salió con ellos por la puerta de San Romano a aproximadamente un kilómetro y medio del campamento cruzado.[39]

A medida que las tropas griegas marchaban fuera de la ciudad, el mero tamaño del ejército bizantino llenó de pavor a Villehardouin: «Habríais creído que el mundo entero estaba allí reunido».[40] Nicetas afirma que «las fuerzas terrestres del adversario se estremecieron al contemplar de repente este gigantesco despliegue».[41] Roberto de Clary calculó que los griegos tenían diecisiete divisiones, mientras que los cruzados sólo contaban con siete. Además, Alejo III se preparaba para atrapar a sus enemigos con un movimiento de tenazas: mientras el ejército principal se preparaba para enfrentarse a los occidentales en las llanuras fuera de Constantinopla, otro contingente estaba listo para salir por las tres puertas más cercanas al campamento.

Los cruzados actuaron con rapidez para responder a esta terrible amenaza. Dividieron sus fuerzas y encargaron a la división dirigida por Enrique de Flandes que cuidara de las máquinas de asedio mientras el resto de los hombres se organizaba formando seis divisiones enfrente de la empalizada. Los occidentales tomaron posiciones con sumo cuidado. Para compensar su reducido número, intentaron ofrecer un blanco formidable al ejército bizantino, que contaba con muchísimos más efectivos. En primera línea se encontraban los arqueros y ballesteros, preparados para disparar una letal lluvia metálica contra el primero que osara acercarse. Tras estos estaban al menos doscientos caballeros que tenían que luchar a pie por haber perdido sus caballos, aunque incluso así continuaban siendo un difícil adversario debido a su preparación y equipamiento. El resto del ejército cruzado lo componían los caballeros montados, de los que Roberto de Clary solo habla de seiscientos cincuenta; o bien quinientos caballeros montados, otros quinientos hombres a caballo y dos mil soldados de a pie, según las cifras de Hugo de Saint-Pol.[42] Villehardouin considera que tan grande era el ejército griego que, si los cruzados hubieran avanzado su posición, se habrían, por así decirlo, ahogado entre sus enemigos.[43] Las fuerzas bizantinas parecían cubrir por completo la llanura. Este aterrador espectáculo, con las murallas de Constantinopla a su izquierda nuevamente atestadas de tropas enemigas, debió de hacer que la dura realidad resultara patente para los occidentales: eran un ejército pequeño y aislado, luchando a miles de kilómetros de sus hogares por conquistar una de las ciudades más grandes del mundo. De hecho, los cruzados estaban tan desesperados que armaron a los mozos de cuadra y los cocineros con instrumentos de cocina y les proporcionaron cazos de cobre para que los emplearan como yelmos y colchas y mantas de los caballos para que protegieran sus cuerpos. Esta variopinta colección de individuos tomó posiciones frente a las murallas de la ciudad y Roberto de Clary asegura que «cuando los soldados de a pie del emperador vieron a nuestra gente común ataviada de forma tan espantosa sintieron tanto miedo y tanto terror que no se atrevieron a moverse o a avanzar hacia ellos».[44]

Los griegos avanzaron hacia los caballeros franceses con lentitud, incrementando a cada paso la presión que ejercían sobre ellos y reduciendo de forma inexorable la distancia que separaba ambos ejércitos. Los cruzados no se dejaron intimidar y empezaron también a moverse hacia delante. Como si se tratara de boxeadores, franceses y griegos se vigilaban mutuamente y amagaban movimientos sin que ninguno se atreviera a dar el primer golpe. Los líderes cruzados habían dado instrucciones explícitas y estrictas para que los caballeros mantuvieran el orden y no emprendieran la carga antes de que se les ordenara formalmente hacerlo. Innumerables veces en el pasado, pequeños grupos de caballeros cruzados, entusiasmados con la oportunidad de realizar alguna hazaña heroica, se habían lanzado a atacar al enemigo de forma precipitada, lo que además de fragmentar la fuerza del contingente suponía, con frecuencia, la muerte de esos enardecidos guerreros. Este era un problema de tal envergadura en los ejércitos occidentales que la orden de los Caballeros Hospitalarios amenazaba con la pérdida de su caballo a cualquier hombre que rompiera la formación antes de que se ordenara cargar. La idea de mantener el orden parece muy sencilla, pero en el calor de la batalla, cuando la comunicación se hacía casi imposible y la adrenalina fluía por las venas de los guerreros, se convertía en algo increíblemente difícil de conseguir.

Los cruzados decidieron elegir a dos de los guerreros más valientes de cada contingente para que se encargaran de dirigir cada una de las secciones del ejército. Estos debían mandar a los hombres «trotar» para avanzar y «espolear» en caso de que quisieran atacar. El conde Balduino de Flandes dirigió a sus hombres hacia

El conde Hugo de Vaudémont y su esposa Aigeline de Borgoña según una escultura del siglo XII del priorato de Belval, Lorena.

El papa Inocencio
III (1198-1216)
según una imagen
de la iglesia de Santo
Speco, Subiaco.

Un demonio vierte
metal fundido
en la garganta de
un falsificador
de moneda,
tímpano
del siglo XII,
Conques.

Espectadores observando el desarrollo de un torneo.

Grosso de plata del siglo XIII acuñado por el dogo de Venecia en el que aparecen representados Cristo *(izquierda)* y el dogo y san Marcos *(derecha)*.

Una embarcación veneciana según
una ilustración de un código marítimo
veneciano de 1255.

Mapa
de Constantinopla
de principios
del siglo xv.
El Cuerno de Oro parte
la ciudad en dos.

Un sacerdote da la comunión a un caballero, catedral de Reims, principios del siglo XIII.

Las murallas terrestres
de Constantinopla.

Los cruzados atacan
Constantinopla por tierra y
por mar,
ilustración procedente de
un manuscrito
de Godofredo de Villehardouin.

El interior
de Santa Sofía.
El disco
con inscripciones
coránicas se remonta
a la época
en que
el edificio fue utilizado
como mezquita.

Icono de san Miguel de finales del siglo XI o principios del siglo XII
robado de Constantinopla durante la cuarta cruzada.

delante en un trote, seguido por el conde de Saint-Pol y Pedro de Amiens y, a continuación, por Enrique de Flandes, a la cabeza de un tercer grupo. A diferencia del estrafalario grupo formado por los hombres del campamento, la imagen que ofrecía el principal cuerpo de caballeros era espléndida. Agrupados en una formación cerrada, con sus caballos cubiertos por brillantes gualdrapas de seda y paño y sus estandartes con los escudos de armas ondeando sobre ellos, los caballeros marchaban resplandecientes luciendo sus escudos, sus yelmos y sus cotas de malla. Esta ondulante explosión de color se movía con suavidad, acompañada por el rítmico chasquido que producían los cascos de los caballos y el repiqueteo de las armas y el equipo de los caballeros. Los soldados de a pie avanzaban tras ellos, también en estricto orden.

Para entonces, la noticia de la inminente batalla había llegado a oídos del dogo, en el Cuerno de Oro. Una vez más, Dandolo demostró su feroz lealtad hacia sus camaradas cruzados y declaró que viviría o moriría en compañía de los peregrinos, y con rapidez dirigió a tantos de sus hombres como le fue posible hacia el campamento cruzado en las Blaquernas.

Cuando Balduino se había distanciado dos disparos de flecha del campamento, algunos destacados guerreros de su contingente le aconsejaron detenerse: «Señor, no hacéis bien enfrentándoos al emperador tan lejos del campamento, pues, si lucháis allí y necesitáis ayuda, quienes cuidan del campamento no estarán en condiciones de proporcionárosla».[45] Su recomendación era que regresaran a las empalizadas, donde los cruzados podían combatir con más eficacia. Balduino estuvo de acuerdo y junto a su hermano Enrique emprendió el camino de vuelta. En los ejércitos medievales, sin embargo, el mantener un orden adecuado y coherente no era simplemente una cuestión de disciplina. Una de las principales preocupaciones del caballero era el honor, y cuando Hugo de Saint-Pol y Pedro de Amiens advirtieron que Balduino retrocedía se escandalizaron; desde su punto de vista, semejante acción constituía una vergüenza para el ejército cruzado y por ello, pasando por alto la orden de mantenerse juntos, resolvieron situarse a la vanguardia de las tropas para preservar el honor de las fuerzas francesas. Horrorizado, Balduino mandó decirles con urgencia que regresaran, pero en tres ocasiones Hugo y Pedro se negaron a hacerlo y, peor aún, empezaron a avanzar hacia los griegos. La unidad de las filas cruzadas, organizada con tanto cuidado, parecía seriamente amenazada. Pedro de Amiens y Eustaquio de Canteleux, uno de los principales caballeros del contingente de Hugo de Saint-Pol, dieron la orden: «Señores, marchad hacia adelante ahora, todos al trote».[46] Todo indica que, lejos de dejarse intimidar por las dimensiones del ejército imperial, algunos cruzados estaban decididos a asumir una posición radicalmente agresiva. El resto del ejército comprendió lo que estaba ocurriendo y gritó pidiendo a Dios que protegiera a esos valientes. Roberto de Clary cuenta que las ventanas del palacio de las Blaquernas y las murallas de la ciudad estaban repletas de damas y doncellas que observaban la batalla; estas mujeres, sostiene, pensaban que los franceses «parecían ángeles, pues se veían muy hermosos, con sus elegantes armaduras y sus caballos, magníficamente ataviados».[47] En este pasaje, Roberto parece inspirarse en las convenciones de los torneos, y resulta bastante dudoso que el aspecto de los cruzados pareciera angélico a las mujeres de sus adversarios.

Las acciones de Hugo y Pedro amenazaban con desencadenar el caos en las filas cruzadas. Los caballeros que acompañaban al conde Balduino empezaron a sentirse inquietos: la idea de abandonar a sus compañeros les parecía insoportable y, por otro lado, tampoco estaban dispuestos a dejar pasar la oportunidad de alcanzar la gloria. Tan corrosivos eran estos sentimientos que existía la posibilidad de que provocaran una revuelta: «Señor, es una gran vergüenza no avanzar, y sabed que, si no marcháis hacia delante, no continuaremos a vuestro lado».[48] Después de oír esto, Balduino no tenía otra opción que acceder a la solicitud de sus hombres, así que espoleó su caballo y alcanzó a la vanguardia junto con la división dirigida por Enrique. Los cruzados no tardaron en reorganizarse una vez más en una larga línea de batalla, ahora al alcance de los disparos de los hombres del emperador, pero en correcta formación. Roberto de Clary, nuestro humilde caballero, es la fuente que nos permite conocer estas fascinantes maquinaciones de la nobleza cruzada; resulta intrigante que la versión de la batalla que Hugo de Saint-Pol nos ofrece a finales de julio de ese año sea mucho más simple: «Avanzamos de forma ordenada y coordinada contra la línea de batalla que teníamos al frente».[49] Hugo, uno de los principales protagonistas del episodio, no menciona en ningún momento los delicados desacuerdos entre él y el conde Balduino y tampoco el hecho de que hubiera desconfiado de su integridad y desafiado su posición como comandante de la vanguardia cruzada. En la resaca de la victoria, acaso consideró innecesario deslucir los acontecimientos del día narrando este incómodo incidente.

La indecisión de los cruzados ofreció al ejército griego una efímera ocasión para actuar. Un comandante más atento que Alejo III habría advertido esta debilidad momentánea, evaluado la situación y decidido atacar con rapidez y determinación el contingente de Hugo y Pedro, que había quedado aislado al empezar a avanzar a la cabeza del ejército. Sin embargo, con la llegada de las demás divisiones, esta breve oportunidad de tomar la iniciativa se desvaneció.

Entre los dos ejércitos se extendía una pequeña colina y, hacia el lado del emperador, el río Lykos. Cuando los cruzados llegaron a la cima de la colina, ambos bandos detuvieron su avance. Los soldados que habían rodeado el campamento se unieron entonces a las tropas bizantinas, lo que las hizo todavía más fuertes. Los occidentales volvieron a debatir y en esta ocasión los argumentos de Balduino fueron escuchados. Los franceses no estaban ya a la vista de sus refuerzos en el campamento y para enfrentarse al ejército bizantino sería necesario cruzar el río Lykos, que pese a ser sólo una pequeña corriente de agua constituía un obstáculo y haría más lento su avance, algo que podría traducirse en importantes pérdidas. Los cruzados decidieron hacer un alto, y probablemente estaban a punto de retroceder cuando observaron cierta actividad en las filas enemigas.

Este, sin duda, era el momento propicio para que Alejo III aprovechara su inmensa superioridad numérica y ordenara a sus hombres cargar para ahuyentar a los bárbaros que amenazaban su ciudad. La situación de los griegos era inmejorable, pues controlaban los márgenes del río y habrían podido cruzarlo con tranquilidad. Como las nubes que anuncian la llegada de una tormenta, las huestes enemigas se cernían sobre los cruzados, preparadas para iniciar el ataque. Sin embargo, este nunca llegó. Por increíble que parezca, el emperador no dio la orden de atacar y, después de un tiempo, lo que hizo fue todo lo contrario: ordenar a su ejército dar la vuelta y regresar a la ciudad. Cualquiera que fuera la razón táctica para semejante movimiento, lo cierto es que, psicológicamente, tuvo un efecto devastador, pues fue interpretado por todos como un reconocimiento de su derrota.

Nicetas pensaba que el emperador Alejo nunca había estado realmente decidido a luchar y que en todo momento había planeado huir. El cronista, por lo demás, se muestra convencido de que, si el ejército imperial hubiera avanzado con verdadera decisión aquel día, la victoria habría sido posible. Según el historiador, Alejo transmitió a sus camaradas su propia falta de voluntad para entrar en combate y con ello impidió a los griegos dar el golpe definitivo.[50]

Los cruzados apenas podían creer lo que veían. Una carta enviada luego a Occidente por los nobles que dirigían la expedición nos permite conocer cómo interpretaron lo que había ocurrido: «Estupefacto ante nuestra perseverancia (dado nuestro reducido número), [el emperador] dio vuelta a su caballo y con gran ignominia se retiró a la ciudad incendiada».[51] Hugo de Saint-Pol comenta al respecto: «Cuando comprendieron que éramos valientes y perseverantes, que avanzábamos el uno detrás del otro en correcta formación y que no podíamos ser superados o dominados, se sintieron, con toda razón, aterrorizados y confundidos. Y al no atreverse a luchar emprendieron la retirada».[52] El hecho de que el emperador no se atreviera a entrar en batalla con sus tropas parecía corroborar la idea de los occidentales de que los griegos eran cobardes y afeminados. Aquel día, los cruzados debieron experimentar un enorme alivio y sentir que sus esperanzas y su resolución se renovaban. Para sacar provecho de la ocasión, Balduino ordenó al ejército que avanzara lentamente en dirección a los griegos, con el objetivo de subrayar todavía más la humillante retirada de los bizantinos. Los occidentales mantuvieron su disciplina, algo que resultaba fundamental: estando al borde de la victoria era demasiado fácil dejarse llevar por el éxito, romper filas y cargar contra el enemigo.

Villehardouin expresa con elocuencia la increíble perplejidad y el alivio de los cruzados: «Puedo aseguraros que Dios nunca libró a nadie de un peligro más grande que aquel del que salvó a nuestras tropas ese día. No hubo en el ejército ningún hombre, por muy valiente y audaz que fuera, cuyo corazón no se hubiera visto invadido por la alegría». Con todo, los días dedicados a preparar la batalla y las horas pasadas enfrente de las tropas bizantinas fuera de las murallas tuvieron un alto coste en términos físicos y emocionales. Además, la falta de alimentos seguía siendo un problema. Por tanto, a pesar de triunfo del día, los cruzados no podían permitirse bajar la guardia. Al menos numéricamente, los bizantinos continuaban siendo un ejército superior y era vital que los occidentales mantuvieran su confianza y no comprometieran su fortaleza militar.

¿Por qué el emperador Alejo no fue capaz de atacar a los cruzados pese a la evidente superioridad numérica de su ejército? Parte de la respuesta quizá resida en que el emperador parece haber sido un hombre de temperamento poco agresivo y con escasa experiencia militar. Esperaba que la exhibición de su poderío fuera suficiente para minar la moral de los cruzados y conseguir que se retiraran. Sin embargo, no había captado lo decididos y desesperados que estaban en realidad los occidentales. Habían realizado grandes progresos en su avance por el Bósforo y el Cuerno de Oro; y además de eso, los venecianos habían logrado hacerse con el control de una sección de las murallas. Todo ello era sin duda un claro indicio de que eran una fuerza peligrosa. Por otro lado, la presencia de la caballería pesada era un importante motivo de preocupación entre los griegos. Aunque algunos caballeros habían perdido sus bestias, quedaban suficientes para formar una poderosa unidad de combate. La fuerza letal de las cargas de la caballería cruzada era bien conocida en Bizancio. En la década de 1140, Ana Comneno había escrito que un caballero occidental podía perforar las murallas de Babilonia.[53] Las llanuras de las afueras de Constantinopla ofrecían condiciones idóneas para que los franceses ejecutaran sus cargas: un terreno relativamente plano y un blanco fijo. Los griegos quizá contaban también con algunos caballeros, pero sus jinetes tenían mucha menos práctica que los occidentales, que habían dedicado años a perfeccionar sus habilidades en los torneos del norte de Europa.

Dentro de Constantinopla, los sentimientos imperantes eran la incredulidad y la rabia. Proteger la ciudad era responsabilidad del emperador, así que, teniendo un ejército tan grande y siendo los cruzados tan pocos, ¿por qué no había luchado contra ellos? Como comentó Nicetas: «Regresó [a la ciudad] completamente deshonrado, habiendo solo conseguido que el enemigo fuera todavía más altivo e insolente».[54] El daño causado por el incendio provocado por los griegos debilitó todavía más la posición de Alejo III ante su pueblo, que pedía a gritos que se hiciera algo para remediar la situación. Un grupo de ciudadanos se presentó ante el emperador para comunicarle que, si continuaba comportándose con tanta debilidad, buscarían a su sobrino entre los cruzados y le ofrecerían el trono imperial. A regañadientes, Alejo III les prometió luchar al día siguiente; no obstante, lo que en realidad había decidido era emprender una acción muy diferente.

El emperador no tenía ya estómago para la batalla. Nicetas lo describe como un hombre bondadoso y gentil, accesible a la gente y profundamente agobiado por haber cegado a Isaac Ángelo, su hermano. Hoy quizá diríamos que no era un hombre lo suficientemente duro para el cargo.[55] No estaba dispuesto a arriesgar su propia vida y consideraba que el pueblo de Constantinopla no se encontraba preparado para una campaña prolongada (lo que, dada la falta de recursos de los occidentales, era quizá la mejor oportunidad que tenían los griegos de alzarse con la victoria). El emperador conocía bastante bien la política de la ciudad y comprendía que había perdido la confianza de la gente, y tenía suficiente experiencia como para recordar el espeluznante destino de anteriores gobernantes retirados del cargo por la turba. De igual forma, era difícil que esperara mucha misericordia por parte de su hermano y su sobrino en caso de cederles el puesto. Así las cosas, Alejo tomó la sabia decisión de escapar de la ciudad.

Durante la tarde del 17 de julio el emperador se reunió con su hija Irene y los consejeros en los que más confiaba. A toda prisa, reunieron mil fibras de oro y cuantos adornos y objetos preciosos podían llevar consigo; cerca de la medianoche el emperador y sus más allegados salieron sigilosamente de la ciudad en dirección a Develtos, un pueblo fortificado sobre el mar Negro, a unos ciento cincuenta kilómetros de Constantinopla. Nicetas Choniates se muestra al mismo tiempo mordaz y desesperado al comentar los motivos y acciones de Alejo III. El historiador nos proporciona una vívida e inolvidable imagen de lo que los bizantinos pensaban de su emperador: «Era como si hubiera puesto todos su esfuerzos en convertir la ciudad en un miserable cadáver, para dejarla en la más absoluta ruina a despecho de su destino y así acelerar su destrucción».[56] Nicetas despreciaba la falta de celo que Alejo III había mostrado por su preciosa ciudad y condenaba su impaciencia por salvar su propio pellejo.

Al amanecer de la mañana del 18 de julio, la noticia empezó a difundirse: Constantinopla, la Reina de las Ciudades, la Nueva Roma, había sido abandonada por su emperador, un golpe devastador e inaudito al orgullo y amor propio de la gran metrópoli. Tan profunda fue la herida provocada por la huida de Alejo III que los griegos fueron incapaces de prolongar su lucha contra los cruzados. En vez de emplear la ocasión para intentar cambiar su suerte, los bizantinos actuaron movidos por la desesperación. El progreso aparentemente implacable de los occidentales y su negativa a retroceder, sumados al punto de apoyo alcanzado por los venecianos en el Cuerno de Oro (situación que las columnas de humo que se elevaban hacia el cielo dejaban a la vista de todos), les hicieron temer que su ciudad fuera a ser destruida por completo. Aterrorizados, los habitantes de Constantinopla acudieron a la única persona que podía salvarlos. Un grupo de funcionarios imperiales se dirigió a las habitaciones del palacio de las Blaquernas donde se retenía al ciego Isaac, para ellos, «su última esperanza».[57] El ministro de los tesoros imperiales, un eunuco llamado Filóxenes, se hizo cargo de la situación. Reunió a la guardia varega y consiguió que apoyaran la idea de volver a convertir a Isaac en emperador. Pese a que por lo general se consideraba que la ceguera impedía el ejercicio del cargo, la situación exigía dejar los precedentes de lado. Alejo III había abandonado a su esposa Eufrosina (con quien había mantenido una tormentosa relación), que fue atrapada junto con sus familiares (por temor a que quisiera crear una facción rival). Destacadas figuras de la ciudad visitaron a Isaac y le explicaron lo que había ocurrido. Desconocemos cuál fue su reacción. ¿Se regodeó en la humillación de su hermano? ¿Se sintió intimidado ante la perspectiva de volver a ser emperador ahora que estaba incapacitado? ¿O en cambio accedió con gusto ante la idea de convertirse en la autoridad suprema una vez más? No tenemos modo de saberlo. Los sirvientes le llevaron el vestido y la insignia imperiales. Isaac se vistió y salió del palacio de las Blaquernas siendo un hombre libre. Quizá resultara patético que su ceguera lo obligara a necesitar que le condujeran hasta el trono imperial, pero en todo caso fue proclamado emperador.[58]

Isaac quiso ponerse en contacto de inmediato con el príncipe Alejo en el campamento cruzado. Las noticias de la huida de Alejo III y de la coronación de Isaac no podían mantenerse en secreto por mucho tiempo, y las figuras más destacadas de Bizancio necesitaban aferrarse a cualquier iniciativa que el desarrollo de los acontecimientos les ofreciera. Se enviaron mensajeros para comunicarle al príncipe que su padre era de nuevo emperador y que el usurpador había huido. Tan pronto como conoció esta información, el joven Alejo se la comunicó al marqués Bonifacio, que, a su vez, reunió a todos los nobles cruzados.

En la tienda del príncipe, los cruzados se enteraron de las maravillosas noticias y un fortísimo aplauso pudo escucharse fuera del pabellón. De acuerdo con Villehardouin, «su alegría al escuchar [lo ocurrido] fue tal que es imposible describirla, pues nadie en este mundo ha sentido nunca una dicha más grande».[59] Los cruzados dieron gracias a Dios por liberarlos de los abismos de la desesperación y elevarlos a semejante altura. No tenían ninguna duda de que la Divina Providencia había bendecido sus acciones: «Al hombre a quien Dios desea ayudar ningún otro hombre puede dañar». Su decisión de ir a Constantinopla, por tanto, había sido correcta; si Dios no hubiera respaldado su proceder, ¿cómo habrían podido triunfar?[60]

10

«Me gustaría haceros saber que mucha de mi gente no me quiere»

Triunfo y tensiones en Constantinopla, julio-agosto de 1203

A pesar de su éxito, los cruzados tenían que mantener muy controladas sus emociones. Aunque las noticias sobre la huida del emperador Alejo III y el regreso de Isaac al poder parecían garantizar el estatus del joven príncipe, lo cierto era que la situación de los occidentales estaba lejos de ser clara. Después de todo, habían estado dedicados a bombardear la ciudad que ahora iba a abrirles las puertas: ¿cómo reaccionarían sus habitantes ante los aliados del príncipe, en especial teniendo en cuenta la campaña de propaganda antioccidental promovida por Alejo III en los últimos meses? El sentimiento dominante en el campamento cruzado era que había que actuar con cautela. Las sospechas sobre la hipocresía de los bizantinos se remontaban a la época de la Primera Cruzada, cuando el emperador Alejo I no apoyó a los cruzados durante el asedio de Antioquía en 1098. Más tarde, durante la Segunda Cruzada, se atribuyeron a la traición de los griegos las aplastantes derrotas sufridas por los reyes de Francia y Alemania. La masacre de los occidentales en 1182 y la posterior alianza con Saladino sirvieron para afianzar aún más el profundo escepticismo sobre la fiabilidad de los bizantinos en las huestes cruzadas. A la espera de detalles concretos, los cruzados se pusieron sus armaduras y, cansados, dispusieron sus armas para estar preparados en caso de que Isaac o sus consejeros decidieran continuar oponiendo resistencia a los guerreros santos.

A lo largo de la mañana del 18 de julio hubo un constante flujo de información proveniente de Constantinopla, pero todos los mensajeros repetían la misma historia: el emperador se había marchado y su hermano ciego había vuelto a ocupar el trono imperial. El dogo y los nobles cruzados estaban decididos a aclarar su propia posición, y enviaron cuatro emisarios a la ciudad: dos venecianos (de los que no conocemos el nombre) y dos franceses, Mateo de Montmorency y Godofredo de Villehardouin. Sus instrucciones eran, básicamente, establecer si Isaac confirmaba los acuerdos realizados por el príncipe, un pacto del que, sin lugar a dudas, dependía el futuro de la expedición. El príncipe Alejo era un activo de suma importancia para los occidentales y confiaban en que su padre sintiera que era una obligación moral ratificar las promesas del joven.

Gracias a la participación de Villehardouin en la embajada, contamos con un relato de lo que ocurrió dentro de Constantinopla el 18 de julio de 1203 escrito por un testigo presencial. Los cuatro enviados partieron del campamento cruzado, cabalgaron algunos centenares de metros en dirección a las murallas y, tras encontrar a unos escoltas, siguieron su rumbo hasta el palacio de las Blaquernas. La presencia de la guardia varega en las puertas de la ciudad demostraba que el nuevo régimen contaba con el apoyo de esta facción vital. Provistos de sus pesadas hachas de combate, los miembros de la guardia formaron un amenazador corredor que llegaba hasta las puertas del palacio. Como ya le había ocurrido en San Marcos quince meses atrás, Villehardouin se descubrió entrando en compañía de un pequeño grupo de cruzados a un edificio magnífico pero que le resultaba extraño y en el que no sabía con certeza cómo sería recibido. Sin embargo, mientras en Venecia tenía asegurado al menos el apoyo del magistrado supremo de la ciudad, en Constantinopla no poseía ninguna garantía semejante. Después de haber estado intentando durante días abrirse paso a golpes hasta el palacio de las Blaquernas, los cruzados entraron sin ningún tipo de oposición en la grandiosa edificación.

Los embajadores fueron llevados a una de las salas de ceremonias y allí, esperándolos, estaba la corte bizantina en todo su esplendor. Las familias nobles de Constantinopla abarrotaban el recinto y apenas había espacio para moverse. Todos los presentes lucían su mejores vestimentas: sedas brillantes, joyas deslumbrantes, vestidos largos y sueltos. Cuando Villehardouin y sus tres acompañantes entraron en la habitación, inundada por el zumbido de un idioma extraño, se sintieron observados por centenares de ojos. La expresión de algunos evidenciaba el temor que inspiraban los hombres que habían amenazado con llevar la desgracia a su ciudad; otros rostros reflejaban la ira provocada por las muertes y la destrucción que los cruzados habían infligido a Constantinopla; quizá hubo también quienes miraron a los occidentales con desdén, como los bárbaros que eran en la imaginación popular bizantina. Con todo, la mayoría debió de haber tratado de mostrar su cara más amable para intentar convencer a los agresores de que el conflicto había terminado.

Al otro extremo del salón se encontraban, sentados en sus tronos imperiales, Isaac y su esposa, Margarita, la hermana del rey Emerico de Hungría. Villehardouin describe el atuendo del emperador como el vestido más costoso que sea posible imaginar; además, se muestra especialmente cautivado por la emperatriz, de quien dice que era «una mujer muy hermosa». Villehardouin supo captar la ironía del momento: el día anterior la espléndida pareja que tenía ante sí era prisionera de la misma gente que ahora la adulaba. Si los bizantinos podían cambiar su lealtad para con uno de los suyos con tanta rapidez, ¿cómo procederían hacia los extraños?

Los nobles bizantinos ofrecieron sus respetos a los enviados y los cuatro hombres caminaron a lo largo del corredor hasta los tronos imperiales. Isaac los recibió con los debidos honores y, a través de un intérprete, los invitó a hablar. Los cruzados respondieron que querían conversar con el emperador en privado en nombre del príncipe Alejo y sus compañeros del ejército occidental. Esta era una petición cuidadosamente calculada: las promesas hechas por el joven príncipe incluían muchas cuestiones en extremo delicadas, como la sumisión de la Iglesia ortodoxa a Roma y el pago de inmensas sumas de dinero a los cruzados. Si estos asuntos se planteaban ante toda la corte bizantina, las posibilidades de provocar la indignación general eran muy altas. En el peor de los casos, los enviados podrían haber visto amenazada su integridad física; más probable todavía era que, enfrentado a una demostración de ira espontánea e inmediata, Isaac se viera obligado a mostrar su rechazo a cualquiera de las propuestas formuladas por los enviados.

El emperador aceptó la sugerencia de los cruzados y se puso de pie. Margarita lo tomó de la mano y lo condujo a otra sala, en compañía de un hombre al que Villehardouin se refiere como su canciller (probablemente un destacado miembro de la nobleza bizantina), de un intérprete y de los cuatro enviados. Dada la turbulenta situación en la que se enmarcaba, lo cierto es que hasta el momento el desarrollo del encuentro revelaba una extraordinaria docilidad por parte de los griegos. Los gobernantes extranjeros que visitaban Constantinopla eran por lo general sometidos a exhibiciones diseñadas para evidenciar el poder y riqueza del Imperio bizantino y demostrar la manifiesta superioridad de los griegos. Por ejemplo, aunque se permitía que el gobernante extranjero se sentara cerca del emperador, su trono se colocaba en una posición inferior para que no quedaran dudas sobre cuál era su verdadera posición. El rey Luis VII de Francia había sido obligado a someterse a esta discreta forma de humillación cuando se entrevistó con Manuel Comneno en 1147. Juan Kinnamos, un escritor griego contemporáneo, cuenta que «cuando [el rey Luis] llegó al palacio, el emperador estaba sentado en lo alto, y a él se le ofreció un asiento más bajo, lo que los latinos llaman una silla».[1] En 1203, sin embargo, Villehardouin y sus colegas estaban en una posición de poder sin precedentes para los visitantes de la corte imperial, algo que hacía patente la rapidez con que fue aceptada su solicitud de una audiencia privada.

Una vez a solas con el emperador, Villehardouin actuó como portavoz de los cruzados. De forma respetuosa señaló el gran servicio que ellos habían prestado al príncipe Alejo y el hecho de que habían cumplido con los términos de su acuerdo con él, y a continuación jugó su mejor carta: «Sin embargo, no podemos permitirle venir aquí hasta que no nos haya dado garantías de que cumplirá el convenio que tiene con nosotros. Por tanto, él, como hijo vuestro, os solicita que ratifiquéis este convenio en los mismos términos en los que él lo ha hecho».[2] Con cierta aprensión, Isaac preguntó los detalles del acuerdo y Villehardouin se los explicó detenidamente.

Los ojos ciegos del emperador no delataban sus pensamientos, pero su absoluto silencio revelaba su profundo desconcierto ante los términos del pacto alcanzado por su hijo. La magnitud de las obligaciones a las que este los comprometía era horrible, e Isaac sabía que sería imposible cumplir con todo lo que se le solicitaba, en especial dada la debilidad de su posición política. Por otro lado, anhelaba abrazar de nuevo a su hijo, de quien se había separado hacía más de tres años. Además, aunque estaba decidido a gobernar, era consciente de que su autoridad se veía menoscabada por su ceguera y que era necesario contar con un sucesor de la dinastía Ángelo con el que pudiera cogobernar. El hecho de que los círculos más elevados de la nobleza bizantina hubieran decidido devolverlo al trono demostraba lo mucho que estos temían a los cruzados y el inmenso daño que la huida de Alejo III había infligido a su moral. Isaac no tenía otra alternativa que esperar que ese temor los llevara a aceptar la pérdida de su independencia religiosa y a realizar un gigantesco desembolso económico para los guerreros santos del papado.

La respuesta que Isaac ofreció a Villehardouin revela las tensiones que había entre la realidad política y sus emociones personales: «Se trata de unas condiciones muy difíciles y, en verdad, no veo cómo podemos llevarlas a la práctica. En todo caso, vosotros nos habéis prestado a mí y a mi hijo servicios tan excepcionales que si tuviera que entregaros todo nuestro imperio, este no sería mayor que lo que os merecéis».[3] Es posible que Villehardouin esté intentando aquí elevar el valor moral de las acciones de los cruzados e, incluso, poniendo en boca del emperador una profecía increíblemente certera; no obstante, también es verosímil que tal fuera el sentimiento general expresado por Isaac. Más significativa resulta en cambio la acotación de que varias opiniones fueron expresadas durante este encuentro, con lo que nuestra fuente acaso quiere sugerir que hubo una discusión intensa y acalorada. Pese a ello, los cruzados se mostraron inflexibles: el príncipe Alejo había hecho un trato, garantizado por el yerno de Isaac, Felipe de Suabia; los occidentales habían cumplido con su parte del acuerdo y, si el emperador quería ver de nuevo a su hijo, tenía que aprobarlo en su totalidad. Al final, Isaac cedió a sus presiones y juró satisfacer las condiciones del convenio. Se preparó entonces un documento de confirmación, sobre el que se puso el dorado sello imperial. Isaac conservó una copia, la otra fue entregada a los enviados. Terminadas estas formalidades, los cruzados se despidieron del emperador y regresaron al campamento en las afueras de la ciudad llevando consigo la prueba de la aprobación imperial; sin lugar a dudas, estaban inmensamente satisfechos con su trabajo.

Para el príncipe Alejo, lo ocurrido debió de suponer un gran alivio. La confusión e incertidumbre reinantes en Constantinopla podían haber resultado desastrosas para su padre y provocado que su propia aspiración al trono fuera rechazada de forma definitiva. Todo, sin embargo, parecía ir por buen camino en este momento en particular, y los nobles le dijeron al príncipe que se preparara para entrar de nuevo en Constantinopla. Los griegos abrieron completamente las puertas de la ciudad y recibieron al joven con entusiasmo. Para Alejo, esta era la culminación de un extraordinario viaje. Después de los oscuros años comprendidos entre 1195 y 1201, cuando había estado durante meses recluido como prisionero dentro de la ciudad; después de su audaz fuga en Tracia y de las negativas que había tenido que soportar en Haguenau y Roma; después del éxito de su acercamiento a los líderes cruzados y de lo cerca que la expedición había estado de acabar prematuramente en Corfú y, finalmente, después de las semanas dedicadas a asediar su propia capital: este momento marcaba el final de su búsqueda. El pueblo de Constantinopla lo recibió con festejos, y Alejo pudo, al fin, reunirse de nuevo con su padre.

Un espléndido banquete ceremonial celebró este trascendental acontecimiento. Hugo de Saint-Pol refiere la alegría y majestuosidad de la ocasión; pero Nicetas Choniates, en su condición de testigo bizantino, nos ha dejado una descripción menos festiva de la reunión. Los principales nobles cruzados llegaron al Gran Palacio vestidos, por supuesto, con sus mejores capas y atuendos, y ocuparon las mesas dispuestas en uno de los salones. Isaac y el príncipe Alejo presidían el encuentro desde un extremo de la estancia. Tratándose de una cena de la victoria se pronunciaron discursos y tanto Isaac como su hijo dedicaron encendidos elogios a los hombres que los habían devuelto al poder. Nicetas, que pocas veces deja pasar la oportunidad de manifestar la triste opinión que tenía del joven príncipe, se burla de su amor por el poder y su puerilidad. De igual forma, el cronista se muestra contrario a la suntuosidad de la reunión, que considera deplorable. Hubo actuaciones de bufones, artistas y músicos; los sirvientes ofrecieron a los invitados platos exquisitos y delicados; todo era celebración en los opulentos y adornados alrededores de la Constantinopla imperial. Nicetas era incapaz de digerir esta servil actitud hacia los bárbaros occidentales, los hombres que acababan de humillar a su amada ciudad, y el hecho de que Isaac y el príncipe Alejo apenas pudieran costear semejantes lujos solo contribuía a exacerbar su enfado y su disgusto.[4]

Con el fin del asedio, los cruzados habían alcanzado su primer objetivo a corto plazo y las tensiones y agobios de la guerra se atenuaron. Habían logrado vencer al emperador bizantino y lo habían hecho sin sufrir terribles bajas. Sus preocupaciones sobre su provisión de alimento y su seguridad parecían haber acabado. Una vez resueltas estas cuestiones prácticas, podían mirar hacia el futuro y, fortalecidos por el honor y la victoria que Dios les había otorgado, dirigirse a Tierra Santa.

El pueblo de Constantinopla, por su parte, descubrió que, aparentemente, su ciudad no estaba ya en peligro. El regreso de Isaac al poder acabó con el temor a los incendios, los bombardeos y las matanzas que podían causar los bárbaros que acampaban al otro lado de las murallas. No obstante, pese a las apariencias, los griegos seguían sospechando de los occidentales y quienes conocían los términos del acuerdo con ellos se sentían profundamente descontentos por el desarrollo de los acontecimientos, algo que sin duda alguna el anciano emperador debió de haber señalado durante sus conversaciones con los enviados. Consciente de esta incómoda situación, Isaac actuó con prudencia para aliviarla con la mayor agilidad posible. El que el ejército cruzado acampara justo fuera de las murallas era un recordatorio demasiado obvio de su poderío. Miles de ciudadanos habían perdido sus hogares y pertenencias por su causa y no tenían ninguna razón para regocijarse con su presencia. Teniendo esto en mente, Isaac rogó a los occidentales que se establecieran al otro lado del Cuerno de Oro, en los distritos de Gálata y Estanor, donde había mucho menos riesgo de que se produjeran enfrentamientos con los habitantes de Constantinopla. Los nobles comprendieron de inmediato lo sensata que era esta propuesta y se mostraron de acuerdo con ella. El emperador procuró a continuación hacer menos problemático el desplazamiento acordando que se les proporcionara un buen suministro de alimentos. Los cruzados se establecieron en casas y los venecianos dispusieron su flota a lo largo de la orilla del Cuerno de Oro para protegerla y reparar las embarcaciones que habían resultado dañadas durante el asedio de la ciudad.

Cuando el nuevo régimen asumió el poder, tuvo que atender (como debían hacerlo todos los nuevos gobernantes) distintas peticiones de clemencia o de favores. Uno de los individuos que fueron puestos en libertad en ese entonces fue Alejo Ducas, un destacado noble bizantino que había permanecido en prisión durante los últimos siete años. Poco tiempo después de abandonar su celda, Ducas, conocido por todos con el nombre de Murzuflo, el Cejijunto, asumió el cargo de *protovestarius* o chambelán, un alto funcionario de la corte. En un lapso de doce meses, este formidable trepador daría a los cruzados buenos motivos para lamentar su liberación.

Otra solicitud provino de un musulmán, Kaikhosrau, el hermano del sultán de Iconio (Konya). Al igual que Isaac, este había sido depuesto por su hermano menor y también quería que los cruzados le ayudaran a recuperar lo que, consideraba, le pertenecía por derecho propio. El triunfo de la expedición en Constantinopla lo animó a solicitarles que le sirvieran de la misma forma. Como había hecho el príncipe Alejo, Kaikhosrau prometió a los cruzados grandes incentivos económicos e incluso se ofreció a bautizarse y a convertir a su pueblo al catolicismo. Roberto de Clary cuenta que los nobles franceses y el dogo se reunieron para examinar la cuestión con detenimiento. Muchas de las casas reales del mundo medieval tenían pretendientes y contrapretendientes. ¿Estaban los cruzados dispuestos a convertirse en un ejército perpetuo del derecho e intervenir en toda clase de conflictos para restablecer el orden correcto? ¿E iban ahora a extender también sus atribuciones al mundo musulmán? Aunque la de Kaikhosrau era quizá una causa justa y a pesar de que la integración del Imperio selyúcida en la órbita del mundo cristiano hubiera sido indudablemente una conquista asombrosa, los cruzados decidieron rechazar su petición. Toda la expedición había empezado a depender de demasiadas promesas, todavía incumplidas, de dinero y sumisión religiosa. ¿Cómo hubieran reaccionado aquellos que en Occidente ya eran hostiles a su empresa cuando se enteraran de que se habían aliado con un emir musulmán, por mejores que pretendieran ser sus intenciones? En realidad, la idea de Kaikhosrau podía no ser tan inverosímil como parecía a primera vista, pues décadas después el papado realizaría importantes esfuerzos para convencer a los selyúcidas de que se convirtieran al cristianismo y hubo un auténtico diálogo al respecto entre ambas partes.[5] Sin embargo, en las circunstancias de 1203 la propuesta no era viable y esto fue lo que se le dijo a Kaikhosrau. Con todo, este quiso saber por qué los cruzados no podían ayudarlo y ellos le informaron de que debido a la fragilidad del nuevo régimen (y al hecho de que todavía estaban esperando el dinero que el príncipe Alejo les había prometido) debían permanecer en Constantinopla. Kaikhosrau reaccionó con furia ante esta negativa y regresó vociferando a Asia Menor para intentar recuperar sus tierras sin la ayuda de los occidentales.[6]

Entretanto, en otro lugar de Constantinopla, el conde Luis de Blois estaba particularmente interesado en seguir el rastro de un prominente miembro del antiguo séquito imperial. Su tía, Inés, se había casado con Teodoro Branas, miembro de una importante familia bizantina.[7] Varios nobles franceses habían ido a ver a Inés para presentarle sus respetos y ofrecerle sus servicios, pero se habían encontrado con la hostilidad más absoluta. Su marido había participado en el régimen de Alejo III y tras su desaparición Inés había visto cómo su propia posición en la escala social descendía de manera espectacular: gracias a los cruzados no podía ya aspirar a formar parte de la élite que gobernaba la ciudad. La mujer se negó a hablar con sus visitantes y luego fingió que no era capaz de hablar francés. Entonces su propio sobrino se presentó; por desgracia Roberto de Clary no nos revela si esto contribuyó a que su tía se mostrara más amable.[8]

Durante su estancia en Constantinopla, los cruzados se toparon con personas de países de los que nunca habían oído hablar. Un día, mientras los nobles se encontraban visitando al emperador, el rey de Nubia llegó al palacio. Roberto de Clary señala la curiosidad que produjo su piel negra (tratándose de un caballero de la Francia septentrional, era muy improbable que hubiera conocido antes a individuos procedentes de las tierras más allá de Egipto) y, aún más, el hecho de que llevara una cruz marcada en la frente. El príncipe Alejo ofreció al rey un recibimiento formal de acuerdo con su dignidad y lo presentó a los nobles cruzados. A través de intérpretes, los occidentales se enteraron de que el rey africano había llegado a Constantinopla como peregrino. El soberano señaló que sus tierras estaban a unos cien días de viaje de Jerusalén y aseguró que había empezado su viaje junto a sesenta acompañantes, cincuenta de los cuales habían muerto de camino a la Ciudad Santa; ahora solo quedaba uno con vida. Tras visitar Constantinopla, este intrépido viajero deseaba ir a Roma y luego a Santiago de Compostela, antes de regresar a Jerusalén para morir ahí: un lugar de descanso final muy apropiado para un peregrino tan piadoso y devoto. Gracias a él, los nobles se enteraron de que los nubios eran cristianos y de que, cuando los niños eran bautizados, se les marcaba la señal de la cruz. Los occidentales quedaron muy impresionados con este visitante y, como comenta Roberto de Clary, «miraban a este rey con gran maravilla».[9]

Durante los días siguientes, a medida que empezaban a relajarse, los cruzados comenzaron a comportarse como viajeros y peregrinos y cruzaban el Cuerno de Oro en barcazas o a través de los puentes para visitar Constantinopla y conocer sus palacios e iglesias. Villehardouin apenas podía creer el enorme número de reliquias reunidas en la ciudad, que eran «tantas como las hay en el resto del mundo», escribió lleno de admiración.[10] Para estos hombres, al mismo tiempo rudos y piadosos, contemplar tal cantidad de reliquias íntimamente relacionadas con la vida de Cristo, como los fragmentos de la Vera Cruz y la Corona de Espinas, exhibidas en lugares tan opulentos y asombrosos, debió de inspirarles una gran devoción. En Constantinopla tuvieron la oportunidad de venerar estos objetos y de agradecer a Dios con todo su corazón por haberles mantenido a salvo durante su largo viaje. También es probable que las reliquias les recordaran el objetivo último de su campaña: la liberación del patrimonio de Cristo. Junto a estos asuntos espirituales, la ocasión también sirvió para cuestiones más prácticas relacionadas con el comercio y el cambio, y, podemos estar seguros, los venecianos aprovecharon la oportunidad para valorar las posibilidades comerciales de su recién conquistada supremacía en la ciudad.

Sin embargo, pese a todo el alivio que pudieran sentir por haber puesto fin al asedio, los occidentales todavía desconfiaban de los griegos. En un intento de proporcionar más seguridad a los cruzados, franceses y venecianos exigieron que una larga sección de la muralla de la ciudad (unos cien metros según Roberto de Clary) fuera demolida. Tener que exponer de forma tan cruda las entrañas de su capital fue para los bizantinos otro flagrante recordatorio de la presencia en la ciudad de un ejército al que nadie había invitado.[11]

Los cruzados también tuvieron la oportunidad de reflexionar sobre lo que habían conseguido e informar de su éxito a sus familiares y amigos y demás interesados en Occidente. ¿Qué pensaría el papa de su conducta? Inocencio había escrito a los cruzados a finales de junio señalándoles con claridad que no deseaba que atacaran Constantinopla excepto en determinadas circunstancias y sólo si contaban con su autorización o, en su defecto, la de su legado. Una vez más, su actitud hacia el dogo y los venecianos en general era hostil y la carta recordaba su condición de excomulgados. Por último, el papa manifestaba su esperanza en que los cruzados actuaran como es debido; de lo contrario, no estarían comportándose como penitentes sino como embaucadores, pues «un penitente que regresa a su pecado es como un perro que regresa a su vómito».[12]

A pesar de la desconfianza que sentía por los venecianos, otra carta de la misma época demuestra que Inocencio entendía que

necesitaba mostrarse más flexible si quería que la cruzada continuara en movimiento; en ella, el papa dictamina que los franceses
podían embarcarse en las naves de los venecianos para ir a Levante, incluso aunque ello significara viajar en embarcaciones tripu-
ladas por excomulgados. Ahora bien, si los hombres del dogo no
habían sido absueltos para cuando empezara la guerra en Levante, Inocencio ordenaba a los cruzados que no combatieran a su
lado; de lo contrario se arriesgarían a ser derrotados, pues Dios no
se preocupaba de las batallas de los excomulgados y los cruzados
podían sufrir en carne propia las consecuencias de relacionarse
con ellos. Tal era la antipatía que el pontífice sentía por el dogo
y sus hombres que incluso autorizó a los cruzados a atacarlos en
caso de que intentaran oponerse a la expedición. Además, les dio
permiso para tomar cuantos alimentos necesitaran en tierras bizantinas siempre que lo hicieran sin herir a nadie.[13]

A pesar de los esfuerzos de Inocencio por dirigir la cruzada,
las limitaciones de las comunicaciones en la Edad Media eran
tales que con frecuencia sus instrucciones eran ya extemporáneas
cuando por fin llegaban a los guerreros santos. Su carta del 10
de agosto, escrita casi un mes después de que Constantinopla se
hubiera rendido, está redactada con un tono bastante resignado.
El papa sabía entonces que la expedición había partido hacia la
capital bizantina y lamentaba que los cruzados parecieran «haber
descuidado las reliquias de Tierra Santa».[14]

Estas cartas nos permiten, de alguna manera, conocer lo que
pasaba por la mente de Inocencio en esta época y son un testimonio de la desconfianza que le inspiraban los venecianos, de su interés por los estados cruzados y de su preocupación por el rumbo
que había tomado la expedición. Los cruzados, por tanto, tenían
que tratar de tranquilizar al papa con respecto a todas estas cuestiones. De las cartas enviadas por los cruzados después de julio de
1203 que se conservan, la más detallada es una misiva redactada
por Hugo de Saint-Pol. En ella es posible apreciar la forma en
que los conquistadores interpretaban sus recientes éxitos. De esta
carta existen por lo menos cuatro copias en la actualidad; podemos estar casi seguros de que, en su momento, el conde envió
muchas más.

Siendo uno de los líderes de la cruzada, era mucho lo que Hugo tenía que contar. Las noticias de que la expedición se había desviado hacia Bizancio se habían difundido con rapidez por las cortes de la Europa occidental y, según cómo hubiera sido transmitida esta información, era posible que los cruzados hubieran sido presentados bajo una luz muy negativa. En agosto de 1203, en el período inmediatamente posterior a su victoria, mientras el ejército se complacía creyendo que Dios había aprobado su decisión de marchar sobre la Reina de las Ciudades, Hugo tenía la oportunidad perfecta para poner por escrito su versión de la historia. Además de ofrecernos un espléndido relato del asedio contado por uno de sus protagonistas, el texto afirma con vigor los méritos espirituales de las acciones de los cruzados y critica rotundamente a todos aquellos que habían abandonado el ejército a lo largo de la campaña. Su perspectiva es, al mismo tiempo, la de un guerrero devoto y la de un hombre empapado de los valores caballerescos. Más significativo aún es el hecho de que la carta nos permita conocer los pensamientos de un individuo que todavía consideraba que Jerusalén era la meta fundamental de la expedición. No existen indicios de que Hugo hubiera partido en un principio con la idea de tomar Constantinopla, y todo en el texto sugiere, en cambio, que él y sus compañeros se habían visto obligados a seguir este particular rumbo sólo con miras a lograr su verdadero objetivo: la liberación del patrimonio de Cristo.

Tras describir la caída de Constantinopla, Hugo se vuelve contra quienes habían abandonado la cruzada: «En especial quiero que sepáis esto: Esteban de Perche, Reinaldo de Montmirail, Enguerrando de Boves... Simón de Montfort... y el abad de Vaux[-Cernay] han traído la discordia a la flota. Ahora se dirigen hacia Jerusalén..., habiendo abandonado a nuestro ejército y dejándonos en peligro mortal».[15] Además de su afán por contrarrestar la propaganda de quienes se oponían a la campaña, en las palabras de Hugo es fácil advertir la auténtica ira que le producía la decisión de estos hombres de retirarse de las filas cruzadas para seguir su propio camino.

Su encendido respaldo al dogo Dandolo, por otro lado, quizá estuviera más directamente relacionado con la agenda diplomática de la expedición: «En verdad es mucho lo que tenemos que decir en alabanza del dogo de Venecia, un hombre, por así decirlo, prudente, discreto y hábil en la toma de decisiones difíciles». Algunas personas en Occidente, como el papa Inocencio III, y en la misma cruzada, como lo demuestra Gunther de Pairis, consideraban que los venecianos eran codiciosos y que su única motivación era el dinero. Sin embargo, para Hugo de Saint-Pol las extraordinarias dotes de Dandolo como líder y sus perspicaces consejos lo hacían merecedor de enormes elogios y, en este sentido, su testimonio es un intento de corregir la imagen adversa y simplista que algunos tenían del dogo.

En su carta, Hugo también exponía los principales argumentos que justificaban la desviación hacia Constantinopla. Aunque ya había mencionado las razones para colocar al príncipe Alejo en el trono y los alicientes económicos ofrecidos por el joven, Hugo guardó para la conclusión de su misiva el que, consideraba, era su mejor y más «glorioso» motivo:

> Nosotros llevamos los negocios de Jesucristo con Su ayuda para que la Iglesia oriental (cuya cabeza es Constantinopla), junto con el emperador y todo su imperio, reunida con su líder, el romano pontífice…, reconozca que es la hija de la Iglesia romana. Aquella también desea, con humildad, obedecer a esta con mayor devoción en el futuro, de acuerdo con la costumbre normal. El patriarca mismo, que anhela y aplaude este paso, eleva una petición a la Sede romana para que se le permita recibir el palio de su cargo y sobre esta cuestión él y el emperador han pronunciado un juramento sagrado ante nosotros.

En otras palabras, Hugo estaba en condiciones de demostrar que los guerreros santos habían actuado de forma correcta porque, gracias a sus acciones, la Iglesia católica había recibido un beneficio espiritual de gigantescas proporciones. En teoría, el cisma de ciento cuarenta y nueve años había terminado: ¿no era este un motivo más que suficiente para celebrar el éxito de la campaña? Sin embargo, la verdad es que el conde se estaba adelantando a los hechos: los acontecimientos posteriores demostrarían que su valoración del entusiasmo de los bizantinos por su prometida sumisión había sido exageradamente optimista.

Otra razón para resaltar la importancia de los logros alcanzados por los cruzados era que Hugo tenía que comunicar a sus destinatarios que la expedición no partiría hacia Tierra Santa hasta la primavera siguiente, una revelación que probablemente expondría a los cruzados a nuevas críticas. En su carta, el francés explica que este aplazamiento era inevitable si los cruzados querían beneficiarse del apoyo militar que el joven Alejo aportaría para la campaña en Egipto y sostiene que las dimensiones de su respaldo justificaban la espera. Los cruzados y el emperador ya habían escrito en tono amenazador al sultán al-Adil de Egipto (hermano de Saladino y a quien los occidentales conocían como Safadino), «el impío invasor y ocupante de Tierra Santa», para informarle de que las fuerzas cristianas combinadas pronto se dirigirían a atacarlo. Hugo también expresaba su esperanza de que estas noticias infundieran ánimo en quienes se encontraban en Levante para que aguardaran la ayuda de los cruzados con renovada confianza.

Una copia de esta carta (la enviada al conde Enrique de Lovaina, que había participado en la cruzada alemana de 1197-1198) contenía un párrafo adicional en el que instaba a los hombres a unirse a la expedición. La futura campaña en Egipto se describe aquí en términos que debían de resultar muy familiares a los caballeros: «Debéis saber también que hemos aceptado luchar en torneo contra el sultán de Babilonia [El Cairo] enfrente de Alejandría. Por tanto, si alguno desea servir a Dios (servirlo es gobernar) y quiere lucir el distinguido y brillante título de «caballero», dejad que abrace la cruz y siga al Señor, dejad que acuda al torneo del Señor al que el Señor mismo lo ha invitado».[16]

Este extraordinario imaginario combina a la perfección la obsesión caballeresca por los torneos y la idea de la cruzada. La invasión de Egipto aparece caracterizada como un torneo convocado por Dios y una magnífica oportunidad para que los caballeros realicen grandes hazañas. No obstante, a diferencia de los torneos normales en los que se luchaba por motivos egoístas, en este los combatientes participarían en nombre de Dios. Tratándose de un seglar que intentaba convencer a otros para que tomaran la cruz, es evidente que Hugo creía que este énfasis en los aspectos más seculares de la guerra santa tenía más probabilidades de alcanzar su objetivo. Quizá esta fusión de torneo y guerra santa nos permita comprender mejor la forma en que los cruzados mismos (y no ya los clérigos) interpretaban sus actividades.[17]

El dogo Dandolo también escribió en esta época una carta (hoy perdida) en la que intentaba explicar las razones para atacar Zara —ataque que Inocencio describe como «una atrocidad ya tristemente conocida en casi todo el mundo»— y subrayar que lo ocurrido en Constantinopla beneficiaba ciertamente a la Iglesia católica y a la recuperación de Tierra Santa.[18]

Mientras los cruzados y los bizantinos iban acostumbrándose a su nueva relación, los preparativos para la coronación formal del príncipe Alejo ya estaban en marcha. En reconocimiento del esfuerzo realizado para acercar la Iglesia ortodoxa a Roma, la celebración fue programada para el 1 de agosto, día de san Pedro. Ese día, en medio de una gran pompa, el joven de veintiún años se unió a su padre como soberano del Imperio bizantino. Tanto Villehardouin como los dirigentes cruzados que escribieron una carta prefieren omitir el hecho de que Isaac continuaría reinando en Constantinopla como coemperador. Esto tal vez se deba a que su antigua alianza con Saladino hacía que Occidente no viera al anciano con los mejores ojos y los cruzados no querían que esta vieja asociación empañara su actual éxito. El centrar su atención en Alejo IV (hacia quien los cruzados siempre afirmaron haber actuado correctamente) le permitirá a Villehardouin demonizarlo con mayor facilidad cuando este luego los traicione.

Poco después de su coronación, Alejo IV escribió al papa contándole su propia versión de los hechos y alabando y agradeciendo las acciones de los cruzados. Es importante recordar que ambos se habían encontrado a principios de 1202, cuando Inocencio había rechazado la petición de ayuda formulada por el joven príncipe. Alejo también quería contribuir con su propio brillo a los esfuerzos de Hugo de Saint-Pol y del dogo por contrarrestar en sus cartas los comentarios peyorativos de aquellos cruzados que habían abandonado la expedición en Zara y en Corfú. Al igual que Hugo, Alejo estaba tremendamente ansioso por conseguir que la opinión del papa y de Europa occidental se inclinara en favor de una campaña que muchos consideraban desencaminada por completo y motivada sólo por la avaricia. Esta era una tarea muy seria, y tanto los cruzados como sus aliados trabajaron sin descanso para reparar las consecuencias de su obvia desobediencia al papa en Zara, subrayar su éxito posterior y aclarar en qué sentido sus logros favorecían en realidad a la Iglesia católica.

La epístola del nuevo emperador hacía hincapié en dos puntos fundamentales: primero, la justificación moral de su causa; a saber: restituir el poder a su padre, que había sido injustamente depuesto; segundo, la gloriosa noticia de que la Iglesia ortodoxa aceptaba la supremacía del papa. Alejo, por supuesto, reconocía la mano de Dios en todo lo ocurrido a él y a su padre. Asimismo, se esforzó por explicar las razones por las que los cruzados habían necesitado sitiar Constantinopla, aunque no incluyó ningún detalle sobre los enfrentamientos militares. En consonancia con el informe de Hugo de Saint-Pol, el joven sostuvo que el que los cruzados hubieran tenido que emplear la fuerza para permitirle establecer su poder en la ciudad había sido algo totalmente imprevisto, y culpó de ello a la malvada propaganda del usurpador Alejo III: «Había contaminado la ciudad imperial que suspiraba por nosotros con sus venenosos discursos e incluso había declarado que los latinos [los cruzados] venían a subvertir la antigua libertad pública». Esto, sin duda, era cierto, y resulta obvio que Alejo III había aprovechado casi de forma natural la negativa percepción que la ciudad tenía de los occidentales para apoyar su causa. Estas ideas resultaban evidentemente atractivas para los bizantinos y no hay duda de que continuaron siendo un factor decisivo bajo el nuevo régimen.

Alejo IV abordó luego una cuestión que interesaba enormemente al papa Inocencio: la situación de la Iglesia ortodoxa. Para empezar, subrayó lo mucho que este asunto había contribuido a motivar a los cruzados a ayudarlo: «Un factor que, debo confesar, predispuso de forma especial el ánimo de los peregrinos en nuestro favor». En otras palabras, los cruzados no habían llegado a Constantinopla motivados por mundanos deseos de dinero y gloria, sino por elevadas razones espirituales. El joven continuaba así:

… nosotros prometimos con devoción que, llenos de humildad, reconoceríamos la jefatura eclesiástica de toda la cristiandad, esto es, al romano pontífice…, y que, con todo nuestro poder, conduciríamos la Iglesia oriental a él si la Divina Misericordia nos devolvía al trono que nos correspondía, absolutamente conscientes del gran honor y beneficio que ello representaría para el Imperio y de la eterna gloria que aportaría a nuestro nombre el que la perfecta túnica del Señor recuperara su unidad en nuestra época y gracias a nuestros esfuerzos.

Alejo, además, puso énfasis en su propia determinación y deseo de reconocer la supremacía papal.

Sin embargo, después de todas estas buenas noticias, aparecía una salvedad que hacía patente la debilidad de Alejo como emperador y la vaporosa naturaleza de sus promesas: «Con prudencia y empleando todo nuestro poder, procuraremos influir en la Iglesia oriental en esta misma dirección». El papa Inocencio debió de sonreír con ironía al leer esta frase. Al afirmar que intentaría convencer a los clérigos ortodoxos de seguir su ejemplo, el nuevo emperador estaba de hecho reconociendo que (a diferencia de los emperadores de épocas anteriores) su limitado poder no le permitía simplemente ordenar a sus eclesiásticos que tomaran determinado rumbo con la seguridad de que estos respaldarían su decisión. Incluso si el patriarca ortodoxo estaba de acuerdo, la fragmentación de la autoridad imperial era tal que los clérigos de las provincias podían continuar actuando de forma distinta si así lo querían. Para los cínicos, por tanto, las promesas de Alejo eran en realidad un barril sin fondo: su regreso al poder era el único logro seguro de los cruzados.

Una vez que Alejo fue coronado, los líderes cruzados *en masse* enviaron copias de un carta a Occidente en la que pregonaban su triunfo.[19] A su favor estaba el éxito de su campaña en Constantinopla y, por supuesto, el que Dios había aprobado sus acciones; no obstante, la carta de Alejo IV demuestra que no todas las cuestiones estaban tan claras como era de esperar. La carta de los nobles se ha conservado en copias muy similares dirigidas al rey Otón IV de Alemania, a todos los cristianos occidentales y al papa; aunque es muy posible que otras muchas copias de este mensaje hubieran sido enviadas, solo estas se conservan.

La carta se ocupa de los principales aspectos de esta historia: el pacto de Zara, el viaje a Constantinopla, la sorpresa que causó el triste recibimiento ofrecido al príncipe Alejo, el conflicto con el usurpador Alejo III, la firmeza con que los cruzados se enfrentaron a un ejército que los superaba en número, la vergonzosa huida del emperador y la coronación de Alejo IV. Todo ello había sido posible gracias a que la expedición había sido bendecida por Dios. Las primeras líneas de la carta subrayan este hecho con claridad: «Cuánto ha hecho el Señor por nosotros —o mejor, no por nosotros, sino por Su nombre—, cuánta gloria nos ha otorgado en estos días que nos disponemos a narraros brevemente…». Más adelante sostiene algo similar: «Si cualquiera de nosotros deseara ser glorificado, sería glorificado en el Señor y no en sí mismo o en algún otro». El que los cruzados actuaron con absoluta corrección es algo que la carta afirma con rotundidad. Las dimensiones del triunfo obtenido proporcionan al texto, como era previsible, un tono optimista, y la decisión de los occidentales de permanecer en Constantinopla durante el invierno de 1203 es presentada de la forma más positiva posible. Por otro lado, según la misiva, el apoyo militar y económico a la expedición a Tierra Santa que Alejo había prometido estaba garantizado.

La copia dirigida a los fieles cristianos intenta beneficiarse de esta halagüeña presentación de los hechos e insta a los clérigos a animar a los voluntarios a completar el trabajo del Señor. En otros términos, la expedición necesitaba más cruzados. La campaña requería de hombres fuertes y viriles, a quienes, acaso con excesivo optimismo, se aseguraba que lo más fácil estaba por venir: «Es evidente que las innumerables dificultades que debieron soportar nuestras espaldas no los aguardan, pues el poder que desciende del Cielo ha tenido misericordia y nos ha librado de ellas». La cúpula de la expedición argumentaba que «por una pizca de esfuerzo y tribulaciones no solo conseguirán una fama pasajera, sino que también se harán merecedores de un quintal de gloria eterna». De esta forma, el atractivo usual del honor y el favor divino quedaba realzado por la perspectiva de una campaña destinada a triunfar con bastante rapidez.[20] No solo se esperaba que estos nuevos reclutas contribuyeran a aumentar las probabilidad de tener éxito en Tierra Santa, sino también que sirvieran para reemplazar a los hombres que habían abandonado la flota en Zara y Corfú.

Alejo se apresuró a empezar a satisfacer sus compromisos económicos con los cruzados. Entregó cincuenta mil marcos directamente a los venecianos y luego treinta y seis mil marcos adicionales en concepto de saldo pendiente del contrato firmado con los cruzados en abril de 1201. El resto, unos veinte mil marcos, fue a parar a los líderes cruzados, lo que permitió que aquellos que habían pedido prestado para costear su transporte pudieran saldar sus deudas.[21] Parecía que la expedición empezaba por fin a liberarse de las cargas que la habían abrumado desde un principio. Sin embargo, en el fondo, no todo iba bien.

Aunque la situación económica de los cruzados había mejorado, la de Isaac y Alejo era crítica y las inmensas sumas de dinero necesarias para cumplir con sus promesas a los occidentales excedían sus recursos. Alejo III había conseguido llevarse al exilio una considerable cantidad de riquezas, lo que, sumado a los costes de la lucha contra los cruzados y a la decadencia general de la autoridad imperial durante los últimos meses, significaba que las arcas del tesoro imperial estaban prácticamente vacías. Con todo, los nuevos emperadores sabían muy bien que estaban obligados a satisfacer las demandas de sus belicosos huéspedes.

Quedaba una opción, una que los expondría al castigo divino: para obtener el oro y la plata que necesitaban, los emperadores empezaron a fundir algunos de los ornamentos eclesiásticos que hacían de Constantinopla una potencia espiritual. Esta decisión revela lo desesperados que se sentían los griegos, pues no había duda de que cometer un sacrilegio semejante provocaría la ira de Dios. Conocemos ocasionales ejemplos de iglesias en Europa occidental que fundieron recipientes preciosos para proporcionar algo de efectivo para quienes partían a las cruzadas, pero esto al menos podía excusarse señalando que con ello contribuían a la obra de Dios. Aquí, en cambio, eran las exigencias y la codicia de los cruzados —«sedientos después de libaciones tan abundantes como el mar Tirreno», según los describe Nicetas Choniates— lo que motivaba este escandaloso proceder. Las palabras apenas pueden expresar la mezcla de furia, exasperación e indignación que Nicetas sentía. El cronista consideraba que esto suponía un cambio radical para Bizancio: Alejo IV había subvertido de tal forma el orden correcto de las cosas que había acabado con la integridad del Imperio. Nicetas escribe: «Violando por completo las leyes, [el emperador] tocó lo intocable, con lo que, pienso, el estado romano fue subvertido en su totalidad y desapareció». Los hombres del emperador se pusieron manos a la obra con ahínco: «Fue una escena digna de ser contemplada: los santos iconos de Cristo entregados a las llamas después de haber sido tirados al suelo y hechos trizas con las hachas; los venerados vasos sagrados sacados de las iglesias con total indiferencia y luego fundidos para ser entregados a las tropas enemigas como plata y oro comunes». Para Nicetas esta herejía era aún más grave debido a la aparente indiferencia tanto de ambos emperadores como de la población en general, por lo que concluye que «en nuestro silencio, por no hablar de insensibilidad, no nos diferenciamos en nada de aquellos locos, y porque éramos responsables, unos y otros sufrimos y fuimos testigos de los peores males y desgracias».[22]

A medida que transcurría el verano, el emperador visitaba con frecuencia a los nobles cruzados, con algunos de los cuales había establecido vínculos estrechos, en especial con Bonifacio de Monferrato. Pero, mientras que su trato con los occidentales era bastante cordial, Alejo estaba empezando a descubrir que imponer su autoridad al pueblo de Bizancio era una tarea más exigente de lo que esperaba. Así como los occidentales habían sospechado durante décadas de los griegos, estos también desconfiaban de los cruzados: los bizantinos siempre habían mirado con escepticismo los motivos de los ejércitos que pasaban por Constantinopla y nunca habían dejado de temer una posible agresión por parte de ellos. También es importante que recordemos los disturbios antilatinos de principios de la década de 1180, que habían tenido un inmenso apoyo popular. El hecho de que los cruzados fueran quienes habían llevado al príncipe Alejo al trono imperial había despertado toda clase de suspicacias y animosidades. Como hemos señalado, el joven emperador no poseía ninguna experiencia en el ejercicio del poder y no contaba con una base de partidarios leales. En efecto, debía el haberse convertido en emperador al temor que inspiraban sus aliados occidentales y a la cobardía de su antecesor. En las semanas transcurridas desde su regreso, el nuevo emperador había tenido oportunidad de conocer la dolorosa antipatía que buena parte de su pueblo sentía hacia él y sus aliados. Y como si esto no fuera suficiente, Alejo necesitaba también imponer su control en el resto del Imperio bizantino. En una época en las que no había transmisiones televisivas que se encargaran de llevar una imagen de autoridad a la provincia, los gobernantes (y en especial alguien que había llegado al trono en circunstancias tan complicadas) tenían que ensillar su caballo y mostrarse. Por tanto, era necesario que el nuevo emperador recorriera sus territorios para recibir la sumisión de sus súbditos o, en caso de que estos se resistieran, someterlos por la fuerza. Un avance de este tipo le permitiría a Alejo recaudar parte de esos fondos que con tanta urgencia necesitaba; no obstante, para emprender un viaje de esta naturaleza, necesitaba ayuda y fue inevitable que la buscara entre los cruzados.

Alejo IV llegó al campamento y convocó una reunión con los principales nobles de la expedición. Esta vez no se trataba de una visita social. Los nobles acudieron a la tienda de Balduino de Flandes, donde después de rendir tributo a la ayuda prestada por sus aliados —«Me habéis prestado el servicio más grande que nadie haya proporcionado jamás a ningún cristiano»— el emperador tuvo que reconocer lo que para entonces ya debía de ser evidente para todos los presentes: «Me gustaría haceros saber que mucha de mi gente no me quiere, aunque algunos finjan hacerlo. Además, los griegos en su conjunto están resentidos conmigo por haber recuperado mi imperio gracias a vuestra ayuda».[23]

Alejo sabía que el contrato de los cruzados con los venecianos expiraba a finales de septiembre y que, por tanto, pronto se marcharían de Constantinopla, pero era consciente de que tenía muy pocas posibilidades de poder cumplir con las promesas que les había hecho antes de esa fecha: necesitaba tiempo para reunir el dinero, las naves y la fuerza militar que se había comprometido a proporcionarles. Además, el joven emperador también tenía que pensar en su propio futuro. En la versión que Villehardouin nos ofrece de su discurso, se nos muestra al emperador presa de la desesperación: «Los griegos, debo deciros, me odian debido a mi relación con vosotros; si me abandonáis, perderé mi imperio y me matarán».[24]

El nuevo emperador simplemente no había tenido tiempo de afianzar su posición. Una vez más, rogó a los cruzados que lo ayudaran a cambio de incentivos económicos increíblemente atractivos. Alejo les pidió permanecer con él hasta marzo de 1204, la época de la penúltima travesía marítima. Si se quedaban a su lado, él prometía pagar el coste de la flota hasta septiembre de 1204, todo un año desde la expiración del contrato original con los venecianos, y suministrar los alimentos que necesitaran franceses e italianos hasta que partieran la primavera siguiente. Para entonces el emperador esperaba haber conseguido establecer un verdadero control sobre sus territorios, con lo que no habría peligro de que su predecesor se hiciera con ellos. Haciéndose realmente con el poder, Alejo estaría en condiciones de recaudar los impuestos y tributos que requería para pagar a los cruzados y costear la flota encargada de transportar las tropas bizantinas a Tierra Santa. Si sus propuestas eran aceptadas, los cruzados podrían dedicar todo el verano de 1204 a combatir contra los musulmanes, con los suministros adecuados y un mayor ejército gracias al apoyo de los griegos.

Los nobles intentaron asimilar lo que el emperador acababa de decirles. Para muchos de ellos, la debilidad de Alejo era demasiado evidente y el trato que les sugería resultaba claramente beneficioso para unos y otros. Sin embargo, también eran muy conscientes de las increíbles dificultades que habían encontrado en Corfú cuando intentaron convencer al ejército de que aceptara la primera oferta del joven. El hecho de que gran parte de las promesas hechas entonces siguieran sin cumplirse y la necesidad de retrasar por tanto tiempo el viaje a Tierra Santa garantizaban que la nueva propuesta sería todavía más difícil de vender. Los líderes cruzados comunicaron a Alejo que, antes de darle una respuesta, necesitaban consultar con sus hombres; después, el emperador regresó a la ciudad.

Al día siguiente, Balduino, Bonifacio y Dandolo convocaron a los nobles y los caballeros a una reunión. Como era inevitable, las nuevas ideas sobre el futuro de la expedición provocaron un gran alboroto, y no tardaron en aparecer las mismas fisuras que se habían abierto en Corfú. Tras haberse comprometido primero a atacar Zara y luego a apoyar a Alejo, el grueso de los dirigentes cruzados quería ahora que se aceptara su nueva propuesta y pasar el invierno en Constantinopla. No obstante, para la facción que había amenazado con marcharse a Brindisi, todo el asunto no era más que un otro aplazamiento más: la cruzada empezaba a parecer un cuento de nunca acabar. Quienes disentían recordaron a Balduino y Bonifacio que habían estado de acuerdo en viajar a Constantinopla con la condición de que pudieran dejar la ciudad cuando lo solicitaran.

El principal argumento de quienes querían que la expedición permaneciera en Bizancio giró en torno a lo avanzado de la estación para emprender el viaje. Si se permitían dedicar un par de semanas a reunir todo lo necesario y acondicionar la flota y luego pasaban un mes en alta mar, llegarían a Siria a principios del invierno. La lluvia y el frío les impedirían luchar en Tierra Santa, y el ejército tendría que vivir acorralado en una de las ciudades costeras, lo que no solo implicaría consumir valiosos recursos, sino que probablemente provocaría tensiones con los habitantes. Esperar en Constantinopla hasta marzo significaba obtener provisiones gratuitas y les permitiría garantizar que Alejo se estableciera en el poder sin incidentes, lo que a su vez posibilitaría que este ofreciera todo su apoyo a la expedición. Los venecianos, por su parte, también permanecerían en la ciudad, y era obvio que una fuerza que contara con el apoyo y el equipo apropiados estaría en mejores condiciones para conquistar ultramar.

Al final, fue este último argumento el que triunfó. Si Alejo podía cumplir sus promesas, como la mayoría de los líderes cruzados parecía creer, posponer la expedición hasta la primavera era lo más lógico que podían hacer. Los venecianos juraron continuar al servicio del ejército hasta el día de san Miguel Arcángel (29 de septiembre) de 1204 y, según Villehardouin, Alejo les pagó suficiente dinero para que esperar valiera la pena.[25] Los cruzados, por su parte, prometieron permanecer al lado de los venecianos durante todo ese tiempo y la cuestión se consideró zanjada.

Tomada esta importantísima decisión, el emperador y los cruzados empezaron a prepararse para realizar una gira por las provincias. La jerarquía de los hombres que acompañaron a Alejo en esta campaña demuestra su trascendencia. Bonifacio de Monferrato, Hugo de Saint-Pol y Enrique de Flandes, para nombrar solo a unos pocos, fueron algunos de los que decidieron participar en una expedición en la que su condición de caballeros fuertes y con amplia experiencia militar sería muy apreciada. La ocasión, por supuesto, podía depararles recompensas económicas y la oportunidad de realizar proezas y demostrar su valentía. La *Devastatio Constantinopolitana* cuenta que Alejo habló de gratificaciones y de considerables sumas de dinero para todos los caballeros y hombres de infantería del ejército cruzado que lo acompañaran.[26] Nicetas Choniates sostiene que el emperador ofreció a Bonifacio de Monferrato dieciséis quintales de oro, un incentivo irresistible.[27] No obstante, que el ejército cruzado en su totalidad abandonara Constantinopla no hubiera sido prudente, pues entonces Isaac habría quedado expuesto al peligro. Su hijo y los nobles franceses eran conscientes de la necesidad de proporcionar alguna protección al anciano coemperador y, por tanto, el conde Balduino y el conde Luis de Blois permanecieron en Constantinopla, al igual que los venecianos, cuya pericia como marineros no era necesaria en esta ocasión en particular.

La muerte de Mateo de Montmorency, uno de los caballeros más destacados de toda la campaña y veterano de la Tercera Cruzada, entorpeció los preparativos de los cruzados. Mateo había sido uno de los más enérgicos partidarios del desvío hacia Constantinopla y una vez allí se había encargado de dirigir uno de los siete contingentes en que se dividió el ejército durante el asedio de la ciudad. Cayó enfermo en agosto de 1203 y murió ese mismo mes, llorado por todos. Villehardouin rinde un sentido homenaje a quien considera «uno de los mejores caballeros de todo el reino de Francia y uno de los más amados y respetados».[28]

Resulta significativo que Mateo fuera enterrado en Constantinopla, en la iglesia de los Caballeros Hospitalarios de Jerusalén, una elección bastante apropiada para un hombre que había muerto al servicio de Cristo mientras se esforzaba por alcanzar la Jerusalén terrena.

A mediados de agosto, Alejo y sus aliados salieron de Constantinopla e iniciaron su campaña. Otro de los objetivos de esta era capturar a Alejo III, que aún abrigaba esperanzas de regresar al poder. Sin embargo, dada su actual debilidad, era improbable que el renegado se acercara mucho a un ejército tan formidable. La vergonzosa huida de Alejo III y la presencia de su sucesor y los soldados occidentales hicieron que la mayoría de los tributarios locales de Constantinopla homenajearan al nuevo emperador como se les pedía.

Sin embargo, la expedición de Alejo IV y los cruzados no fue especialmente extensa, y al parecer prefirieron no visitar las regiones occidentales del Imperio, como Tesalónica o el Peloponeso, por miedo a alejarse demasiado tiempo de Constantinopla.

Un importante personaje que optó por no reconocer a Alejo atormentaría después a los cruzados cuando estos se hicieran finalmente con el control de Bizancio: Juan II Kaloján, rey de Bulgaria (1197-1207). Los búlgaros, sus vecinos valacos y los paganos cumanos habían sido una espina clavada en el costado de los bizantinos durante más de veinte años, y Juan II había conseguido establecer un control independiente sobre un territorio de dimensiones considerables. Antiguamente, Bulgaria había estado sometida al dominio de los griegos, pero desde la década de 1180 sus gobernantes se habían independizado. La llegada de un nuevo emperador, tuviera o no aliados occidentales, no era razón para que Juan II sacrificara su autonomía y por tanto se negó a reconocer la autoridad del joven.[29]

El emperador viajó hacia el noroeste rumbo a la ciudad de Adrianópolis, en Tracia, donde su rival, Alejo III, había intentado establecerse durante un breve período (el usurpador fue sensato y partió antes de la llegada de sus enemigos). Nicetas nos informa de que la fuerza conjunta de bizantinos y cruzados subyugó las ciudades tracias y que les arrancó cuanto dinero pudo.[30] Luego hubo discordia entre los cruzados y el emperador debido a una suma de dinero que, según aseguraba Enrique de Flandes, se le había prometido pero no se le había pagado. Sin este incentivo, el conde prefirió regresar con sus tropas a Constantinopla, un hecho que demuestra lo frágiles que eran las relaciones entre Alejo y algunos de los miembros del ejército cruzado. A pesar del éxito de la campaña, este incidente también es una prueba de que el emperador seguía teniendo serias dificultades para reunir el efectivo necesario para satisfacer las generosas promesas hechas a los occidentales. Bonifacio y los demás continuaron junto a Alejo y culminaron el viaje sin contratiempos adicionales.

11

«El incendiario ángel del mal»

El gran incendio de agosto de 1203

Los cruzados que permanecieron en Constantinopla se acomoda-
ron para pasar el otoño e invierno mientras esperaban a sus colegas y se preparaban para las nuevas aventuras que tendrían lugar
en primavera. En teoría, estos meses deberían de haber sido un
período de relativa calma; sin embargo, los occidentales estaban
a punto de ser testigos de un terrible acontecimiento, un suceso
en buena parte provocado por su presencia. A pesar de incidentes como la purga antioccidental de la década de 1180 y otros
ataques ocasionales a grupos de extranjeros durante las décadas
anteriores, todavía había un considerable número de europeos
viviendo y trabajando en Constantinopla. Algunos, como los pisanos, se habían mostrado leales al régimen imperial durante el
asedio, si bien tras la desaparición de Alejo III habían tomado la
prudente decisión de cambiar de política y aceptar a Isaac Ángelo
y su hijo. Este oportunismo, por supuesto, ofendió a muchos
bizantinos, y cuenta Nicetas que la hostilidad de los griegos hacia
los pisanos y hacia una colonia de amalfitanos llevó a la turba de
Constantinopla a quemar las viviendas de los occidentales, lo que
obligó a muchos de ellos a desplazarse al otro lado del Cuerno de
Oro para «compartir la mesa y la tienda» con sus correligionarios
católicos.[1]
  La clara responsabilidad de los cruzados en el cambio de régimen que habían impuesto a los griegos y su constante presencia
como instrumento del joven emperador estimularon el resenti-

miento del pueblo de Constantinopla contra los extranjeros. El 19 de agosto de 1203 se inició una pelea entre un grupo de griegos y una partida de occidentales autóctonos, como consecuencia de la cual alguien comenzó un incendio, sin mala intención, según Villehardouin. Otras fuentes indican que el conflicto era entre cruzados y griegos, y que estos últimos, al carecer de otros medios para su defensa, prendieron fuego a un edificio. Nicetas Choniates, que estaba en la ciudad en ese momento, nos ofrece una versión diferente y mucho más detallada de los hechos. El cronista afirma de forma directa que fueron los cruzados quienes iniciaron la catastrófica serie de acontecimientos y que la raíz del incidente fue su insaciable sed de dinero. Sorprendentemente, el primer blanco de los agresores no fueron los bizantinos, sino los ocupantes de una mezquita situada justo fuera de las murallas de la ciudad, al otro lado del Cuerno de Oro desde el campamento cruzado. Esta construcción no era la única mezquita de la ciudad (esta clase de edificios habían existido en Constantinopla desde hacía varios siglos), pero las demás se encontraban cómodamente ubicadas dentro de las murallas, y es probable que esta en particular se remontara a la época en que Isaac se acercó a Saladino. Un grupo de cruzados flamencos junto con algunos pisanos y venecianos, casi con certeza motivados por la reciente actividad antioccidental de la ciudad, capitanearon algunos barcos pesqueros locales para llegar hasta la mezquita.

Los occidentales asaltaron el edificio y empezaron a apoderarse de todo lo que había en él. Cogidos por sorpresa, los musulmanes se defendieron como mejor pudieron, empleando cuanto tenían a mano para resistir las espadas desenvainadas de los cruzados, y pidieron ayuda a los griegos, que acudieron a toda prisa, ansiosos por luchar contra los odiados invasores. Los esfuerzos combinados de musulmanes y constantinopolitanos hicieron retroceder a los cruzados, pero, como ya habían hecho durante el primer asedio, los venecianos provocaron un incendio para cubrir su retirada e infligir algún castigo a sus adversarios.

No contentos con destruir el lugar de oración de los infieles, los occidentales entraron a otros lugares para prenderles fuego también. Lo que Nicetas nos describe aquí es, por tanto, un serio intento de vengar los anteriores disturbios antioccidentales. Es poco probable que semejante acción haya sido aprobada por la cúpula cruzada, pues esta no habría querido ver aún más deterioradas las ya frágiles relaciones con los griegos y, con seguridad, no de una forma tan espectacular y destructiva. La presencia de los pisanos, víctimas recientes de la turba, y el uso de embarcaciones locales y no de naves venecianas son elementos que también sugieren que se trató de una incursión que no contaba con autorización oficial. A pesar de su aversión hacia los occidentales, el texto de Nicetas nos proporciona detalles tan convincentes de todo el incidente que debemos considerar la suya como la versión más fiel de lo ocurrido.

En cualquier caso, las consecuencias fueron horrorosas. Aunque el incendio del 17 de julio había provocado bastante daño, esta nueva conflagración fue muchísimo peor. En el verano seco y caluroso, el fuego no tardó en alcanzar las casas de madera que se apiñaban en esta zona de la ciudad, a unos quinientos metros desde su extremo oriental. Nadie pudo controlar las llamas, y no hablemos de acabar con el incendio. Para Nicetas, lo ocurrido era algo nuevo en todo sentido e imposible de describir. Antes había habido incendios en la capital bizantina, pero este «demostró que todos los demás no eran más que chispas».[2] Los dos primeros días y noches fueron testigos de los peores daños, ya que el viento del norte ayudó a propagar las llamas a lo largo de la ciudad en dirección al Foro de Constantino. En ocasiones la brisa cambió y el fuego vagó sin rumbo como una bestia hambrienta que se atiborraba con todo lo que encontraba en su camino. Los edificios de madera no fueron los únicos que cayeron presa de este infierno. La gran ágora (la plaza) fue consumida por las llamas, sus elegantes pórticos se vinieron abajo y sus fuertes columnas quedaron atrapadas y fueron destruidas por el fuego.

Los cruzados, situados en la orilla opuesta del Cuerno de Oro, solo pudieron contemplar cómo el fuego arrasaba las calles y devoraba a su paso casas, iglesias y tiendas. Las nubes de humo subían al cielo y las llamas saltaban de edificio en edificio; los gritos de quienes habían quedado atrapados en la conflagración flotaban en el aire. El crepitar de la madera al consumirse, el traqueteo abrasivo de la mampostería al desintegrarse, el ruido sordo de las paredes al caer y el sonido agudo y entrecortado que producían las tejas al hacerse añicos, todo contribuía a servir de voz a este espectáculo infernal.

Durante días el incendio continuó su avance, su frente tenía ahora centenares de metros y había consumido enormes áreas de las zonas más pobladas de la ciudad. El fuego avanzaba en dirección sur hacia el puerto e incluso arañó a la mismísima Santa Sofía. Nicetas señala que el cercano arco del Milion (el punto de Constantinopla desde el que se medían todas las carreteras) se quemó, así como el complejo del tribunal eclesiástico conocido como los Sínodos, cuyas paredes de ladrillo cocido y profundos cimientos no consiguieron resistir el calor, «todo en su interior se consumió como la cera».[3]

El incendio había desgarrado la ciudad creando una gigantesca herida que se extendía desde el Cuerno de Oro hasta el mar de Mármara. Constantinopla, según una imagen de Nicetas, había sido atravesada de lado a lado por un gran río de fuego, y la gente que tenía parientes al otro extremo de la ciudad se vio obligada a cruzarlo para llegar hasta ellos.[4] Aunque el Gran Palacio salió indemne, el hipódromo y el Foro de Constantino quedaron ligeramente dañados. Un viento del oeste empujó el fuego hacia el puerto de Teodosio, donde las llamas superaron en altura las murallas y algunas chispas prendieron fuego a una nave que pasaba cerca.

Finalmente, después de tres días, el fuego pareció haberse saciado y empezó a remitir. El agua proveniente de las cisternas y acueductos permitió acabar con los restos del incendio: al final, unas ciento ochenta hectáreas de tierra quedaron convertidas en una ruina chamuscada y humeante. Nicetas, un hombre que sentía un amor y un orgullo muy profundos por su ciudad, lamentó la triste escena que encontró: «¡Ay de mí! Qué gran pérdida la de esos magníficos y bellos palacios repletos de toda clase de delicias, llenos de riquezas y envidiados por todos».[5]

Los habitantes estaban en verdad convencidos de que los occidentales eran los responsables de la conflagración. Desde ese momento, nos informa Villehardouin, no fue ya seguro para ninguno de ellos permanecer en Constantinopla y, según sus cálculos, unas quince mil personas, entre hombres, mujeres y niños, huyeron de la ciudad para refugiarse junto a los cruzados con todo lo que pudieron salvar. Desde cierto punto de vista, esta gente suponía un problema a corto plazo para los cruzados, pues ahora había más bocas que alimentar; sin embargo, los refugiados también eran en potencia una fuente de trabajadores habilidosos y de hombres fuertes para el combate: «Con todos se creó un ejército», como resume la *Devastatio Constantinopolitana*.[6] En cualquier caso, además de la pérdida de vidas y propiedades, el fuego abrió un abismo insalvable entre los bizantinos y los occidentales que contribuiría a crear nuevas tensiones en una relación que ya era bastante complicada.

Ignorando la posibilidad de que los cruzados fueran los culpables del incendio y las inmensas dificultades económicas que soportaban miles de ciudadanos de Constantinopla, Isaac continuó reuniendo tesoros sagrados para realizar los pagos exigidos por los occidentales. Nicetas despotrica de la incapacidad del emperador para responder a la tragedia y critica que, entretanto, continuara dedicado a profanar los objetos religiosos. El cronista se refiere a Isaac como «el incendiario ángel del mal», un juego con el nombre familiar del emperador que evidencia con claridad la ira que este le producía.[7] Ahora bien, a pesar de que el saqueo proseguía, las pérdidas causadas por el fuego hicieron que el flujo de dinero hacia los cruzados se redujera, lo que inevitablemente hizo que estos se resintieran.

Poco tiempo después de estos sucesos, los griegos, ya fuera con o sin dirección imperial, reconstruyeron la sección de la muralla que los cruzados habían solicitado demoler. La ausencia de cerca de la mitad del ejército occidental y la rabia que sentían tras el incendio dieron a los bizantinos el impulso necesario para afrontar un movimiento de confrontación semejante, una prueba de que la disposición del pueblo era cada vez más militante. Frustrado ante este desarrollo de los acontecimientos, Balduino envió a sus mensajeros al encuentro del ejército que había partido con el emperador Alejo para informar a sus camaradas de que los pagos habían cesado y pedirles que regresaran a Constantinopla tan pronto como les fuera posible. El 11 de noviembre de 1203, la expedición volvió a la ciudad, en parte satisfecha con la forma en que el nuevo emperador había sido recibido, pero severamente preocupada por el deterioro de las relaciones con sus aliados nominales.

Para Alejo, la campaña fue una extraña ocasión para saborear el triunfo. Había conseguido imponer su autoridad al menos en una parte de los territorios del Imperio y, además, el pueblo de Constantinopla lo recibió a lo grande, como correspondía a un emperador, y las familias más destacadas de la ciudad acudieron a presentarle sus respetos. Los señores y damas locales se vistieron con sus mejores galas para ir a su encuentro y escoltarlo de regreso a la ciudad. Los cruzados también se apresuraron a dar la bienvenida a sus amigos, sin duda aliviados al comprobar que todos habían regresado sanos y salvos.

A medida que se acercaban a la ciudad, Alejo y los cruzados debieron de ver la tremenda devastación que había provocado el gran incendio. Aunque los occidentales se detuvieron en su campamento en el lado norte del Cuerno de Oro y el emperador continuó a lo largo de la ensenada hasta el palacio de las Blaquernas, la terrible cicatriz negra dejada por las llamas tuvo que ser visible para todos. Las noticias de la conflagración habían sido transmitidas a Alejo y sus aliados mientras se encontraban en Tracia; no obstante, la escala de los daños era asombrosa. El emperador debió de sentirse escarmentado por la pérdida de tantos edificios excelentes y la visión de su gente viviendo como indigentes entre las ruinas de las que habían sido sus casas; y el enterarse de que sus aliados occidentales eran considerados responsables de semejante atrocidad probablemente le hizo olvidar la satisfacción de sus éxitos en el Imperio. Los cruzados también debieron de haber advertido que frente a ellos se extendía un largo y tenso invierno antes de que la expedición pudiera partir hacia Levante.

Una vez instalado en Constantinopla, el emperador Alejo se sintió un hombre nuevo: la aclamación de las provincias y la bienvenida que le había proporcionado la ciudad aumentaron su confianza en sí mismo. Hasta entonces había vivido a la sombra de su padre, pero ahora, ungido como emperador y con una exitosa campaña en su haber, quería actuar con libertad y hacer valer su propia independencia.

Al regresar de su recorrido por las provincias, uno de sus primeros actos fue ordenar que se colgara a todos aquellos que hubieran contribuido a deponer y cegar a su padre en 1195. La eliminación de estos conspiradores potenciales era una delicada decisión dadas las impredecibles circunstancias de Constantinopla; no obstante, lo que tuvo mayor impacto sobre la estabilidad del Imperio bizantino fue el desastroso deterioro de las relaciones entre Alejo y su padre. En otras palabras, el problema era que sus lazos familiares no eran más fuertes que su deseo de ser la autoridad suprema. Gracias a sus aliados, Alejo había conseguido deshacerse del usurpador que ocupaba el trono bizantino y acababa de recorrer las provincias cercanas del Imperio y ser reconocido como emperador. Estas eran las acciones de un gobernante joven y próspero. Aunque la permanencia de Isaac en Constantinopla había sido una decisión prudente, su ceguera, el hecho de que ya antes hubiera sido depuesto y la presencia de su hijo como coemperador contribuían a subrayar que estaba experimentando una forma de autoridad muy diferente de la que había gozado en 1195.

Nicetas Choniates señala que quienes pensaban que Alejo era la principal figura del dúo imperial eran cada vez más. El nombre del joven empezó a aparecer en primer lugar en los pronunciamientos públicos, mientras que el de Isaac le seguía «como un eco».[8] Con su ceguera como permanente recordatorio de sus limitaciones, el viejo emperador sentía que las riendas del poder se le escapaban de las manos y se volvió amargado y resentido. Empezó a murmurar sobre la falta de autocontrol de Alejo y a difundir rumores sobre las preferencias sexuales del joven en los que sugería que le gustaba acompañarse de «hombres depravados a quienes golpea en las nalgas y quienes lo golpean a él a cambio».[9]

Durante las semanas que siguieron a su regreso de Tracia, Alejo se mantuvo en estrecho contacto con los cruzados. Para entonces habían estado trabajando juntos durante más de un año y una razonable afinidad había surgido entre ellos. El emperador disfrutaba en compañía de los occidentales (a fin de cuentas, había pasado también varios meses en las cortes europeas) y acudía con frecuencia al campamento cruzado, donde pasaba el día bebiendo en cantidad y jugando a los dados. Tan informal era la atmósfera allí que Alejo dejó que sus compañeros le quitaran la dorada diadema de joyas que llevaba en su cabeza y la reemplazaran por un enmarañado tocado de lana. Para Nicetas Choniates, semejante comportamiento constituía una desgracia: el joven emperador deshonraba el nombre imperial y mancillaba la gloria de Bizancio.[10]

El cronista griego también describe el marcado declive de las aptitudes políticas de Isaac. Quien antes se había caracterizado por ser un gobernante bondadoso y poco amigo de la violencia, ahora buscaba rodearse de videntes y astrólogos; Isaac era un hombre malogrado por el sufrimiento y su proceder era acaso consecuencia de la presión que sentía al ver debilitada su autoridad. Sin embargo, para Nicetas, estas compañías no eran más que simples charlatanes que aprovechaban la situación para atiborrarse a costa de la hospitalidad imperial. El ciego emperador siempre se había sentido atraído por la adivinación del futuro, pero ahora se entregaba a tales prácticas con mayor ahínco, quizá una forma de defenderse frente a su propia incapacidad y el avance de su hijo.

Bajo la influencia de los adivinos, Isaac empezó a imaginarse a sí mismo como único gobernante de Bizancio y luego, aunque parezca increíble, sus ambiciones se ampliaron todavía más para abarcar en su propia persona la unión de los imperios oriental (Bizancio) y occidental (el Sacro Imperio). Aunque Manuel Comneno, por ejemplo, había intentado hacer valer su preeminencia sobre Federico Barbarroja, en realidad nunca había pensado seriamente en unir ambos imperios para formar una única y poderosa entidad. El que un anciano ciego concibiera semejante idea, estando acorralado en una ciudad con un ejército extranjero desesperado y decidido acampando fuera de sus murallas, demuestra su incapacidad para comprender lo que en verdad ocurría a su alrededor.

Y por si ello no fuera suficiente, Isaac creía también que su ceguera desaparecería con solo frotar sus ojos, que la gota que lo había agobiado remitiría y que se transformaría en una especie de semidiós.[11] Ciertos monjes con barbas como «campos de trigo» estimulaban estos delirios mientras se dedicaban a disfrutar de los mejores vinos y comidas que el palacio imperial estaba en condiciones de ofrecer. El crédulo emperador se mostraba enormemente receptivo a las profecías de estos individuos y se deleitaba escuchando sus seductoras predicciones.

En una de sus decisiones más excéntricas, Isaac ordenó que se retirara de su pedestal en el hipódromo al Jabalí de Calidón, una célebre criatura de la mitología griega.[12] Esta aterradora bestia —que incluso poseía pelo erizado en su espalda— fue colocada enfrente del Gran Palacio con el objetivo de proteger al emperador de la muchedumbre de la ciudad. Ahora bien, aunque esto constituye un reconocimiento de los peligros que planteaba la multitud, lo cierto es que difícilmente era una forma adecuada de mantenerse en el trono. Para el lector moderno resulta obvio que estas acciones eran propias de un gobernante débil que se había alejado por completo de la realidad y se dirigía inexorablemente a la catástrofe. La ceguera física de Isaac iba a la par de su ceguera política y, como su hijo, pronto se ganó el despreció de los habitantes de Constantinopla.

Un político más hábil y astuto podría haber aprovechado los explícitos vínculos entre Alejo y los cruzados en su favor. Dado el enorme deseo de poder que Isaac tenía y la creciente aversión que le inspiraba su hijo, había una clara oportunidad de sacar partido a la oleada de descontento hacia los extranjeros que se extendía entre los habitantes de la ciudad. Aunque era indudable que los occidentales constituían una seria amenaza militar, si el anciano líder griego hubiera conducido a los cruzados a la batalla como Alejo III había sido incapaz de hacer o hubiera utilizado en su favor la total dependencia que estos tenían de los bizantinos para obtener alimentos, habría quizá conseguido hacerse con la supremacía que tanto ambicionaba. En realidad, tanto el padre como el hijo estaban tan encerrados en sus obsesiones personales y en las maquinaciones de palacio que ignoraron por completo los deseos fundamentales del pueblo de Constantinopla. El nombre imperial estaba siendo destruido y mancillado en todo sentido: a la cobardía de Alejo III le había seguido la lejanía e impopularidad de sus dos sustitutos. El aura de dignidad que rodeaba al trono bizantino —forjada a través de los siglos y elemento fundamental de la imagen de sí mismos que tenían los habitantes de Constantinopla— estaba en penosa decadencia. El edificio del poder había sido erosionado severamente y ello significaba que también la lealtad hacia los individuos que detentaban el título era frágil, cuando no inexistente. Isaac y Alejo necesitaban despertar y actuar de algún modo para que sus propios intereses se alinearan con los de sus súbditos. La alternativa predecible era su retirada de la política, una opción que probablemente resultaría dolorosa.

La patente ausencia de liderazgo fomentó el descontento de los ciudadanos. El pueblo de Constantinopla, enojado por la deserción de Alejo III, humillado por el poderío de los cruzados y enfurecido por la destrucción provocada por el gran incendio, buscaba respuestas a sus problemas. Una víctima de «la porción de las masas vulgares que se había entregado al vino» (como la denomina con elegancia Nicetas) fue una estatua de la diosa Atenea que se encontraba sobre un pedestal en el Foro de Constantino. Nicetas escribe con gran entusiasmo sobre la belleza de este bronce de tres metros de alto y se entretiene describiendo la escultura de los pies a la cabeza. Con cariño, el historiador bizantino recuerda los pliegues del vestido que envolvía el cuerpo de la diosa, la ajustada cinta que rodeaba su cintura y la capa de piel de cabra, decorada con la cabeza de las Gorgonas, que cubría sus hombros y su prominente pecho; se recrea en la sensualidad de su largo cuello desnudo y sugiere que sus labios eran tan perfectos que, si uno se detenía a escuchar, podía oír una voz que emanaba de ellos. Tan real era esta creación que las venas de Atenea parecían dilatadas como si estuvieran llenas de sangre y todo su cuerpo semejaba estar en la flor de la vida. Se dice que sus ojos transmitían añoranza; mientras su yelmo terminaba en una cresta de crin de caballo, su cabello estaba trenzado en la parte posterior de su cabeza y algunos rizos caían alrededor de la cara. La mano izquierda de la diosa estaba doblada dentro de su vestido; no obstante, fue la posición de su mano derecha la que selló su destino a los ojos de la turba. Según Nicetas, la cabeza y la mano derecha de la estatua apuntaban en dirección sur, pero las masas (ignorantes de los puntos cardinales) creyeron que la diosa miraba al oeste y, por tanto, llamaba por señas al ejército cruzado. Por este acto de aparente traición, la estatua fue derribada de su pedestal y hecha añicos. Para Nicetas, esto era algo así como un acto de automutilación; dadas las circunstancias, volverse contra una diosa de la guerra y la sabiduría era un error estúpido. El cronista, por supuesto, no le atribuye ningún estatus divino a la estatua y se refiere a ella solo como símbolo de estas virtudes.[13]

Al mismo tiempo que la ciudad presenciaba estas evidentes manifestaciones de malestar, los emperadores proseguían con su implacable extracción de dinero para satisfacer las demandas de sus aliados, pero el populacho, como era lógico, se oponía a cualquier exigencia de pago. Enfrentados a una situación tan explosiva, los administradores imperiales se volvieron hacia blancos más compasivos, esto es, la Iglesia y los ricos. Algunos de los tesoros que podían ser retirados de Santa Sofía fueron llevados y fundidos, las decenas de lámparas de plata que colgaban del techo de la iglesia fueron reunidas y arrojadas a las llamas. Se pidió a algunos ciudadanos (entre los que probablemente se encontraba el mismo Nicetas) que contribuyeran con sus propios recursos. Con desprecio, el historiador describe todo esto como un tirar carne a los perros y habla de «una infame mezcla de lo profano con lo sagrado».[14]

Los encargados de recaudar el dinero empleaban informantes para que los condujeran a las fuentes de riqueza y siempre estaban buscando nuevos objetos de valor. Los cruzados también empezaron a presionar para que se reunieran estos recursos y realizaron visitas a las prósperas fincas e instituciones religiosas que se encontraban en los alrededores de Constantinopla para apropiarse del dinero que necesitaban.

En el invierno de 1203, la situación en la ciudad había llegado a un punto crítico. Nicetas Choniates nos ofrece una descripción especialmente vívida y convincente de una gran civilización que se pudre desde dentro. La decadencia y desintegración internas eran tangibles en Constantinopla. La Reina de la Ciudades, con todos sus grandiosos edificios y símbolos de poder, se arrodillaba por la incompetencia de sus gobernantes, el comportamiento febril de sus ciudadanos y la intransigencia de sus enemigos.

Entre los bizantinos la figura clave era, sin duda, Alejo. El joven emperador estaba acorralado en una esquina que cada día se hacía más y más estrecha. Debía su actual posición única y exclusivamente a los cruzados, a quienes había prometido enormes sumas de dinero. Su supervivencia política dependía de la fortaleza militar de estos y había trabado una estrecha amistad con varios miembros de su ejército. Por otro lado, Alejo sabía que sus aliados eran sumamente impopulares, algo que había comprendido ya en agosto, cuando él y su padre pidieron a los cruzados que trasladaran su campamento a Gálata. El gran incendio y las continuas exacciones de dinero solo sirvieron para echar todavía más sal en la herida. En términos muy simples, el pueblo griego quería que los occidentales se marcharan. El joven emperador, por lo tanto, debía realizar un trabajo de equilibrista: tenía que conseguir mantenerse en el poder hasta su partida y, entretanto, emplear la presencia de los cruzados para fortalecer su propia posición, de manera que pudiera sobrevivir en cuanto estos se hubieran ido en marzo de 1204.

Alejo tenía que aplacar a su pueblo al tiempo que se llevaba su oro, y no podía arriesgarse a ganarse la antipatía de sus aliados, ya fuera por no cumplir con el pago previsto o por dar la impresión de que aprobaba las agresiones de las que eran objeto. Una oración contemporánea en favor de Alejo alaba al emperador según dictaba la convención; no obstante, resulta significativo que omita toda referencia a Isaac (lo que sugiere que para entonces su hijo detentaba todo el poder) y que exhiba una abierta hostilidad hacia los occidentales: «Solo porque ellos os hayan transportado hasta aquí, adonde has llegado, emperador, por voluntad de Dios, no los dejéis actuar sin freno; puesto que al haberos restaurado como señor emperador han desempeñado un papel de sirvientes, dejad que sean sometidos a las leyes de servidumbre». El discurso advierte al emperador de la avaricia de la «vieja» Roma, que intenta recuperar su juventud a expensas de la «nueva».[15]

Alejo Ducas, el noble conocido como Murzuflo, era una figura prominente del partido anticruzado en Constantinopla, y reprochó al emperador por pagarles tantísimo dinero e hipotecar tantísimas tierras para ello, y le instó a hacer que los cruzados se fueran.[16]

Los cruzados, por supuesto, seguían dependiendo de Alejo para obtener comida y esperaban contar con su respaldo militar y económico en la primavera. No obstante, como las encendidas discusiones de Corfú habían ya demostrado, una gran parte del ejército era más bien tibia en su apoyo al emperador y no tenía mucha paciencia cuando se trataba de promesas incumplidas. Cuanto más se retrasaba Alejo en sus pagos del dinero prometido, mayor era el descontento del ejército cruzado. Entre los occidentales la desconfianza hacia los griegos crecía como un tumor.

Bonifacio de Monferrato intentó utilizar sus estrechos vínculos con Alejo para convencerlo de que debía restablecer el flujo del efectivo apropiado. El marqués visitó al emperador para recordarle la deuda moral que tenía con la cruzada por haberlo devuelto al trono y solicitarle que cumpliera con sus promesas. Dada la presión a la que estaba sometido, Alejo no tenía otra opción que continuar con su política de apaciguamiento, así que le pidió a Bonifacio que tuviera paciencia y, nuevamente, le aseguró que cumpliría con sus obligaciones.[17] Sin embargo, pronto el flujo de dinero se transformó en goteo y, por último, se secó del todo. Para entonces, finales de noviembre, el emperador sabía que la flota no podía hacerse a la mar y contaba con que esta inmovilidad forzosa, sumada a su dependencia en materia de alimentos, fuera suficiente para disuadir a los occidentales de ir a la guerra. Además, también esperaba que al poner fin a los pagos permitiera darse un respiro a Constantinopla.

El 1 de diciembre la mutua aversión que sentían occidentales y bizantinos se transformó en violencia abierta. La turba atacó a cuantos extranjeros encontró y los mató brutalmente para luego quemar sus cuerpos. Los griegos intentaron además destruir las embarcaciones de los cruzados, pero muy pronto fueron rechazados y perdieron muchas de sus propias naves.

Las tensiones hasta entonces latentes entre ambos bandos parecían a punto de desencadenar una verdadera guerra. Los líderes cruzados tenían que decidir cuál sería su siguiente paso y resolvieron que para ello tenían que establecer con absoluta certeza cuáles eran las intenciones del emperador respecto de sus aliados. Enviaron a Alejo una delegación formal para recordarle, una vez más, sus obligaciones contractuales y exigirle que las satisficiera. Si el emperador se negaba a hacerlo, los cruzados le dirían entonces que harían «cuanto estuviera en su poder para recuperar el dinero que se les debía».[18]

La elección de dos de los seis enviados era inevitable, dada su experiencia diplomática y su habilidad oratoria, Conon de Béthune y Godofredo de Villehardouin, a quienes acompañaron Milo de Provins y tres destacados miembros de la flota veneciana. Los seis embajadores prepararon sus espadas y cruzaron el Cuerno de Oro por el puente cercano al palacio de las Blaquernas.[19] A las puertas de palacio, los enviados desmontaron, como era la costumbre, y entraron luego en uno de los grandes salones. Allí, sentados en los tronos que presidían la habitación y engalanados con sus magníficos vestidos, se encontraban los dos emperadores. También se hallaba presente Margarita, esposa de Isaac y madrastra de Alejo, quien nuevamente atrajo la mirada de Villehardouin, que confirmó que se trataba de una «dama hermosa y buena».[20] Para subrayar la importancia de la ocasión, el salón estaba repleto de destacados miembros de la nobleza bizantina. Ambos bandos sabían que esta no era una de las visitas sociales de los cruzados, sino de una decisiva entrevista cara a cara que podía desencadenar el conflicto o conseguir calmar una situación peligrosamente explosiva.

Conon expuso el conocido argumento de los occidentales: los cruzados habían prestado un gran servicio a los dos emperadores y, a cambio, Alejo e Isaac habían prometido satisfacer los términos de su convenio, el problema era que todavía no lo habían hecho. Los cruzados exhibieron los documentos sellados que plasmaban el acuerdo original y, a continuación, formularon un ultimátum: si los bizantinos cumplían con sus obligaciones, los occidentales se sentirían satisfechos; si por el contrario no lo hacían, «ellos no os considerarán ya [Alejo] su señor y amigo, sino que emplearán cuantos medios estén en su poder para obtener lo que se les debe. Ellos nos han solicitado deciros que no harán nada para dañaros a vos o a cualquier otra persona sin una justa advertencia de su intención de dar comienzo a las hostilidades».[21] Los comentarios finales de Conon destilaban veneno hacia sus anfitriones, pues, tras asegurar que antes de una guerra se harían las debidas advertencias, el embajador señaló: «Porque ellos [los cruzados] nunca han actuado a traición, ya que esa no es la costumbre de su país».[22] Esta mordaz referencia al supuesto carácter de los griegos, una ofensa que, por supuesto, había sido cuidadosamente calculada, reflejaba los viejos prejuicios occidentales y ponía en evidencia la creciente desconfianza que Alejo les inspiraba.

El discurso de Conon fue recibido con una airada protesta. Sus palabras habían ofendido a los nobles bizantinos reunidos en el recinto y avivaron su resentimiento hacia los occidentales. Villehardouin señala que declararon que nunca nadie había sido tan temerario como para acudir a palacio a imponer condiciones al emperador de forma semejante. El salón se llenó de gritos y alaridos, y los hombres dirigían gestos violentos hacia el pequeño grupo de extranjeros. Incluso si Alejo hubiera querido ofrecer una respuesta más conciliadora a los enviados, hacerlo habría sido suicida dado el ambiente creado por las palabras de estos. Provocado y arrinconado, el joven emperador frunció el ceño con ferocidad ante los enviados.

Para Villeharduoin y sus colegas, el mensaje era bastante claro. Ningún ejercicio diplomático iba a cambiar los ánimos de palacio. A pesar de que como enviados gozaban de garantías, el sentimiento de indignación era tal que los occidentales temieron por sus vidas. Para un hombre como Villehardouin que, como hemos visto, estaba acostumbrado a esta clase de encargos, esta era una experiencia nueva y, es obvio, aterradora. Los cruzados debieron de sentirse extraordinariamente aislados y amenazados. A toda prisa se dieron la vuelta y recorrieron los corredores del palacio hasta el patio en el que los esperaban sus caballos. «No hubo hombre entre ellos que no sintiera dicha en su corazón después de haber salido.»[23] Aliviados al comprobar que habían sobrevivido, los enviados regresaron al campamento cruzado cabalgando a gran velocidad. Una vez allí, la tensión reflejada en sus rostros debió de revelar a todos la forma en que habían sido recibidos. Se convocó una reunión de los nobles para informarles de lo que había ocurrido en palacio. «Así empezó la guerra» es el sucinto e impasible comentario de Villehardouin.[24]

Roberto de Clary narra otro interesante episodio de este mismo período, aunque sin mayor efecto en el posterior desarrollo de los acontecimientos. El cronista nos cuenta que, tras escuchar cómo había reaccionado Alejo al mensaje de los enviados, el dogo decidió realizar un último y desesperado esfuerzo por mantener la paz e intentó entrevistarse personalmente con el emperador. Dandolo envió a un mensajero a Alejo para solicitarle que se reunieran en el puerto. Los venecianos acompañaron a su líder hasta el punto de encuentro en cuatro galeras fuertemente armadas. El joven cabalgó hasta la orilla y allí los dos hombres intercambiaron algunas palabras. La relación entre ambos tenía que ser razonablemente cordial para que el dogo creyera que un acercamiento similar valía la pena. Y quizá tenía la esperanza de que, lejos de las presiones de la corte bizantina, el joven emperador reconociera su responsabilidad para con los cruzados de forma más diáfana.

«Alejo, ¿qué pretendes con esto?», preguntó el dogo. «Piensa en lo que hemos hecho para rescatarte de la miseria y conseguir que fueras un señor y te coronaran emperador. ¿No cumplirás entonces el pacto que tienes con nosotros?»[25] La respuesta del emperador fue inflexible: «No haré más de lo que ya he hecho». Dandolo se sintió furioso al ver cómo el hombre en el que los cruzados habían invertido tanto tiempo y tantas energías parecía estar ahora abandonándolos. El anciano perdió los estribos: «Despreciable muchacho, te hemos sacado de la basura y a la basura te devolveremos. Yo te desafío, y te advierto que desde este momento te haré tanto daño como pueda».[26]

Desde principios de diciembre en adelante, hubo enfrentamientos poco sistemáticos entre ambas fuerzas, pero ninguno de los bandos emprendió una ofensiva de gran envergadura: por un lado, los cruzados no estaban interesados en desencadenar por completo la enemistad de los griegos y, por otro, Alejo se sentía reacio a ordenar un ataque abierto contra los poderosos ejércitos occidentales. El séquito imperial pareció aislarse todavía más. Mientras Isaac animaba a su hijo a hacer caso omiso de las palabras de las masas vulgares, los miembros de la corte se oponían a luchar contra los cruzados: «Más rápidos para evitar la batalla con

ellos que un ejército de ciervos enfrentado a un león rugiente»,
según la despectiva descripción de Nicetas.[27]

La amenaza más seria a las fuerzas occidentales llegó el 1 de
enero de 1204. Durante los meses que los cruzados habían estado
establecidos en Gálata, la pesca y el comercio se habían desarrollado con normalidad y embarcaciones griegas, venecianas y demás
se mezclaban en las aguas del Cuerno de Oro. Los bizantinos pudieron entonces comprobar que la más preciada posesión de los
cruzados era su flota: sin ella los occidentales quedarían atrapados
y tendrían que rendirse (marcharse de regreso a casa a través de
los hostiles territorios controlados por los búlgaros o buscar la
forma de ser transportados al otro lado del Bósforo para pasar
el invierno en las inhóspitas montañas de Asia Menor). Si lograban destruir la odiada flota, los cruzados quedarían a su merced.
Los griegos tomaron diecisiete barcos y los cargaron de troncos,
virutas de leña, brea, desechos de cáñamo y barriles de madera
para prenderles fuego más tarde. En el Mediterráneo oriental,
los brulotes habían sido usados en la guerra naval durante siglos;
las naves incendiarias habían sido empleadas en la famosa batalla
de Salamina en el 480 a. C. y con seguridad muchos medievales
conocían y repetían los detalles de esta legendaria confrontación.
Una día, hacia la medianoche, cuando el viento soplaba desde
el suroeste, los griegos desplegaron las velas de sus naves, prendieron fuego a su carga y los dirigieron hacia la flota cruzada. La
preparación de los barcos había sido correcta; la carga se encendió
con rapidez y las llamas se alzaron hacia el cielo a medida que,
sin tripulación, estos navíos fantasmas se aproximaban a la flota
veneciana.

La tensión entre ambos bandos había obligado a los cruzados
a apostar centinelas y guardias, y cuando las naves enemigas empezaron a cruzar el Cuerno de Oro, las cornetas hicieron sonar
la alarma y todos corrieron a tomar sus armas. Los venecianos
corrieron a sus naves e hicieron cuanto estuvo a su alcance para
ponerlas a salvo, ya fuera navegando, remando o remolcándo-
las. Villehardouin fue testigo del ataque y asegura que «ningún
hombre se defendió nunca con tanta valentía en el mar como los
venecianos esa noche».[28] Algunas de las embarcaciones de vela

no podían ser preparadas para zarpar con rapidez y, por tanto, fue necesario emplear una estrategia más directa. Los navíos más fáciles de maniobrar eran las galeras y los barcos largos impulsados por remos. A toda prisa, la tripulación subió a estos y se dirigió rumbo al enemigo para sujetar las letales embarcaciones con garfios de hierro y empujarlas hasta el Bósforo, donde las corrientes se encargaron de llevarlas lejos mientras se consumían y desintegraban sin causar daño alguno. Los griegos, por su parte, no se limitaron a prender fuegos a sus barcos y confiarlos a los caprichos de la batalla. Miles de ellos se congregaron en la orilla del Cuerno de Oro para comunicar su hostilidad a los occidentales gritando y aullando, y otros abordaron cualquier embarcación disponible para seguir y bombardear a quienes intentaban remolcar los barcos incendiarios.[29] Muchos cruzados resultaron heridos en la refriega y los hombres tuvieron que trabajar durante toda la noche para repeler esta amenaza a su preciosa flota.

Entretanto, en el campamento principal la llamada a las armas proseguía. Algunos temían que el ataque marítimo fuera el preludio de un asalto por tierra y los cruzados corrieron a ponerse sus armaduras y ensillar sus caballos. El ruido proveniente del Cuerno de Oro y la oscuridad de la noche no les permitieron formar en orden como tenían por costumbre, y la fuerza que se dispuso en la llanura frente al campamento a la espera del inminente ataque de los griegos estaba en realidad bastante dividida. No obstante, cuando finalmente amaneció, los occidentales pudieron comprobar que solo se había perdido una nave mercante pisana, lo que constituía un increíble triunfo por parte de los marineros venecianos y una nueva demostración de sus excelentes aptitudes como navegantes. Ellos, por supuesto, eran conscientes de lo crucial que había sido su esfuerzo; como señala Villehardouin: «Todos estuvimos en peligro mortal esa noche, pues, si nuestra flota hubiera sido incendiada, lo habríamos perdido todo y no podríamos habernos marchado ni por mar ni por tierra».[30]

No se sabe quién fue el responsable de esta flota incendiaria. A pesar de su fría respuesta a las recientes misiones diplomáticas, era improbable que Alejo hubiera decidido ordenar una acción tan abiertamente hostil. Más probable es que el ataque hubiera sido obra de una facción interesada en la destrucción de los cruzados (lo que en tal caso sería una prueba de lo débil que era la autoridad del joven emperador). Por desgracia, estas sutilezas políticas resultaban irrelevantes en el campamento cruzado, donde pronto se llegó a la conclusión de que, sin duda, Alejo era el culpable. Como Villehardouin anota con sarcasmo: «Tal era el pago que Alejo quería darnos por los servicios que le habíamos prestado».[31] La idea que los occidentales tenían del emperador empeoró aún más, y su aversión por los griegos en su conjunto llegó a tal extremo que cualquier cordialidad previa entre ambos grupos pasó a ser, en todo sentido, cosa del pasado.

12

«Nuestras excesivas discrepancias… impiden la existencia de sentimientos humanos entre nosotros»

El asesinato de Alejo IV y el inicio de la guerra, comienzos de 1204

A principios de 1204, Murzuflo decidió luchar directamente contra los cruzados. La *Devastatio Constantinopolitana* señala que el 7 de enero un grupo de jinetes griegos salió de la ciudad para enfrentarse a las tropas occidentales. Estas, dirigidas por el marqués de Monferrato, derrotaron a sus adversarios y mataron o capturaron a un buen número de nobles bizantinos, perdiendo solo dos caballeros y un escudero en el enfrentamiento. Nicetas Choniates refiere el mismo incidente; desde su punto de vista, sin embargo, lo importante es mostrar que Murzuflo era el único noble griego que estaba preparado para pasar por alto las órdenes de Alejo, que había prohibido acciones de este tipo. No es sorprendente, por tanto, que su valentía le haya granjeado el favor de la plebe en general. En algún momento del combate, el caballo de Murzuflo resbaló y cayó de rodillas; el griego podía haber quedado atrapado bajo su montura y, si los occidentales hubieran conseguido matarlo o capturarlo, el contingente bizantino habría sido aniquilado por completo. Por fortuna para él, un grupo de jóvenes arqueros advirtieron el peligro y se apresuraron a defender a su líder, lo que le permitió escapar.[1] Mientras los jinetes combatían cerca del palacio de las Blaquernas, los venecianos recorrieron con sus naves el Cuerno de Oro y las murallas que daban al mar de Mármara en actitud amenazadora. Hostigaron a quienes se encontraban en la costa y se apoderaron de todo botín en el que consiguieron poner las manos. Una vez más, las fuerzas navales y terrestres occidentales actuaron de forma coordinada y su poder combinado superó lo que los griegos estaban en condiciones de manejar.

Después de que las fuerzas terrestres bizantinas hubieran sido obligadas a retroceder, los cruzados organizaron, en represalia por este incidente, una prolongada incursión en territorios a dos días de viaje desde su campamento. Las expediciones de saqueo, conocidas como *chevauchées,* eran muy comunes en Europa occidental; su objetivo era infligir el máximo daño a las tierras del enemigo y obtener el mayor botín posible, bien fuera en prisioneros, objetos valiosos, ganado u ovejas, sin entrar en un combate a gran escala: estas acciones estaban diseñadas para minar la economía y la moral del enemigo y demostrar a las desventuradas víctimas que su señor era incapaz de protegerlas de manera adecuada. La *Devastatio* insinúa que este episodio fue la última gota para quienes detestaban a los aliados de Alejo: el incidente dio origen a un fuerte deseo de acabar con el hombre que había conducido a los bárbaros hasta las murallas de Constantinopla.[2]

Aunque la *chevauchée* cruzada no fue en realidad la causante del asesinato de Alejo, probablemente sí condujo a que la insatisfacción con su gobierno llegara a su punto más álgido. Nicetas Choniates relata que el 25 de enero de 1204, «como agua hirviendo a punto de despedir una nube de insultos contra los emperadores», la turba irrumpió en Santa Sofía y exigió al Senado, a la asamblea de obispos y a los principales miembros del clero que se reunieran para elegir a un nuevo emperador. El pueblo de Constantinopla había tenido suficiente del Alejo amante de los occidentales y, dado que la decadencia física de Isaac era inevitable y este ya no era una figura significativa, quería un emperador de su propia elección. Nicetas, que era un destacado funcionario de la corte y un renombrado orador, estuvo presente en la reunión y cuenta cómo la multitud exhortaba a atacar a Alejo y pedía que se lo reemplazara de inmediato. No obstante, Nicetas y sus compañeros contaban con una perspectiva más amplia. Sabían que una acción semejante simplemente empujaría a Alejo al lado de los cruzados de nuevo y temían que estos pudieran emplear su capacidad militar para defender a su protegido. El Senado y el personal eclesiástico continuaron recurriendo a evasivas con la esperanza de que el ímpetu de la multitud se desvaneciera, pero por desgracia esta no estaba dispuesta a ceder. Nicetas lloró al prever el desastre al que todo esto conduciría. Nombre tras nombre, los posibles candidatos de la nobleza fueron propuestos; sin embargo, ninguno estaba preparado para aceptar una responsabilidad semejante. Incluso se mencionó a destacados miembros de la administración imperial: «Tenéis vestiduras, sed nuestros gobernantes» es el mordaz comentario que le merece a Nicetas semejante perspectiva. Por último, tras tres días de debate, el Senado y la muchedumbre estuvieron de acuerdo en que Nicolás Canabus era el indicado. Contra su voluntad, el desdichado joven fue ungido emperador el 27 de enero.[3]

Alejo se horrorizó ante el nombramiento de un emperador rival. Ahora que la oposición tenía una cabeza visible, temía la posibilidad de un golpe militar y —como Nicetas había predicho— buscó la ayuda de los cruzados. A pesar de las pobres relaciones entre las masas griegas y los cruzados, el emperador y los occidentales podían todavía encontrar algún terreno común en su oposición a la gigantesca y furiosa turba de Constantinopla, empeñada en destruirlos a ambos. Alejo pidió a los cruzados que expulsaran a Canabus y a cambio de ello les ofreció, según una carta escrita por Balduino de Flandes en mayo de 1204, el palacio de las Blaquernas, lo que les serviría de garantía hasta que él cumpliera el resto de sus promesas. Renunciar a una residencia imperial era un gesto extraordinario y demostraba lo desesperado que estaba Alejo. En un intento de reconciliarse con otro de sus enemigos, el joven emperador eligió a Murzuflo como su enviado y el noble se encargó de llevar la propuesta al campamento cruzado. Aunque la gran mayoría de los occidentales despreciaba a Alejo, estos eran conscientes de que, mientras él los necesitara, les proporcionaría alimentos para su ejército. Y además, entre todos los emperadores posibles, era el que más fácilmente accedería a saldar las deudas morales y económicas que los bizantinos tenían con los cruzados. Por estas razones y por la certeza práctica de que cualquier régimen que lo sustituyera sería claramente anti-occidental, los cruzados concluyeron que tenían que socorrerlo.

El 27 de enero, Bonifacio de Monferrato acudió a la ciudad para entrevistarse con Alejo y discutir el plan. De acuerdo con Balduino de Flandes, el emperador se burló del marqués y desdeñó sus propias promesas. Esto parece increíble, ya que Alejo había sido el que había planteado esta propuesta y tenía que ser muy consciente de que cumplir con su juramento era fundamental para ganarse la buena voluntad de los cruzados. Es probable, por tanto, que Balduino solo esté aprovechando la ocasión para quejarse solapadamente del carácter de Alejo, y que sea Nicetas Choniates quien nos ofrezca la versión más realista del encuentro cuando señala que fue una reunión relativamente tranquila en la que se acordó que los cruzados entrarían al palacio imperial para expulsar a Canabus y a la turba que lo había elegido.[4]

Esta fue la decisión que en verdad precipitó la caída de Alejo. Las exigencias de los cruzados y las presiones políticas dentro de Constantinopla eran tan contradictorias que, al final, fue inevitable que el emperador se quedara sin alternativas y uno u otro de sus conflictivos torturadores intentara librarse de él. En última instancia, fue de la corte bizantina de donde surgió esta amenaza. Allí eran muchos los que no querían que se restablecieran las relaciones con los cruzados y que, en cambio, ansiaban que se los echara de la ciudad. La elección de Nicolás Canabus fue una manifestación de este deseo; sin embargo, fue Murzuflo (el hombre que había sido liberado por solicitud de los cruzados y en quien Alejo había confiado hacía poco para que fuera su emisario) quien desde su elevada posición en la jerarquía bizantina dio un paso adelante para convertirse en líder de la facción antioccidental.

Tanto Nicetas Choniates como Balduino de Flandes coinciden en que fue el ofrecimiento de que los cruzados se instalaran en el palacio de las Blaquernas lo que llevó a Murzuflo a denunciar a Alejo y a proponer que se lo derrocara.[5] En el relato de Roberto de Clary, Murzuflo desempeña un papel más activo y promete a su gente librarse de los cruzados en el plazo de una semana si se lo nombra emperador. La jerarquía griega se mostró de acuerdo con la idea y los conspiradores se pusieron manos a la obra. Murzuflo había previsto que la presencia de los occidentales dentro de las murallas de Constantinopla le permitiría contar con todo el aparato imperial de una forma que no estaba al alcance de Nicolás Canabus. Por ello actuó con rapidez. En primer lugar, aseguró el tesoro prometiendo al eunuco a cargo todos los títulos que pudiera desear. Luego, reunió a los miembros de la guardia varega y les contó que Alejo planeaba llevar de nuevo a los cruzados a la ciudad. Murzuflo señaló que esta era una medida impopular entre los griegos y su confianza en que los guardias apoyarían los deseos del pueblo. La conclusión lógica era ineludible: Alejo tenía que ser depuesto.

En la noche del 27 al 28 de enero, mientras el joven emperador dormía en sus dependencias, Murzuflo y los guardas del palacio entraron sigilosamente en su habitación, rodearon su lecho, lo secuestraron y lo arrojaron en una mazmorra. Nicetas nos proporciona un detallado relato de la conspiración, en la que la traición de Murzuflo se disfraza con un acto final de hipocresía. El escritor bizantino cuenta que el líder de los conspiradores entró corriendo en el aposento imperial y le dijo a Alejo que en ese momento estaba teniendo lugar un terrible levantamiento. Se decía que algunos representantes de la familia Ángelo, la turba y, peor aún, la guardia varega estaban aporreando con fuerza las puertas del palacio, preparados para despedazarlo miembro a miembro por su estrecha amistad con los cruzados. Medio dormido, Alejo IV se esforzó por comprender la gravedad de la situación y buscó la salvación en Murzuflo, el único hombre que parecía seguir siéndole leal. Este le arrojó una capa y ambos salieron corriendo del dormitorio en dirección a uno de los pabellones del complejo palaciego, al mismo tiempo que Alejo mostraba toda su gratitud hacia quien consideraba su salvador. Quizá fue en este momento que Murzuflo le reveló por fin cuáles eran sus verdaderas intenciones; gracias a su mentira, el emperador había abandonado su habitación sin hacer escándalo y ahora, en los jardines de palacio, estaba a merced de su adversario. Al descubrir la traición, el joven retrocedió tambaleándose; en ese momento, los guardias, cumpliendo órdenes de Murzuflo, lo apresaron y lo metieron a empujones en una celda, donde se le colocaron grilletes y cadenas.

El pretendiente adoptó la insignia imperial y se autoproclamó emperador. En un plazo de unas cuantas horas fue coronado en la iglesia de Santa Sofía, convirtiéndose en el cuarto emperador presente en Constantinopla en ese momento y, desde luego, el que contaba con la base de poder más fuerte y sólida (Murzuflo tendría en realidad que ser conocido como Alejo V, ya que su verdadero nombre era Alejo Ducas, pero la mayoría de los autores de la época se refieren a él utilizando su apodo y acaso debemos agradecerles el no tener que introducir a un nuevo «Alejo» en nuestra narración). Buena parte del aura de poder que acompaña a quien se sitúa en el pináculo de la vida política y secular deriva de la exclusividad de su posición. Había muchos reinos en el mundo cristiano, pero sólo dos regímenes imperiales: el de Alemania y el de Bizancio. Cuando más de un individuo reclamaba uno de esos títulos, este se devaluaba: que cuatro hombres afirmaran su derecho al mismo trono era absurdo y constituye una prueba de la desintegración casi completa de la dignidad imperial.

Sin embargo, el cuarteto no duraría mucho tiempo. Miembros del nuevo régimen acudieron con rapidez a las dependencias que ocupaba el emperador Isaac y le comunicaron la terrible noticia. Ciertas fuentes aseguran que el anciano se sintió tan abrumado por el miedo que cayó enfermo y murió poco tiempo después. En términos políticos reales, Isaac se había convertido en una figura tan pusilánime que su posición como gobernante ya no era verosímil. Hay quien sugiere que ya estaba muerto, pero, si esto no es verdad, es innegable que el que falleciera tan rápido resultaba bastante conveniente. También es posible que recibiera ayuda directa para morir. Roberto de Clary habla de estrangulamiento, aunque este bien pudo ser uno de los mucho rumores que corrían por el campamento cruzado.

La destitución de Alejo y el nombramiento de Murzuflo polarizaron las opiniones en Constantinopla. Mientras que los funcionarios de palacio y la guardia varega estaban a favor del último detentador del título imperial, las masas continuaban aclamando a su favorito, Nicolás Canabus, al que Nicetas Choniates describe como un hombre bondadoso e inteligente y un experimentado guerrero. El tono empleado por Nicetas en sus comentarios nos indica que consideraba que Canabus era superior a Murzuflo, pero pronto el humor de la masa cambió y el pueblo se inclinó por este: «A medida que los peores elementos empezaron a ser predominantes entre los habitantes de Constantinopla, Ducas [Murzuflo] se hizo más y más fuerte…, mientras el esplendor de Canabus se desvanecía como una luna menguante».[6]

A pesar de sus importantes cualidades, Nicolás pronto cayó en desgracia: al parecer, el control de Murzuflo sobre individuos clave de la jerarquía le proporcionó una base política que su rival no podía igualar. La *Crónica de Novgorod* relata que Murzuflo intentó sin éxito convencer a Nicolás de que dimitiera ofreciéndole un destacado papel en su administración. Quizá Nicolás desconfiaba del otro aspirante al trono o quizá tenía la esperanza de que la popularidad de la que gozaba fuera suficiente para permitirle conservar su posición. Tras esta negativa, Murzuflo no tardó en tomar medidas para desplazar a Nicolás. Prometió recompensas y honores para todos aquellos que respaldaran sus pretensiones y en la primera semana de febrero, cuando la voluble ciudadanía de Constantinopla empezó a advertir dónde estaba el verdadero poder, ordenó el arresto de su rival. Nicolás había permanecido en Santa Sofía, centro simbólico de su autoridad. Las tropas de Murzuflo se abrieron paso en el edificio por la fuerza y las masas, que hacía tan poco tiempo habían obligado a Canabus a aceptar el título imperial, desaparecieron; nadie lo defendió y, de esta forma, un segundo emperador fue a parar a prisión. La *Devastatio Constantinopolitana* afirma que más tarde fue decapitado. Había gobernado durante menos de una semana y pagó un precio demasiado alto por prestarse a ser un títere de la multitud caprichosa.

De inmediato Murzuflo hizo evidente su agresiva postura en relación con los occidentales mediante un comunicado en el que los amenazaba de muerte si no habían abandonado la ciudad en un plazo de siete días. Esto era, en parte, una forma de satisfacer a su propio pueblo y es improbable que esperara de verdad intimidar con ello a los cruzados. En respuesta, estos acusaron a Murzuflo de haber asesinado a traición a su señor (es evidente que los rumores en este sentido ya habían empezado a circular) y le advirtieron que no abandonarían el asedio hasta que Alejo fuera vengado y ellos recibieran todo lo que se les debía.[7]

Murzuflo comenzó su reinado reorganizando la administración imperial: se deshizo de muchos de los funcionarios que había trabajado para los Ángelo y recompensó con cargos a sus propios partidarios. Uno de los despedidos fue Nicetas Choniates, un hecho que, sumado a la posterior caída de Constantinopla, contribuye a explicar en gran parte la hostilidad con que retrata al último gobernante de Bizancio. Nicetas describe a Murzuflo como un hombre de inteligencia elevada, pero arrogante y falso, alguien a quien no se le escapaba nada que necesitara hacerse y que se involucraba en todos los asuntos de la administración; en la actualidad diríamos que se trataba de un fanático del control.[8] Nicetas se muestra especialmente crítico con el suegro de Murzuflo, Filocalis, el hombre que ocupó su cargo como logoteta de los *sekreta*, el jefe de la administración pública bizantina. Corrosivo, el cronista señala que su sustituto no supo rodearse de hombres de alto rango y que descuidó por completo sus obligaciones fingiendo estar enfermo de gota, una actuación que, es obvio, horrorizó al burócrata fiel y consciente de los deberes de estado que era Nicetas.

El nuevo régimen también puso en dificultades económicas al autor bizantino. En vista de que el tesoro imperial se había agotado por completo, Murzuflo dirigió su atención a las principales familias y funcionarios vinculados a la dinastía Ángelo para obtener efectivo. Todos éstos perdieron enormes sumas de dinero, que fueron confiscadas por el emperador y empleadas en la defensa de la ciudad.

Los griegos temían que los cruzados organizaran en la primavera un segundo ataque contra Constantinopla y, por tanto, Murzuflo ordenó que las fortificaciones fueran reforzadas de manera considerable. Los griegos también armaron cuarenta petrarias y las colocaron en aquellas áreas en las que, según creían, era más probable que se iniciara el asalto a la ciudad.

Aunque Nicetas sintiera una profunda aversión por Murzuflo, como historiador era lo suficientemente concienzudo como para reconocer su valentía. En diversas ocasiones, el emperador salió a enfrentarse a sus enemigos armado con la espada en una mano y una maza de bronce en la otra. No hay duda de que era el tipo de comandante que dirigía a sus hombres desde la vanguardia y ello contribuyó en buena medida a infundir una nueva vitalidad al ejército imperial.[9] En uno de estos enfrentamientos, capturó a tres de los caballeros del dogo. Alberico de Trois-Fontaines, la única de nuestras fuentes que recoge el episodio, cuenta el espantoso destino que estos hombres tuvieron que soportar: para intentar intimidar a los cruzados, Murzuflo ordenó que los venecianos fueran colgados de las murallas con ganchos de hierro. Las tácticas psicológicas eran un componente destacado de la guerra medieval y, por ejemplo, el lanzar las cabezas de los decapitados sobre las almenas de la ciudad enemiga era una práctica bastante común. En 1099, durante la Primera Cruzada, los francos llegaron incluso a catapultar sobre las murallas de Jerusalén a los espías que capturaban.[10] Fuera de Constantinopla, los camaradas de los venecianos intentaron conseguir que fueran liberados ofreciéndose a pagar recompensas por ellos y pidiendo clemencia, pero todo fue inútil. Para demostrar lo mucho que despreciaba y aborrecía a los occidentales, el emperador decidió prenderles fuego él mismo, en un acto de una barbarie atroz. Los gritos de los moribundos y el hedor de la carne quemada impregnaron el aire. Un espectáculo tan abominable debió de suscitar un implacable deseo de venganza en las filas cruzadas.[11]

A corto plazo, sin embargo, la prioridad más acuciante de los occidentales era la lucha básica por la supervivencia. Murzuflo acabó con los mercados de los que los cruzados habían dependido hasta ese momento, y entrar a Constantinopla para comprar comida era imposible. Al ser un caballero de menor categoría, Roberto de Clary se vio más perjudicado de forma directa por estas dificultades que Villehardouin y los demás líderes cruzados. Su crónica nos proporciona el precio de varios artículos de primera necesidad: un *sestier* de vino se vendía por doce e incluso quince sueldos, un huevo costaba dos céntimos y una gallina veinte sueldos. Por otro lado, Roberto anota que había un exceso de galletas, que fueron suficientes para abastecer al ejército durante algún tiempo.[12] Fuera de su contexto, las cifras que nos ofrece este autor tienen muy poco significado, pero Alberico de Trois-Fontaines permite que nos hagamos alguna idea del nivel alcanzado por la inflación: un pan hecho hace tres días que valía antes dos dinares costaba ahora veintiséis. Debido al hambre, algunos hombres se vieron forzados a comerse sus propios caballos, el fundamento de su posición como caballeros y de su fortaleza militar; ciertamente se trató de «una época de gran escasez».[13]

Pronto los cruzados se vieron obligados a vagar por doquier en busca de alimentos. Enrique de Flandes dirigió un contingente (compuesto por treinta caballeros y muchos sargentos montados, según Roberto de Clary, y en el que participaban Jacques de Avesnes y los caballeros borgoñones Eudes y Guillermo de Champlitte) en un intento de obtener suministros. Para no ser detectados, abandonaron el campamento al anochecer y cabalgaron durante toda la noche y la mañana siguiente hasta el pueblo de Filas, sobre el mar Negro. Los cruzados consiguieron conquistar el castillo local y se hicieron con suficiente comida para alimentar al ejército durante casi quince días. Se apoderaron de ganado y prendas de vestir (que, aunque no era la forma más común de botín, sí constituían un artículo inestimable para sobrevivir al invierno). Mientras los occidentales dedicaban un par de días a disfrutar de las ganancias de su victoria, algunos de los defensores locales lograron huir y llegar hasta Constantinopla, donde informaron a Murzuflo de lo ocurrido. Dado que su ascenso al trono se había fundado en su agresiva actitud hacia los occidentales, el nuevo emperador estaba obligado a atacar con fuerza al enemigo tan pronto como fuera posible y, por tanto, se preparó para interceptar a los cruzados cuando estos volvieran al campamento.

Murzuflo llevó consigo el icono de la Virgen María. Debemos a Alberico de Trois-Fontaines la única descripción detallada que tenemos de ese objeto: «En este icono, la Majestad del Señor estaba maravillosamente representada, así como una imagen de María Bendita y los apóstoles. Y tenía reliquias incrustadas en él: un diente que Jesús había perdido en su infancia, un fragmento de la lanza con la que fue herido mientras se encontraba en la Cruz, una porción del Sudario y reliquias de treinta mártires».[14] La compañía de este icono inmensamente venerado debió de infundir gran confianza a Murzuflo; Nicetas Choniates escribe que los bizantinos consideraban la reliquia como «un buen general».[15]

Llevar reliquias a la batalla era algo común para los ejércitos cristianos de la Edad Media: en Tierra Santa, los cruzados habían llevado la Vera Cruz a todas sus batallas entre 1099 y 1187, cuando perdieron la reliquia al ser derrotados en los Cuernos de Hattin. Murzuflo, por tanto, se estaba alineando con uno de los grandes iconos de la Iglesia ortodoxa y reclamaba su protección. Al mismo tiempo, estaba afirmando con claridad su defensa de esta institución y demostrando que su guerra contra los invasores católicos contaba con el respaldo de la jerarquía eclesiástica. Para subrayar esto, el patriarca Juan X Camatero, una figura prominente de la Iglesia ortodoxa, acompañó al ejército.

Murzuflo reunió una fuerza considerable, compuesta por varios miles de guerreros (cuatro mil, según Roberto de Clary) y partió en búsqueda de los cruzados, cuyo avance era más bien lento, en parte por la necesidad de conducir el ganado hasta el campamento. Murzuflo no tardó en hallarlos y durante algún tiempo los siguió de cerca. El emperador decidió atacar primero la retaguardia. Vio pasar al contingente principal escoltando a sus prisioneros y los animales capturados y luego, justo en el momento en que los cruzados dirigidos por Enrique de Flandes estaban a punto de adentrarse en un bosque, entró en acción y se abalanzó sobre su enemigo.

Al comienzo, los occidentales se temieron lo peor: enfrentados a un enemigo que los superaba en número, invocaron a Dios y la Virgen María para que los librara de semejante mal. Sin embargo, pronto se calmaron y plantaron cara a sus adversarios. Un grupo de ocho ballesteros se colocó al frente de las tropas para lanzar un primer ataque contra la avalancha griega. Esto debió de tener algún efecto, pero no consiguió detener la carga y poco tiempo después ambos ejércitos se vieron envueltos en un feroz combate cuerpo a cuerpo. Los cruzados tiraron a un lado sus lanzas y desenvainaron sus espadas y dagas, que resultaban más adecuadas para esta clase de lucha.

Un mercenario español, Pedro de Navarra, encabezaba el avance de la guardia griega. Alberico de Trois-Fontaines señala con regocijo que Pedro estaba tan seguro del éxito de los bizantinos que entró en la batalla sin otra protección en la cabeza que una corona dorada. Cuando los dos bandos trabaron combate, Pedro se dirigió contra Enrique de Flandes, un experimentado guerrero y un hábil espadachín. El flamenco se enfrentó a su oponente y de inmediato advirtió su punto débil: con un rápido movimiento en arco, que sin duda había practicado innumerables veces en los patios de los castillos condales de Flandes, asestó con su espada un fuerte golpe en la cabeza de Pedro. La corona se rompió produciendo un ruido seco y la espada se clavó en el cráneo del navarro. El poder y la disciplina de la caballería cruzada demostró una vez más su superioridad y las primeras filas del contingente griego no tardaron en desmoronarse. En esta época, las fuerzas occidentales llevaban ya más de un año trabajando juntas; habían combatido en Zara, Corfú, las afueras de Constantinopla y Tracia, durante la campaña organizada por el emperador Alejo. Habían refinado su organización y coordinado sus movimientos de una manera que sólo la experiencia directa en el campo de batalla podía proporcionar. En contraste, las fuerzas bizantinas, una combinación de nobles griegos y mercenarios, carecían de la cohesión y la fortaleza de su enemigo.

Cuando la batalla se intensificó, los cruzados consiguieron penetrar con rapidez y alcanzar a las principales figuras del contingente griego. Teodoro Branas recibió un fortísimo golpe que abolló su yelmo y lo dejó muy magullado. Pedro de Bracieux, que ya había tenido una destacada actuación en el encuentro a las afueras de la fortaleza de Gálata en julio de 1203, se encontraba de nuevo en primera línea y, en esta ocasión, decidió buscar aún más gloria capturando el venerado icono portado por los griegos. No sabemos si vio desde lejos al patriarca Juan y corrió hacia él, o si simplemente se lo encontró en el calor de la batalla; pero el hecho es que el corazón del cruzado palpitó con emoción ante la perspectiva de apoderarse de una reliquia tan magnífica e importante. Nuestra fuente indica que, además de sus vestidos, el patriarca llevaba yelmo y armadura; no obstante, el hecho de que los clérigos bizantinos fueran famosos por no portar armas sugiere que este detalle de la historia pueda ser falso.[16] En cualquier caso, a medida que se acercaba, Pedro probablemente decidió que no debía matar a un hombre de tan elevada categoría y cuando lo tuvo a su alcance se limitó a propinarle un feroz golpe en la parte frontal del yelmo. El patriarca cayó de su caballo y soltó el preciado objeto, que quedó tirado en el suelo, brillando en medio del polvo. Pedro descendió entonces de su caballo y, con el clérigo todavía aturdido, recogió en sus brazos el icono sagrado. Cuando otros griegos advirtieron lo que había pasado, aullaron con furia y concentraron sus esfuerzos en detener a Pedro. Los bizantinos avanzaron en tropel contra el francés, pero los cruzados reaccionaron con velocidad suficiente, cerraron filas alrededor de su camarada y organizaron un contraataque brutal. Murzuflo fue golpeado con tanta fuerza que cayó sobre el cuello de su caballo, sus hombres quedaron confundidos por completo y el ejército bizantino, roto, emprendió la huida. Tan desesperado estaba Murzuflo por escapar que arrojó su escudo y sus armas y espoleó a su caballo para que corriera a toda velocidad. Al hacerlo, dejó abandonado también el estandarte imperial, lo que constituía una humillación adicional. A diferencia de los griegos, que perdieron a unos veinte hombres, ni un solo cruzado murió en el enfrentamiento. Portando con orgullo sus trofeos, los occidentales prosiguieron hacia el campamento.

Las noticias de la batalla habían llegado al ejército principal y un contingente había partido para ayudar a sus amigos. Mientras estos hombres galopaban en dirección al lugar del combate, descubrieron, rebosantes de alegría, que sus compañeros, victoriosos, avanzaban hacia ellos. Como era de esperar, la partida de aprovisionamiento fue recibida con enorme regocijo. Cuando estuvieron cerca del campamento, los obispos y clérigos salieron a su encuentro para recibir el santo icono. Con la máxima reverencia lo tomaron y lo confiaron al obispo Garnier de Troyes, quien ya había estado en Tierra Santa como peregrino. Garnier llevó el icono hasta la iglesia del campamento y se realizó un oficio para celebrar su captura. Agradecidos por su victoria, los cruzados donaron el icono a la orden cisterciense, cuyos abades de Locedio y Loos habían proporcionado a la expedición una inestimable orientación espiritual y emocional. Alberico de Trois-Fontaines, nuestra fuente, era también un monje cisterciense; escribió su crónica en el condado de Champaña, donde está ubicada la abadía de Citeaux, y acaso recogió esta historia por haber visto o escuchado una detallada (o enrevesada) descripción del objeto.

La partida de abastecimiento no solo había obtenido una considerable cantidad de alimento, sino que además había infligido un terrible golpe al nuevo régimen. Para los cruzados, este era el primer éxito militar de importancia en varios meses y proporcionó una masiva (y necesitada) inyección de moral al ejército.

Por su parte, para Murzuflo lo ocurrido significó una decepción aplastante. Habiendo buscado apoyo divino en la Virgen y confiado en su poder para derrotar a los cruzados, la captura del icono por sus enemigos resultaba devastadora. Los occidentales sabían la importancia que este hecho tenía para los griegos y, como era lógico, sacaron sus propias conclusiones sobre por qué Murzuflo había perdido la reliquia. Roberto de Clary comenta: «Tenían tanta fe en este icono que creían que nadie que lo llevara a la batalla podía ser derrotado, y nosotros creemos que la derrota de Murzuflo se debió a que él no tenía derecho a portarlo».[17] El emperador, con mucho dolor, también era consciente de que existía esa posibilidad. Se creía que la Virgen tenía una afinidad especial con Constantinopla y el episodio podía interpretarse como una sentencia divina sobre su gobierno.

Para evitar que esta incómoda verdad se difundiera, el emperador recurrió a una estratagema desesperada. En una extravagante tergiversación de la realidad, Murzuflo aseguró que sus fuerzas habían salido victoriosas del enfrentamiento con los cruzados. Cuando se le preguntó por el paradero del icono y el estandarte imperial, replicó que habían sido guardados para salvaguardarlos. Al parecer, esta parodia obtuvo cierto crédito; después de un tiempo, sin embargo, el presunto resultado de la batalla no podía mantenerse encerrado dentro de las murallas de la ciudad para siempre. La historia de que el emperador aseguraba haber triunfado en el combate y negaba haber perdido el icono y el estandarte pronto llegó a oídos de los cruzados. En un primer momento, semejante bravuconería probablemente sorprendió a los occidentales, pero luego estos debieron de comprender que necesitaban hacer algo para aclarar qué era exactamente lo que había ocurrido.

Los cruzados tenían una rara ocasión de ejercer el control sobre lo que ocurría en la ciudad y decidieron humillar públicamente a Murzuflo mostrando a todos los habitantes de Constantinopla cuál era la verdad. Los venecianos prepararon una galera y colocaron el estandarte imperial y el icono para que destacaran en la proa. Luego, tocando las trompetas para llamar la atención, pasearon la nave frente a las murallas de la ciudad para exhibir los valiosos objetos ante el atónito populacho. Los ciudadanos, por supuesto, los reconocieron. El engaño de Murzuflo había quedado expuesto y muchos se burlaron de él por su derrota o reaccionaron con furia ante sus mentiras. El emperador intentó explicar el episodio de manera poco convincente y buscó el respaldo de los suyos con la promesa de que descargaría su venganza sobre sus enemigos.[18]

Casi de inmediato, Murzuflo lanzó un nuevo ataque con brulotes, pero este también resultó un fracaso. Luego, tras reconocer que sus fallidos esfuerzos militares estaban minando la moral de su pueblo y que no había sido capaz de infligir daños significativos a los cruzados, intentó adoptar una postura menos beligerante. El 7 de febrero envió a sus embajadores al campamento de los occidentales para que acordaran una entrevista con el dogo. Murzuflo, por lo visto, creía que Dandolo estaba menos vinculado a Alejo que, digamos, Bonifacio de Monferrato. Además, el dogo era muy conocido y respetado por su sabiduría y prudencia.

Dandolo subió a una galera y fue conducido a lo largo del Cuerno de Oro hasta un punto a las afueras del monasterio de San Cosme y San Damián, en las proximidades de las murallas del norte de la ciudad. Un escuadrón de caballeros cruzados también se trasladó al otro lado de la ensenada y siguió de cerca las negociaciones. Murzuflo cabalgó desde el palacio de las Blaquernas y acudió a la orilla, donde se reunió con Dandolo para intercambiar opiniones. Nicetas Choniates y Balduino de Flandes nos ofrecen cada uno su versión del encuentro y, aunque, como era predecible, sus puntos de vista son divergentes, la información que nos proporcionan es bastante similar. Balduino cuenta que

Dandolo era consciente de lo peligroso que era confiar en un hombre que ya había pasado por alto sus juramentos de fidelidad y encerrado a su señor en prisión y que, ahora, quería hacer caso omiso del convenio alcanzado con los cruzados. Con todo, el dogo se mostró conciliador, si bien poco realista, y solicitó a Murzuflo que liberara a Alejo y le pidiera perdón. Dandolo prometió también que los cruzados serían indulgentes con Alejo y atribuirían su insensatez a un extraordinario error de juicio producto de su juventud. Bajo este barniz de cortesía, no obstante, había cierta amenaza. Los cruzados parecían ser ahora quienes dictaban las reglas, y era Dandolo el que hablaba de ser indulgente y de mantener la paz. Los recientes éxitos militares de los occidentales y la increíble confusión que reinaba en Constantinopla les proporcionaban una preeminencia que unas cuantas semanas atrás no hubieran podido imaginar. El verdadero mensaje oculto tras el tono apaciguador del dogo era que los cruzados seguían exigiendo a los griegos que satisficieran el acuerdo firmado por Alejo, lo que incluía el apoyo militar que este les había prometido para su expedición a Tierra Santa y la sumisión de la Iglesia ortodoxa a Roma. Balduino de Flandes afirma que Murzuflo no ofreció ninguna respuesta razonable a las propuestas del dogo y que al rechazarlas «eligió perder su vida y el derrocamiento de Grecia».[19]

Para Nicetas Choniates, como bizantino, la oferta no tenía nada de razonable. La repetición de estas detestadas condiciones, agravada por la exigencia del pago inmediato de cinco mil libras de oro, era inaceptable desde cualquier punto de vista. De forma lacónica, el cronista afirma que los términos de los cruzados resultaban «mortificantes e inadmisibles para aquellos que han probado la libertad y están acostumbrados a ser quienes dan las órdenes y no quienes las reciben».[20] En efecto, se pedía al usurpador que renunciara a ser emperador y que consiguiera que su pueblo se doblegara ante el ejército cruzado, que su ciudad se despojara de todavía más oro y que su clero se resignara a perder su autoridad. Era imposible creer que Murzuflo pudiera plantearse el hacer semejantes concesiones. Si accedía a las exigencias de los cruzados, su actual poder volvería a manos de Alejo y los ciudadanos de Constantinopla, que lo habían respaldado por su resistencia a los occidentales, se volverían en su contra y, casi con absoluta seguridad, lo matarían.

La renuencia del usurpador a ceder terreno fue comunicada a la escolta del dogo y los caballeros cruzados cargaron de repente contra el emperador para intentar capturarlo; no fue precisamente el acto más moderado de la alta diplomacia. Murzuflo consiguió dar la vuelta a su caballo y huir a la ciudad, pero algunos de sus acompañantes fueron menos afortunados y cayeron prisioneros.

La situación, por tanto, había llegado a un punto muerto. La desconfianza y la antipatía mutua hacían que la guerra estuviera cada vez más cerca. Nicetas evalúa la relación entre los cruzados y los griegos de la siguiente forma: «Su desmedido odio hacia nosotros y nuestras excesivas discrepancias con ellos impiden la existencia de sentimientos humanos entre nosotros».[21]

El fracaso de este intento de hallar una solución pacífica al conflicto significó un lento pero inexorable descenso a una nueva y espeluznante vorágine de violencia. La continua insistencia de los cruzados en que se restituyera a Alejo en el trono evidenció cuál era la principal debilidad de Murzuflo. Incluso en prisión, Alejo seguía constituyendo una amenaza en potencia para su rival. En estas circunstancias, el joven tenía que ser eliminado: tres veces se le ofreció veneno, tres veces lo rechazó. Quizá un innato instinto de supervivencia le impedía aceptar la cicuta, quizá abrigaba la vana esperanza de que quienes lo respaldaban convencieran a los cruzados de que le rescataran. Nada similar ocurrió y, al final, Alejo fue asesinado. Se dice que el 8 de febrero el mismo Murzuflo entró en la oscura celda en la que estaba encerrado y lo estranguló, bien fuera con una cuerda o con sus manos desnudas.[22] La carta de Balduino de Flandes añade el horripilante detalle de que, cuando el emperador estaba expirando, Murzuflo cogió un garfio de hierro y le abrió el tórax y los costados. Esta pintoresca versión de los hechos pudo haberse inspirado en uno de los muchos rumores que circulaban por el campamento cruzado, quizá en un intento de manchar aún más el nombre del usurpador (Judas, como lo llama Balduino).[23]

Así terminó la breve pero compleja vida de Alejo IV. Había sido el catalizador de un cambio de grandes proporciones en el sistema político bizantino, pero las fuerzas que había desencadenado eran imposibles de controlar y pagó sus ambiciones imperiales con su vida.

La muerte de Alejo tenía que ser explicada al pueblo de manera vaga. Murzuflo difundió la noticia de que el emperador había fallecido en un accidente y para intentar dar peso a esta idea organizó un funeral de estado de acuerdo con la dignidad del difunto. Murzuflo actuó espléndidamente en esta ocasión, en la que lloró y demostró lo mucho que lamentaba la muerte de su antiguo líder. Todo, por supuesto, era una pantomima, y una vez la ceremonia hubo terminado siguió con sus propios asuntos. Su principal preocupación ahora era planear qué hacer con los cruzados.

Para algunos, la noticia de la muerte de Alejo fue de inmediato motivo de sospecha, y Roberto de Clary relata que alguien disparó una flecha hacia el campamento cruzado con una carta en la que se decía que el joven había sido en realidad asesinado. Algunos nobles manifestaron que el destino de Alejo les era indiferente, pues este no había sido leal con ellos; otros, más compasivos, expresaron pesar por la forma en que había muerto. Para Murzuflo, el precio de matar a su principal rival fue hacerse detestar aún más por los occidentales, a quienes había ofrecido una irrefutable justificación para ser depuesto.

13

«¡Entrad! ¡Venced las amenazas, aplastad a los cobardes, continuad adelante con más valor!»

La conquista de Constantinopla, abril de 1204

El asesinato de Alejo marcó una ruptura irrevocable entre los bizantinos y los cruzados. A pesar de las dificultades que había entre el joven emperador y los occidentales, mientras este estaba con vida seguía existiendo la posibilidad de que su necesidad de apoyo y sus obligaciones morales y contractuales con los cruzados pudieran evitar una guerra abierta. Ambos bandos se habían estado tambaleando al borde del conflicto desde noviembre de 1203. Episodios como el ataque de los brulotes eran breves escaladas de violencia que siempre habían sido seguidas de esfuerzos por firmar la paz. Ahora no había ya espacio para maniobrar: se sabía que Murzuflo había matado al emperador y que se negaba a cumplir las promesas que su víctima había hecho a los occidentales. Tanto bizantinos como cruzados comprendían que la guerra era cosa segura y empezaron a prepararse para la batalla.

La posición de los cruzados se había agravado considerablemente. Se habían vinculado a Alejo de forma ineluctable y su muerte los dejaba expuestos a todo, a miles de kilómetros de casa y acampando a las afueras de una ciudad hostil. El que aún no hubieran podido reunir el apoyo económico previsto implicaba que los venecianos seguían estando mal pagados por continuar ofreciendo los servicios de su flota y que ellos mismos carecían del dinero necesario para organizar una campaña eficaz en Tierra Santa. Más acuciante todavía era la escasez de alimentos. El anónimo de Soissons escribe: «Al comprender que no podían hacerse al mar sin correr el riesgo de morir de inmediato y que tampoco podían prolongar por más tiempo su estancia en tierra firme porque el agotamiento de sus víveres era inminente, nuestros hombres tomaron una decisión».[1]

Los líderes cruzados tenían ante sí una serie de desalentadoras alternativas. Ninguna de ellas ofrecía una forma fácil de seguir adelante. Incluso si se las apañaban para escarbar entre la basura y reunir comida suficiente para iniciar el viaje de vuelta a casa, tendrían que afrontar severas críticas por haber fracasado en su intento de ayudar a Tierra Santa, en especial después de las declaraciones en que justificaban con este argumento la desviación de la expedición a Constantinopla. Para hombres en los que la noción del honor estaba tan arraigada, pensar en semejante retirada era intolerable. Por otro lado, la tantas veces antagónica relación entre Bizancio y Occidente, sumada a la traición de Murzuflo y la apremiante situación de los cruzados a orillas del Bósforo, hacían que les resultara mucho más fácil reunir argumentos para explicar un ataque contra los griegos.

Durante la Cuaresma de 1204, los ciudadanos de Constantinopla y los occidentales se prepararon para la lucha. Ambos bandos intentaron aprender de las experiencias del año anterior y trataron de capitalizar lo que consideraban que eran sus ventajas y de sacar provecho de las debilidades particulares de su enemigo. Los mayores éxitos de los occidentales habían sido logrados por las tropas venecianas, que habían escalado las murallas del Cuerno de Oro. Por lo tanto, el ejército decidió concentrar sus esfuerzos nuevamente en esta parte de la ciudad.

Los venecianos prepararon sus petrarias y almajaneques; comprobaron las armazones, alistaron las cuerdas y reunieron y almacenaron cientos de proyectiles. Muchas de estas máquinas fueron colocadas en las cubiertas de las naves, desde donde podían usarse para cubrir a los intrépidos hombres colgados de los puentes volantes, que de nuevo se armaron sobre los mástiles. La ingeniería de las embarcaciones venecianas era prácticamente idéntica a la descrita por Hugo de Saint-Pol y Roberto de Clary para al ataque de julio de 1203, aunque en esta ocasión los venecianos colocaron parras sobre los tableros protectores para absorber el impacto de los proyectiles bizantinos y limitar el daño causado por estos a los hombres y las naves.[2] Además, cubrieron los barcos con pieles empapadas en vinagre para procurar reducir el efecto de posibles dispositivos incendiarios.

Los soldados franceses prepararon sus propios ingenios de asedio y organizaron el equipo necesario para las labores de los minadores. En julio de 1203, los cruzados habían logrado muy poco contra las altas murallas al noroeste de la ciudad, y por ello ahora planeaban trabajar en más estrecha colaboración con los venecianos y dedicar toda su atención a la sección del palacio de las Blaquernas que daba a la estrecha franja de tierra que había a la orilla del Cuerno de Oro. Los franceses estaban firmemente convencidos de que podían socavar y derribar las murallas, y con tal objetivo construyeron máquinas conocidas como «gatos», «carros» y «cerdas» para llevarlas hasta las almenas y proteger a quienes trabajaban debajo.[3] Estas construcciones achaparradas consistían en refugios cubiertos con cueros mojados en vinagre. Bajo este toldo se encontraba colgado un ariete de cabeza metálica que podía balancearse adelante y atrás para conseguir penetrar en la ciudad. Estos refugios móviles también cubrían a los minadores que con picos y palas intentaban destrozar las murallas.

Los griegos esperaban que los cruzados iniciaran su ataque en el Cuerno de Oro. Allí se encontraba la sección más débil de las murallas, pues originalmente había sido construida para bordear el puerto y no tanto como fortificación en sí. En teoría, la cadena que atravesaba el Cuerno de Oro debería de haber impedido que los enemigos tuvieran acceso a la ensenada y a esta parte de las defensas; en otras palabras, quienes diseñaron las murallas de Constantinopla no habían previsto aquella situación. Para enfrentarse a las altísimas escaleras de los venecianos, los bizantinos levantaron unas tenebrosas torres de madera en lo alto de sus fortificaciones. Con gigantescas vigas, armaron estructuras con el objetivo de aumentar la altura de las murallas situadas entre las torres de piedra y que colocaron también sobre las torrecillas existentes. A medida que estas extrañas y destartaladas construcciones fueron tomando forma, el perfil de las murallas tuvo que cambiar radicalmente.

Por lo general, las torres, puertas y almenas estaban dispuestas de manera regular y ordenada, y el contorno de las murallas solo se veía alterado por modificaciones ocasionales debidas a las exigencias de la topografía. Diversas fuentes aseguran que estas nuevas creaciones podían alcanzar una altura de seis o siete plantas.[4] Al igual que las naves venecianas, también estaban cubiertas con pieles mojadas en vinagre para protegerlas del fuego y reducir el impacto del bombardeo cruzado. Las fortificaciones de Constantinopla habían adquirido un aspecto en extremo sobrecargado debido a la forma en que estas vastas edificaciones se proyectaban sobre la mampostería que había debajo. Era algo deliberado, pues así cualquiera que atacara las bases de las murallas tendría que vérselas con la amenaza constante de los defensores situados arriba. Al sobresalir hacia afuera, las torres podían contar en su parte inferior con aberturas desde las cuales arrojar piedras, aceite o alquitrán ardiendo sobre las cabezas o las máquinas de asedio de los atacantes. Además de fortalecer las murallas del Cuerno de Oro, Murzuflo no descuidó el lado terrestre de Constantinopla y ordenó que todas las puertas ubicadas allí se tapiaran con ladrillos para incrementar la seguridad.

Cada uno de los bandos podía ver cómo el contrario se preparaba para la guerra. A ambas orillas del Cuerno de Oro, los continuos golpes de los martillos resonaban día y noche a medida que carpinteros e ingenieros se esforzaban por ensamblar la maquinaria bélica que, esperaban, les diera la victoria.

Al mismo tiempo que se encargaban de los preparativos prácticos para entrar en Constantinopla, los cruzados empezaron a pensar en cómo se repartirían el botín en caso de que tuvieran éxito y lograran conquistar la ciudad. Acuerdos previos de este tipo eran una práctica común en la guerra medieval, ya que ayudaban a evitar amargas discusiones en la confusión que a menudo seguía al fin de un asedio. Muchas campañas victoriosas habían degenerado en feroces disputas sobre quién tenía derecho a qué que dividían a los ganadores cuando una ciudad caía. En 1153, en Ascalón, los caballeros templarios habían intentado impedir que otros cruzados entraran por una brecha abierta en los muros de la ciudad para evitar que se hicieran con el botín.[5] Su egoísmo había sido castigado más tarde, porque los hombres que habían conseguido entrar quedaron aislados y fueron asesinados. Dado lo prolongada que estaba resultando la campaña de 1203-1204 y el marcado contraste entre la pobreza de los cruzados y la riqueza de Constantinopla, resultaba todavía más importante alcanzar acuerdos vinculantes para constreñir a los soldados de menor categoría. Una jornada de saqueo incontrolado podía exponer al ejército invasor a un contraataque o podía provocar un resentimiento aún mayor hacia los nuevos gobernantes entre sus futuros súbditos.

El botín no era la única cuestión que necesitaba ser debatida. La posible conquista de Constantinopla planteaba a los franceses y los venecianos un problema muchísimo más amplio y, en términos medievales, sin precedentes. Los cruzados, era obvio, no estaban conquistando solo una ciudad o un castillo, sino adquiriendo control sobre todo un imperio. Tendrían que elegir a un nuevo emperador y, por tanto, elevar a uno de los suyos a una posición de poder inigualable. Tratándose de una fuerza independiente, libre del control de, digamos, el rey de Francia, no existía la posibilidad de tomar el territorio en nombre de otro. Por las leyes de conquista, Constantinopla sería suya y el nuevo emperador tendría que salir de entre las filas de los cruzados. Sus más destacados dirigentes, como Dandolo, Balduino de Flandes y Bonifacio de Monferrato, se encontraban sin lugar a dudas entre los hombres más influyentes de Europa, pero ninguno de ellos era un monarca coronado y mucho menos uno con la historia y el prestigio del emperador bizantino.

En marzo de 1204, Dandolo, Bonifacio, Balduino, Luis de Blois y Hugo de Saint-Pol prepararon un convenio formal «para garantizar la unidad y concordia duraderas entre nosotros». El texto completo del acuerdo todavía se conserva y Villehardouin y Roberto de Clary nos proporcionan resúmenes abreviados del documento que los historiadores denominan «el pacto de marzo».[6]

Los cruzados se comprometieron juntos a conquistar la ciudad y acordaron que, si gracias a la ayuda de Dios tenían éxito, todo el botín sería reunido en un único lugar y repartido después de forma equitativa. Roberto de Clary define el botín como todo el oro, la plata y las telas nuevas cuyo valor fuera igual o superior a cinco sueldos, y reconoce que no valía la pena preocuparse por artículos de menor valor. El alimento y las herramientas estaban formalmente excluidos de esta parte del contrato.[7] De las sumas de dinero prometidas por Alejo, la más grande era la que se debía a los venecianos. Una parte de esta se remontaba al tratado de Zara y otra era consecuencia de la ampliación por un año del tratado de Venecia, es decir, correspondía al pago por el mantenimiento de la flota desde marzo de 1203 hasta marzo de 1204. Para saldar esta deuda, se dispuso que los venecianos tomarían tres cuartas partes de todo el expolio de la conquista contra una cuarta parte que correspondería a los cruzados, hasta alcanzar la suma exigida: doscientos mil marcos de plata. Cuando se reuniera esta cantidad, el resto del botín se repartiría en partes iguales entre los venecianos y los cruzados. Lo único que quedaba excluido de estas regulaciones era la comida, que, como era lógico, debería ser repartida de forma justa entre todos para sustentar la campaña.

El convenio también aludía al futuro de la propia Constantinopla. En caso de que consiguieran hacerse con el control total de la ciudad, seis franceses y seis venecianos serían seleccionados para elegir al hombre que, tras haber jurado sobre la Biblia, ellos consideraran que sería el gobernante más apropiado. La paridad de electores entre franceses y venecianos reflejaba los compartidos esfuerzos de ambas fuerzas fuera de la ciudad. La persona que resultara elegida emperador recibiría una cuarta parte de las tierras conquistadas y también el palacio del Bucoleón y el de las Blaquernas. El grupo del que no había salido el emperador tendría derecho a elegir a uno de sus miembros como patriarca y controlaría Santa Sofía. Por tanto, en caso de que el emperador fuera francés, el patriarca sería veneciano; si, por el contrario, el emperador elegido era veneciano, el patriarca sería francés (o quizá alemán o italiano).

Quedaba además la asignación de las tierras, títulos y posesiones del Imperio bizantino. Otro comité, formado esta vez por una decena de venecianos y otros tantos franceses, repartiría los feudos y los ministerios y decidiría las obligaciones que cada feudatario en particular debería al emperador. Los cruzados tenían la oportunidad de dividir una entidad política completa: algo similar a lo que le ocurrió a Guillermo el Conquistador cuando se apoderó del reino de Inglaterra en 1066. Aunque fue Guillermo mismo (y no un grupo de nobles normandos) quien decidió entonces las recompensas, él, al igual que los cruzados y los venecianos, se había apropiado de un estado consolidado y rico. Una comparación resulta aquí útil: treinta años después del triunfo del duque Guillermo, los primeros cruzados necesitaron casi una década para apoderarse de las complejas y heterogéneas entidades políticas existentes en Levante, lo que condujo a la creación de cuatros estados cruzados distintos.

Los franceses y los venecianos sabían muy bien que era poco factible que la caída de Constantinopla supusiera la automática sumisión del resto del Imperio bizantino. Los ciudadanos de Constantinopla y sus alrededores probablemente serían hostiles a las fuerzas occidentales y, más lejos, Alejo III podría convertirse en cabecilla de la oposición griega. Los cruzados, por tanto, acordaron permanecer en la región hasta marzo de 1205 con miras a consolidar sus nuevos territorios. Esto significaba que la expedición a Tierra Santa quedaba postergada una vez más, si no abandonada del todo. Todos eran conscientes de que, si conquistaban Constantinopla y partían hacia Levante ese mismo verano, las posibilidades de que el nuevo Imperio latino sobreviviera serían remotas. Cualquiera que decidiera permanecer después de marzo de 1205 quedaría bajo la jurisdicción del nuevo emperador y tendría que servirle según este lo considerara necesario.

Como era inevitable, los venecianos actuaron con gran astucia y consiguieron que su dominio comercial quedara consagrado en el documento. En este sentido, se decidió que el nuevo emperador no negociaría con ningún estado que estuviera en guerra con los italianos, con lo que a cualquier rival económico hostil a sus intereses le resultaría imposible comerciar en esta riquísima región.

Por último, se realizaron algunos intentos de regular el comportamiento de los cruzados cuando estos entraran en la ciudad. Roberto de Clary relata que las huestes cruzadas fueron obligadas a jurar sobre reliquias que no violarían a las mujeres y que no se las despojaría por la fuerza de ninguna prenda fina. Además, los cruzados no pondrían sus manos sobre monjes o sacerdotes, excepto en defensa propia, y no asaltarían ninguna iglesia o monasterio.[8] La liberación de las tensiones sexuales reprimidas era un componente horrible, aunque común, de las guerras de la Edad Media; por su parte, las vestiduras eclesiásticas también constituían un blanco fácil para los soldados conquistadores. El castigo para quienes infringieran estas normas era la muerte. Dada la gran antipatía que existía entre los bizantinos y los cruzados, las iniciativas encaminadas a controlar algunos de los excesos más predecibles de la guerra constituían un esfuerzo prudente, aunque, como veremos, en gran parte inútil. Para recordar a todos que la campaña aún estaba siendo librada bajo la bandera de la guerra santa, los clérigos cruzados incluyeron una amenaza de excomunión para cualquiera que rompiera los términos del acuerdo.

Hacia comienzos de abril, los cruzados estaban listos para la batalla. Su posición había sufrido muchos cambios durante los meses pasados fuera de Constantinopla: primero, habían sido los invitados del hombre que aseguraba ser el verdadero emperador; luego, los que lo habían llevado al trono; a continuación, decepcionados y abandonados, los forasteros rechazados por su antiguo aliado y vilipendiados por su sucesor; por último, se habían convertido en un pequeño pero decidido ejército de asedio con escasos suministros, escasos de alimentos y cuya única alternativa era tomar la más grandiosa ciudad del mundo cristiano.

La noche del 8 de abril cargaron la flota y esta quedó preparada para zarpar al alba. Los caballos fueron embarcados en sus transportes especiales y todos acordaron salir al amanecer. La expectativa fue creciendo en intensidad. En la Edad Media, prepararse espiritualmente antes de entrar en combate era esencial, y más aún en las batallas que se enmarcaban en una cruzada, siendo la oración y la confesión requisitos básicos para obtener las recompensas celestiales que aguardaban al mártir cruzado. Los hombres recibieron la absolución y el Cuerpo de Cristo. Los soldados debieron de imploran la ayuda de Dios: ¿de qué otra forma iba a poder un ejército de sólo unos veinte mil hombres conquistar Constantinopla?

Todos los cruzados, desde los nobles más prominentes hasta los soldados más humildes, sabían que los próximos días serían los más cruciales de toda la campaña. Durante el primer asedio de Constantinopla habían asumido increíbles riesgos y habían triunfado. Para abril de 1204, el asesinato de Alejo implicaba que los cruzados no contaban ya con el hombre que legitimaba su presencia en las afueras de la ciudad y que podía proporcionarles un enorme apoyo material. Ahora se enfrentarían a una población mucho más hostil en un momento en que su propia situación era bastante más precaria. Alejo IV había proporcionado a los occidentales alimentos, pero, tras haber sobrevivido al invierno con su ayuda, el ejército se había visto obligado a aprovisionarse cada vez más lejos. La conquista de Constantinopla les permitiría acceder a comida y dinero, y era, en realidad, su única alternativa realista para salir adelante. Sentían que su proceder estaba moralmente justificado y tenían un impresionante historial militar contra los griegos que nadie podía negar. Con todo, las murallas de Constantinopla lucían ahora más amenazadoras que nunca, y esta vez los bizantinos estaban dirigidos por un gobernante cruel y decidido.

¿Qué les depararía la mañana siguiente? ¿Una muerte rápida provocada por una flecha invisible? ¿O una agonía lenta e insoportable con los miembros destrozados y aplastados por las piedras o por haber caído de una escalera? ¿Acabarían el día dando alaridos de dolor, inmolados en alquitrán ardiendo? ¿O quizá, con el favor de Dios, cubiertos de gloria y riquezas? Los hombres que habían escogido liderar el asalto desde los puentes volantes eran los más vulnerables. Nicetas señala que se ofrecieron enormes recompensas para quienes treparan a los mástiles y lucharan en lo alto. Para estos hombres su deseo de fama y fortuna tenía que superar con creces el terrible riesgo que afrontaban.[9] Por todo el campamento, mientras conversaban sobre sus vidas, hablaban de sus seres queridos y confiaban mensajes para sus amigos en caso de que no sobrevivieran a la batalla. Los cruzados tenían que vencer sus miedos, preparar sus armas y rezar por la victoria.

Al amanecer del 9 de abril, la flota cruzada se dirigió a la sección de la muralla que se extendía desde el monasterio de Evergetes hasta el palacio de las Blaquernas. Con el orgullo que lo caracteriza, Villehardouin recuerda el espléndido espectáculo que ofrecían las naves de guerra, las galeras y los transportes que, alternados, se extendían a lo largo de más de mil quinientos metros.[10] Cada una de las divisiones con las que ya estamos familiarizados se formaba sobre los barcos, con sus estandartes ondeando al viento. Llenas de combatientes y cargadas de catapultas, escaleras y arietes, las naves cruzadas se acercaron a las almenas y el asalto comenzó.

Las murallas del palacio de las Blaquernas no llegaban hasta la orilla, así que, tras desembarcar, los cruzados concentraron su ataque en la estrecha franja de tierra que se extendía entre las fortificaciones y el agua. Ambos bandos lanzaron un bombardeo letal de rocas y proyectiles. Los primeros hombres que alcanzaron la orilla descargaron las escaleras y el equipo de asedio en medio de un intenso fuego enemigo. Mientras los cruzados empujaban su carga hacia las murallas, las primeras flechas se clavaron en los escudos y las armaduras. Aunque las saetas raras veces atravesaban la cota de malla y su relleno protector hasta alcanzar la piel (y cuando lo hacían sólo provocaban una herida superficial), sí se quedaban clavadas en su presa, con lo que los soldados empezaban a parecer gigantescos puerco espines cubiertos de púas y plumas. A medida que los cruzados empezaron a escalar por las murallas, ambas fuerzas chocaron y el intercambio de proyectiles fue reemplazado por el empuje de las lanzas y el blandir de las hachas y las espadas. Algunos de los que trepaban eran empujados desde lo alto y caían describiendo un arco con sus escaleras, lo que muchas veces tenía consecuencias mortales; otros eran arrancados de sus escaleras y caían directos al suelo, donde quedaban muertos o lisiados; y todavía más eran los que morían por los golpes de espada propinados por los defensores. Los alaridos de los heridos y los moribundos, las órdenes gritadas en griego, danés, italiano, alemán y francés, el ocasional toque de las trompetas imperiales y el ruido de los proyectiles que se rompían en pedazos al chocar contra las murallas se combinaban para producir una cacofonía infernal.

A los pies de las murallas, los cruzados intentaban una y otra vez instalar sus arietes. La claustrofobia que debían de sentir quienes manejaban estas máquinas tenía que ser atroz. Cuando los atacantes se aproximaban a las murallas, los defensores situados arriba vertían enormes calderas de aceite o grasa hirviendo. El ruido, el hedor y el calor generados en el interior del ariete a medida que esta abrasadora lluvia caía de lo alto nos resulta hoy difícil de concebir. En ocasiones, los gatos se incendiaban y sus ocupantes se quemaban horriblemente; en tales momentos, los hombres salían corriendo y gritando de debajo de los toldos en busca de agua o de terreno abierto sobre el cual rodar para apagar las llamas (y al hacer esto, como es evidente, quedaban expuestos a las flechas y proyectiles disparados desde las almenas). Además de fuego, los defensores también podían arrojar grandes piedras sobre sus enemigos, y muchas de las máquinas de los cruzados (y los hombres que las manejaban) fueron aplastadas de esta forma. Los occidentales intentaron proteger a sus hombres lanzando sus propios bombardeos. Las catapultas de las naves se concentraron en los defensores situados sobre un «gato», al tiempo que algunos arqueros y caballeros provistos de escaleras dirigían su atención hacia la misma sección de la muralla.

Este día, sin embargo, los griegos opusieron una férrea resistencia. Murzuflo, que había sabido prever el ataque, dirigió muy bien a sus hombres y su visible liderazgo contribuyó en gran medida a infundir valor a sus tropas. Instaló sus tiendas bermellón en la colina del monasterio de Pantepopto, detrás de la sección de la muralla que estaba siendo asaltada; de esta forma, podía observar sus propias fortificaciones y seguir los movimientos del enemigo (un raro lujo para los generales medievales, que carecían de los equipos de vigilancia de alta tecnología disponibles en nuestros días). No obstante, esto hacía que los cruzados también pudieran verlo a él, «el traidor», como lo llama Roberto de Clary, y su presencia de algún modo los aguijoneaba.

Los bizantinos se habían preparado con sumo cuidado para el asalto por tierra y habían reunido centenares de pesadas rocas para emplearlas contra los cruzados. La destrucción provocada por los incendios de 1203 había dejado grandes pilas de escombros en la ciudad, un material que ahora resultaba idóneo para la defensa de las murallas. Desde las torres, los griegos empujaban y tiraban estos enormes proyectiles sobre los ingenios bélicos de los cruzados, muchos de los cuales consiguieron hacer trizas. Tan inmenso fue el daño infligido que los occidentales se vieron obligados a abandonar sus máquinas y correr para ponerse a salvo.[11]

Con todo, el obstáculo más serio que tuvieron que superar los cruzados fueron las condiciones meteorológicas. Poco después de que el ataque hubiera comenzado, el viento empezó a soplar desde la orilla, lo que impidió que la mayoría de las naves se acercara a las murallas lo suficiente para lanzar un ataque que habría dado un ímpetu adicional a sus camaradas, que peleaban algo más lejos. Solo cinco de las torres de Constantinopla fueron atacadas en realidad, y los occidentales no lograron controlar ninguna; a media tarde era evidente para todos que el ataque había sido un fracaso y se dio la orden de retirarse. Una gran aclamación pudo escucharse entonces en las murallas de Constantinopla: la ciudad había sobrevivido a su primera gran prueba del nuevo conflicto. Los defensores abuchearon a sus adversarios y Roberto de Clary nos cuenta que muchos dejaron caer sus pantalones y se dieron la vuelta para enseñar sus posaderas a los guerreros santos. Murzuflo, encantado, quiso sacar provecho de la victoria y ordenó a sus trompetas dar un toque triunfal. Elogió con generosidad a sus hombres y consideró que la victoria era una prueba de su propia valentía y de su valor como gobernante: «Mirad, señores, ¿soy o no un buen emperador? ¡Nunca habéis tenido emperador tan bueno! ¿No he hecho las cosas bien? Ya no tenemos que temerlos más. Yo conseguiré que todos sean colgados y deshonrados».[12]

En el campamento cruzado, la desilusión de los soldados era profunda: muchos buenos hombres habían muerto en el enfrentamiento y buena parte de su equipo se había perdido o había sido destruido. Los occidentales no podían dejar de interpretar el resultado como una señal de Dios, lo que los llevó a concluir que sus pecados eran la causa de su fracaso. Balduino de Flandes tuvo que reconocer que ese día sus tropas se habían retirado de forma vergonzosa y que el enemigo había demostrado ser superior en todo sentido: «Aquel día parecía que estuviéramos fatigados hasta la impotencia».[13] La campaña estaba en serios problemas y, en consecuencia, los líderes se reunieron: necesitaban realizar de inmediato algún progreso sustancial o, de lo contrario, estaban acabados. Algunos propusieron un cambio de estrategia y sugirieron intentar el asedio en una zona diferente, en lo posible, en la parte de las murallas que daban al Bósforo, donde los cruzados podrían de nuevo coordinar sus fuerzas terrestres y marítimas. La idea fue rechazada a toda prisa cuando los venecianos señalaron que en tal sitio la corriente era demasiado fuerte y podría alejar con facilidad a las naves del lugar del asalto.

Los nobles franceses de más rango, el marqués Bonifacio y el dogo reflexionaron sobre la situación. Repasaron su éxito a lo largo del Cuerno de Oro en 1203, consideraron que los traicioneros vientos eran la principal causa de sus actuales dificultades y resolvieron que volverían a atacar la misma sección de las murallas. Antes de ello, sin embargo, era necesario hacer una pausa para reparar y modificar las naves y luego habría que esperar a que las condiciones climatológicas fueran mejores.

Aunque estas eran medidas prácticas y prudentes, también era urgente levantar la moral de las tropas, una tarea que inicialmente quedó en manos del personal eclesiástico que acompañaba al ejército. El triunfo solo llegaría si la mayoría de los hombres creía que su lucha todavía contaba con el respaldo de Dios. Muchos entre los soldados rasos pensaban que ya habían tenido suficientes batallas, y tantas habían sido las bajas del día que un gran número de los hombres de menor rango se mostraba renuente a prolongar el asedio y quería marcharse. Estos solicitaron que se les permitiera partir a Tierra Santa, donde completarían sus votos y obtendrían de nuevo el favor de Dios. Como relata Villehardouin: «Cierta gente en la compañía hubiera estado muy contenta si la corriente los hubiera alejado de los apuros [y de Constantinopla]…, y no les preocupaba adónde fueran siempre y cuando pudieran dejar esa tierra atrás».[14]

Los miembros del clero discutieron la situación entre ellos y acordaron el mensaje que deseaban comunicar a todo el desmoralizado ejército. Tenían que convencer a los hombres de que los acontecimientos del 9 de abril no significaban que la suya fuera una empresa de pecadores a los ojos de Dios: la campaña, sostuvieron los clérigos, *era* justa y si los hombres tenían las creencias adecuadas *tendría* éxito. La idea de que Dios podía someter a prueba la determinación de los cruzados mediante reveses temporales era un recurso muy común de los monjes y sacerdotes para explicar los fracasos y desastres que podían producirse a lo largo de una campaña.[15] Una interpretación semejante todavía permitía pensar que la expedición contaba con el visto bueno del Señor y convertía los contratiempos en un medio de confirmar el verdadero valor de Su ejército. Los clérigos anunciaron que predicarían el sermón la mañana del domingo 11 de abril y para ello cada uno de los eclesiásticos más destacados reunió a su propio rebaño. Los obispos de Soissons y de Troyes (de Francia septentrional), el obispo de Halberstadt (de Germania), el abad Simón de Loos (de los Países Bajos) y el maestro Juan de Noyen (de Flandes) se dirigieron a sus tropas, e incluso los venecianos, que técnicamente estaban aún excomulgados, participaron.

El mensaje del clero había sido concebido para tranquilizar y animar a los cruzados. Su argumento de que el ataque a Constantinopla era justo en términos espirituales giró alrededor de dos puntos. En primer lugar, los griegos era traidores y asesinos, pues habían matado a su verdadero señor, Alejo IV. Para una sociedad fuertemente unida por las obligaciones hacia los señores feudales y donde el asesinato de un emperador ungido era una auténtica rareza, este quebrantamiento de las fronteras de la normalidad era una cuestión que provocaba auténtico desasosiego y que justificaba cualquier intento de vengar semejante crimen. Los clérigos emplearon un lenguaje bastante incendiario y aseguraron que los griegos eran «peor que los judíos» e invocaron la autoridad de Dios y del papa para proceder contra ellos. Introducir a los judíos como comparación indica lo mucho que preocupaba al clero convencer a su público de la maldad de Murzuflo. Como asesinos de Cristo, los judíos eran el blanco de toda clase de oprobios en Europa occidental, y relacionar a Murzuflo con ellos era explotar sentimientos poderosos y violentos. Se mandó a todos los hombres que se confesaran de nuevo, que comulgaran y tuvieran entereza. Los griegos eran los enemigos de Dios y merecían ser destruidos.

El segundo punto que los obispos emplearon para justificar el ataque hacía hincapié en el cisma entre la Iglesia ortodoxa griega y Roma. La desobediencia de los griegos hacia la sede romana y su desprecio por el papado y los católicos en general debían ser castigados. Se afirmó que los griegos creían que «todos aquellos que seguían [la ley de Roma] eran perros». El uso de imaginería canina suponía aplicar a los bizantinos un lenguaje que, por lo general, se reservaba a los musulmanes. Los clérigos tuvieron que hacer un gran esfuerzo para distinguir a los bizantinos de otros cristianos y finalmente describieron a sus adversarios como «los enemigos de Dios». Por esta razón, los occidentales no debían temer que el Señor desaprobara sus acciones cuando los atacaran.

Por último, los representantes de la Iglesia ordenaron que todas las prostitutas fueran expulsadas del campamento: una forma bastante conocida de garantizar la aparente pureza de los motivos del ejército cruzado. Los participantes en la Primera Cruzada habían hecho lo mismo antes de la batalla de Antioquía en junio de 1098 y también antes del asalto final a Jerusalén en julio de 1099. Hasta entonces, la Cuarta Cruzada no había recurrido a este doloroso sacrificio; ahora, sin embargo, había llegado el momento de hacerlo, y las prostitutas subieron a un barco y fueron enviadas lejos del campamento.

El personal eclesiástico cumplió a la perfección con su papel: tras el sermón, los cruzados se sintieron espiritualmente fortalecidos y estaban seguros de la justificación moral de su lucha. Y para cumplir con el mandato de los obispos de confesarse y tomar la comunión, los hombres formaron largas filas para revelar sus pecados a los sacerdotes y ser consolados y perdonados.

Junto a estos vitales preparativos psicológicos, el fin de semana también se dedicó a acondicionar de nuevo las naves y el equipo. Los cruzados habían comprendido que, incluso con un puente volante, una embarcación no contaba con el suficiente poder de ataque para tomar una torre por sí sola. Con el objetivo de solucionar este problema, ataron los barcos en pares para duplicar la fuerza desplegada contra un punto en particular. Esto permitía que las escaleras situadas en las torres de asalto de las naves se extendieran como brazos a ambos lados de las fortificaciones bizantinas. Este abrazo letal estaba diseñado para garantizar que los cruzados consiguieran introducirse y afianzarse en las murallas al concentrar más hombres sobre las defensas enemigas.

Los franceses y los venecianos dedicaron sábado y domingo a la creación de estas nuevas naves de doble torre.

Dentro de Constantinopla, la victoria había llenado a los griegos de entusiasmo. Tras haber conseguido repeler a los cruzados, tenían menos miedo de su enemigo y se sentían más confiados que nunca. Deleitado por los acontecimientos del 9 de abril, Murzuflo marchó con sus hombres a lo largo del Cuerno de Oro y, simbólicamente, levantó su tienda escarlata delante del campamento cruzado antes de regresar a la seguridad de sus murallas. La derrota de los occidentales había animado a los habitantes de Constantinopla, que fueron invitados a ser partícipes de un triunfo más de la Reina de las Ciudades.

En la mañana del 12 de abril el asalto comenzó de nuevo y los cruzados subieron a sus navíos para cruzar el Cuerno de Oro rumbo a la zona norte de la ciudad. Las grandes naves de transporte y las galeras se acercaron todo lo que pudieron a las murallas, echaron el ancla y, desde ahí, dispararon su artillería. Las catapultas lanzaron una lluvia de piedras sobre las torres y estructuras de madera que tenían enfrente. En las cubiertas, el fuego griego, como se lo denominaba, burbujeaba en enormes calderos. Esta era un arma que había sido empleada por primera vez en Bizancio durante el siglo VII y que los turcos habían utilizado contra los primeros cruzados, después de lo cual los occidentales no tardaron en adoptarla para sus propios ejércitos. Una fuente árabe de la época recoge una receta que combina nafta, aceite de oliva y cal destilados muchas veces. Otros posibles ingredientes eran alquitrán, resina, azufre y grasa de delfín.[16] Cualquiera que fuera la mezcla utilizada por los occidentales, el fuego griego era un cóctel letal; los cruzados lo vertían en recipientes de cerámica que disparaban contra las fortificaciones bizantinas. Una hilera de humo marcaba la trayectoria de estos contenedores a medida que cubrían a toda velocidad la distancia que separaba las naves de las murallas, antes de estrellarse contra su objetivo y estallar. Sin embargo, los griegos se habían preparado muy bien para esta clase de ataque y las pieles que colgaban de las almenas estaban tan empapadas de líquidos ignífugos que los proyectiles cruzados no lograron prenderles fuego.

Los bizantinos habían dispuesto más de sesenta petrarias para responder a las naves cruzadas, pero los occidentales también se habían protegido de forma adecuada y las redes de parra lograron que el daño provocado a la flota por las rocas fuera mínimo. Roberto de Clary asegura que las piedras, pese a ser «tan grandes que un hombre solo no podía levantarlas del suelo», tuvieron poco efecto.[17]

Al aproximarse el mediodía, el combate se intensificó. Villehardouin comenta que «los gritos que surgían de la batalla creaban tal estruendo que parecía que el mundo entero se estuviera partiendo en pedazos». Sin embargo, pese a la ferocidad de la lucha, esta se encontraba en un punto muerto; ambos bandos se habían protegido de forma tan eficaz que ni las catapultas de los griegos ni los proyectiles incendiarios de los franceses lograban causar daño a sus objetivos.

Murzuflo, una vez más, se instaló en la colina de Pantepopto, desde donde alentaba a sus hombres mientras los dirigía hacia aquellas zonas en las que veía que la arremetida cruzada era más feroz. Balduino de Flandes se refirió luego a «la tremenda resistencia de los griegos» y anotó que «durante un breve tiempo el desenlace de la guerra pareció incierto».[18] Hacia el mediodía, los occidentales empezaron a sentirse cansados y todo indicaba que, de nuevo, eran los griegos quienes llevaban la delantera. En este momento de la batalla, Nicetas Choniates, que se encontraba en la ciudad, pensó que los bizantinos habían vencido. El asalto parecía haberse estancado.[19]

Justo en el momento en que las vicisitudes de la guerra parecían estar en contra de los cruzados, la naturaleza intervino en su favor para darles el golpe de suerte que necesitaban y alzarse con la victoria. Durante la mañana de ese lunes, los vientos habían sido ligeros y no habían contribuido en realidad a su esfuerzo. No obstante, al comienzo de la tarde, la brisa cambió y empezó a soplar con fuerza desde el norte. El chasquido de una vela golpeada por el viento marcó el cambio y proporcionó al asalto un auténtico empuje del que hasta el momento carecía.

Roberto de Clary escribe: «Por un milagro de Dios, la nave del obispo de Soissons golpeó contra una de las torres, cuando el mar, que nunca llega hasta allí, la llevó hacia delante». En otras palabras, el viento condujo a uno de los enormes barcos dobles más cerca de las fortificaciones enemigas de lo que nunca había estado. Las dos embarcaciones, ambas con nombres muy apropiados para la ocasión, *Paraíso* y *Dama Peregrina* (esta última con el obispo de Troyes a bordo), chocaron contra las almenas cercanas a la puerta de Petrion. Balduino de Flandes observó: «Como si se tratara de un presagio favorable, [los barcos] llevaron a los peregrinos a luchar por el Paraíso».[20] Murzuflo había organizado sus defensas tan bien que las improvisadas plantas que había añadido a sus fortificaciones las hacían más altas que cualquiera de las naves de asedio cruzadas. Gracias a esto, sus hombres tenían ventaja sobre la gran mayoría de las embarcaciones occidentales, pues las tropas cruzadas no lograban colocar sus escaleras encima de las almenas por lo que les resultaba imposible crear una cabeza de puente. Solo cuatro o cinco de los poderosos barcos dobles tenía la altura requerida para alcanzar la parte superior de las torrecillas griegas, pero, hasta ese momento, habían sido incapaces de acercarse lo suficiente a las murallas para desempeñar algún papel en el enfrentamiento.

Ahora, con las condiciones a su favor, los cruzados tenían que aprovechar su oportunidad. En una exhibición de pericia náutica las escaleras del *Paraíso* y la *Dama Peregrina* fueron dirigidas a cada uno de los lados de una parte de la fortificación y, por primera vez, una de las naves cruzadas abrazó una de las torres de Constantinopla. Por fin los occidentales tenían la ocasión de penetrar en la ciudad.

Tres hombres estaban al frente de los puentes volantes, preparados para adentrarse en territorio enemigo: es probable que esperaran morir o quizá tenían una fe absoluta en la misericordia de Dios. La muerte o la gloria podían cubrirlos de incalculables riquezas, ya se tratara de la recompensa espiritual que aguardaba a los mártires en el cielo o de la imperecedera fama del héroe que entró primero a Constantinopla; y a ello se añadía la perspectiva de ganancias económicas inmediatas: Gunther de Pairis señala que había una oferta de cien marcos de plata para el primer hombre que subiera a las murallas y otra de cincuenta para el segundo.[21] Cualquiera que fuera la combinación de motivos que impulsara a actuar a estos hombres, las condiciones en que trabajaban eran en extremo difíciles. Vestidos con toda su armadura, tenían que mantener el equilibro sobre las escaleras, a unos treinta metros por encima de la cubierta de la *Dama Peregrina*, que se balanceaba sobre las olas de un lado para otro, y alinearse con una brecha en las almenas o la parte superior de una torre. En este punto, los cruzados no tenían aún forma de sujetar la embarcación a las fortificaciones, así que los caballeros debían tener en cuenta el movimiento de las olas y elegir el instante adecuado para saltar: un mal cálculo suponía precipitarse a una muerte segura. Y como si todo ello no fuera suficiente, quienes lograban llegar con vida al otro lado tenían que hacer frente a los guerreros armados hasta los dientes que defendían la ciudad.

El primer hombre que logró cruzar fue un anónimo veneciano que consiguió agarrarse a la torre y subirse a ella. Casi de inmediato, los defensores (identificados como miembros de la guardia varega) se abalanzaron sobre él con hachas y espadas para despedazarlo. Los compañeros del mártir no se dejaron amedrentar por ello. En la siguiente subida de las aguas, un francés, Andrés de Dureboise, consiguió pasar con dificultad al otro lado, donde cayó de rodillas. Antes de que pudiera levantarse, sus enemigos lo habían alcanzado y golpeado muchas veces; sin embargo, su armadura era mucho mejor que la de su compañero veneciano y apenas recibió heridas. Los defensores se detuvieron un momento y, horrorizados, vieron cómo el cruzado se ponía de pie y sacaba su espada. Aterrorizada, la guarnición huyó hacia el siguiente nivel de la torre. Andrés empezaba a cosechar los frutos de su fe. Como escribió Roberto de Clary: «Gracias a la misericordia de Dios, no fue herido, como si Dios lo protegiera y no quisiera que [sus enemigos] siguieran resistiéndose o que este hombre muriera».[22]

Juan de Choisy fue el siguiente hombre en alcanzar la torre y muchos otros le siguieron. Con rapidez, los cruzados levantaron su bandera para anunciar que habían penetrado en las defensas bizantinas, ataron el barco a la torre y empezaron a cruzar en gran número; no obstante, su ímpetu pronto se redujo. El viento que había contribuido de forma clave a empujar las embarcaciones contra la muralla dio origen a un oleaje de tales proporciones que el *Paraíso* y la *Dama Peregrina* amenazaban con derribar la torre. Los cruzados decidieron desatar las naves, lo que significaba dejar a sus camaradas aislados en esta parte de las murallas y sin una vía de escape inmediata.

Por el momento, sin embargo, la huida de los griegos y de la guardia varega hacía que ello no fuera un problema. Balduino de Flandes escribiría después que «los estandartes de los obispos fueron los primeros en ganar las murallas y el Cielo concedió la primera victoria a los ministros de los misterios celestiales».[23] Es indudable que esto proporcionó considerable aliento a los cruzados, a quienes animaba aún más el hecho de que Dios hubiera dirigido aquellas naves en particular a las almenas. No obstante, a pesar de que los cruzados pudieron por fin ver la primera de sus banderas ondeando en lo alto de las murallas, era poco lo que los hombres que habían tomado la torre podían hacer para avanzar aún más en la ciudad.

Desde su posición en lo alto de la colina, Murzuflo intentó reunir sus tropas y dirigirlas hacia la torre amenazada; sin embargo, el asalto cruzado había adquirido un impulso difícil de contrarrestar. El mar había llevado a las naves de Pedro de Bracieux contra otra torre y pronto esta también cayó: los cruzados controlaban ahora dos posiciones. Sus hombres podían observar a la masa de las tropas enemigas debajo de ellos y a los lados, en otras torres y desplegados a lo largo de las murallas cercanas. Si los occidentales querían realizar mayores progresos, necesitaban ser capaces de colocar más hombres dentro. Pedro, señor de Amiens, conocedor de la importancia de crear una abertura en las murallas a nivel de mar, fue quien tomó entonces la iniciativa. Apenas divisó una pequeña puerta lateral tapiada con ladrillos, resolvió abrir una brecha en ella.

Pedro descendió de su barco con su contingente de diez caballeros y sesenta sargentos y se puso manos a la obra. Roberto de Clary tiene especial interés en este episodio debido a que su hermano, Aleaumes, un belicoso clérigo que ya había tenido una actuación sobresaliente durante la toma de la torre de Gálata en julio de 1203, se convirtió en el héroe de la operación.[24] Mientras que algunos de los hombres se agacharon para penetrar la muralla, sus colegas los rodearon con sus escudos para protegerlos de la lluvia de proyectiles que caía sobre ellos. Cuando los griegos comprendieron las intenciones de los cruzados, se apresuraron a defender la puerta y organizaron una violenta y pavorosa embestida contra los invasores. Una avalancha de piedras y de saetas disparadas por los ballesteros retumbó contra la pantalla protectora que los cruzados habían formado con sus escudos. Los bizantinos transportaron calderas de fuego griego y pez hirviendo hasta ese punto y las vaciaron sobre los occidentales; sin embargo, «por un milagro de Dios», los cruzados parecieron no sufrir quemaduras serias. La decisión de estos hombres era extraordinaria, y guerras enteras pueden cambiar por un acto de valor semejante. Se emplearon hachas, espadas y picos para hacer pedazos los ladrillos y, al final, los cruzados consiguieron crear un agujero irregular por el que podían entrar arrastrándose en la ciudad.

¿Qué les aguardaba al otro lado? Por una vez podemos considerar justificadas las exageraciones de los cronistas medievales. Roberto escribió: «Miraron por el agujero y vieron tantísima gente al otro lado, tanto en lo alto como en lo bajo, que parecía como si medio mundo estuviera allí, y no se atrevieron a entrar».[25] Quienquiera que atravesara la brecha a gatas tenía garantizada, en efecto, un calurosa bienvenida.

Por un momento, los cruzados vacilaron. Entonces Aleaumes avanzó y se dispuso a entrar. Roberto sintió pánico: ahí estaba su hermano, preparado para enfrentarse al peligro más increíble y a una muerte casi segura. Como clérigo, Aleaumes tenía una fe absoluta en la protección divina — una fe que, en contra del derecho canónico que prohibía al personal eclesiástico emplear la violencia, apuntalaba con la espada. Roberto le rogó que no siguiera adelante, pero su hermano se encogió de hombros y se acurrucó para entrar en el agujero. Según la descripción que nos ofrece Roberto, esto debió de haber sido como meterse en una apretada chimenea. Cuando Aleaumes empezó a arrastrarse hacia el otro lado, su hermano lo agarró por los pies para intentar sacarlo del agujero, pero el clérigo se libró de él dándole una patada y continuó avanzando a través de la piedra seca. Una vez que estuvo al otro lado, los griegos avanzaron hacia él y una lluvia de piedras cayó desde arriba, pero ninguna alcanzó su objetivo. Aleaumes sacó entonces su espada y se abalanzó contra sus enemigos, que quedaron tan sorprendidos por su agresión que se dieron la vuelta y «huyeron ante él como ganado». La valentía y la fe de un único hombre había dado lugar a un tremendo avance. Aleaumes llamó a sus amigos: «¡Señores, sed valientes y entrad! Los veo retroceder confundidos y echarse a correr». Cuando Pedro de Amiens y Roberto escucharon esto, se apresuraron a entrar en compañía de los demás caballeros y sargentos de su contingente. Ahora había setenta cruzados dentro de la ciudad: no se trataba de una gran fuerza, pero era suficiente para minar la moral de los griegos que se encontraban en los alrededores.

Los defensores empezaron a huir, pero Murzuflo, que se encontraba bastante cerca, advirtió el peligro y espoleó a su corcel para avanzar en dirección a los cruzados. Pedro de Amiens se dirigió a sus hombres: «Ahora señores, ¡defendeos bien! Tendremos batalla. Aquí viene el emperador. Ocupaos de que nadie ose retroceder, pero pensad solo en defenderos a vosotros mismos».[26] Cuando Murzuflo vio la determinación de los occidentales, vaciló y, finalmente, se detuvo y regresó a su tienda. Le había faltado el apoyo necesario para enfrentarse al enemigo y, a medida que la noticia de la presencia de los cruzados en la ciudad se difundía, la resistencia empezó a desangrarse. Desaparecido el peligro inminente, Pedro ordenó a un grupo de hombres que abriera desde dentro la puerta más cercana; con hachas y espadas, los cruzados rompieron las cerrojos y barras de hierro que mantenían la puerta cerrada. En cuanto esta entrada estuvo abierta, las naves que transportaban a los caballos se acercaron a la orilla para descargar su contenido.

Nicetas Choniates reconoció el destacado papel de Pedro de Amiens, a quien describe con su típico lenguaje florido:

> Se consideró que era capaz de aniquilar a todos los batallones, pues medía nueve brazas de alto [una alusión a la Odisea] y llevaba en su cabeza un yelmo con forma de ciudad fortificada. Los nobles que estaban con el emperador y el resto de las tropas no soportaron mirar de frente el yelmo de un caballero tan terrible en forma y tan espectacular en tamaño y emprendieron

su habitual huida que, habían decidido, era la medicina más eficaz para su salvación.[27]

A pesar del estilo de Nicetas, es obvio que las cualidades marciales de Pedro aterraron a los bizantinos y que fue el avance logrado por sus hombres lo que en verdad precipitó su caída. Los barcos de transporte continuaban desembarcando sus caballos, nuevas puertas eran derribadas y los caballeros, montados sobre sus corceles, entraban y se desplegaban con rapidez por toda la ciudad.

Los jinetes se dirigieron al campamento de Murzuflo en la colina del monasterio de Pantepopto. Los hombres del emperador estaban formados para enfrentarse a la carga de los cruzados, sin embargo, apenas divisaron el pesado avance de los guerreros occidentales hacia ellos, les entró pánico y se dispersaron. Nicetas recuerda furioso su falta de carácter: «Así, fundidos en una única alma ansiosa, los miles de cobardes que contaban con la ventaja de estar sobre una alta colina, fueron perseguidos por un hombre solo [Pedro de Amiens] desde las fortificaciones que, se suponía, ellos debían defender».[28] Murzuflo no tuvo otra alternativa que escapar también. Abandonó sus tiendas y su tesoro y se marchó al centro de la capital y al palacio del Bucoleón. Entretanto, Pedro se hizo con el control del antiguo cuartel general del emperador y de inmediato se ocupó de guardar los tesoros almacenados allí. A su alrededor los griegos huían por todos lados. La entrada en tropel de los cruzados en la ciudad y la huida de su emperador, provocó la precipitada retirada de los bizantinos; y, como anota de manera concisa Roberto de Clary, «la ciudad fue tomada».[29] Muchos griegos corrieron a la Puerta de Oro, al otro lado de la ciudad, destrozaron la mampostería que bloqueaba la salida y huyeron a toda prisa «tomando, merecidamente, el camino a la perdición», según Nicetas comenta con hastío.[30]

Después de la aplastante entrada de los cruzados en Constantinopla, empezó la siguiente etapa de la batalla. La frustración de los meses pasados esperando al otro lado del Cuerno de Oro, sumada a lo que se creía que había sido una traición por parte de los bizantinos, desató una terrible ola de violencia. Villehardouin escribe: «Lo que siguió fue una escena de masacre y pillaje:

por todas partes los griegos eran asesinados... Tan enorme fue el número de los heridos y muertos que nadie pudo contarlos».[31] Mulas, palafrenes y caballos de gran valor fueron tomados como botín, en reemplazo de los miles de animales que los occidentales habían perdido a lo largo de toda la campaña. Balduino de Flandes sostuvo luego que los cruzados estuvieron dedicados a la matanza y dieron muerte a «muchos griegos».[32] La *Devastatio Constantinopolitana* habla de «una tremenda carnicería».[33] Estos tres testigos de lo ocurrido nos ofrecen un testimonio indiscutibles de la terrible brutalidad de esta parte de la campaña.

Gunther de Pairis, por su parte, imagina a Cristo dirigiendo a los guerreros santos a la victoria. Su texto alaba el logro de los cruzados y lo describe como manifestación de la voluntad divina. Además, añade un llamamiento a la piedad poco realista, pues la misericordia, como sostienen quienes fueron testigos de lo ocurrido, no era una prioridad en ese momento:

> Vosotros [los cruzados] peleáis las batallas de Cristo. Ejecutáis
>   la venganza de Cristo,
> según el juicio de Cristo. Él se adelantará a vuestro ataque.
> ¡Entrad! ¡Venced las amenazas, aplastad a los cobardes, conti-
>   nuad adelante con más valor!
> Gritad con voz atronadora, blandid el hierro, pero evitad la sangre.
> Inspirad terror, pero recordad que son hermanos
> a quienes aplastáis, quienes por su culpa lo han merecido
> durante un tiempo. Cristo desea enriqueceros con el botín de
> los malhechores, dejad el saqueo para otros conquistadores.
> Mirad, las casas están abiertas, repletas con las riquezas del
> enemigo, y un antiguo tesoro tendrá nuevos amos.[34]

Muchos nobles bizantinos huyeron en un primer momento a la seguridad que ofrecía el palacio de las Blaquernas y luego aún más lejos. Sin embargo, agotados después de los esfuerzos realizados durante el día, los cruzados optaron por no perseguirlos. A los líderes occidentales les preocupaba que sus hombres pudieran desperdigarse por toda la metrópoli, pues temían que los griegos estuvieran en condiciones de organizar un contraataque o bien de emplear el fuego para separar una parte de ejército de la otra. Dadas las enormes dimensiones de Constantinopla, los cruzados no podían aspirar a controlar por completo la ciudad en una sola tarde y necesitaban antes consolidar su triunfo. El grueso del ejército cruzó el Cuerno de Oro y acampó fuera de las puertas y las almenas que daban a la ensenada. Balduino de Flandes se apoderó de la magnífica tienda imperial (un augurio significativo, dada la forma en que se desarrollarían los acontecimientos luego) y su hermano Enrique instaló sus tropas en frente del palacio de las Blaquernas. El marqués Bonifacio y sus hombres se establecieron al sureste de Balduino, en una de las zonas más pobladas de la ciudad.

Uno de los principales miembros del ejército cruzado no pudo participar en el asedio. Desde el invierno, el conde Luis de Blois había estado sufriendo de una fiebre que lo había debilitado y le impedía pelear. Sin embargo, decidido a no perderse la acción, había dado órdenes de que lo cargaran en uno de los transportes para, al menos, poder ver las hazañas de sus amigos y camaradas.[35]

Exhaustos y eufóricos, los cruzados se establecieron para pasar la noche e intentar descansar y recuperar fuerzas. Por sus mentes debía de rondar el recuerdo de que en julio de 1203 los venecianos habían logrado introducirse en ese mismo distrito solo para ser expulsados a continuación por una feroz contraofensiva bizantina. En esa ocasión, las fuerzas cruzadas habían estado divididas en un pequeño grupo dentro de la ciudad y un contingente fuera de las murallas terrestres; el 12 de abril de 1204, su posición en Constantinopla era mucho más firme y sus ejércitos estaban todos en una misma área.

Los principales nobles resolvieron que a la mañana siguiente, temprano, desplazarían el grueso de sus tropas a una zona abierta más hacia el sureste y allí se enfrentarían con los griegos. Los cruzados sabían que una campaña lenta, luchada en las calles de Constantinopla, favorecería a los habitantes de la ciudad. Por tanto, estaban decididos a que, si una batalla iba a tener que ser librada, lo harían en sus propios términos. Un área grande y relativamente plana permitiría a los occidentales aprovechar su caballería pesada, una táctica que, dada la renuencia de los griegos a enfrentarse con los caballeros en julio de 1203, les ofrecía las mejores perspectiva de alcanzar una solución rápida del conflicto. Conscientes también de que Murzuflo podía elegir no pelear pero tampoco rendirse, los líderes cruzados acordaron que, si el viento soplaba a sus espaldas, provocarían un incendio para obligar a los griegos a aceptar su derrota. Por supuesto, también podía ocurrir que el viento cambiara de dirección; en tal caso, existía la posibilidad de que los cruzados se vieran expulsados de la ciudad por el incendio que ellos mismos habían provocado.

Y de hecho, durante su primera noche en Constantinopla, se inició una conflagración en una zona cercana a donde se encontraban las tropas de Bonifacio de Monferrato. Villehardouin cuenta que algunos hombres cuya identidad desconoce estaban tan preocupados por la posibilidad de una arremetida de los griegos que prendieron fuego a los edificios que separaban ambos bandos. Gunther de Pairis menciona a un conde alemán, posiblemente Bertoldo de Katzenellenbogen, como el responsable de los hechos.[36] Este último incendio, el tercero desde la llegada de los cruzados, se extendió desde las cercanías del monasterio de Evergetes en dirección a la Puerta de Drongarios, sobre el Bósforo. Una vez más, los occidentales traían la destrucción a la Reina de las Ciudades; por desgracia en esta ocasión el fuego era sólo el preludio de ese acto final de horror que fue el saqueo. El nuevo incendio duró toda la noche y se prolongó hasta la tarde del día siguiente, aunque en comparación con sus predecesores los daños fueron menores.[37]

Para Murzuflo, el día que había empezado con tanta confianza terminaba en desastre y desesperanza. La abyecta caída de sus tropas implicaba que su propio valor y sus encarnizados intentos de motivar a su pueblo a través de las amenazas, las recompensas y la simple dedicación a su causa habían sido en vano. Al igual que Alejo III nueve meses antes, Murzuflo concluyó que, dado el poderío de sus adversarios y la falta de fortaleza demostrada por sus compatriotas, la victoria era imposible. Y al igual que él, tampoco quería ser atrapado. Murzuflo tenía buenas razones para ello —su manifiesta aversión por los cruzados, su complicidad en el asesinato de Alejo IV o su decisión de ejecutar a los tres caballeros venecianos en las murallas de la ciudad— y, preocupado por la posibilidad de que la jerarquía bizantina decidiera rendirse y entregarlo a los occidentales, resolvió marcharse.

Hacia la medianoche recorrió sigilosamente las calles de Constantinopla, teniendo cuidado de no acercarse a las tropas occidentales, hasta llegar al palacio del Bucoleón. Luego, se apoderó de un pequeño barco pesquero y subió a él con la emperatriz Eufrosina, la esposa de Alejo III, y las hijas de esta (de una de las cuales, se dice, Murzuflo estaba encaprichado), y así, al amparo de la noche, se deslizó al otro lado del Bósforo, una vergonzosa forma de poner fin a su mandato.

Con estas cuestiones de alta política como telón de fondo, los habitantes comunes de Constantinopla tenían tres difíciles alternativas: podían reunir todo lo que pudieran llevar consigo y huir al exilio como había hecho su emperador; podían intentar oponer resistencia a los cruzados y arriesgarse a morir o, incluso, a provocar una mayor destrucción de su amada ciudad, o podían simplemente aceptar su derrota y rendirse. Las últimas dos opciones planteaban además la necesidad de que los ciudadanos salvaguardaran sus posesiones personales, y Nicetas nos cuenta que muchos decidieron enterrar sus objetos de valor.[38]

Cuando la noticia de la huida de Murzuflo se difundió, los clérigos, funcionarios y nobles que aún quedaban en la ciudad se reunieron durante las primeras horas del 13 de abril para debatir cuál sería su siguiente paso. Tan pertinaz era su creencia en la fortaleza de Constantinopla y tan grande el miedo y el asco que sentían hacia los occidentales que optaron por elegir a un nuevo emperador y continuar luchando. Dos hombres reclamaron, según las palabras de Nicetas, «la capitanía de una nave sacudida por la tempestad». Ambos candidatos, Constantino Láscaris y Constantino Ducas, eran hábiles guerreros y se consideró que los dos poseían las cualidades necesarias para ocupar el cargo. Ante la imposibilidad de realizar un debate formal y completo sobre los méritos de cada uno, se resolvió echar a suertes el premio.

El ganador fue Láscaris, aunque debido a las circunstancias de su elección se negó a lucir la insignia imperial. El nuevo líder instó al pueblo a resistirse a los occidentales y, sin rodeos, informó a los miembros de la guardia varega de que, si los cruzados triunfaban, dejarían de recibir el generoso trato y los sustanciales salarios a los que estaban acostumbrados. Aunque la jerarquía de Constantinopla estaba preparada para pelear, el resto de la ciudad parecía carecer de su misma determinación. Ninguno de los ciudadanos que formaban el público respondió a la exhortación de Láscaris, y los varegos, por su parte, aprovecharon la ocasión para negociar una aumento de sueldo. No obstante, cuando llegó la mañana del 13 de abril y vieron a los cruzados reunirse, ni siquiera el incentivo de una mayor remuneración fue suficiente para convencerlos de participar en la lucha y muchos de ellos se dispersaron con rapidez.[39]

Pese a toda la resolución que había mostrado la noche anterior, Láscaris concluyó, como Alejo III y Murzuflo antes que él, que nada podía salvar Constantinopla y, por tanto, se convirtió en el tercer emperador que abandonaba la ciudad huyendo en los últimos diez meses.

Como habían planeado, las fuerzas occidentales se organizaron en sus divisiones a la espera del combate. Sin embargo, no había nadie para enfrentarlos. Al principio, los cruzados no sabían que Murzuflo había escapado, pero pronto resultó evidente que no había oposición alguna en la ciudad. Las noticias de la huida del emperador llegaron pronto y entonces quedó claro que Constantinopla estaba a merced de los occidentales. Quienes habían aguantado más tiempo perdieron toda esperanza ante la inconstancia de sus líderes y decidieron que rendirse era lo único sensato que podían hacer. La jerarquía religiosa de la ciudad, vestida con sus mejores galas eclesiásticas, se dirigió hacia a los cruzados portando cruces de gran belleza y preciosos iconos, con la esperanza de que al tratarlos con el suficiente honor se lograría evitar el saqueo de la ciudad. Junto a ellos iban varios varegos que, es de suponer, esperaban transferir nuevamente su lealtad o bien escapar, por ser extranjeros, a las posibles represalias que los cruzados tomaran contra la población ortodoxa.

Un hecho interesante fue que los clérigos griegos centraron toda su atención en Bonifacio de Monferrato, pues sus vínculos familiares con la dinastía imperial y su teórica posición como líder de la cruzada habían fomentado la idea de que él sería el llamado a convertirse en nuevo emperador.[40]

Si los griegos pensaban que al mostrarles su respeto conseguirían ablandar el corazón de los cruzados, estaban terriblemente equivocados. Décadas de desconfianza hacia los bizantinos, sumadas a la creciente antipatía mutua de los últimos meses, no podían ser borradas de un momento a otro. Nicetas escribe que la disposición de los cruzados «no se vio en ningún sentido afectada por lo que veían, ni sus labios cedieron a la más mínima sonrisa y tampoco logró el inesperado espectáculo transformar su severa mirada y frenética furia en algo que pareciera alegría».[41] Cuando la rendición de la misma fue formalmente aceptada, los cruzados relegaron el clero griego y empezaron a apoderarse de todo cuanto pudieron. El saqueo de Constantinopla había comenzado.

14

«Estos precursores del Anticristo»

El saqueo de Constantinopla, abril de 1204

Mientras los cruzados iniciaban en masa el saqueo de la ciudad, sus líderes procedieron con rapidez a asegurar su control de la misma. Su principal prioridad fue apoderarse de las principales residencias imperiales, el Bucoleón (el Gran Palacio) y las Blaquernas. De inmediato, Bonifacio de Monferrato se dirigió al primero de estos, donde le abrieron las puertas a condición de que se respetara la vida de quienes estaban dentro. Muchas figuras destacadas de la jerarquía bizantina se habían refugiado en este complejo, entre ellas varios miembros de las distintas familias imperiales. La arrogante Inés, hermana del rey Felipe de Francia, se encontraba ahí, así como Margarita, la viuda de Isaac Ángelo y hermana del rey de Hungría. Más importante para los cruzados era el hecho de que el palacio estaba abarrotado de los tesoros acumulados durante siglos de dominio imperial. Villehardouin apenas puede describir todas las riquezas allí reunidas: «Había semejante colección de objetos preciosos que nadie podría contarlos».[1] Bonifacio dejó una guarnición para que protegiera el castillo del palacio y custodiara la fortuna que había en su interior.

Al norte de la ciudad, Enrique de Flandes entró en el palacio de las Blaquernas en idénticos términos. También él descubrió magníficos premios y dejó a algunos de sus hombres para que protegieran la fortuna recién descubierta por los cruzados. Sin embargo, aunque la toma de estos dos emplazamientos parece haberse desarrollado con relativo orden, en el resto de la ciudad estaba teniendo lugar una explosión de codicia y violencia con los occidentales inmersos en una búsqueda del tesoro de proporciones inimaginables. Algunas fuentes prefieren olvidar este vergonzoso episodio: Villehardouin y Roberto de Clary, por mencionar solo dos. Otras, como Gunther de Pairis, nos ofrecen asombrosas revelaciones; sin embargo, como era fácilmente predecible, son dos autores bizantinos, Nicetas Choniates y Nicolás Mesarites, quienes nos proporcionan las descripciones más vívidas y espeluznantes del saqueo de Constantinopla.

A pesar de los acuerdos para regular el comportamiento de las tropas occidentales que los cruzados habían jurado cumplir solemnemente, el atractivo de un botín tan grande resultó irresistible (algo a lo que contribuyeron ciertas tensiones dentro del mismo ejército cruzado). Espoleados por la creencia de que Dios los estaba recompensando por haber luchado contra los impíos y asesinos griegos, los cruzados consideraron que sus acciones eran legítimas y estaban justificadas. El ansia de riquezas de los occidentales los llevó a saquear a la ciudad y a sus ciudadanos por igual y, en su entusiasmo religioso, no se detuvieron a pensar en lo que podían sentir aquellos a los que asaltaban o en la santidad de los lugares objeto de su pillaje. Al respecto, Balduino de Flandes haría una observación escalofriante: «Aquellos que nos habían negado poca cosa tuvieron que renunciar a todo por sentencia divina».[2]

Los cruzados se propagaron por la ciudad como un virus mortal por las venas de un débil anciano: paralizando sus movimientos primero y acabando con su vida luego. Para Nicetas, fueron «los precursores del Anticristo, los agentes y heraldos de las impiedades que de este se esperan».[3] Las iglesias constituían un objetivo evidente para los guerreros santos, que se apoderaron de centenares de magníficos iconos y arrancaron de los altares relicarios preciosos que guardaban los restos de mártires que habían sufrido en nombre de Cristo. El pan y el vino que representaban el cuerpo y la sangre de Cristo fueron tirados al suelo. «Aunque Su costado no fue atravesado por la lanza, una vez más chorros de Sangre Divina fueron derramados sobre la tierra», comenta Nicetas con tristeza.[4] Nicolás Mesarites escribe que espadachines vestidos de hierro enloquecidos por la guerra y con el asesinato en el aliento, lanceros, arqueros, jinetes, todos jactándose espantosamente, aullando como Cerbero y respirando como Caronte, saquearon los lugares sagrados, pisotearon los objetos divinos, arrojaron al suelo las santas imágenes que cubrían las paredes y paneles, sin respetar las efigies de Cristo y Su santísima Madre y de los santos hombres que desde la eternidad complacen al Señor Dios.[5]

Santa Sofía, el edificio más glorioso y magnífico de Constantinopla y corazón espiritual del Imperio bizantino, fue saqueada y profanada. Este hecho, más que cualquier otro, simbolizaba el derrumbamiento de una civilización otrora poderosa y la llegada de un poder nuevo y violento al que, al menos a corto plazo, poco le preocupaba la majestuosidad del pasado imperial. El altar mayor, una extraordinaria obra de artesanía hecha de una combinación de metales preciosos unidos para formar un objeto multicolor, fue dividido en varias piezas para recompensar a diferentes pretendientes. El valor espiritual de muchos artículos fue con frecuencia pasado por alto ante la abrumadora necesidad de hacerse con un botín. Era como si los cruzados padecieran la adicción más arrolladora que uno pueda imaginar, una que solo podían satisfacer mediante joyas y metales preciosos. Por supuesto, no todo fue destruido: una visita al tesoro de la catedral de San Marcos en Venecia y a los cuatro famosos caballos conservados en su museo sirve para comprobar que algunos objetos de valor fueron robados completos.[6]

En unas cuantas horas, los cruzados se habían apoderado de siglos de ofrendas preciosas. No obstante, estos no solo se llevaron los objetos que había en la iglesia, sino que también arrasaron el tejido mismo del edificio. Por ejemplo, los occidentales arrancaron el revestimiento de plata de las puertas del púlpito, destruyendo así un magnífico trabajo de artesanía que había costado años realizar. Tan enorme fue el botín obtenido en este lugar que los santos ladrones tuvieron que utilizar animales de carga para transportarlo. Los excrementos de las mulas y asnos ensuciaron los suelos de mármol de la casa de Dios, y hombres y bestias resbalaban y caían al suelo mientras se esforzaban por llevarse los frutos del saqueo. La profanación de la majestuosa iglesia fue absoluta.

No fueron solo los caballeros y soldados de a pie quienes se apoderaron de objetos valiosos. Gunther de Pairis nos ofrece una descripción, sorprendentemente cándida, de la conducta de su superior, el abad Martín, durante el saqueo de la ciudad.[7] Después de su participación en la embajada que buscó el perdón del papa por el sitio de Zara, Martin había viajado a Tierra Santa (en abril de 1203) antes de reunirse con los cruzados en Constantinopla. Cuando el clérigo vio que todos se enriquecían, decidió conseguir algunas reliquias admirables para su propia iglesia. Con dos compañeros, corrió al monasterio de Cristo Pantocrátor, la magnífica institución creada por la dinastía Comneno en el centro de Constantinopla. Durante los últimos meses, los griegos habían utilizado el edificio como depósito para guardar los objetos de valor de los monasterios vecinos, incluidos los que se encontraban fuera de las murallas, con la esperanza de que fuera un lugar seguro. Las noticias sobre este almacén de tesoros habían sido transmitidas a los cruzados por los occidentales expulsados de la ciudad semanas antes de su caída y, por tanto, se trató de uno de los primeros blancos de los saqueadores. Martín se dirigió al monasterio no en búsqueda oro y plata, nos asegura Gunther, sino para hallar reliquias, pues el abad sólo estaba dispuesto a cometer sacrilegio por la santa causa. Para los lectores actuales, ésta quizá resulte una distinción muy precaria (en especial dado lo que sucedería luego). Pasando por alto el tesoro que se encontraba en el cuerpo de la iglesia, Martin se dirigió a la sacristía, el lugar en el que se guardaban los objetos religiosos de mayor valía.

Allí encontró a un anciano con una larga barba blanca, un sacerdote. Gunther sostiene que el abad pensó que se trataba de un seglar, pues los monjes occidentales iban siempre bien afeitados. Esto puede ser verdad, pero ciertamente es sorprendente que Martín no hubiera visto nunca a un monje ortodoxo en sus viajes al Mediterráneo oriental. En cualquier caso, el hecho es que bramó dirigiéndose a este: «Ven aquí, viejo infiel, enseñadme las más poderosas de las reliquias que guardáis o, de lo contrario, sabed que seréis castigado de inmediato con la muerte». Aunque el clérigo quizá no entendió el preciso significado de los gritos de Martín, captó el mensaje. Temblando de miedo, intentó calmar al abad con las pocas palabras en latín que pudo articular, y Martín le aclaró entonces qué era lo que estaba buscando. Gunther sostiene que, al comprender que el abad era un religioso, el sacerdote consideró que era preferible entregar las reliquias a un hombre de la Iglesia (aunque este fuera violento e intimidante) que a los caballeros cuyas manos estaban manchadas de sangre.

El anciano condujo a Martin hasta un cofre de hierro. El sacerdote lo abrió y el abad observó, maravillado, los tesoros religiosos que contenía: una visión «más placentera y más deseable para él que todas las riquezas de Grecia». El occidental se sintió abrumado por el afán de apoderarse de estos fabulosos objetos: «De prisa y con avidez, el abad clavó ambas manos y, como estaba preparado para la acción, tanto él como el capellán llenaron los pliegues de sus hábitos con los frutos del sagrado sacrilegio». Martín probablemente calculó de alguna forma cuáles eran las reliquias más valiosas de todas, o acaso indagó con el sacerdote la procedencia de ciertas piezas. Y luego, tras haberse apropiado de las que consideraba más importantes, el «santo ladrón» partió. La imagen de un abad occidental presionando a un anciano monje ortodoxo y amenazándolo con matarlo es difícil de contemplar sin algo de cinismo. Incluso Martín, como demuestra la existencia del texto de Gunther, sentía la necesidad de explicar estas acciones. La justificación que nos ofrece se apoya en la aprobación divina de la conquista de Constantinopla y se ve reforzada por el hecho de que Martín no hubiera derramado sangre y se ocupara de las reliquias con gran cuidado.

Con sus vestidos cargados con los preciosos artefactos, Martín inició el penoso regreso a su nave para depositar en ella su carga. La imagen que ofreció entonces debió de ser un tanto ridícula, y Gunther lo reconoce. Quienes se lo encontraron en el camino pudieron advertir, dadas las protuberancias de su atuendo, que el hábito del abad ocultaba algo más que a un hombre de Dios. Con buen humor, le preguntaron si había obtenido algún botín y por qué parecía estar tan agobiado. Con un brillo en los ojos, Martín respondió: «Nos ha ido bien», a lo que sus interlocutores replicaron: «Demos gracias a Dios».

El abad estaba preocupado por alejarse de las masas de saqueadores tan pronto como fuera posible y guardar su cargamento. Acompañado solo por uno de sus capellanes y el viejo sacerdote ortodoxo, quien probablemente advirtió que por su propia seguridad lo mejor era mantenerse cerca de una figura tan importante, Martín regresó a su nave y se retiró a sus aposentos a la espera de que se restableciera la calma. Mientras el caos del saqueo inicial amainaba, veneró los santos objetos y quizá se enteró de la identidad de algunos de ellos. Al día siguiente o así, el viejo sacerdote ortodoxo consiguió encontrar un alojamiento adecuado para Martín y su séquito dentro de la ciudad y, cargando una vez más su tesoro secreto, el abad se trasladó a esta casa y escondió allí sus trofeos. Quizá tenía miedo de que otros pudieran intentar robarle sus preciados tesoros, o quizá le preocupara que estos fueran descubiertos y transferidos al botín de guerra general. En cualquier caso, continuó cuidando de su colección durante todo el verano de 1204.

Martín no fue el único que recogió reliquias en la ciudad. A medida que los cruzados se fueron abriendo paso en Constantinopla, el número de piezas robadas fue enorme. Dos relatos de testigos presenciales, el del anónimo de Soissons y los *Hechos del obispo de Halberstadt*, contienen listados formales de las reliquias que determinados clérigos llevaron de vuelta a sus iglesias en Europa. Esta era una ocasión única para ofrecer piezas de inestimable valor a instituciones que nunca habrían podido soñar con riquezas espirituales semejantes y, tras la cruzada, ciertas regiones de Europa se vieron inundadas de objetos sagrados.

El obispo Nivelon de Soissons, cuya embarcación había sido la primera en hacer contacto con las murallas de Constantinopla, pronto empezó a enviar numerosos tesoros a su catedral, incluida la cabeza del protomártir Esteban, una espina de la Corona de Espinas y el dedo que, se decía, el apóstol Tomás había introducido en el costado del Señor. Nivelon también premió a las monjas de la abadía de Nuestra Señora de Soissons con un cinturón de la

Virgen María, y mandó a la abadía de San Juan de Vignes el antebrazo de san Juan Bautista. Cuando el obispo mismo retornó al norte de Francia en 1205, llevó consigo la cabeza de Juan Bautista y la cabeza del apóstol Tomás, así como dos grandes crucifijos hechos con fragmentos de la Vera Cruz, un asombroso botín que demostraba la preeminencia de Nivelon dentro del clero cruzado.[8]

El obispo Conrado de Halberstadt regresó a casa con una excelente selección de reliquias que incluía fragmentos adicionales de la Vera Cruz, así como decenas de restos procedentes de los cuerpos de los apóstoles (entre ellos, la cabeza de Santiago, el hermano de Cristo) y muchos otros santos. Fueron tantos los objetos que llevó consigo que Conrado tuvo que construir un nuevo altar para acogerlos; de igual forma, también contribuyó a la decoración de su iglesia con dos espléndidos tapices y diversas telas de oro, plata y púrpura.[9]

Cuando sumamos estas relaciones con la información que encontramos en relatos como el de Roberto de Clary y las pruebas conservadas, por ejemplo, en el tesoro de la iglesia de San Marcos en Venecia, es posible empezar a entender las dimensiones del saqueo. Roberto se refiere a una ampolla de sangre de Cristo procedente de la iglesia de la Bendita Virgen del Faro, en el palacio del Bucoleón, así como a la Corona de Espinas y a un vestido de la Virgen María.

El material enviado al norte de Europa sin duda fue mucho más que el que registran las fuentes conservadas. En ciertas ocasiones, este dejó huellas, como es el caso de la aldea de Longpré-les-Corps-Saints, cerca de Amiens, en Francia septentrional, cuyo nombre deriva de las reliquias traídas a la iglesia local por Aleames de Fontaines, uno de los participantes en la Cuarta Cruzada.[10] Sin embargo, en la mayoría de los casos, el botín pasó sin ser visto y se integró a los tesoros de las casas, iglesias y palacios de Occidente, o bien fue fundido en Constantinopla y se perdió para siempre. Con todo, los griegos consiguieron conservar algunos objetos para sí. Roberto de Clary cuenta que la iglesia de la Bendita Virgen del Faro, en el palacio del Bucoleón, contenía el Sudario que se había empleado para envolver el cadáver de Cristo y en el que podían apreciarse con claridad Sus características. Los cruzados debieron de haber visto esta preciosa reliquia durante alguna de sus visitas a la ciudad en la segunda mitad de 1203, pero, tratándose de un objeto fácil de transportar, para abril del año siguiente había desaparecido y, como Roberto lamenta, nadie sabía qué había sido de él.[11]

Para Nicetas, el aspecto más intolerable del saqueo de Constantinopla fue la absoluta intransigencia con que los cruzados trataron a sus habitantes. Cualquier intento de razonar con los conquistadores provocaba que éstos sacaran sus dagas y pincharan a los locales con el frío acero. La gente que intentaba dejar la ciudad era detenida para que sus carretas pudieran ser desvalijadas de forma despiadada. Los cruzados estaban tan ensimismados en su deseo de hacerse con un botín que parecían no ser ya capaces de pensar.

La violencia de los occidentales también encontró una válvula de escape en las agresiones sexuales. Como ha ocurrido con tantos ejércitos a lo largo de la historia, mancillar a las mujeres del enemigo fue en el caso de los cruzados una liberación física y otra manifestación de su victoria. Sin consideración alguna por los chillidos de sus víctimas e ignorando por completo los angustiados gritos de padres, maridos o hermanos, los cruzados forzaron a toda clase de mujeres, jóvenes y viejas, casadas y doncellas. Nicetas pregunta: «¿Acaso respetaron estos locos, encolerizados contra lo sagrado, a las piadosas matronas y a las muchachas en edad de casarse o a las doncellas que, habiendo elegido una vida de castidad, estaban consagradas a Dios?».[12] Nicolás Mesarites relata que los occidentales «arrancaban a los hijos de sus madres y a las madres de sus hijos, trataban a la vírgenes con lasciva desvergüenza en las santas capillas sin temer la ira de Dios ni la venganza de los hombres».[13]

Algunos de aquellos a quienes se les respetó la vida fueron hechos prisioneros para poder luego exigir rescates. La gente intentaba esconderse de los cruzados y unos cuantos buscaron refugiarse en las iglesias, pero «no había lugar donde librarse de ser descubierto o que pudiera ofrecer asilo a la multitud que huía».[14] Durante los siguientes días, los invasores desvalijaron la ciudad de forma implacable y minuciosa y se llevaron consigo todo aquello que era de valor, sin importar lo bien escondido que estuviera.

Se apropiaron de casas, de las que echaban a sus habitantes o a quienes encarcelaban. Villehardouin, flemático, comenta al respecto: «Cada quien se alojó donde quiso, y no faltaban excelentes moradas en la ciudad».[15] Curiosamente, para Roberto de Clary la cuestión del alojamiento fue mucho más divisiva. Como miembro destacado de la jerarquía cruzada, Villehardouin debió de ser destinado a un suntuoso palacio de los muchos que existían en Constantinopla. Sin embargo, desde el punto de vista de Roberto, un caballero muy humilde, los jefes cruzados habían optado por ocuparse de sus propias necesidades e ignorar las de los pobres. Roberto sostiene que la repartición de las mejores casas había sido acordada por los nobles sin conocimiento o respaldo de los hombres de menor rango, algo que interpreta como una señal de su mala fe, una traición de la gente común que luego el Señor se encargaría de castigar.[16]

Los cruzados no sólo se apoderaron de dinero, reliquias, objetos preciosos y casas. Desfilaron por las calles luciendo espléndidos vestidos y adornaron las cabezas de sus caballos con finos velos de lino, sombreros en forma de tambor y pelucas de rizos blancos, que eran muy populares entre las mujeres de la ciudad. Hubo enormes celebraciones avivadas por el alcohol. Una prostituta occidental, que había regresado con rapidez del exilio al que había sido enviada antes del combate, se montó a horcajadas en el trono del patriarca en Santa Sofía y luego saltó y se puso a cantar y bailar alrededor del altar sagrado para entretener a su público.

Las bodegas de vino de Constantinopla también fueron objeto de pillaje y tal era el ansia de los occidentales por beber que ni siquiera lo mezclaron con agua, como era costumbre en la época. Los cantos y el jolgorio se prolongaron días y noches. Algunos hombres comían los platos locales, otros se hicieron con los ingredientes necesarios para prepararse alimentos que les resultaran más familiares. Cocían la columna vertebral de los bueyes en grandes calderos y hervían pedazos de cerdo en conserva con judías, que sazonaban con una salsa de ajo muy fuerte. Luego se sentaban y comían hasta hartarse sin importar si lo que usaban como mesas, sillas y taburetes eran objetos sagrados.[17]

El mismo Nicetas Choniates fue víctima de los cruzados y su narración constituye un testimonio excepcional, que nos permite conocer las experiencias de un individuo que sufrió el saqueo en sus propias carnes; a menudo se dice que la historia la escriben los vencedores; esto fue algo especialmente cierto en la Edad Media y por ello, pese a no poder olvidar los comprensibles prejuicios del autor, la obra de Nicetas constituye un caso poco común que nos ofrece una perspectiva muy reveladora. «En ese día en verdad odioso» (13 de abril), como con acierto lo describe, muchos de sus amigos se reunieron en su casa. Su residencia principal había sido destruida por el incendio de finales de 1203 y esta nueva propiedad se encontraba cerca de Santa Sofía.

Mientras los cruzados avanzaban hacia ellos, Nicetas y sus acompañantes vieron cómo agarraban a la gente, la amenazaban para obtener dinero y bienes o cometían otra clase de asaltos. Los griegos tuvieron que improvisar: entre quienes vivían en casa del cronista estaban un comerciante de vinos nacido en Venecia llamado Dominico y su esposa. Este hombre poseía yelmo, armadura y armas y se disfrazó con ellas para fingir que acababa de tomar la casa él mismo. Cuando los cruzados llegaron para apoderarse de la propiedad. Dominico los expulsó maldiciéndolos en su propia lengua y asegurándoles que la casa y quienes estaban dentro eran ya suyos. Durante las siguientes horas, más y más hombres intentaron reclamar para sí el lugar y Dominico empezó a temer no ser capaz de resistirlos a todos por lo que, en un momento de calma, animó a Nicetas y a los demás a partir para evitar que las mujeres fueran violadas y los hombres arrestados.

Dominico condujo a los griegos hasta la casa de otro veneciano que había optado por permanecer en la ciudad a pesar de las recientes agresiones contra los occidentales. Allí no permanecieron por mucho tiempo, pero en adelante decidieron ir arrastrados detrás de Dominico, con las manos atadas como si fueran sus prisioneros. Al poco tiempo, sin embargo, los sirvientes de Nicetas se escabulleron para arreglárselas por sí mismos, lo que obligó al autor y sus amigos a cargar en sus hombros a los niños que eran muy pequeños para caminar y el mismo Nicetas tuvo que proteger en su propio pecho a un infante. Su esposa, además, estaba embarazada, lo que, por supuesto, era una presión adicional para el grupo. Este hombre orgulloso y culto condujo a su séquito por Constantinopla durante cinco días antes de reconocer que la situación sólo podía empeorar. Los cruzados continuaban despojando la ciudad de todos sus valores y asaltando a sus habitantes y el historiador decidió que tenían que marcharse.

El 17 de abril de 1204, se encaminaron hacia la Puerta de Oro. El lugar que en el pasado había sido escenario de tantos regresos triunfales de los emperadores de Bizancio estaba ahora convertido en salida de escape para los refugiados expulsados de sus hogares por los invasores bárbaros. Mientras se dirigían hacia la puerta, Nicetas y los de su casa se encontraron con muchos occidentales cargados con los frutos del pillaje. Algunos cruzados los detuvieron para ver si escondían telas finas bajo sus túnicas o llevaban oro o plata consigo. Aunque algunos de estos buscaban dinero, otros estaban más interesados en las jóvenes mujeres que formaban parte del pequeño grupo, y Nicetas pidió a sus acompañantes femeninas que se ensuciaran sus rostros y procuraran caminar por donde la multitud era más espesa para evitar así llamar la atención. Todos rogaron a Dios que les permitiera pasar sanos y salvos por la Puerta de Oro.

Cuando pasaban por la iglesia del mártir Mokios, un cruzado especialmente rapaz agarró a una jovencita que iba en el grupo y empezó a arrastrarla con la clara intención de violarla. El padre de la muchacha, un anciano juez, le rogó que tuviera misericordia, pero fue empujado a un lado y cayó entre el fango del camino, desde donde pidió a gritos que alguien socorriera a su hija. El viejo solicitó ayuda al mismo Nicetas que, en un acto de valentía extraordinaria, persiguió al secuestrador implorándole que dejara a la muchacha en paz. Según la descripción que el propio cronista nos ofrece del saqueo de Constantinopla, lo más probable era que sus esfuerzos se hubieran visto recompensados con una daga en el pecho. Sin embargo, semejante crueldad hacia las mujeres no debió de haber sido universal entre los occidentales, pues Nicetas logró convencer a algunos que pasaban por allí de que impidieran tal atrocidad. Tan enorme era su agitación que incluso arrastró a algunos de ellos cogiéndolos de la mano para animarlos a ayudarlo.

Los cruzados siguieron al truhan hasta sus aposentos, donde encerró a la joven antes de darse la vuelta para enfrentarse a sus perseguidores. Nicetas acusó al hombre de haber desobedecido las órdenes de sus superiores (probablemente en referencia a los juramentos sobre la santidad de las mujeres pronunciados antes de que comenzara el asedio) y lo describe como «un asno lascivo que rebuznaba al contemplar a las castas doncellas». Tras denunciar al malhechor, Nicetas se volvió a los cruzados, los desafió a acatar sus propias leyes y, una vez más, les imploró que defendieran a la muchacha; apeló a los sentimiento de aquellos que tenían esposas e hijas y rogó a Cristo que lo socorriera. Sus palabras no tardaron en surtir efecto en quienes lo escuchaban, que empezaron a insistir en que la joven fuera liberada. En un primer momento, el asaltante intentó desoír las protestas, pero al poco tiempo comprendió que los hombres que le rodeaban hablaban bastante en serio cuando decían que lo colgarían si no dejaba ir a la chica y, finalmente, lo hizo, para gran alegría de todos. Aliviados, Nicetas y los demás miembros de su grupo se apresuraron a abandonar la ciudad por la Puerta de Oro.

Nicetas describe la rabia y la tristeza que experimentó al dejar Constantinopla, y ruge contra las murallas por mantenerse en pie pese a haber sido incapaces de proteger a sus habitantes. El cronista se pregunta cuándo volverá a verla nuevamente, «no como ahora eres, una llanura de desolación y un valle de lágrimas, sino restaurada y grande de nuevo».[18] El escritor y sus acompañantes consiguieron por fin abrirse paso hasta Selimbria, en Tracia, donde se establecieron. Nicetas comenta la forma en que los locales ridiculizaban a los refugiados por la ciudad caída y cómo disfrutaban viendo a los grandes reducidos a su nivel.

Nicolás Mesarites también fue testigo de la codicia, la violencia y los abusos cometidos por los cruzados contra los griegos. Según este autor,

a las mujeres se les inspeccionaba el pecho [para ver] si llevaban adornos de oro atados o escondidos allí, se les soltaba el pelo y se les quitaban los sombreros y tocados, y quienes no tenían dinero ni hogar eran tiradas al suelo. Por todos lados podían oírse los lamentos, los quejidos y los ayes. Si cualquier objeto excelente se ocultaba en lo más recóndito del cuerpo, se perpetraban indecencias; los malhechores y revoltosos atentaban contra la naturaleza misma. Masacraron a los recién nacidos, mataron a prudentes [matronas], desnudaron a las ancianas y provocaron la indignación de las damas de avanzada edad. Torturaron a los monjes, a quienes golpearon con sus puños y patearon en sus barrigas, desgarrando y aporreando sus venerados cuerpos con fustas. La sangre de los mortales fue derramada sobre los altares sagrados, y fueron muchos los que fueron arrastrados hasta ellos como ovejas para ser decapitados, en lugar del Cordero de Dios que se sacrificó por la salvación del universo; y en las tumbas santas, los malditos dieron muerte a los inocentes.[19]

Los cruzados dedicaron el Domingo de Ramos y luego la Pascua a agradecer al Señor la victoria que les había concedido, lo que supuso una breve pausa en el saqueo. Para entonces, la mayor parte del botín que podía ser transportado había sido ya reunido, lo que significaba que había llegado el momento de repartirlo conforme al acuerdo alcanzado el mes anterior. Tres iglesias habían sido destinadas a servir de almacenes para los frutos del saqueo, y se encomendó la tarea de custodiarlas a diez franceses y diez venecianos. Día tras día, hombres y carretas habían llegado hasta estos edificios cargados con las más increíbles riquezas. Había montañas de objetos de oro y plata, de joyas y telas preciosas. La escala del botín era inmensa y resultaba casi imposible de describir. Roberto de Clary habla de ello en términos épicos: «Desde que el mundo fue hecho nadie había visto o ganado nunca un tesoro tan grande o tan noble o tan valioso, ni el tiempos de Alejandro ni en la época de Carlomagno, ni antes ni después. Ni creo que en las cuarenta ciudades más ricas del mundo haya habido tanta riqueza como la que se halló en Constantinopla».[20]

Para Villehardouin el volumen del tesoro era similarmente vasto: «Godofredo de Villehardouin declara aquí que, según su conocimiento, un botín tan grande nunca había sido obtenido en ninguna ciudad desde la creación del mundo».[21] Balduino de Flandes escribió que «una cantidad innumerable de caballos, oro, plata, costosos tapices de seda, gemas y demás cosas que la gente juzga valiosas fue recolectada. Tal era la abundancia… que no creo que todo el mundo latino posea tanto».[22]

Sin embargo, es evidente que no todos los cruzados fueron igualmente escrupulosos al entregar el botín al fondo común. Los juramentos realizados de antemano nos indican que los líderes de la expedición eran conscientes de que la gente podría intentar ocultar el material saqueado para su propio beneficio. Y sus temores en este sentido se vieron plenamente justificados: una vez tuvieron enfrente las sensacionales riquezas de la ciudad, muchos consideraron imposible renunciar a todo lo que habían conseguido. La codicia, unos de los peores vicios del caballero cruzado según la Iglesia, anidó en los corazones y mentes de los occidentales. Tentados por los prodigios que tenían delante, los guerreros santos conservaron para sí mismos inmensas sumas de dinero, indiferentes a las amenazas de que quienes lo hicieran serían colgados o excomulgados; el monto total quizá alcanzara el medio millón de marcos, bastante más de lo que fue reunido en el tesoro oficial.[23]

Con todo, cualquiera que haya sido el valor de los bienes sustraídos, había suficientes recursos en el fondo común para pagar las primeras deudas recogidas en el pacto de marzo. En otras palabras, los venecianos recibieron los ciento cincuenta mil marcos que les correspondían y los franceses cincuenta mil. Hubo cien mil marcos adicionales que los dos grupos se repartieron de forma equitativa, así como diez mil caballos de diferentes razas.

El dinero se distribuyó entre los cruzados de acuerdo con una fórmula estricta: un caballero recibía el doble que un sargento montado, quien a su vez recibía el doble que un soldado de a pie. La *Devastatio Constantinopolitana* nos proporciona cifras detalladas: cada caballero recibió veinte marcos; los clérigos y sargentos montados, diez marcos, y los soldados de a pie, cinco marcos. Esta distribución equivale a la señalada por Villehardouin y se adecúa bastante bien a una fuerza de diez mil hombres formada por los contingentes francés, alemán e italiano, a los que habría que sumar diez mil venecianos adicionales, con lo que el ejército cruzado rondaría los veinte mil hombres en total, que es la cifra mencionada por Godofredo.[24]

Aunque no de forma explícita, Villehardouin se sintió decepcionado por la cantidad reunida tras el saqueo (si bien, como hemos visto, una gran proporción nunca llegó a las arcas oficiales). Con todo, su actitud no deja de ser flemática comparada con la de Roberto de Clary, que estaba iracundo. Los hombres de menor rango habían visto la impresionante riqueza de Constantinopla con sus propios ojos y sus expectativas de obtener beneficios personales eran, en consecuencia, muy altas. Cuando el dinero fue repartido nadie podía creerlo; se dio por hecho que alguien había jugado sucio y Roberto acusa a los guardianes del tesoro y a los principales líderes cruzados de haber desviado cuanto quisieron a sus propios bolsillos. Sostiene que estos se apropiaron de adornos de oro y de telas de plata y oro, y que solo compartieron con los soldados de a pie y los caballeros de menor categoría la plata más vulgar —como los cántaros que las damas llevaban a los baños, según sus quejas—; para Roberto, esta era a todas luces una recompensa indigna de quienes habían tenido que soportar los mismos sacrificios y dificultades durante la campaña, y sugiere que esta injusticia tuvo repercusiones para los líderes.[25]

Las protestas de Roberto tienen un fuerte sesgo personal, pues su hermano Aleaumes, el hombre que se había comportado con más valor durante la toma de Constantinopla, era clérigo y, por tanto, solo había recibido diez marcos. No obstante, pese a su condición, Aleaumes vestía cota de malla y poseía un caballo como los demás caballeros, y su destreza y arrojo eran sobresalientes, así que apeló a Hugo de Saint-Pol para que se lo considerara a la par que los caballeros y el conde se puso de su lado, pues él mismo era testigo de que había hecho más que todos los trescientos caballeros que conformaban su división.[26]

Se realizaron algunos intentos para localizar a aquellos que, se sabía, habían escondido cosas de valor para su propio beneficio. Villehardouin asegura que muchos hombres fueron colgados, entre ellos uno de los caballeros de Hugo de Saint-Pol, que fue ahorcado con su escudo alrededor del cuello para exhibir su vergüenza y la de su familia.[27]

Durante todo el saqueo de Constantinopla, el campamento cruzado bullía con las discusiones, rumores y chismes sobre la elección del nuevo emperador. El ejército al completo fue llamado a una reunión en la que tuvo lugar un largo y acalorado debate. Al final, la decisión se centró en los dos candidatos más obvios: Bonifacio de Monferrato y Balduino de Flandes. No obstante, elegir entre estos dos hombres excelentes era en extremo difícil y a los demás nobles les preocupaba la posibilidad de que quien resultara perdedor decidiera partir y llevarse a sus hombres consigo, lo que dejaría al ganador en un posición demasiado comprometida. Compararon la situación con la de la Primera Cruzada, cuando, tras la elección de Godofredo de Bouillon como gobernante de Jerusalén, su rival, Raimundo de Saint-Gilles, sintió tanta envidia que indujo a muchos otros a abandonarlo, con lo que únicamente unos pocos caballeros permanecieron para defender el joven estado. Solo gracias a la protección de Dios, concluyeron, Jerusalén había sobrevivido. Con el fin de que no se repitieran estos hechos, los dirigentes de la cruzada de 1204 propusieron que el candidato que no accediera al trono fuera recompensado con tierras tan extensas y tan valiosas que con gusto accediera a permanecer en la región, una idea que todos apoyaron, incluidos los dos candidatos.

El único que seguía sintiéndose intranquilo sobre la posibilidad de que una mala reacción del candidato perdedor provocara graves problemas era el dogo de Venecia, que aconsejó que Bonifacio y Balduino abandonaran sus palacios imperiales y que los edificios fueran puestos bajo una vigilancia común. Dandolo sostuvo que quienquiera que resultara elegido emperador debía poder tomar posesión de los palacios según lo deseara. En otras palabras, el anciano temía que alguien reacio a aceptar su derrota optara por no entregar su residencia, lo que le permitiría contar con una base fuerte para causar problemas. Una vez más, los dos nobles afectados por la propuesta la consideraron acertada y el proceso de elección pudo continuar en calma.

El mayor desafío al que se enfrentaban ahora los cruzados franceses, alemanes y de Italia septentrional era cómo seleccionar a sus seis electores según lo exigía el pacto de marzo, pues al pertenecer los dos candidatos a su grupo, la identidad de estos podía con facilidad inclinar la votación en uno u otro sentido. Roberto de Clary cuenta que cada quien intentó colocar a sus propios hombres en el sexteto y que, por tanto, durante varios días hubo un intenso debate, pues el regateo y las discusiones resultaban interminables. Al final se convino que los elegidos debían ser miembros del clero, pues estos, en principio, no se dejarían influir por consideraciones políticas. Como Balduino mismo escribió luego: «Todo partidismo [fue] dejado de lado» (una afirmación que, viniendo del vencedor, resulta poco sorprendente).[28] Los clérigos escogidos fueron los obispos de Soissons, Halberstadt y Troyes, el obispo de Belén (un nuevo legado papal), el obispo electo de Acre y el abad de Lucedio. Aunque quizá no hubiera duda alguna sobre la valía de este grupo, el que estuviera libre de sesgos resulta menos claro: Pedro de Lucedio había acompañado a Bonifacio a Soissons cuando el marqués abrazó la cruz; Conrado de Halberstadt, por su parte, era partidario de Felipe de Suabia, el señor de Bonifacio; mientras que Juan de Noyen, ahora obispo electo de Acre, había sido canciller de Balduino de Flandes.

Los venecianos, acostumbrados a gobernar mediante comités y consejos, emplearon bajo la dirección del dogo un método diferente para escoger a sus electores. Dandolo escogió a los cuatro hombres en los que más confiaba y les hizo jurar sobre reliquias sagradas que seleccionarían a las seis personas más apropiadas para la tarea. A medida que los elegidos era mencionados, estos debían ponerse de pie y, sin hablar con nadie, recluirse en una iglesia hasta que tuviera lugar la reunión con los cruzados.

La crucial asamblea se llevó a cabo en la capilla del palacio que ocupaba el líder veneciano. Primero se cantó una misa del Espíritu Santo para solicitar que Dios guiara el inminente debate, y luego las puertas de la capilla fueron cerradas y la discusión empezó. No poseemos el testimonio de ninguno de los participantes y los detalles de la reunión se mantuvieron en secreto. No obstante, sabemos que afuera, en el palacio, los simpatizantes de ambos candidatos esperaban con ansiedad el resultado. El comité reunido estaba tomando una decisión de dimensiones fabulosas: elevar a un hombre al rango de emperador y permitirle adquirir todo el estatus, la riqueza y los territorios que conllevaba era una responsabilidad asombrosa. Un emperador católico, por otro lado, representaba una gigantesca ampliación de las tierras sometidas a la autoridad del papa.

El concejo estuvo encerrado hasta altas horas de la noche del 9 de mayo, cuando por fin se llegó a una decisión, unánime si hemos de creer a Villehardouin. El obispo Nivelon de Soissons fue el elegido para anunciar el resultado. Todos los que esperaban estaban reunidos en el gran salón y la tensión era palpable en el ambiente cuando el obispo entró. ¿Cuál de los dos hombres sería coronado emperador? Mientras el humo de las velas y los braseros ascendía lentamente hacia el techo, cientos de ojos fijaron su mirada en Nivelon, alrededor del cual se arremolinaban quienes querían verlo y escucharlo. Se hizo una pausa hasta que hubo silencio y entonces el obispo habló:

> Señores, me dirijo a vosotros por común consenso de todos aquellos en quienes habéis delegado el hacer esta elección. Hemos escogido a alguien a quien nosotros mismos consideramos un buen hombre para ello, alguien en quien el gobierno estará en buenas manos y que es muy capaz de mantener la ley, un hombre de buena cuna y elevado rango. Todos vosotros habéis jurado que el hombre al que eligiéramos sería aceptado y que si cualquiera osaba desafiar su elección, vosotros, en cambio, lo apoyaríais. Os diremos su nombre: se trata de Balduino, conde de Flandes.[29]

Un clamor de aprobación se extendió por todo el recinto y pronto la noticia llegó a la ciudad. El contingente francés estaba lleno de júbilo; los hombres del marqués, en cambio, estaban comprensiblemente abatidos. Aunque desconocemos los verdaderos sentimientos de Bonifacio, sabemos por Villehardouin que reconoció la victoria de su oponente y le demostró el debido respeto. El noble se sentía profundamente imbuido del espíritu caballeresco de la corte de Monferrato y acató los términos del acuerdo previo a la elección: no hubo ninguna de las fricciones que tanto temían los demás líderes de la expedición. A corto plazo, al menos, parecía que el enfoque consensual y conciliatorio había triunfado y que Balduino podía disfrutar de su éxito por completo.

Los clérigos, los principales nobles y los cruzados franceses escoltaron con orgullo al emperador electo hasta el palacio del

Bucoleón, la sede del poder imperial y nuevo hogar de Balduino. La siguiente tarea era fijar una fecha para la ceremonia de coronación. Se decidió que esta tuviera lugar una semana más tarde, el domingo 16 de mayo.

Nicetas Choniates nos ofrece su propia versión de por qué Balduino fue preferido por encima de Bonifacio. Los griegos pensaban que el dogo Dandolo era el verdadero promotor de la elección del flamenco. Nicetas odiaba al dogo, al que creía un hombre maquinador y egoísta que hubiera sometido su propia candidatura a votación si no fuera porque la ceguera lo incapacitaba para el cargo. El cronista olvida añadir otras dos importantes razones por las que Dandolo no hubiera sido elegido: primero, la avanzada edad del veneciano; segundo, una conciencia generalizada de que si él era escogido los cruzados se expondrían a la acusación de que su campaña había estado motivada por consideraciones económicas. A pesar de sus grandes aptitudes, elegir a Dandolo como emperador habría sido un suicidio político y diplomático.

Más allá de los prejuicios de Nicetas, su análisis de por qué los venecianos favorecieron a Balduino es, en términos generales, verosímil. El cronista sugiere que el dogo quería un emperador que no fuera demasiado ambicioso y cuyas tierras se encontraran a cierta distancia de Venecia, de manera que, si en el futuro surgía algún conflicto, su ciudad no se viera amenazada. Bonifacio, por supuesto, vivía en la Italia septentrional, incómodamente cerca de Venecia, y tenía estrechos vínculos con los genoveses, una de las otras grandes potencias mercantiles del Mediterráneo medieval. La posibilidad de un emperador que simpatizara con los grandes rivales de los venecianos y que pudiera poner en peligro los privilegios comerciales obtenidos mediante los esfuerzos y sacrificios de la presente campaña era algo que les resultaba intolerable: «Esas cosas que muchos que ven no logran percibir con claridad, él, que era ciego, las discernía con los ojos de su mente».[30] Sobre esta base, la posibilidad de que los seis electores venecianos votaran contra Bonifacio era alta siempre que existiera una alternativa plausible, y Balduino ciertamente lo era; los hombres del dogo solo necesitaban influir en uno de los seis clérigos para negar al marqués el acceso al trono imperial. Los partidarios naturales del candidato flamenco, esto es, los obispos de Soissons y Troyes y el obispo electo de Acre, le daban una cómoda mayoría. Los tres eclesiásticos restantes quizá concluyeron que, en todo caso, Balduino era el mejor candidato (a pesar del origen italiano de Pedro de Lucedio) o bien decidieron unirse al bando ganador y emitir un veredicto unánime.

La semana de la coronación fue testigo de una frenética actividad en Constantinopla a medida que los occidentales empezaron a prepararse para formalizar su conquista. Los vendedores de sedas y telas, los sastres y los talleres de confección hicieron un gran negocio cuando los cruzados decidieron gastar parte de su nueva riqueza comprando los mejores vestidos disponibles en la ciudad. La necesidad de ser visto luciendo los atuendos más magníficos posibles desató todas las vanidades, ostentación e instinto de competencia de las cortes caballerescas de Occidente. Se hicieron muchas togas y vestiduras espléndidas con las famosas telas de seda creadas en las regiones occidentales del Imperio bizantino, prendas de gran hermosura que además fueron adornadas con piedras preciosas procedentes del saqueo de la ciudad.

Otro acontecimiento solemne tuvo lugar el sábado 15 de mayo cuando Bonifacio se casó con Margarita, la viuda del emperador Isaac, y renovó así los vínculos de la dinastía Monferrato con la familia Ángelo iniciados con sus hermanos Conrado y Raniero. Este matrimonio quizá lo habría convertido en un candidato más natural al trono si la decisión de coronar a Balduino no hubiera sido ya tomada. Un suceso de carácter completamente diferente fue la muerte de Odón de Champlitte, uno de los principales nobles cruzados, que había caído enfermo. Fue enterrado con todos los honores en Santa Sofía.[31]

El 16 de mayo de 1204, una escolta de destacados clérigos y nobles franceses, italianos y venecianos recogió a Balduino en el palacio del Bucoleón y lo condujo con los debidos honores hasta Santa Sofía. Una vez en la iglesia, vestido con sus espléndidas vestiduras, fue llevado hasta el altar por Luis de Blois, Hugo de Saint-Pol, el marqués Bonifacio y varios eclesiásticos. Frente a los feligreses que abarrotaban el recinto, todos y cada uno vestidos con ropas nuevas y resplandecientes, Balduino fue desnudado hasta la cintura, ungido, vestido una vez más y, por último, coronado oficialmente emperador. La conquista de Constantinopla por los cruzados era total. En un recinto repleto de aventureros occidentales, la expedición que había partido para liberar los Santos Lugares había alcanzado una culminación que nadie habría podido predecir: un conde flamenco asumió el control de una de las entidades políticas más poderosas del mundo conocido.

Balduino se sentó en el trono imperial y escuchó la misa; en una mano tenía el cetro y en la otra, un orbe dorado coronado por una cruz. Roberto de Clary reconoce este exclusivo nivel de autoridad cuando escribe que «las joyas que lucía valían más que todo el tesoro que un rey rico podría reunir».[32] Después de la ceremonia, el nuevo emperador salió de la gran iglesia, montó en un caballo blanco y regresó escoltado a su palacio para sentarse en el trono de Constantino, el epicentro de la dignidad imperial. Reposando sobre él, Balduino constituía un claro símbolo de la continuidad que los occidentales creían que había entre ellos y los gobernantes griegos y, en consecuencia, los caballeros, los clérigos y toda la nobleza griega lo homenajearon como emperador. Terminadas las formalidades, llegó el momento del banquete de coronación; se colocaron mesas en el salón y con un fabuloso festín terminó el primer día de lo que hoy conocemos como el Imperio latino de Constantinopla.

Terminado el saqueo, escritores de ambos bandos meditaron sobre lo ocurrido y se preguntaron cómo y por qué había sucedido. El propio Balduino escribió una serie de cartas a destacadas personalidades de Europa para explicarles cuál era la situación en Grecia. De estas se conservan las dirigidas al arzobispo de Colonia, a los abades de la orden cisterciense, a «todos los fieles cristianos» y, la más importante de todas, al papa Inocencio III. Al igual que la correspondencia de otros líderes cruzados antes (por ejemplo, la escrita por Hugo de Saint-Pol en el verano de 1203), esta misiva tenía que resumir y justificar el progreso y los resultados de la expedición. Balduino era consciente de que la campaña podía ser objeto de muchas acusaciones distintas según el punto de vista: los cruzados habían desobedecido las órdenes del papa en relación con el ataque a los bizantinos; su única motivación era el dinero; habían desatendido a sus hermanos en Tierra Santa y desacreditado sus votos cruzados. La carta del nuevo emperador, por tanto, es un texto muy meditado y en extremo pulido. En términos modernos, la consideraríamos un ejercicio de manipulación política, un intento de dar un barniz positivo a acontecimientos que habían provocado controversia y desasosiego. El círculo más cercano a Balduino, en especial los clérigos más cultos, trabajó con ahínco para defender su caso aderezando el relato con un impresionante aparato de referencias bíblicas y recursos retóricos.

La idea central que subrayaba la carta de Balduino era que lo sucedido contaba con el respaldo de Dios: «La Clemencia Divina ha cambiado de forma asombrosa los acontecimientos a nuestro alrededor... No puede haber duda, incluso entre los infieles, de que fue la mano del Señor la que dirigió todos estos sucesos, pues nada de lo que habíamos esperado o previsto en un primer momento ocurrió y, sin embargo, al final el Señor nos proporcionó nuevas formas de ayuda, ya que en lo ocurrido no parece haber ningún plan humano factible».[33] El éxito de la expedición no podía ser otra cosa que la voluntad de Dios. Este era el mejor y más poderoso argumento que los cruzados podían esgrimir a su favor.

El emperador nos ofrece un relato de los hechos desde agosto de 1203 en adelante y aclara, con sumo cuidado, las mentiras y el perjurio de Alejo IV y, en particular, su negativa a mantener las promesas contenidas en el tratado de Zara, que eran lo que en un primer momento había llevado los cruzados a Constantinopla. Balduino lo acusa de ser el responsable del ataque con los brulotes (lo que probablemente no fuera cierto) y de imponer terribles privaciones a su propio pueblo. La carta condena a Murzuflo por no haber cumplido su promesa de entregar el palacio de las Blaquernas a los cruzados en compensación por su apoyo a Alejo; y a continuación lo describe como un traidor y un asesino por la forma brutal en la que destronó al joven emperador. Balduino, con gran cuidado, detalla el último intento de hacer las paces en el encuentro entre el dogo y el usurpador griego, y subraya con especial énfasis la negativa de Murzuflo a someter la Iglesia ortodoxa a la autoridad de Roma, un asunto que, obviamente, importaba muchísimo a Inocencio.

La carta, de forma sistemática, atribuye los éxitos de los cruzados a la bendición de Dios, por ejemplo al narrar la captura del icono de la Virgen María o el fracaso del ataque con brulotes, que no consiguieron causarles daño alguno. Esta aprobación divina, por supuesto, estaba ligada a la corrección moral de su objetivo, y al describir la lucha final por Constantinopla, el flamenco sostiene que los cruzados atacaban la ciudad «por el honor de la Santa Iglesia Romana y por la liberación de Tierra Santa».[34] Cuando se refiere al asalto a las almenas, el emperador explica nuevamente la victoria de las fuerzas cruzadas como resultado de la voluntad divina: «Cuando Dios lo quiso, una vasta multitud dio paso a unos pocos». Aunque Balduino no rehúye mencionar la matanza de muchos griegos, prefiere omitir los detalles más desagradables de las violaciones, el robo y el pillaje que tuvieron lugar tras la caída de la ciudad. Las dimensiones del botín («una abundancia inestimable») se señala para enfatizar el triunfo de un ejército tan pequeño. El emperador escribe: «Podemos afirmar con tranquilidad que ninguna historia podrá jamás relatar maravillas más grandes en lo que concierne a los avatares de la guerra». Este es el tipo de lenguaje hiperbólico que los autores emplearon tras la captura de Jerusalén por la Primera Cruzada en 1099; la cuestión era que, al igual que el extraordinario logro de esa expedición, la campaña de 1204 tenía que haber sido bendecida con la aprobación de Dios. Aludiendo a los salmos 98 y 118, Balduino comenta: «Ahora, sin embargo, no cometeremos el error de reclamar esta victoria como nuestra, pues ha sido la diestra del Señor y Su poderoso brazo los que se han revelado en nosotros. Esto es obra del Señor y es un milagro superior a todos los milagros que han visto nuestros ojos».[35] En otras palabras, el desvío hacia Constantinopla era justificado y estaba por encima de cualquier reproche.

Posteriores fragmentos de la carta del emperador Balduino presentan la destrucción de los pérfidos griegos como una cruzada válida en sí misma. Sostiene, correctamente, que algunos clérigos y soldados de Tierra Santa acudieron a su coronación y que, frente a la de todos los demás, «su alegría era incalculable e ilimitada» y agradecieron a Dios «como si la misma Ciudad Santa hubiera sido devuelta al culto cristiano». La razón para este júbilo era que la cruzada había acabado con la enemistad de los griegos hacia los santos guerreros. Balduino criticaba además las alianzas de los bizantinos con los musulmanes, el que hubieran suministrado armas a los infieles y su desprecio por los lazos de fe que los unían a los occidentales. La carta llama la atención sobre su falta de respeto por el papado y las diferencias que existían entre ortodoxos y católicos respecto a la liturgia y la observancia religiosa, y subraya que los primeros consideraban perros a todos los europeos. Balduino argumenta que los griegos habían provocado a Dios con sus pecados y que Él, a través de los cruzados, los había castigado.

Tras retratar la conquista de Constantinopla como una cruzada contra los paganos, Balduino tuvo la precaución de no olvidarse de la expedición a Levante. Su carta manifiesta su esperanza de poder viajar a Tierra Santa una vez los territorios bizantinos recuperen la estabilidad. Entretanto, solicita el respaldo de Inocencio y, dejando claro que considera sus nuevas responsabilidades una cuestión espiritual, lo anima a llamar a una cruzada en apoyo del naciente Imperio latino y le promete que aquellos que acudan serán recompensados con tierras y honores de acuerdo con su posición. Además pide que se invite a los clérigos que cuenten con el permiso de sus superiores a acudir a su territorio para establecerse en él.

Balduino también pidió a Inocencio que convocara un concilio general de la Iglesia en Constantinopla. Ello permitiría al papa demostrar formalmente la sumisión de los ortodoxos a los católicos y haría las veces de bendición pública de la conquista de Constantinopla. El emperador mencionó a aquellos papas que en siglos anteriores habían visitado la ciudad e imploró a Inocencio que hiciera lo mismo.

La carta terminaba elogiando la prudencia y honestidad con que se había comportado el personal eclesiástico a lo largo de la cruzada y loando de forma grandilocuente el carácter del dogo Dandolo y todos los venecianos, «quienes se habían mostrado leales y diligentes en todas las circunstancias».³⁶ El hecho de que algunos de los clérigos cruzados hubieran decidido ocultar la correspondencia papal en Zara y de que Inocencio fuera uno de los muchos que sentían una profunda desconfianza sobre los verdaderos motivos de los venecianos hacía que fuera fundamental para el emperador intentar reforzar la credibilidad de los italianos. La carta fue enviada en el verano y probablemente llegó al papa entre septiembre y octubre de 1204.

Si Balduino podía explicar la conquista de Constantinopla desde la feliz perspectiva de los vencedores, Nicetas Choniates tenía que hacer todo lo contrario. La caída de Constantinopla tuvo un tremendo impacto en el historiador; al dolor provocado por la devastación y las atrocidades perpetradas contra su pueblo y su estructura se sumaba la rabia que sentía hacia quienes habían perpetrado tan terribles acciones: «Crímenes cometidos contra la herencia de Cristo». Consideraba insoportables la codicia, inhumanidad y arrogancia de los occidentales. En particular, Nicetas acusa a los líderes cruzados y se burla de su supuesta altura moral: «Ellos que eran más fieles a sus juramentos, que amaban la verdad y odiaban el mal, que eran más píos y justos y escrupulosos en su cumplimiento de los mandamientos de Cristo que los griegos». El historiador asegura que los conquistadores habían abandonado por completo sus promesas de no derramar sangre en tierras cristianas y de luchar contra los musulmanes. Además, manifiesta el desprecio que le merece la impureza sexual de los hombres «consagrados a Dios y encargados de seguir sus pasos».³⁷

Su conclusión era cáustica: «En verdad habían demostrado ser un fraude. Buscando vengar el Santo Sepulcro, bramaron con furia contra Cristo y, pecadores, derribaron la Cruz con la cruz que tenían sobre sus espaldas, sin estremecerse siquiera al pisotearla para hacerse con un poco de oro y plata».³⁸ A continuación, Nicetas propone un simple paralelo: cuando los primeros cruzados tomaron Jerusalén en 1099, no tuvieron ninguna compasión con los musulmanes que habitaban la ciudad; sin embargo, cuando, ochenta y ocho años después los musulmanes recuperaron la Ciudad Santa, se comportaron mucho mejor, pues no persiguieron con lujuria a las mujeres cristianas ni «transformaron la entrada a la tumba que da vida [el Santo Sepulcro] en un pasadizo hacia el Infierno». Al no exigir grandes recompensas por quienes habían defendido la ciudad y permitirles conservar sus posesiones, los musulmanes se habían comportado de forma magnánima con aquellos a los que habían derrotado.

Comparar con semejante mordacidad a los cruzados y los musulmanes era, por supuesto, una buena ironía. La analogía además era cierta: mientras que los hombres de Saladino habían respetado la vida de la mayoría de los cristianos que encontraron en Jerusalén, los participantes en la Cuarta Cruzada habían masacrado a sus correligionarios. Las implicaciones resultan obvias: para Nicetas, el comportamiento de los occidentales los hacía peores que los infieles. Por segunda vez, por tanto, los cruzados demostraban ser en realidad bárbaros sedientos de sangre. Su análisis terminaba con una sencilla observación: «De qué forma tan diferente… los latinos nos trataron a nosotros que amamos a Cristo y compartimos sus creencias, y nunca les habíamos hecho ningún mal».[39]

Este devastador análisis de la actuación de los cruzados confirma la ira que Nicetas sentía ante los acontecimientos de 1203-1204, si bien, como hemos visto, el autor también creía que los bizantinos habían contribuido en gran medida a su propia caída debido al lamentable desempeño de sus líderes y a los pecados de su pueblo.[40]

Dirigiéndose a sus compañeros bizantinos, Nicolás Mesarites condena a los cruzados con argumentos, a grandes rasgos, bastante similares: «Tal era la reverencia por las cosas sagradas que tenían aquellos que portaban la Cruz del Señor en sus hombros, tal el modo en que sus obispos les enseñaron a actuar. Entonces, ¿por qué llamarlos así? ¿Obispos entre soldados o soldados entre obispos? ¿Y para qué contar muchas cosas en este discurso? Todos vosotros sabéis cómo terminaron estas atrocidades, pues vosotros estabais no entre quienes perpetraron la violencia, sino entre quienes la padecieron».[41]

Mientras a corto plazo tanto Nicetas como Nicolás tenían que vérselas con el día a día de la supervivencia, Balduino necesitaba una perspectiva más amplia. Aparte de intentar influir en la forma en que la cruzada era percibida en Occidente, el emperador tenía, de hecho, que empezar a gobernar. Nombró a Juan, el obispo electo de Acre (y antiguo canciller de Flandes) su nuevo canciller y emprendió la recolección del dinero necesario para dirigir su imperio.

Conseguir más efectivo exigía que el nuevo régimen buscara más allá de los tesoros muebles que ya formaban parte del botín. Se empezó por examinar la estructura de Constantinopla más de cerca, lo que supuso infligir un daño aún mayor al legado de siglos de dominio bizantino. Había algunos pocos objetos que todavía eran susceptibles de ser aprovechados y el trato que los occidentales dieron a uno de ellos supuso pasar un nuevo Rubicón de modales.

La iglesia de los Santos Apóstoles contenía un mausoleo con las tumbas de algunos de los más grandes emperadores bizantinos, entre ellos Justiniano. No contentos con apoderarse de los adornos y cálices del templo, los cruzados abrieron las tumbas imperiales. Estos impresionantes sarcófagos, hechos del pórfido púrpura que simbolizaba el estatus imperial, no solo contenían cuerpos, sino también oro, joyas y perlas. El cuerpo de Justiniano fue hallado casi en perfectas condiciones: en los seiscientos treinta y nueve años que habían pasado desde su muerte, su cadáver apenas se había descompuesto. En términos medievales, esto era una señal de santidad y de la aprobación que Dios concedía a una buena vida. Aunque los cruzados se sintieron impresionados, ello no impidió que robaran los objetos de valor que había alrededor del cuerpo. Según la punzante observación de Nicetas, «las naciones occidentales no respetaron ni a los vivos ni a los muertos, sino que, empezando por Dios y sus sirvientes, demostraron sentir una indiferencia e irreverencia absoluta por todo».[42]

Los metales preciosos fueron arrancados de los edificios y monumentos públicos con el fin de crear riqueza y, después de fundirlos y emplearlos para acuñar monedas, los occidentales pudieron empezar a pagar salarios y financiar sus propios proyectos. Muchas de las grandiosas estatuas de Constantinopla fueron tiradas al suelo sin contemplaciones y llevadas a los hornos de fundición. La figura en bronce de Hera fue uno de los monumentos que corrió esta suerte; tales eran sus dimensiones que según se cuenta fueron necesarias cuatro yuntas de bueyes para transportar su cabeza. Otras estatuas, como las de Paris, Alejandro y Afrodita, se unieron a la de Hera en el polvo. El *Anemodoulion,* la extraordinaria veleta coronada por una estatua ecuestre del Foro del Toro, también fue derribada para alimentar el insaciable fuego.

Después de haber sido la ciudad más grandiosa del mundo cristiano, Constantinopla estaba convirtiéndose en una sombra harapienta de su antiguo esplendor. Sus excelentes murallas estaban horriblemente deformadas por los restos de las defensas de madera construidas para hacer frente al asedio; tres terribles incendios habían destruido los edificios de distintos sectores de la ciudad, y ahora los monumentos que habían conmemorado y sostenido la identidad cultural bizantina estaban siendo tumbados. Los pedestales y nichos yacían desnudos, desprovistos de sus estatuas, y solo en determinados casos algún triste cabo de metal marcaba el lugar donde antes se alzaba una figura de magnífica factura.

El hipódromo fue despojado de todas las obras que lo decoraban: una gran águila de bronce; representaciones de los aurigas; un gigantesco hipopótamo con un cocodrilo o un basilisco en sus mandíbulas; una sensacional estatua de Helena de Troya, especialmente bien proporcionada, en la que esta «parecía fresca como el rocío de la mañana, ungida con las humedades del amor erótico sobre su vestido, velo, diadema y trenzas».[43]

Además de proseguir con la destrucción de la Reina de las Ciudades, los cruzados se comportaban de forma ordinaria. Enriquecidos por sus fortunas recién adquiridas, los conquistadores se entregaron a interminables rondas de juegos y apuestas o cualquier otra cosa que les permitiera enfrentarse mutuamente, llegando en ocasiones a incluir a sus propias mujeres como parte de sus apuestas. Con la condescendiente superioridad del culto funcionario imperial que era, Nicetas concluye que era difícil esperar algo más de un grupo de «bárbaros analfabetos que ignoraban por completo sus abecedarios [y carecían] de la habilidad para leer y conocer... los versos épicos».[44]

Desde el punto de vista de Balduino, sin embargo, la necesidad de generar dinero era un imperativo que estaba por encima del sentimiento o la estética; sus responsabilidades como emperador ungido le exigían actuar de forma inmediata y atender las grandes cuestiones que planteaba la administración del imperio.

15

«¡Para un hombre elevado, una justicia elevada!»

El fin de la Cuarta Cruzada y los primeros años del Imperio latino, 1204-1205

La historia del Imperio latino de Constantinopla (1204-1261) constituye un relato enrevesado y frustrante. La Cuarta Cruzada había culminado con la coronación de Balduino, pero el intento de consolidar su victoria supuso años de guerras, breves períodos de paz y progreso y, para muchos de sus protagonistas, una muerte violenta. El impacto de lo sucedido en abril de 1204 se extendió mucho más allá de las murallas de Constantinopla. Un cambio de tal magnitud en el paisaje del mundo cristiano tenía enormes consecuencias para muchos pueblos diferentes, no sólo para el Imperio bizantino y sus vecinos. El papado, los estados cruzados en Levante, las familias y coterráneos de los cruzados en Europa occidental, las ciudades comerciales italianas y el mundo musulmán: todos tenían que valorar y calibrar una topografía política y religiosa desconocida hasta entonces. No obstante, un examen de todas las cuestiones derivadas de ello daría para un nuevo libro y, por tanto, aquí solo me centraré en los primeros años del naciente Imperio latino.

Durante los primeros meses de su reinado, Balduino tuvo que afrontar dos problemas inesperados y especialmente difíciles: el desafío de una rebelión interna y la tragedia de una pérdida personal. A pesar de que muchas zonas del Imperio aún estaban bajo el control de fuerzas hostiles, el nuevo emperador empezó a entregar territorios a sus seguidores tras su coronación. Balduino tenía que derrotar a varios contendientes, entre ellos Murzuflo, Alejo III, Teodoro Láscaris (líder de un grupo de exiliados bizantinos y hermano de Constantino Láscaris, el hombre que había sido elegido emperador la víspera de la conquista cruzada) y, el más peligroso de todos, Juan II Kaloján, el poderoso rey de Bulgaria. Dada esta formidable colección de adversarios, había una altísima probabilidad de que extender y mantener el dominio latino en Grecia implicara una lucha prolongada y sangrienta; no obstante, antes de ello el nuevo emperador tuvo que hacer frente a un problema interno.

En el pacto de marzo de 1204 se había decidido que el candidato que no obtuviera el trono imperial recibiría la península del Peloponeso y algunos territorios en Asia Menor.[1] Tras la coronación de Balduino, el marqués Bonifacio decidió que quería renegociar ese acuerdo y cambiar los territorios estipulados originalmente por el reino de Tesalónica, pues este último quedaba cerca del reino de Hungría, el hogar de su nueva esposa. El marqués tenía un interés adicional en Tesalónica, pues en 1180 el emperador Manuel Comneno le había otorgado el señorío de la ciudad a su fallecido hermano Raniero como parte de su regalo de boda.[2] Villehardouin señala que hubo un «serio debate sobre los pros y los contras» de la situación antes de que Balduino aceptara esta propuesta. Algunos de los hombres del emperador se opusieron a la idea, probablemente, podemos suponer, porque esperaban que Tesalónica fuera para ellos mismos y la consideraban una mejor opción que un territorio en Asia Menor (entonces bajo las amenazas de Teodoro Láscaris y de los turcos selyúcidas). No obstante, Bonifacio había sido el líder nominal de la cruzada y, si Balduino rechazaba su solicitud, podía simplemente regresar a casa dejando a los latinos sin uno de sus nobles más poderosos. El miedo a perder hombres había orientado las discusiones previas a la elección y ahora esta preocupación volvía a salir a la superficie. El emperador otorgó a Bonifacio el reino de Tesalónica y, con gran regocijo, el marqués le rindió homenaje en agradecimiento.[3]

El primer objetivo de los latinos era acabar con la amenaza planteada por Murzuflo y someter Tracia occidental a su autoridad. A la cabeza de un gran ejército, Balduino abandonó Constantinopla, dejando allí al anciano dogo Dandolo y al debilitado Luis de Blois, que permanecieron en la capital junto a Conon de Béthune y Villehardouin para mantener el orden en el Bósforo. El primer objetivo de las fuerzas imperiales fue Adrianópolis, una gran ciudad, situada a unos ciento sesenta kilómetros al noroeste de Constantinopla, que no tardó en someterse al avance de las tropas dirigidas por Enrique de Flandes. Los latinos sabían que Murzuflo se encontraba en los alrededores, pero este consiguió mantenerse fuera de su alcance y llegar al asentamiento de Mosinópolis, a unos doscientos cincuenta kilómetros al oeste de Constantinopla.

El gobernante de este pueblo era Alejo III, que había escapado a los cruzados en julio de 1203. ¿Sería posible que los dos emperadores depuestos unieran sus fuerzas para hacer frente a su común enemigo? Los primeros contactos entre ambos fueron en extremo cordiales. Alejo ofreció a una de sus hijas en matrimonio a Murzuflo (de quien ella ya estaba enamorada) y sugirió una alianza formal.

Un día Murzuflo y unos cuantos compañeros fueron a Mosinópolis para cenar y tomar un baño. Tan pronto como su principal invitado llegó, Alejo lo apartó un momento del grupo y lo llevó a una habitación privada en la que sus hombres estaban esperando. Estos arrojaron a Murzuflo al suelo, lo retuvieron allí y le arrancaron los ojos. Los gestos de amistad de Alejo habían sido sólo una fachada, pues este, en realidad, no podía confiar en un hombre que había sido capaz de asesinar a un rival con tanta crueldad y había decidido deshacerse de quien acaso podría desafiar su propia posición: con una actuación tan despiadada, Alejo III evidenciaba su determinación de dirigir en solitario la oposición a los latinos. Para Villehardouin, esta brutalidad solo era una nueva prueba de la hipocresía congénita de los griegos: «Juzgad vosotros mismos, después de conocer el relato de esta traición, si gente capaz de tratarse entre sí con semejante crueldad y brutalidad está en condiciones de controlar tierras o si, en cambio, merece perderlas».[4] Una vez Balduino tuvo noticias de estos horripilantes hechos, avanzó tan rápido como pudo en dirección a Mosinópolis, pero para cuando llegó Alejo III ya había huido.

En cualquier caso, toda la región se sometió a la autoridad de los latinos.

En este punto, después de años de cooperación estrecha y efectiva, surgió una seria desavenencia entre Balduino y Bonifacio. A pesar de que el emperador había prometido entregar Tesalónica al marqués, cuando este le pidió permiso para tomar el control de la región y, por solicitud de su gente, repeler una incursión de los búlgaros, Balduino se opuso a la idea y consideró que lo más adecuado era marchar hacia allí él mismo y tomar posesión del territorio. Bonifacio, es comprensible, se puso furioso: «Si vais, no creo que sea por mi bien, y tengo que deciros con claridad que no iré con vos y que me separaré de vos y de vuestro ejército».[5]

Villehardouin quedó perplejo ante este desarrollo de los acontecimientos y deja constancia en su texto de lo desaconsejable que era tal ruptura. Uno siente que sus simpatías estaban con Bonifacio y que creía que el emperador estaba siendo mal aconsejado, acaso por hombres que también querían Tesalónica o que estaban convencidos de que el nuevo gobernante debía afirmar su autoridad sobre el marqués. Balduino podría lograr esto último acudiendo en persona a los territorios en cuestión y, una vez allí, entregárselos públicamente a Bonifacio, en vez de dejar que el marqués fuera solo y asumiera el poder por sí mismo.

Bonifacio, indignado por un tratamiento tan mezquino, salió furioso hacia Demótica, al suroeste de Adrianópolis. Muchos nobles lo siguieron, incluido todo el contingente alemán y guerreros del prestigio de Jacques de Avesnes y Guillermo de Champlitte. Cuando Balduino tomó posesión de Tesalónica, Bonifacio manifestó con claridad su disgusto: arrebató el castillo de Demótica a los hombres del emperador y asedió a Adrianópolis. Los mensajeros se apresuraron a acudir a Constantinopla para comunicar al conde Luis y al dogo Dandolo estos desafortunados acontecimientos. Los cruzados más destacados maldijeron a quienes habían propiciado esta ruptura, pues temían que semejante división pudiera hacerles perder lo que con tanto esfuerzo habían ganado. La intervención de la diplomacia era urgente y, una vez más, Villehardouin ofreció sus servicios. Como «amigo privilegiado», se acercó a Bonifacio y le reprochó que hubiera actuado de forma tan imprudente, a lo que el marqués replicó que su conducta era justificada por completo ya que había sido tratado con gran injusticia. Finalmente, Villehardouin logró persuadirlo para que pusiera el asunto en manos del dogo, el conde Luis, Conon de Béthune y él mismo. Este grupo de hombres había formado parte de la jerarquía de la cruzada y el que Bonifacio estuviera de acuerdo con esta idea es una demostración del altísimo respeto que les tenía a todos ellos.

Cuando Balduino se enteró de que el marqués había sitiado Adrianópolis, su primera reacción fue de furia y quiso correr a la ciudad y confrontarlo. La situación parecía haber entrado en una espiral sin control. «¡Ay de mí! ¡Qué gran mal habría podido resultar de esta discordia! Si Dios no hubiera intervenido para poner las cosas en orden, ello habría supuesto la ruina de la cristiandad», se lamenta Villehardouin.[6] Durante la estancia del emperador fuera de Tesalónica, una grave enfermedad había golpeado el campamento latino. Entre quienes perecieron entonces se encontraba el canciller imperial, Juan de Noyen; Pedro de Amiens, que había sido uno de los héroes de la conquista de Constantinopla, y cerca de cuarenta caballeros más. Las pérdidas fueron un duro golpe para los occidentales y les demostraron la facilidad con que sus fuerzas podían verse reducidas. Quizá fueron estos tristes acontecimientos los que devolvieron la sensatez a Balduino. Cuando los enviados de los cruzados llegaron para mediar, algunos de los nobles que acompañaban al emperador consideraron que esto era una impertinencia. Balduino, sin embargo, no estuvo de acuerdo con ellos y llegó a la conclusión de que, a largo plazo, no debía granjearse la enemistad del cuarteto ni la del marqués Bonifacio, y aceptó someterse al juicio de los cuatro nobles.

De nuevo en Constantinopla, los viejos sabios no tardaron en convencer al emperador de que había cometido un error y de la importancia de que se reconciliara con Bonifacio. El marqués fue convocado a la ciudad y muchos de sus amigos y abades acudieron a recibirlo calurosamente. Se organizó una conferencia y se decidió que Tesalónica y sus alrededores serían entregados al marqués tan pronto como este entregara el castillo de Demótica.

Cuando esto se hizo, cabalgó en dirección oeste para tomar posesión del territorio que le correspondía y muchos de los habitantes de la región reconocieron su autoridad con rapidez.

Es en este punto, en septiembre de 1204, tras la resolución de esta inútil pelea interna, cuando Villehardouin puede por fin (y por única vez en su historia) escribir que hubo calma en la Grecia latina: «Desde Constantinopla hasta Salónica, todos los territorios estaban en paz. Los caminos de una ciudad a otra eran tan seguros que, aunque eran necesarios doce días para cubrir la distancia entre ellas, la gente podía ir y venir a su gusto».[7]

Los occidentales empezaron a extender sus operaciones a las islas griegas y, a través del Bósforo, a Asia Menor. Los venecianos tomaron las islas de Corfú y Creta, dos territorios valiosos y fértiles por derecho propio, pero, al mismo tiempo, dos vitales escalas en las rutas marítimas que cruzaban el Mediterráneo oriental. Luis de Blois planeó la anexión del ducado de Nicea; sin embargo, como la salud del conde todavía era débil, envió al poderoso Pedro de Bracieux para que se enfrentara a los griegos allí.

Por esta misma época, los latinos consiguieron anotarse un auténtico triunfo. El ciego Murzuflo se las había ingeniado para escapar a Alejo III y estaba intentando huir a Asia Menor, pero los informantes de las fuerzas occidentales alertaron sobre sus movimientos y el usurpador fue capturado y conducido a Constantinopla. Los latinos estaban eufóricos: al fin tenían al hombre que había asesinado a su candidato al trono imperial, que había dirigido el ataque con brulotes contra sus naves y cuyas invectivas tenazmente antioccidentales les habían causado tantos sufrimientos.

Murzuflo sabía que iba a pagar un terrible precio por sus actos y solo podía esperar que los occidentales fueran algo menos crueles de lo que habían sido algunos de sus propios predecesores. En septiembre de 1185, el emperador Andrónico Comneno había sido víctima de un destino particularmente horripilante: al final del golpe que le arrebató el poder, fue atrapado por quienes apoyaban a Isaac Ángelo, encerrado en prisión y torturado de forma grotesca. Sus captores le sacaron un ojo, le arrancaron los dientes y la barba y le cortaron la mano derecha. Luego, se le hizo desfilar por las calles de Constantinopla a espaldas de un camello sarnoso para que se enfrentara a la ferocidad y el rencor de la turba. Algunos le arrojaron excrementos humanos y de animales, otros le tiraron piedras y una prostituta vació sobre su cabeza un tiesto repleto de su propia orina. Una vez en el foro, fue colgado cabeza abajo y le cortaron los genitales. Algunos de los que estaban entre la multitud le hundieron sus espadas en la boca y otros entre sus nalgas, antes de que, por fin, el depuesto emperador expirara: con seguridad, una de las muertes más públicas y atroces de toda la Edad Media.[8] ¿Podía Murzuflo esperar que los «bárbaros» latinos mostraran mayor misericordia para con él?

Se organizó una especie de vista o juicio para que los latinos pudieran exhibir su poder. Allí Murzuflo intentó justificar el asesinato de Alejo IV, asegurando que el joven emperador había traicionado a su pueblo y que eran muchos los que entonces apoyaban su proceder. En cierto sentido, había algo de verdad en estos argumentos, pero nadie prestó atención a las desesperadas súplicas del griego, que fue condenado a muerte. Sólo una cuestión quedaba pendiente: ¿cómo debía morir el cautivo?

Balduino consultó esto con sus nobles. Hubo quienes recomendaron que Murzuflo fuera arrastrado por las calles de la ciudad; otros simplemente proponían que fuera colgado. Sería el dogo de Venecia quien diera con la solución. Según éste, Murzuflo era una figura demasiado importante para ser ahorcado. «¡Para un hombre elevado, una justicia elevada!», exclamó. «En esta ciudad hay dos columnas…, hagámosle subir a lo alto de una de ellas y luego arrojémoslo contra el suelo.»[9] La ingeniosa concepción que Dandolo tenía de la alta justicia y lo desagradable de la propuesta fueron del gusto de todos los presentes, que estuvieron de acuerdo en la muerte por precipitación. Esta forma de castigo también debía de resultarle conocida a Balduino y a Enrique de Flandes, pues ejecuciones similares habían tenido lugar en la ciudad de Brujas durante el siglo XII.[10]

En noviembre de 1204, Murzuflo fue llevado a la columna de Teodosio en el Foro del Toro. Mientras ascendía por los estrechos escalones que había en el interior de la columna, los aullidos de la multitud debieron de quedar temporalmente atenuados por las paredes. Es evidente que el condenado había visto la columna muchas veces y que, pese a no poder verla ahora, sabía dónde se encontraba, aunque su ceguera sin duda contribuía a hacer aún más desesperanzada su situación.

Al emerger de la estrecha escalera cilíndrica y sentir el aire en lo alto de la columna, el derrotado emperador debió de notar el espacio que se abría a sus pies. No hay ningún registro que señale que pronunciara oraciones o discursos; un brusco empujón fue suficiente para que su cuerpo se precipitara en el vacío, los pies por delante, y se estrellara violentamente contra el suelo. La veloz caída había convertido al antiguo emperador en un saco de carne aplastada y huesos destrozados. Villehardouin afirma que la decoración de la columna incluía una representación de un emperador cayendo, y se maravilla de la coincidencia entre esta y la muerte de Murzuflo.[11]

Unas pocas semanas después, los latinos consiguieron deshacerse de otro de los adversarios que desafiaban su poder cuando Alejo III fue capturado por Bonifacio cerca de Tesalónica. Las medias escarlata del emperador y las vestiduras imperiales fueron enviadas a Constantinopla como prueba de lo que había ocurrido. Sin embargo, Alejo no era un personaje tan detestado como Murzuflo y como castigo el marqués optó por enviarlo a prisión en sus tierras de la Italia septentrional.[12]

Hacia finales de 1204, el breve período de calma mencionado por Villehardouin estaba a punto de concluir con el surgimiento de una oposición seria al régimen latino: mientras el noble bizantino Teodoro Láscaris dirigía un levantamiento en Asia Menor, en el norte de Tracia el rey Juan provocaba tensiones cerca de Filopópolis. Los occidentales tenían ante sí la difícil perspectiva de tener que librar una guerra en dos frentes, una situación que se agravaba por la deteriorada salud de algunos de sus líderes. Dejar Constantinopla era muy difícil para el dogo, Luis de Blois continuaba enfermo, y Hugo de Saint-Pol estaba paralizado por un ataque de gota que le impedía caminar. Por fortuna, un gran grupo de cruzados encabezado por Esteban de Perche y Reinaldo de Montmirail, ambos primos de Luis de Blois, llegó procedente de Siria.

Esteban se había separado del cuerpo principal de la cruzada en otoño de 1202, cuando una enfermedad le impidió embarcarse en Venecia con la flota, aunque al final había preferido partir rumbo a Tierra Santa y no a Constantinopla.[13] Reinaldo había participado en una misión diplomática en Levante después de la toma de Zara, pero, en contra de lo que había prometido, no había regresado para el ataque a Bizancio.[14] Con todo, a finales de 1204, ambos hombres deseaban ayudar a sus compañeros cruzados, quizá con la esperanza de hacerse con una parte del botín de guerra.

Sin embargo, la llegada de Reinaldo y Esteban no fue un motivo de celebración, pues traían consigo la terrible noticia de que María, la esposa del emperador Balduino, había muerto de peste en Tierra Santa. Los vínculos de María con la cruzada eran trágicos y complejos. Su hermano, Teobaldo de Champaña, había sido el elegido originalmente para dirigir la expedición, papel que la muerte le había impedido desempeñar. María había abrazado la cruz con Balduino, pero no había podido acompañarlo porque estaba embarazada de su segundo hijo (la pareja tenía ya un hija, Juana, nacida a finales de 1199 o principios de 1200). Una vez que hubo dado a luz a una nueva niña, María partió a Marsella, dejando a sus hijas al cuidado de uno de los hermanos menores de su esposo. Lamentablemente, las niñas no volverían a ver a ninguno de sus padres con vida. En la primavera de 1204, María partió rumbo a Acre sin saber que su marido atacaba por segunda vez Constantinopla. Apenas desembarcó, un mensajero le informó del éxito de Balduino y le comunicó que este esperaba en Constantinopla a su emperatriz. María se sintió encantada con la noticia, pero antes de que pudiera emprender su viaje cayó víctima de un brote de peste que azotaba los estados cruzados en esa época. La adorada y admirada esposa del emperador murió en agosto de 1204 y los enviados solo pudieron regresar a Constantinopla con un cadáver. La fidelidad y devoción de Balduino, tan alabadas por Nicetas Choniates, no fueron recompensadas, y quedó tremendamente afligido al recibir estas tristes noticias.[15]

Los últimos meses de 1204 y los primeros de 1205 fueron testigos de una agotadora serie de conflictos en Asia Menor, el Peloponeso (donde el joven sobrino de Villehardouin destacó en el combate) y los territorios cercanos a Tesalónica. Los griegos habían advertido las graves limitaciones de las fuerzas latinas y le propusieron una alianza al rey Juan II Kaloján, a quien prometieron convertirlo en emperador, obedecerlo y matar a todos los franceses y venecianos que hubiera en el imperio. Dada la larga historia de enemistad entre búlgaros y bizantinos, esta alianza resultaba una combinación muy extraña, pero evidencia con claridad cuán decidido estaba Teodoro Láscaris a deshacerse de los invasores.

En enero de 1205, los occidentales perdieron al conde Hugo de Saint-Pol, que sucumbió a la gota. Fue enterrado en la iglesia de San Jorge de Mangana, en la tumba de Sclerene, una concubina imperial del siglo XI, aunque poco tiempo después sus restos fueron trasladados a la Francia septentrional para que descansaran en la abadía de Cercamp, en su condado natal.[16]

Por las mismas fechas, la ciudad clave de Adrianópolis se rebeló, iniciando la sublevación más grave que habían afrontado los cruzados hasta ese momento. El emperador convocó a sus principales consejeros y, junto con el dogo y Luis de Blois, acordó reunir tantos hombres como fuera posible y concentrarse en resolver esta profunda crisis.

Cuando los primeros contingentes procedentes de Asia Menor llegaron, Balduino estaba ansioso por partir cuanto antes hacia la ciudad rebelde. Por primera vez en meses, Luis de Blois estaba en condiciones de ocupar su lugar en el ejército y juntos se prepararon para partir. Enrique de Flandes y muchos otros hombres todavía estaban por llegar, pero Balduino decidió avanzar con solo ciento cuarenta caballeros. El 29 de marzo alcanzaron Adrianópolis, sobre cuyas murallas y torres ondeaban las banderas que proclamaban su lealtad al rey Juan. A pesar de carecer de un buen número de efectivos, los latinos organizaron dos ataques a las puertas. Mientras Balduino y Luis dirigían las operaciones, se les unió otra conocida figura de la jerarquía cruzada. Para demostrar la importancia de esta campaña, un contingente de caballeros venecianos acudió a reunirse con los de la Europa septentrional con el mismísimo dogo a la cabeza. Dandolo hizo caso omiso de su edad y su manifiesta debilidad (había solicitado al papa que lo absolviera de sus votos para poder regresar a casa) y se empeñó en comandar a sus hombres en esta crucial expedición terrestre.

Informado de la debilidad de las fuerzas latinas, Juan II se desplazó a toda velocidad hacia el sur con todo el ejército que pudo reunir. Además de sus propios caballeros, el rey contaba con un enorme grupo (según Villehardouin, de catorce mil hombres) de jinetes cumanos, unos feroces nómadas paganos cuya resistencia y brutalidad los hacía ser unos adversarios formidables.

Los latinos tenían problemas para hallar suministros y dedicaron la Pascua de 1205 a desesperadas expediciones de abastecimiento, a intentar construir máquinas de asedio y a cavar minas para poder penetrar en la ciudad. Entretanto, Juan se acercaba cada vez más. El 13 de abril, una avanzadilla de cumanos asaltó el campamento de los occidentales. Se llamó a las armas y los caballeros corrieron a hacer frente al enemigo. Los atacantes no tardaron en dar la vuelta y, por una vez, los latinos olvidaron su habitual disciplina y optaron por perseguirlos, con lo que no tardaron en dispersarse. Rápidamente, los cumanos giraron una vez más y empezaron a dispararles flechas. Los proyectiles hirieron a muchos de los caballos de los latinos, pero fueron pocos los que murieron; en estas condiciones, los caballeros occidentales dieron media vuelta y retrocedieron: en realidad, se habían salvado por muy poco.

Los jefes latinos estaban furiosos. Se convocó una reunión para exigir un control mucho más estricto y se expidieron órdenes para que nadie hiciera nada diferente de formar de manera correcta fuera del campamento. Ningún hombre debía moverse a menos que se le ordenara explícitamente hacerlo. Todo el ejército era consciente de que al día siguiente tendría lugar una gran batalla, y por la mañana se organizó una misa y los hombres confesaron sus pecados.

A primeras horas de la tarde, los cumanos cargaron de nuevo. El primero en salir del campamento fue el conde Luis de Blois, que, por desgracia, ignoró completamente el acuerdo de la noche anterior y salió en persecución del enemigo, instando a Balduino a hacer lo mismo. Quizá Luis estaba intentando compensar con su arrojo el no haber podido participar en la conquista de Constantinopla debido a su enfermedad. En tal caso, su necesidad de realizar alguna hazaña gloriosa fue superior a todo sentido de la disciplina y las consecuencias fueron terribles. Gracias al ímpetu que les proporcionaba la excitación de la carrera, los hombres de Luis hostigaron a los guerreros paganos durante kilómetros antes de, como era inevitable, perder su formación y cansarse: exactamente lo que sus oponentes estaban esperando. Como habían demostrado el día anterior, los resistentes ponis de los cumanos y sus expertos jinetes manejaban con gran habilidad el arte de emprender la retirada. En muchísimas ocasiones tropas turcas o sirias habían logrado vencer ejércitos cruzados recurriendo a semejante maniobra, y la impetuosidad del conde de Blois añadió un nuevo contingente de condenados a esta triste lista. Con la fuerza del ataque de los latinos irremediablemente diluida en un frente amplio, los cumanos se dieron la vuelta y se precipitaron contra los occidentales gritando y disparando sus flechas.

Conmocionados por este repentino cambio, algunos de los hombres con menos experiencia del ejército latino (probablemente soldados reclutados en Constantinopla) fueron presa del pánico y la formación empezó a desintegrarse con rapidez. Balduino, que se había visto forzado a seguir esta carga inicial, llegó al lugar en el que se desarrollaba la lucha y, en algún momento, se encontró cerca de Luis. El conde había sido gravemente herido y no tardó en ser derribado de su caballo. En medio de la agitación y frenesí de la batalla, los caballeros latinos consiguieron llegar hasta el noble herido y crear un pequeño espacio a su alrededor para ayudarlo a ponerse de pie y examinar sus heridas. Dada la gravedad de estas, los hombres le rogaron que regresara al campamento, pero Luis se negó: «Dios no permita que se me reproche alguna vez el haber huido del campo de batalla dejando abandonado a mi emperador». A pesar de la valentía de los occidentales, el mero peso de los números empezó a inclinar la balanza y uno por uno los latinos fueron cayendo. Con todo, Balduino continuó animando a sus hombres a resistir y juró que lucharía hasta el final y se defendería a sí mismo con todavía mayor energía; en esta ocasión, sin embargo, la lealtad y destreza caballerescas no fueron suficientes para decidir el combate a su favor y los cumanos se abalanzaron sobre su presa. Dada la cantidad de batallas que habían librado, quizá era inevitable que la buena suerte de los cruzados se agotara. «Al final, ya que Dios permite que desastres así ocurran, los franceses fueron derrotados», se lamenta Villehardouin.[17] Luis fue liquidado y Balduino fue vencido y capturado. Los cumanos dieron muerte a muchos otros caballeros veteranos y, así, en un enfrentamiento fatídico, una gran parte de la élite cruzada desapareció.

Quienes consiguieron escapar corrieron al campamento, que había quedado a cargo de Villehardouin. Para entonces era media tarde y Godofredo reunió a un grupo de hombres para intentar detener a los cumanos que perseguían a sus debilitados colegas. Sus esfuerzos tuvieron éxito y al anochecer los paganos empezaron a retroceder. En ese momento, Villehardouin descubrió que era el principal de los nobles supervivientes y envió información sobre el desastre a los venecianos, que no se habían involucrado en el combate de ese día. El dogo y Godofredo debían de estar destrozados: su emperador estaba en cautiverio y muchos amigos cercanos y valientes caballeros habían muerto. Su única opción era retirarse. Dandolo, astuto, sugirió que lo mejor era adelantarse a Juan II. Aunque la noche caía, aconsejó a Villehardouin mantener formadas a sus propias tropas fuera del campamento y, finalmente, los cumanos regresaron a su base al otro lado de Adrianópolis. El mismo dogo recorrió las tiendas para animar a los latinos y convencerlos de que se pusieran su armadura y esperaran las órdenes. Cuando la oscuridad fue absoluta, el ejército partió de forma tan silenciosa como le fue posible. El hecho de que los cumanos se hubieran retirado del campo de batalla ayudó a que los occidentales pudieran irse sin ser detectados.

Su objetivo era llegar a Rodosto, una ciudad costera a tres días de viaje; no obstante, los heridos les impidieron avanzar con rapidez. Un grupo de lombardos se separó del cuerpo principal y consiguió llegar dos días después (el 16 de abril) a Constantinopla, donde se comunicaron las terribles noticias a Pedro de Capua, el legado papal, y Conon de Béthune, que había quedado a cargo de la ciudad.

Mientras las tropas derrotadas se esforzaban por alcanzar Rodosto, se encontraron con algunos camaradas que venían de Asia

Menor para reunirse con el ejército principal. Muchos de estos hombres, como Pedro de Bracieux, eran vasallos del conde Luis y se sintieron profundamente abatidos por la pérdida de su señor. Sin embargo, no había mucho tiempo para llorar a los muertos, pues, tras llegar a Adrianópolis, Juan II había descubierto que los latinos se habían dado a la fuga y estaba persiguiéndolos. Villehardouin instó a los recién llegados a cuidar la retaguardia mientras los heridos y los cansados continuaban su camino hacia Rodosto tan velozmente como podían. El contingente consiguió llegar a salvo a esta ciudad, donde se encontraron con Enrique de Flandes y más refuerzos. Si todo el ejército se hubiera reunido antes de marchar sobre Adrianópolis, el resultado de la campaña (en caso de haberse comportado con mayor disciplina) habría sido muy diferente. Los latinos estaban ahora en una situación demasiado peligrosa y nombraron a Enrique de Flandes regente del Imperio, a la espera de la posible liberación de su hermano el emperador. Entretanto, a medida que los hombres de Juan se habrían paso por la fuerza en la región, casi todo el territorio continental de los latinos quedó en poder del rey búlgaro.

De regreso en Constantinopla, los restantes líderes resolvieron solicitar ayuda al papa Inocencio III, a Flandes, Francia y otros países occidentales. Al hacer esto estaban acogiéndose a una práctica establecida desde hacía mucho tiempo por los colonos cristianos de Tierra Santa. A lo largo del siglo XII, los francos asentados en Levante se dirigieron repetidas veces a sus compañeros católicos en Europa en búsqueda de apoyo militar y económico. En algunas ocasiones, sus solicitudes habían sido recompensadas con una nueva cruzada; no obstante, lo más usual era que solo pequeños grupos de caballeros respondieran a su llamamiento, pues, con excepción de situaciones de emergencia tales como la caída de Jerusalén en 1187, lo normal era que los occidentales estuvieran demasiados ocupados con sus propios asuntos para ofrecerse a ayudar.[18] En 1205, los latinos eligieron al obispo de Soissons y a dos destacados caballeros franceses para transmitir su solicitud mientras sus compañeros permanecían en Constantinopla temiendo por sus vidas.

Por la misma época, como hemos mencionado, el dogo Dandolo envió una carta al papa Inocencio en la que le pedía que lo absolviera de sus votos de peregrino para no tener que viajar hasta Jerusalén. Quizá las noticias de la plaga que había golpeado Acre, sumadas a su edad y a la perspectiva del largo viaje a Levante, habían hecho que el líder veneciano temiera por su supervivencia en la siguiente etapa de la expedición. Además, es probable que quisiera regresar a casa antes de morir y garantizar allí que su hijo lo sucediera como dogo. Dandolo aseguró al papa que su partida no afectaría la presencia de la flota veneciana, la cual, insistió, continuaría al servicio de la cruzada como estaba acordado.

Que Dandolo estaba cada vez más débil era un hecho evidente y, sin embargo, Inocencio rechazó su petición. Su negativa fue cortés, pero firme; había aborrecido al dogo desde el asedio de Zara y ahora —con gentileza y, podemos sospechar, cierta satisfacción— tenía la ocasión de utilizar en su contra los elogios que los demás líderes cruzados habían dedicado al anciano. Según Inocencio, en vista de la importancia que el emperador Balduino y sus compañeros daban a los consejos del dogo, sería imprudente aprobar su solicitud, no fuera a ser que ello provocara el fracaso de la expedición a Tierra Santa. Además, continuaba, cualquiera podría después acusar al dogo de haber sido un cruzado capaz de vengar el daño que Zara había infligido a los venecianos, pero incapaz de vengar las heridas infligidas a Cristo por los enemigos de la fe. Por tanto, señalaba el papa, al negar su petición e insistirle en que permaneciera con la cruzada, estaba en realidad defendiendo los intereses del dogo y protegiéndolo de posibles acusaciones sobre los equivocados motivos que habían animado su participación en la expedición.[19]

Con todo, la respuesta de Inocencio fue prácticamente irrelevante, pues en junio de 1205 Dandolo murió. El fallecimiento del anciano de noventa años fue otro duro golpe para los latinos en Bizancio, aunque en esta ocasión difícilmente se trataba de un suceso inesperado. El dogo fue enterrado con el debido honor en la iglesia de Santa Sofía, donde todavía existe un pequeño monumento conmemorativo. Enrico Dandolo era quizá el más extraordinario de todos los cruzados: ni su edad ni su ceguera habían impedido que su ágil mente y su incomparable sentido de la estrategia influyeran decisivamente en la expedición. Aunque su insistencia en la campaña contra Zara le había granjeado las críticas de algunos sectores, es notable que su prestigio entre los líderes de la cruzada continuara siendo muy elevado y que fueran sus ideas y planes los que, en muchas ocasiones, terminaran siendo llevados a la práctica por los occidentales. Tras su muerte, solo quedaban vivos y libres cuatro miembros del grupo de nobles que había dirigido la expedición desde su inicio: el marqués Bonifacio (con sede en Tesalónica), Conon de Béthune, Godofredo de Villehardouin y Enrique de Flandes.

Aunque algunos de los caballeros y nobles que participaron en la Cuarta Cruzada se establecieron en Grecia y dieron origen a florecientes dinastías, muchos de los demás cruzados regresaron a casa. Un buen número de ellos viajó a través de Tierra Santa, adonde se habían desplazado para cumplir con sus votos de peregrino; otros zarparon directamente hacia Occidente. Habían estado lejos de casa durante más de tres años. En ese lapso de tiempo, los hijos habían crecido, los padres y familiares podían haber muerto, y quizá los señoríos y abadías habían cambiado de mano. Los cruzados, por su parte, habían tenido que soportar las más atroces dificultades y habían visto horrores y maravillas más allá de su imaginación; ahora regresaban a casa, aliviados y agradecidos por haber logrado volver con vida de semejante experiencia. Llevaban consigo historias sobre sus buenas obras, sobre las amistades que habían forjado y los compañeros que habían perdido, relatos sobre el esplendor de Constantinopla y la perfidia de los griegos. Muchos volvieron con tesoros y valiosas reliquias que emplearon para pagar el dinero que habían necesitado para partir en 1202.

Roberto de Clary probablemente se embarcó hacia Europa a finales de la primavera de 1205. La muerte de sus señores, Pedro de Amiens, en el verano de 1204, y Hugo de Saint-Pol, en marzo de 1205, debieron de impulsarlo a marcharse poco antes de la derrota de Adrianópolis. Roberto llevaba consigo varias reliquias, entre ellas un fragmento de la Vera Cruz, uno de los diversos tesoros que donó a su abadía local de Corvey. Aparte de ello y de la narración que nos ha dejado, no sabemos nada más de su destino; con seguridad estaba vivo en 1216, fecha del último acontecimiento que se menciona en su obra.[20]

En el caso de algunos personajes prominentes, como el obispo Conrado de Halberstadt, contamos con un registro de su viaje.[21] Conrado partió a Tierra Santa en agosto de 1204 y en el trayecto de Constantinopla a Tiro invirtió casi siete semanas. Poco después de su llegada, el arzobispo de esta ciudad, que se preparaba para partir rumbo a Grecia, le pidió, dada su condición de obispo, que cuidara de su rebaño durante su ausencia. El alemán accedió con gusto a esta solicitud y se alojó en el palacio arzobispal, donde consagró a varios clérigos y supervisó a conciencia la reparación de las murallas de la ciudad después de un terremoto. Conrado también recorrió los lugares de peregrinación, entre ellos la iglesia de Nuestra Señora de Tortosa (un hermoso edificio en el norte de Siria que ha sobrevivido hasta nuestros días), donde la santa lo curó de un ataque de fiebre. A la primavera siguiente, el obispo se despidió de la gente de Tierra Santa y, tras dos meses de viaje, llegó a Venecia el 28 de mayo de 1205. La noticia de su regreso había sido enviada con antelación y el deán de Halberstadt y otros miembros de la iglesia se desplazaron hasta Venecia para encontrarse con su superior. Los venecianos también presentaron sus respetos a Conrado y el día de Pentecostés (el 29 de mayo) el vicedogo Raniero Dandolo y el clero de la ciudad lo condujeron a la iglesia de San Marcos, donde celebraron la misa.

Antes de reemprender su viaje y continuar hacia el norte de Alemania, Conrado visitó al papa. El obispo llevaba consigo una carta del rey Emerico de Jerusalén (1197-1205) y los clérigos de Tierra Santa, que lo recomendaban como un hombre digno del favor apostólico. Inocencio reconoció debidamente esto y así, fortificado por la bendición del papa, Conrado pudo comenzar la última etapa de su recorrido. Cuando se acercaba a Halberstadt, el duque Bernardo de Sajonia y sus nobles y clérigos salieron a encontrarse con el obispo y celebrar su regreso a casa. Conrado, que obviamente tenía buen ojo para las exhibiciones públicas, consiguió que delante de él se portaran en andas las reliquias que había sacado de Constantinopla. La población local al completo acudió a ver tan magnífico espectáculo y todos bendijeron a gritos al hombre que había traído semejantes tesoros a su tierra.

El 16 de agosto de 1205, Conrado fue escoltado hasta las puertas de la iglesia de San Esteban, donde los clérigos entonaron felices la antífona *Iustum deduxit Dominus* («El Señor ha guiado al justo»). Luego Conrado pronunció un sermón en el que identificó cada una de las reliquias que había reunido y que ahora residirían en la iglesia. Además, proclamó una festividad anual en toda la diócesis para conmemorar el día de la llegada de las reliquias y, en cierto sentido, celebrar su propio éxito. Estos alegres acontecimientos nos permiten entender de alguna manera qué podían esperar los cruzados a su regreso. Es evidente que no todos pudieron disfrutar de una recepción como la que tuvo lugar en Halberstadt, pero en términos generales el proceso de celebración inicial, recibimiento de las reliquias y posterior narración de historias se repitió a lo largo de toda la Europa occidental.

Si el destino final de algunos cruzados nos resulta relativamente claro, el del primer emperador latino de Constantinopla no. Como hemos señalado, Balduino había sido capturado por el rey Juan II Kaloján en la batalla de Adrianópolis en abril de 1205. Nicetas Choniates afirma que el prisionero fue llevado a Tarnovo, la capital de rey búlgaro, situada en lo profundo de las montañas de los Balcanes; allí, el emperador habría sido encerrado en una mazmorra y sujetado con cadenas.[22] El papa Inocencio III escribió a Juan II para tratar de convencerlo de que liberara al emperador, pero sus esfuerzos fueron infructuosos. Para el verano de 1206, la mayoría creía que Balduino estaba muerto, y el 20 de agosto su hermano Enrique de Flandes fue coronado emperador en Santa Sofía.

Los detalles de la muerte de Balduino son escurridizos y ello generó una enorme cantidad de especulación. Nicetas sostiene que en el verano de 1205 Juan II tuvo un ataque de furia incontrolable cuando se enteró de que uno de sus aliados griegos, Alejandro Aspietes, había desertado para unirse a los latinos. En tal estado, el rey habría ordenado que le trajeran a Balduino y mandado que, delante de él, le cortaran las piernas a la altura de las rodillas y los brazos a la altura de los codos; horriblemente mutilado, el emperador habría sido luego arrojado a un barranco, donde moriría al cabo de tres días.[23] El mismo Juan II confirmó en su momento de una manera aséptica la suerte de Balduino al responder a Inocencio III que no podía liberar a su prisionero como le pedía porque este ya había muerto. Si lo que cuenta Nicetas es cierto, no debe sorprendernos que el rey prefiriera no ofrecer información más precisa sobre lo sucedido.

Dos relatos posteriores nos proporcionan versiones todavía más imaginativas sobre el destino del flamenco. El escritor griego Jorge Acropolites asegura que Juan II decapitó al emperador, vació su cráneo y lo usó como copa. Como hemos visto en el primer capítulo, el dudoso honor de ser el primer cruzado cuya cabeza se convirtió póstumamente en recipiente para bebidas podría corresponder a Gervasio de Basoches; otro precedente lo constituye el noble de Antioquía Roberto el Leproso, hijo de Fulko, que murió a manos de Toghtekin en Damasco en 1119.[24] También es posible que Juan II estuviera copiando a uno de sus propios ancestros en el trato dispensado a sus enemigos; en cualquier caso, la cuestión es que Acropolites confirma que Balduino murió en cautiverio.[25]

Alberico de Trois-Fontaines nos ofrece una historia diferente pero sobre la que él mismo manifiesta tener dudas, aunque, en todo caso, elige incluirla en su crónica. Según esta versión, un sacerdote flamenco que viajaba entonces por Tarnovo habría escuchado que la esposa de Juan II había intentado seducir a Balduino. La mujer le habría propuesto liberarlo con la condición de que le prometiera llevársela consigo. Dada la intachable conducta que Balduino había mostrado hasta entonces, era improbable que, incluso siendo viudo, se dejara tentar por la esposa de su captor y, cuando la rechazó, la airada reina le dijo a Juan II que Balduino le había dicho que se casaría con ella si lo ayudaba a escapar. El rey se puso furioso y empezó a beber en grandes cantidades; luego, ebrio y encolerizado, ordenó que el emperador fuera ejecutado y su cuerpo arrojado a los perros. Aunque poco convincente, este relato nuevamente nos conduce a la conclusión de que Balduino murió siendo prisionero.

La desaparición de Balduino no solo provocó problemas en Constantinopla, sino que dio origen a considerables dificultades en su Flandes natal. Al parecer, algunos no creían, o preferían no creer, que estuviera muerto. El ambiguo estatus de los prisioneros hacía que fuera muy complicado para sus familias seguir con sus vidas normales: algunos cautivos murieron en prisión, unos pocos estuvieron encarcelados durante décadas y luego retornaron a casa, otros simplemente desaparecieron y nunca más fueron vistos. El hecho de que el conde Balduino hubiera dejado dos hijas pequeñas y de que gobernara sobre una de las regiones más ricas e importantes de Europa septentrional favorecía la controversia y varios actores políticos intentaron aprovechar la situación para sus propios objetivos. Los detalles de este episodio y sus ramificaciones no son relevantes aquí, pero un historiador ha llamado la atención sobre el extrañísimo suceso al que años después dieron origen la confusión reinante en Flandes y el misterioso destino de su emperador cruzado.[26]

Tras la muerte de Balduino, su hija Juana propició que el condado tuviera una relación más estrecha con la Corona francesa, una política a la que algunos flamencos se oponían. En 1224, se identificó a un ermitaño del pueblo de Montaigne, cerca de Tournai, con un compañero cruzado de Balduino, algo que él negó. No obstante, en el lapso de un año, varios nobles y clérigos acudieron a verle y a hablar con él, y el hombre, finalmente, afirmó ser el mismísimo conde. En la Semana Santa de 1225 mostró cicatrices que, al parecer, el Balduino real poseía. Sin embargo, el individuo en cuestión contaba con varias características poco convenientes: media unos treinta centímetros menos que el conde, su conocimiento de la geografía local era más bien vago y su francés mucho más irregular de lo que la gente recordaba. Un autor atribuyó estos factores a lo avanzado de su edad y a los años pasados en las prisiones griegas. Con un concepción tan flexible de la memoria y la semejanza física, la población de Valenciennes recibió a la persona a la que llamaban «emperador», que tomó un baño ceremonial y se afeitó. Tanta fue la alegría por esta «reaparición» que los monjes de la abadía de San Juan guardaron sus barbas y bebieron el agua en que se había bañado.

Después de todo esto, el hombre empezó a hablar de cómo había escapado de Juan II Kaloján, de las torturas que había tenido que soportar (y por cuya causa había perdido varios dedos del pie), lo mucho que había sufrido durante varios períodos de cautiverio a manos de los musulmanes y su viaje final de regreso a Occidente. Juana de Flandes envió a su amante para que se entrevistara con el ermitaño y este regresó convencido de que el hombre era de verdad el padre hacía tanto tiempo perdido. Más y más ciudades se declararon a favor del héroe, cuyo regreso se convirtió en un vehículo para afirmar la independencia flamenca frente a Francia y oponerse al gobierno de Juana. Esta intentó desacreditarlo: el antiguo canciller de Balduino no pudo reconocerlo y el ermitaño no consiguió recordar al viejo funcionario de la corte. A pesar de los testimonios de quienes aseguraban haber visto a Balduino morir en el campo de batalla (otro error, ya que, como hemos visto, todas las fuentes indican que fue capturado), el impostor consiguió un respaldo masivo del pueblo y Juana se vio obligada a huir a París. El ermitaño fue tomado tan en serio que el rey Enrique III de Inglaterra le escribió para solicitarle la renovación de antiguas alianzas entre Flandes y su país.

Juana buscó la ayuda de su aliado, el rey Luis VIII de Francia (1223- 1226). El monarca envió a su tía Sibila, que además era hermana menor de Balduino, a reunirse con el pretendiente. La mujer no lo reconoció, pero tampoco se lo dijo y, en cambio, lo convenció de que se encontrara con el rey Luis. Antes de ello, el impostor, más seguro de sí mismo que nunca, desfiló por Flandes vestido de emperador y con sus partidarios marchando delante de él y portando una cruz y estandartes. Además, nombró caballeros a diez hombres e incluso llegó a emitir leyes y confirmar documentos con un sello que lo describía como conde de Flandes y Hainault y emperador de Constantinopla. Las ciudades de Lille, Courtrai, Gante y Brujas le dieron la bienvenida cuando se dirigía a entrevistarse con el rey francés en Péronne.

Luis recibió al «emperador» con la debida cortesía y empezó a hacerle preguntas. Quizá para entonces el hombre estaba tan confiado que no había previsto semejante interrogatorio; en cualquier caso, el hecho es que estaba muy mal preparado para él. No conseguía recordar cuándo y cómo había rendido homenaje por Flandes al padre de Luis, el rey Felipe; tampoco recordaba el haber sido armado caballero, ni su matrimonio con María de Champaña. Sus partidarios argumentaron que se había negado a responder a tales preguntas por orgullo; no obstante, al poco tiempo solicitó un descanso para comer algo. Una vez hubo abandonado el recinto, varios clérigos afirmaron haberlo reconocido. Según éstos, el hombre sería un juglar que antes había intentado hacerse pasar por el conde Luis de Blois, otro de los nobles fallecidos en la Cuarta Cruzada. El obispo de Beauvais aseguró que en alguna ocasión había tenido al hombre encarcelado en su prisión: era un embaucador y un charlatán profesional que había perdido los dedos de sus pies por congelación y no por tortura alguna.

Tan pronto como salió de la habitación en que se desarrollaba la entrevista, el impostor comprendió que tenía problemas y huyó a Valenciennes, donde muchos de los barones que le apoyaban lo abandonaron; no obstante, los pobres continuaron proclamando su lealtad para con él y se prepararon para resistir a Juana por la fuerza. A continuación, el ermitaño escapó hacia Alemania primero y luego, en dirección sur, hacia Borgoña, donde fue capturado y enviado a Luis. Todo el asunto de Péronne había entretenido mucho al rey francés, que entregó el prisionero a Juana con la recomendación de que le respetara la vida. Juana, sin embargo, no se había divertido tanto e hizo que el ermitaño fuera juzgado en Lille y condenado a muerte. Fue obligado a confesar su verdadera identidad de juglar y puesto en la picota entre dos perros. El hombre fue luego torturado y colgado, y su cuerpo fue empalado para ser exhibido en un poste rodeado de guardias armados. La turba, al parecer, seguía negándose a aceptar que no se trataba de Balduino y acusó a Juana de parricidio. En nuestra época, las pruebas de ADN impedirían que un engaño similar se prolongara demasiado; no obstante, la situación del siglo XIII era diferente y el hecho de que nadie hubiera visto morir a Balduino, sumado al fuerte deseo de muchos nobles y del pueblo flamenco en general de encontrar una forma de oponerse a las políticas profrancesas de Juana, permitió que el impostor tuviera éxito durante tanto tiempo. En realidad, Balduino de Constantinopla había muerto a miles de kilómetros de su tierra natal a manos de un rey búlgaro violento e implacable.

Aunque el extraño caso del hombre que fingía ser Balduino de Flandes es una de las consecuencias de la Cuarta Cruzada, quizá la reacción más fascinante e intrigante a la conquista de Constantinopla corresponda al papa Inocencio III. Durante el desarrollo de la campaña había contemplado con creciente alarma cómo su gran proyecto (aquel sobre el que, dada su posición en la jerarquía de la Iglesia católica, tenía toda la responsabilidad espiritual) se desviaba primero a Zara, luego a Corfú y finalmente a Constantinopla. Había visto cómo su bula de excomunión, la mayor sanción que podía imponer el pontífice romano, había sido suprimida con gran cinismo. Con todo, había seguido albergando la firme esperanza de que el núcleo esencial de los cruzados lograría librarse de la deuda con los venecianos que los mantenían paralizados y, de algún modo, consiguieran ayudar a Tierra Santa. En todo ese tiempo había intentado encontrar un equilibrio entre su papel como líder de la Iglesia católica y la necesidad de hacer concesiones de acuerdo con las exigencia prácticas de la expedición. En ocasiones, en particular en el caso de los venecianos, sintió que se habían sobrepasado los límites adecuados, pero, no obstante, reconoció que se requería cierto grado de flexibilidad para evitar que toda la empresa se detuviera poco a poco. A esta tensión contradictoria se sumaban los problemas derivados de la distancia y las dificultades de comunicación, pues debido a ellos el papa fue en ciertos momentos poco más que un pasivo receptor de noticias. Si los cruzados actuaban por acuerdo mutuo, Inocencio solo podía reaccionar a los acontecimientos, no dirigirlos.

Desde el comienzo, el pontífice había manifestado su oposición a cualquier ataque a territorios cristianos, aunque para el lector moderno la inclusión de cláusulas que permitían esta clase de ataques si la situación lo exigía hace que sus pronunciamientos al respecto resulten ligeramente ambiguos. Inocencio intentó introducir ciertas garantías al señalar que era necesario obtener el permiso de su legado antes de emprender acciones semejantes, pero el personal eclesiástico que acompañó la expedición se comportó, en ocasiones, de un modo que su superior encontró frustrante. Teniendo en cuenta este hecho, así como la decisión de los venecianos de desdeñar sus amenazas de excomunión en Zara, podría pensarse que cualquier resquicio legal que permitiera eludir la prohibición de atacar territorios cristianos era dejar la expedición a merced del azar.

Tan abrumadora era la obsesión de Inocencio por recuperar Tierra Santa que no hay duda de cuáles eran, en última instancia, sus prioridades; con todo, no dejamos de preguntarnos por las contradictorias emociones que debió de sentir al enterarse de la caída de Constantinopla. El papa había criticado severamente a los griegos por no haber apoyado la cruzada en 1198, sabía que habían incumplido las promesas hechas a los occidentales y que habían asesinado a su emperador (cuya causa él mismo se había negado antes a respaldar). Además, era un pontífice con una concepción asombrosamente elevada de la autoridad papal, algo en lo que superaba a todos los líderes de la Iglesia de la Edad Media; para él, esta abarcaba los mundos eclesiástico y secular y, por supuesto, incluía la supremacía de Roma sobre la cismática Iglesia ortodoxa griega.[27] Ahora bien, si los cruzados habían alcanzado la victoria, ¿significaba ello que Dios había dictaminado que su causa era correcta?

En una carta al emperador Balduino del 7 de noviembre de 1204, Inocencio manifiesta su alegría por la conquista de la capital bizantina, hecho que describe como «un magnífico milagro». En esta misiva, y en otra dirigida a los clérigos que acompañaban el ejército cruzado (del 13 de noviembre), el papa se refiere a la campaña como la transferencia, ordenada por Dios, del Imperio bizantino, «de los orgullosos a los humildes, de los desobedientes a los obedientes, de los cismáticos a los católicos»; esto, concluye, «fue obra del Señor y una maravilla para nuestros ojos».[28] Inocencio estaba encantado y colocó el Imperio latino bajo protección papal (una señal de favor especial) y decretó que la tarea de conservar las tierras recién conquistadas sería recompensada con la remisión de los pecados (la misma recompensa de una cruzada a Tierra Santa). En otras palabras, aprovechó un elemento fundamental de la idea de la cruzada, la defensa de Tierra Santa, para apoyar las prioridades inmediatas del emperador Balduino. En este punto, quizá subestimando ingenuamente el trabajo necesario para consolidar las nuevas conquistas, el papa todavía creía que la cruzada estaba en condiciones de reemprender su viaje a Levante.

Una serie de cartas de principios de 1205 nos muestra que para entonces la euforia de Inocencio III no había disminuido lo más mínimo. Al parecer, estaba completamente absorto en lo que este increíble paso significaba para la Iglesia católica. Para él, la trascendental escala del juicio de Dios anunciaba una Edad de Oro que sería testigo de la liberación de Tierra Santa, el retorno de todos los cristianos cismáticos a la sede de san Pedro, la conversión de muchos infieles y la salvación de Israel (con esto último probablemente se refería al Segundo Advenimiento y el Fin de los Tiempos). Se trataba de una agenda extraordinaria, pero, en todo caso, consecuente con las corrientes de pensamiento contemporáneas en las que se enmarcaba.[29] Inocencio continuó declarando su gozo por lo sucedido en Constantinopla: «Me envuelve un inmenso sentimiento de maravilla, así como a todos los que me rodean, al pensar en la novedad del milagro ocurrido en estos días».[30]

Tan contento estaba Inocencio que, al menos por el momento, perdonó el que los venecianos se arrogaran la autoridad papal una vez más. En el pacto de marzo de 1204 se había establecido que el partido que perdiera la elección imperial tendría derecho a nombrar al patriarca. Por tanto, correspondió a los clérigos del dogo decidir quién sería el candidato, y el elegido fue Tomás Morosini. Como bizantino, Nicetas Choniates consideró que la presencia de este hombre en su ciudad era repugnante y nos dejó un feroz retrato suyo: «Era un hombre de mediana edad, más gordo que un cerdo…, llevaba el rostro bien afeitado como hacen todos los de su raza, y su pecho depilado era más suave que si estuviera cubierto de pez; lucía un anillo en su mano y en ocasiones guantes de piel adecuados a sus dedos».[31] Inocencio, por su parte, estaba más preocupado por los atributos espirituales de Tomás y, pese al hecho de que el proceso esbozado en el pacto de marzo suponía una seria transgresión de las prerrogativas papales, reconoció que se trataba de una buena persona. Podría pensarse que, a fin de cuentas, el acuerdo era un trato alcanzado por dos partidos seculares (los venecianos y los demás cruzados); sin embargo, la cláusula que aquí nos interesa se refería a la elección de una de las cinco sedes patriarcales de la Iglesia cristiana, algo que los que celebraron el convenio no tenían derecho a decidir. Por esta razón, Inocencio no vaciló en declarar que la elección era nula. No obstante, la disposición del papa era tan buena en esta época que escuchó los argumentos de los representantes enviados por Balduino, Bonifacio y los demás líderes cruzados, que subrayaron la enorme contribución de los venecianos a la campaña y sostuvieron que por ello merecían una recompensa acorde con su esfuerzo. En respuesta, Inocencio concedió que Tomás era en verdad un candidato digno del patriarcado, aunque hubiera sido elegido de manera incorrecta. Luego, mostrándose más realista aún y «deseando mostrar su favor a los venecianos con la esperanza de que estos pudieran vincularse más decididamente al servicio de la Cruz de Cristo», informó a los clérigos de Constantinopla que ahora él elegía de forma adecuada a Tomás y lo confirmaba como primer patriarca latino de Constantinopla.[32]

Pero a mediados de 1205 los acontecimientos de Tierra Santa y Constantinopla se confabularon para ensombrecer de manera considerable el humor del papa. Levante se sumergió en una nueva crisis con la muerte del rey Emerico de Jerusalén (tras un atracón de pescado) y el fallecimiento muy poco después de su joven hijo. Por un lado, la guerra entre los estados cristianos de Antioquía y Armenia y, por otro lado, el temor a que los musulmanes de Egipto y Damasco estuvieran preparándose para romper el tratado alcanzado con Amalarico eran un extraordinario motivo de preocupación para el papado. Los francos eran demasiado vulnerables y estas calamidades amenazaban su frágil asidero en la costa siria.

Para acabar de agravar la situación, Pedro de Capua, el legado papal, había abandonado Tierra Santa, en contra de los deseos de Inocencio, para viajar a Constantinopla y allí, por increíble que parezca, había liberado a todos los occidentales de sus votos cruzados. En otras palabras, el ejército de la Cuarta Cruzada ya no estaba obligado a viajar al Mediterráneo oriental, la región que Inocencio seguía considerando como el destino final de la expedición y que ahora necesitaba ayuda con urgencia. Capua había, de hecho, puesto punto final a la Cuarta Cruzada. Aunque no conocemos las razones exactas por las que decidió hacer esto, es muy probable que, como ya había ocurrido cuando autorizó el ataque a Zara con el propósito de mantener unida la expedición, sus pensamientos estuvieran inspirados en cierto pragmatismo. El legado pudo decidir que la mejor forma de apoyar al naciente Imperio latino era concentrar el esfuerzo de los cruzados en Constantinopla y sus alrededores y que ello convenía más a los intereses de la Iglesia que un éxodo de hombres a Tierra Santa. Cualesquiera que fueran las intenciones de Capua, el papa Inocencio reaccionó con furia. El 12 de julio de 1205 escribió una sarcástica reprimenda al legado: «Dejamos a vuestro juicio el determinar si era permisible que trasformarais —no ya pervirtierais— un voto tan solemne y piadoso».[33] Resulta muy irónico que fuera precisamente un representante del papa quien diera por terminada la Cuarta Cruzada. El gran proyecto de Inocencio había encallado en el Bósforo y, al menos a corto plazo, sus esperanzas de reclamar el patrimonio de Cristo se habían desvanecido.

Conjuntamente con este desastroso desarrollo de los acontecimientos, la percepción que el papa tenía de la conquista de Constantinopla fue cambiando. Los relatos sobre las atrocidades perpetradas por los cruzados durante el saqueo de la ciudad cada vez eran más desagradables e inquietantes. Como hemos visto antes, las cartas que enviaron a Roma los líderes de la expedición habían preferido pasar por alto la brutalidad de los occidentales. Sin embargo, a medida que transcurrían los meses, los rumores transmitidos por mercaderes y viajeros fueron siendo complementados por la información proporcionada por los cruzados que regresaban a Europa, como el obispo Conrado de Halberstadt o el obispo Martín de Pairis, y todos los horrores del episodio quedaron al descubierto. Las noticias que recibía hicieron que Inocencio se sintiera enfermo y asqueado: lo que parecía un glorioso éxito había sido en realidad un sórdido ejercicio de codicia y violencia. Sus cartas lamentan profundamente lo ocurrido: «Aquello que hasta ahora parecía beneficiarnos, nos ha empobrecido; aquello por lo que creíamos que nos habíamos elevado por encima de todo lo demás, nos ha rebajado». Como los cruzados no dejaban de asegurar, orgullosos, que la Iglesia ortodoxa se sometería al papado, el papa se pregunta por qué iba esta a querer expresar su devoción a Roma cuando no había visto en los latinos «nada más que desgracias y un ejemplo de las acciones del infierno, por lo que ahora, con toda razón, los detesta más que a los perros». Inocencio cuenta la matanza despiadada de cristianos de todas las edades, hombres y mujeres por igual, llevada a cabo por los cruzados, «manchando con sangre las espadas cristianas que debían haber sido empleadas contra los paganos».[34] Y con tristeza enumera alguna de las atrocidades cometidas por los occidentales: la violación de matronas, vírgenes, monjas; el saqueo de las iglesias; el ultraje infligido a las sacristías y las cruces. Al parecer, el papa había creído en un primer momento que solo se habían saqueado los tesoros imperiales y, por tanto, se sintió horrorizado al enterarse de que las iglesias de la ciudad habían corrido igual suerte.

El pontífice también fue informado de la terrible derrota de los latinos en Adrianópolis, pero en lugar de lamentar la muerte de tantos grandes caballeros describió el episodio como un castigo divino por lo que los cruzados habían hecho en Constantinopla: un juicio demasiado severo e inflexible ante la pérdida de muchos guerreros cuya piedad estaba más allá de cualquier duda. El papa pensó que lo ocurrido en abril de 1204 repercutiría de forma negativa en futuros llamamientos a la cruzada, pues quienes habían participado en la campaña regresarían a sus hogares eximidos de sus votos y cargados con los frutos del pillaje.

Los detalles del saqueo hicieron que Inocencio manifestara sus sospechas sobre los verdaderos motivos de algunos de los cruzados. Desde mucho antes, como hemos señalado, miraba con profundo escepticismo los propósitos de los venecianos, pero ahora, en una carta a Bonifacio de Monferrato, sugirió que el marqués se había alejado de la pureza de sus votos cuando tomó las armas «no contra los sarracenos, sino contra los cristianos…, prefiriendo la riqueza terrena a los tesoros celestiales».[35] Inocencio anota allí que de todos era sabido que los cruzados se habían comportado de manera vergonzosa con el pueblo y las iglesias de Constantinopla.

Con todo, junto a esta rabia había también cierta sensación de desconcierto. Como afirmó Gerardo de Gales, un clérigo contemporáneo: «El juicio de Dios nunca es injusto, aunque en ocasiones nos resulte difícil de entender».[36] El papa se esforzó por reconciliar el resultado de la expedición, que consideraba sancionado por Dios, y las noticias sobre la conducta de los cruzados durante la conquista. Tenía una vena pragmática que le impedía condenar a los cruzados por completo y debido a ello no se planteó, por ejemplo, la posibilidad de excomulgar al ejército por lo que había hecho, y mucho menos pensó en sugerir que los occidentales se retiraran de Bizancio. El papa aceptó que Dios se había pronunciado respecto a «un pueblo maligno» (los griegos) y se refugió en una meditación sobre «los incomprensibles caminos del Señor» para concluir preguntándose si alguien puede conocer lo que pasa por Su mente. Además, invitó a Bonifacio a conservar, defender e incluso extender los territorios sobre los que ahora gobernaba, algo que evidencia que veía al nuevo Imperio latino como una entidad permanente del paisaje político y religioso. El papa mandó al marqués que hiciera penitencia por sus pecados y que se esforzara por socorrer Tierra Santa, pues «es a través de esa tierra [Bizancio], que [Tierra Santa] puede ser fácilmente recuperada».[37]

Aunque los sentimientos de Inocencio hacia el saqueo de Constantinopla reflejaban ahora con mayor fidelidad lo que de verdad había ocurrido, el pontífice no podía negar el hecho de que, a través de la conquista de esta ciudad patriarcal, la Cuarta Cruzada había proporcionado un enorme (e imprevisto) beneficio a la Iglesia católica. Era el momento de reforzar y defender esos territorios, una onerosa responsabilidad adicional para la cabeza de la Iglesia latina y, a largo plazo, una de las consecuencias más importantes de la campaña.

16

«Nada nos hace falta para alcanzar la victoria completa... excepto suficientes latinos»

El destino del Imperio latino, 1206-1261

El 15 de agosto de 1261 —cincuenta y siete años después de que la Cuarta Cruzada hubiera saqueado la Reina de las Ciudades— Miguel Paleólogo, el emperador de Nicea, entró en Santa Sofía para ser coronado emperador. Los griegos habían recuperado Constantinopla. Otros territorios capturados por los latinos en 1204, como el principado de Acaya y la isla de Creta, continuaban en poder de los occidentales, pero el núcleo esencial de sus conquistas les había sido arrebatado.[1]

Como la primera generación de colonos francos en Tierra Santa había descubierto mucho antes, para que los latinos consolidaran su presencia en los territorios recién adquiridos se necesitaba un apoyo a gran escala de Occidente.[2] En una fecha tan temprana como 1211, el emperador Enrique de Constantinopla (1206-1216) había escrito que: «Nada nos hace falta para alcanzar la victoria completa y la posesión de todo el Imperio excepto suficientes latinos, pues... no tiene mucho sentido conquistar [territorios] a menos que haya alguien que pueda conservarlos».[3] No obstante, proporcionar respaldo a un segundo satélite católico en el Mediterráneo oriental resultó ser, al final, una exigencia demasiado grande para los recursos físicos y emocionales de Europa.

A lo largo del siglo XIII, el alcance de las Cruzadas se amplió de forma considerable. En 1208, el papa Inocencio lanzó la cruzada albigense contra los herejes cátaros de la Francia meridional.

También hubo, como antes, constantes enfrentamientos en la región del Báltico y campañas periódicas contra los musulmanes de la península ibérica. La cruzada demostró ser un concepto bastante flexible y hacia mediados de siglo, cuando las relaciones entre el emperador Federico II de Alemania y el papado se tornaron hostiles, se predicó una guerra santa contra la figura secular más poderosa de Occidente. Desde finales de la década de 1230, una nueva y aterradora fuerza empezó a aparecer en los límites de la Europa oriental y pronto amenazó también Levante. Las temibles hordas mongolas estaban camino de crear el Imperio más grande de la historia del mundo (llegado el momento abarcaría desde Hungría hasta el mar de China), y en 1241 el papado llamó a una cruzada para hacer frente a esta amenaza letal. Dada esta extraordinaria cantidad de actividades cruzadas (no todas ellas consiguieron llamar la atención y despertar el entusiasmo de las clases caballerescas de Europa), las posibilidades de que un ámbito comparativamente remoto de guerra santa obtuviera un amplio respaldo eran escasas.

Quizá el mayor obstáculo para el florecimiento del Imperio latino fue la situación de Tierra Santa. Tras décadas de relativa estabilidad, hacia mediados del siglo XIII, la posición de los colonos francos estaba deteriorándose con rapidez. En agosto de 1244, en la batalla de La Forbie, 1034 caballeros de las órdenes militares de un total de 1099 fueron masacrados. Este hecho dio origen a la Séptima Cruzada (1248-1254), una importante expedición de más de dos mil quinientos caballeros financiada por la Corona y las Iglesias francesa y dirigida por el rey (luego santo) Luis IX. Los recursos y motivación que exigía una empresa de esta magnitud no podían ser reunidos continuamente, menos aún si, como le ocurrió a la cruzada de Luis IX, la campaña fracasaba.

El problema fundamental del Imperio latino era que carecía de la distinción incomparable con que contaban los Santos Lugares. No podía jactarse de su pasado bíblico y no había sido arrebatado a las manos de los infieles sino de los cristianos (si bien se trataba de cristianos cismáticos). Los territorios de Balduino tenían que competir con el atractivo del Santo Sepulcro, que superaba con creces el de cualquiera de las guerras santas existentes en España y el Báltico y las nuevas campañas del sur de Francia, así como las dirigidas contra los mongoles y contra Federico II. Por esta razón, las conquistas de la Cuarta Cruzada estuvieron siempre destinadas a tener que esforzarse por conseguir llamar la atención de Europa, siendo la única excepción a esta regla general las facciones directamente interesadas en lo que ocurría en la zona, como la dinastía Monferrato o los venecianos. El hecho de que los emperadores latinos no pertenecieran a una casa real occidental, sumado al declive de los condes de Flandes, reducía aún más las posibles fuentes de ayuda.[4]

Ya en 1204, el Imperio latino y Tierra Santa competían entre sí por atraer la atención del mundo cristiano. Una carta del arzobispo de Nazaret rogaba colaboración para «la recuperación del patrimonio del Crucificado»; no obstante, por la misma época, el legado papal Pedro de Capua liberó en Constantinopla a los cruzados de su obligación de viajar a Levante para que pudieran quedarse defendiendo el nuevo Imperio.[5] La solicitud enviada al papa después de la batalla de Adrianópolis también fue otra petición de ayuda enviada a Occidente, donde llegó justo cuando la del arzobispo de Nazaret estaba siendo considerada.

En los primeros años del nuevo Imperio, los latinos y el papado se aferraron a la creencia de que sus conquistas contribuirían a la guerra santa contra el islam; sin embargo, su confianza en ello era, en todo sentido, inapropiada. Incluso el papa Inocencio terminó reconociendo que había un conflicto entre la liberación de Levante y los intentos de consolidar el Imperio latino. En 1211, escribió al emperador Enrique quejándose de que «dado que vos y otros cruzados os habéis esforzado por capturar y conservar el Imperio... principalmente con la esperanza de que así podríais ayudar con más facilidad a Tierra Santa, no solo no habéis conseguido proporcionar ningún apoyo a esto, sino que además habéis causado problemas y daños» a quienes intentaban oponerse a los infieles allí.[6]

Tras la caída de Constantinopla, la perspectiva de obtener tierras y dinero había atraído a gente de todas partes de Levante. Entre 1202 y 1203, los estados cruzados habían sido víctimas de un brote de peste y de un terremoto de proporciones colosales, y se enfrentaban a un enemigo que los superaba con creces en número. No es extraño que los habitantes de Levante no quisieran dejar pasar esta nueva oportunidad de obtener tierras e, impacientes, se esfumaran rumbo a Bizancio. Como hemos visto, hombres como Esteban de Perche, Reinaldo de Montmirail y el sobrino de Godofredo de Villehardouin (así como algunos colonos recientes del reino de Jerusalén como Esteban de Tenremonde, un flamenco que había decidido quedarse tras la Tercera Cruzada) se apresuraron a abandonar la defensa del Oriente franco. Deserciones como estas provocaron que el papa Inocencio se quejara de que el éxodo de peregrinos procedentes de Tierra Santa hacia el Imperio latino debilitaba la presencia occidental en Levante. Por supuesto, dada la vulnerabilidad general del nuevo territorio, el papado estaba obligado a solicitar que se ayudara a los cristianos allí; pero es evidente que, cada vez que una cruzada partía hacia Constantinopla o se enviaba dinero, Tierra Santa dejaba de recibirlo. Por tanto, lejos de preparar el camino para la liberación del patrimonio de Cristo, las conquistas de la Cuarta Cruzada lo que hicieron en realidad fue debilitarlo.

Sin embargo, no fue hasta 1224 cuando la Primera Cruzada predicada para la defensa del Imperio latino estuvo preparada para partir. Se trataba de una expedición procedente de la Italia septentrional (de Monferrato) que tenía como objetivo socorrer Tesalónica; no obstante, la falta de fondos suficientes y las enfermedades retrasaron a los líderes de la campaña y, cuando la cruzada por fin llegó a la región, la ciudad ya se había rendido a los griegos de Epiro.

A pesar de los efectos negativos que ello tenía para las expediciones a Tierra Santa, el papado hizo un gran esfuerzo para convencer a cruzados potenciales de que lucharan por el Imperio latino en lugar de viajar a Levante. En 1239, se propuso a Ricardo de Cornualles, hermano del rey Enrique III de Inglaterra, y sus acompañantes que cambiaran sus promesas de ir a Jerusalén por el pago de una suma en metálico para ayudar a Constantinopla o bien por ir allí en persona, pero los ingleses se negaron a desviarse y derramar sangre cristiana. Los papas aumentaron los impuestos recaudados directamente por el clero para la defensa del Imperio, pero la cruzada a gran escala que se requería para derrotar a los bizantinos nunca pareció materializarse. De hecho, en 1262, el papa Urbano IV estaba tan desesperado por enviar una expedición para recuperar Constantinopla que ofreció pagar el transporte de los participantes (a diferencia de lo ocurrido en 1202-1204, cuando fueron los cruzados quienes pagaron a los venecianos) y, lo que es todavía más asombroso, prometió una indulgencia de entre cuarenta y cien días de penitencia simplemente por escuchar el sermón de predicación de la cruzada.[7]

Los emperadores latinos trabajaron muy duro para reunir los hombres y el dinero necesarios para la defensa del Imperio. Balduino II (1228-1261) realizó largos viajes por las cortes de Europa occidental (en 1236-1239 y 1244-1248) con la esperanza de conseguir apoyo; no obstante, todo lo que recibió fueron corteses muestras de interés, pequeños regalos y promesas indefinidas. Por otro lado, el mismo Balduino era un personaje más bien mediocre y sus contemporáneos lo describen como «joven e infantil»: no era, por tanto, la figura «sabia y enérgica» que la situación exigía.[8]

En 1237 tuvo que empeñar la Corona de Espinas que Cristo había llevado en la Cruz a un mercader veneciano por 13 134 piezas de oro y, como no consiguió cancelar la deuda, la reliquia cayó en manos de agentes del piadoso rey Luis IX de Francia, que estaba tan encantado con este tesoro que ordenó la construcción, en París, de la magnífica Sainte-Chapelle especialmente para guardarlo.[9] Un año después, Luis se vio involucrado en una transacción mucho más secular con Balduino cuando este le hipotecó el título del condado de Namur (una región de la Francia septentrional con la que el emperador estaba vinculado por sus antepasados flamencos) por cincuenta mil libras. Hacia 1257, el Imperio estaba tan empobrecido que los acreedores venecianos le exigieron garantías a Felipe, el hijo de Balduino, para otorgarle un préstamo, e incluso el plomo del techo del palacio tuvo que ser vendido para obtener efectivo.[10]

A pesar del triste relato que en términos generales constituye la historia del imperio continental, la fertilidad y relativa seguridad del principado de Acaya (en la península del Peloponeso) y de la isla de Creta, controlada por los venecianos, les permitieron convertirse en dos regiones de gran fortaleza económica. La exportación de una enorme cantidad de productos, entre ellos trigo, aceite de oliva, vino y lana, así como de artículos de lujo como la seda, dio lugar a una auténtica riqueza para los italianos y la dinastía Villehardouin, que gobernaba Acaya. Esta última impulsó una próspera corte en la que florecieron las tradiciones caballerescas. En una ocasión, Godofredo II (1229-1246) recorrió sus tierras en compañía de ochenta caballeros que lucían espuelas de oro, y se decía que el francés hablado allí era tan bueno como el de París. Frescos en los que se representaban hazañas caballerescas adornaban las paredes del palacio, y los torneos y las jornadas de caza eran pasatiempos comunes. La captura del príncipe Guillermo (1246-1278) en la batalla de Pelagonia (1259) supuso el final del ascendiente aqueo, si bien el principado sobrevivió por la línea femenina.[11] Creta continuaría bajo dominio veneciano hasta 1669 y fue, de lejos, la manifestación más perdurable de la Cuarta Cruzada.

En todos los demás lugares del Imperio los latinos tuvieron menos éxito. Bonifacio de Monferrato no disfrutó por mucho tiempo del reino de Tesalónica que con tanto esfuerzo había conseguido. En septiembre de 1207 murió durante una batalla y, tras años de presión, los gobernantes griegos de Epiro se hicieron con el reino en 1224. Con todo, la principal amenaza a los latinos fue la planteada por el Imperio de Nicea, en Asia Menor. Juan III Vatatzés (1222-1254), posteriormente canonizado por la Iglesia ortodoxa, expulsó a los occidentales de la región, estableció una cabeza de puente en Galípoli, sobre la costa europea del Bósforo, y luego se apoderó de Tesalónica, cerrando así el cerco sobre Constantinopla. La muerte de Juan hizo que el último golpe para echar a los latinos quedara en manos de su general, Miguel Paleólogo, que se convirtió en regente en lugar del joven hijo de Juan y, finalmente, se apoderó del título imperial. El muchacho, era inevitable, fue encerrado en prisión y cegado.

En julio de 1261, cuando los griegos formaban para intentar un asalto total de Constantinopla, un simpatizante les abrió una de las puertas de la ciudad y la avanzadilla bizantina tomó la ciudad prácticamente sin tener que luchar. La mayoría de la guarnición latina participaba en una campaña en otro lugar y los ciudadanos en general estaban más bien contentos de que regresaran sus señores naturales. Tan inesperado fue este giro de los acontecimientos que Miguel Paleólogo aún no había cruzado el Bósforo. Su hermana, Eulogia, escuchó la noticia temprano por la mañana y, como su hermano estaba dormido en su tienda, se dice que entró de puntillas allí y le despertó haciéndole cosquillas en los pies con una pluma. Una vez despierto, Eulogia le contó a Miguel que era el nuevo emperador de Constantinopla; Miguel rió ante semejante ocurrencia, siguiéndole el juego a su hermana, pero se negó a aceptar que lo que escuchaba era cierto. Y solo lo creyó cuando un mensajero entró en la tienda con la corona y el cetro imperiales: Dios había devuelto Constantinopla a los griegos.[12] El principal logro de la Cuarta Cruzada se había así desvanecido.

El Imperio latino terminó siendo una carga no deseada que entorpeció la causa de Tierra Santa. Concluyó treinta años antes de que la implacable dinastía mameluca arrancara a los occidentales la ciudad de Acre (1291) para poner fin al poder de los cristianos en Levante hasta la entrada en Jerusalén del general británico Edmund Allenby, en 1917. En una de las ironías de la historia más claras, siglo y medio más tarde, cuando el reconstruido Imperio bizantino luchaba contra los poderosos turcos otomanos, el papado intentó animar a Europa occidental a emprender una nueva cruzada y defender a los griegos.[13] El esfuerzo fracasó, y cuando los otomanos tomaron la ciudad de Constantinopla en 1453, Bizancio desapareció para siempre.

17

Epílogo

«La ciencia de la guerra no puede obtenerse cuando se la necesita si no se la ha practicado con antelación»

Valorada en relación con su objetivo original de reconquistar Jerusalén, la Cuarta Cruzada fue un completo fracaso. Por otro lado, el saqueo de Constantinopla hizo que la expedición se hiciera tristemente célebre como la cruzada que se volvió contra los cristianos. Las razones por las que la campaña siguió este trágico camino son numerosas y se solapan unas con otras. Es innegable que, al precio de producir cierto desasosiego en la época, el papado, los venecianos y muchos otros cruzados incrementaron enormemente su riqueza y autoridad, aunque en algunos casos estos beneficios fueron más bien efímeros. Por otro lado, el ataque a Constantinopla sirvió para ajustar algunas cuentas. El papado sabía que los bizantinos habían obstaculizado abiertamente recientes expediciones cruzadas e incluso que se habían acercado a Saladino. Los venecianos habían visto cómo sus ciudadanos eran expulsados de Constantinopla en 1171. Bonifacio de Monferrato, el líder de la cruzada, tenía razones más personales para sentir antipatía por los bizantinos: uno de sus hermanos, Raniero, había sido asesinado por los griegos, y otro, Conrado, había sido obligado a huir de Bizancio temiendo por su vida.

Varias cuestiones adicionales contribuyeron a crear una gran tensión entre Bizancio y Occidente antes de 1204. El prolongado cisma entre las Iglesias ortodoxa y católica se remontaba al año 1054. El persistente antagonismo entre los ejércitos cruzados y los griegos había empezado con la Primera Cruzada, y los salvajes pogromos contra los occidentales que vivían en Constantinopla en 1182 fueron la expresión más visible de esta estela de rencor y desconfianza mutua.

En cada uno de los bandos, eran muchos los que veían al otro en términos simplistas y hostiles, como caricaturas. Los occidentales consideraban con frecuencia que los griegos no eran más que herejes mentirosos y afeminados. Odón de Deuil los describe como personas que carecían de «todo vigor masculino, tanto de palabra como de espíritu», y para las cuales «cualquier cosa que se haga por el Sacro Imperio no puede ser considerada perjurio».[1] Para los bizantinos, como Nicetas Choniates señala gráficamente, los occidentales eran a menudo igual de desagradables:

> Entre nosotros y ellos [los latinos] existe el más grande de los abismos. Somos polos opuestos. No tenemos un solo pensamiento en común. Son estirados y su porte erguido les proporciona una orgullosa afectación y, además, les encanta mostrarse despectivos ante la modestia y suavidad de nuestras maneras. Pero nosotros pensamos que su arrogancia, presunción y orgullo son por el flujo de mocos que los obliga a mantener sus narices en el aire y los aplastamos gracias al poder de Cristo, que nos proporciona la fuerza para pisotear la víbora y el escorpión.[2]

Todos estos sentimientos estaban a flor de piel en las relaciones entre Bizancio y Occidente, aunque en 1204 ninguno era precisamente una cuestión de «actualidad»; de hecho, había algunos indicios de naturaleza mucho más positiva. Por ejemplo, los griegos habían puesto fin a sus relaciones cordiales con los musulmanes en 1192. Además, aunque Inocencio había instado a Alejo III a ayudar a la Cuarta Cruzada y lanzado vagas amenazas contra él en caso de que no lo hiciera, las cartas papales de 1202 eran mucho más conciliadoras. Los venecianos estaban comerciando de nuevo con los griegos (aunque todavía estaba pendiente una completa compensación por los hechos de 1171) y una vez más había una gran comunidad de europeos occidentales viviendo en

Constantinopla. A pesar de esta atmósfera ligeramente más cálida, las dificultades subyacentes persistían. Ahora bien, aunque los distintos puntos de conflicto podían fomentar un ataque contra Constantinopla o, al menos, proporcionar razones prácticas para justificarlo o explicarlo, lo cierto es que eran insuficientes para provocar un paso tan audaz con un asalto planeado a la ciudad. En consecuencia, es obvio que ninguna de las potencias occidentales involucradas en la cruzada disponía de una trama diseñada de antemano para apoderarse del Imperio bizantino.[3]

Irónicamente, la Cuarta Cruzada se dirigió a Constantinopla a finales de la primavera de 1201 por invitación de un griego: la solicitud de ayuda formulada por el príncipe Alejo para que él y su padre pudieran alcanzar lo que, ellos consideraban, les correspondía por derecho propio; esto es, el trono del Imperio bizantino fue lo que motivó la desviación de la expedición. Si esta solicitud nunca hubiera sido expresada, nada sugiere de forma convincente que la flota occidental se hubiera dirigido hacia el Bósforo. Para explicar por qué la flota zarpó con este rumbo, y no como estaba previsto hacia Egipto y Tierra Santa, es necesario preguntar por qué la oferta del príncipe fue aceptada.

He aquí el talón de Aquiles de toda la empresa: la falta de hombres y de dinero. Este no era, en ningún sentido, un factor nuevo; de hecho, había constituido la principal causa del fracaso de la Segunda Cruzada en 1148. Ricardo Corazón de León tuvo el cuidado de aprender de esta experiencia y prepararse muy bien para la Tercera Cruzada; no obstante, en 1201-1202 esta preocupación volvió a estar presente. La Cuarta Cruzada, sin embargo, poseía un elemento adicional: el contrato entre los franceses y los venecianos. La necesidad de cumplir con los términos de este acuerdo fue la fuerza que dirigió y dio forma a la expedición.

Pese a que, para la primavera de 1201, los negociadores franceses que acudieron a Venecia ya sabían que era improbable que los reyes de Inglaterra, Francia y Alemania participaran en la campaña, estos se comprometieron a un nivel de reclutamiento extremadamente elevado (treinta y tres mil quinientos hombres). Sin embargo, en el verano de 1202 sólo unos doce mil hombres se presentaron en Venecia. Entre los factores que habría que tener en cuenta para intentar explicar por qué este número estuvo tan lejos del objetivo original se encuentran la errática predicación de Fulko de Neuilly y, aún más, la muerte de Teobaldo de Champaña, con lo que la cruzada perdió a un líder popular y dinámico. La desaparición de la cabeza de una de las grandes dinastías cruzadas de Europa provocó un enorme daño a la moral de la campaña en un momento crucial.[4] El liderazgo y los recursos de una figura tan poderosa habrían podido convencer a otros nobles de unirse a la expedición y generar la masa crítica de hombres necesaria para librar una guerra efectiva. De igual forma, su prematura muerte y la ausencia de un sucesor maduro en Champaña probablemente disuadieron a muchos de marcharse, temiendo la posibilidad de un conflicto sucesorio.[5] Por desgracia, en cuanto los franceses tuvieron un vínculo contractual con los venecianos no hubo marcha atrás para ninguna de las dos partes. Las dimensiones del compromiso de los venecianos con la empresa fueron gigantescas y, aunque la decisión de Dandolo de emplear la deuda de los cruzados como tapadera para alcanzar sus metas políticas y económicas en Zara es moralmente cuestionable, lo cierto es que el dogo no tenía forma de retirarse.

El hecho de que los cruzados estuvieran dispuestos a desatar la ira del papa al atacar una ciudad bajo la protección del rey Emerico de Hungría, un hombre que portaba el signo de la cruz (por más discutible que fuera su uso de esta condición), evidencia lo obligados que se sentían los franceses hacia los venecianos. Por otro lado, esto también demuestra que estaban decididos a impedir a toda costa que la expedición se fuera a pique: si hay algo que no puede ser puesto en duda es el deseo de los cruzados de triunfar en su guerra santa.

Las razones por las que un hombre abrazaba la cruz son múltiples y polifacéticas. En la época de la Cuarta Cruzada, estas eran una combinación de poderosas corrientes contemporáneas y de los mismos impulsos básicos que habían animado a los primeros cruzados a actuar en 1095. En el caso de algunas familias nobles, un siglo de tradición cruzada hacía que el participar en la guerra santa fuera casi una obligación.[6] Unido a ello se encuentra el desarrollo de la cultura caballeresca que llegó a dominar las cortes de la Europa septentrional (y el Monferrato) durante el siglo XII y que inculcaba en sus seguidores un inquebrantable sentido del honor y del deber para con el propio señor. Estos principios se extendían mucho más allá de los vínculos seculares para fundirse con la intensa religiosidad del período, y así surgió la idea de que la responsabilidad de todo buen caballero cristiano era mostrar su lealtad a la última autoridad, Dios, e intentar recuperar Tierra Santa de manos de los infieles.

Las recompensas espirituales por participar en la cruzada encajaban a la perfección con la vocación caballeresca. Como guerreros que peleaban y mataban, la necesidad de lavar las consecuencias del pecado y escapar a los tormentos del infierno era de suma importancia: la remisión de los pecados ofrecía a los cruzados una forma de conseguirlo.

Una piedra angular del espíritu caballeresco era la necesidad de realizar proezas que demostraran la valentía del caballero. En la literatura contemporánea encontramos abundantes evidencias de esta casi obsesión por exhibir el propio valor. Los distintos torneos que se celebraban en Europa septentrional proporcionaban un escenario muy concurrido para ello, pero la cruzada ofrecía un marco en el que estas actividades adquirían además un relieve espiritual. Las cruzadas permitían armonizar los actos valerosos y las ideas de fe y de honor, y constituían una oportunidad para el caballero de alcanzar la fama y prestigio de los héroes cruzados del pasado como Godofredo de Bouillon y Bohemundo de Antioquía.

El deseo de obtener un botín y, en ciertos casos, de adquirir tierras era, indudablemente, otro de los motivos de los cruzados. Si eran moderados, estos deseos no contradecían la idea de la Iglesia sobre cuáles debían ser las preocupaciones correctas del cruzado. Sin embargo, mantenerse dentro de los límites de lo aceptado significaba tomar solo aquello que era necesario para sobrevivir y pagar a los seguidores recompensas apropiadas pero no excesivas; sobrepasar tal frontera era permitir que los pecados de la codicia y de la envidia anidaran en la cruzada, lo que podía desagradar a Dios. En cualquier caso, la guerra santa era una actividad en extremo costosa y, antes de considerar las posibilidades de regresar a casa ricos, los caballeros necesitaban disponer de enormes sumas de dinero y objetos valiosos para poder partir. Los cruzados anteriores difícilmente habían dejado un estimulante rastro de beneficios económicos tras de sí; de hecho, el número de quienes regresaban sin un céntimo indica que la realidad era completamente distinta. Ahora bien, si la Cuarta Cruzada hubiera conseguido conquistar Egipto y luego recuperar el reino de Jerusalén, la posibilidad de conseguir ganancias materiales habría sido innegable.

Una mezcla de todos estos factores fue, probablemente, lo que motivó a la mayoría de los caballeros cruzados que participaron en la expedición. En el caso de los hombres de menor categoría, los soldados de a pie y los escuderos, las exigencias del servicio a un señor y el deseo de escapar a los penosos trabajos del campo reemplazaban los elementos caballerescos de la empresa. Unos y otros, sin embargo, necesitaban superar los aspectos negativos de la cruzada: una combinación de miedo a la muerte, al cautiverio y al viaje por mar; costes elevados, y el separarse de familiares y seres queridos y alejarse de la tierra natal. Vencer todo ello requería una energía extraordinaria. Una vez aceptado el voto, la búsqueda del honor, la salvación y la riqueza —así como el temor a la excomunión— se conjugaban para generar una presión implacable para que el cruzado cumpliera con él.

En agosto de 1202, la irreprimible necesidad de cumplir con sus votos, sumada al terrible peligro que corría Tierra Santa, condujo al grueso de los cruzados a aceptar la desviación a Zara. El asedio de la ciudad representaba solo un breve retraso antes de la invasión de Egipto; no obstante, como hemos visto, esta campaña no consiguió grandes beneficios y los problemas financieros de la expedición siguieron sin resolverse. En este punto, la embajada enviada por el príncipe Alejo llegó al campamento cruzado.

Aunque los anteriores intentos de su señor por obtener el apoyo de los gobernantes occidentales habían sido infructuosos, los enviados ofrecieron a los cruzados la aportación de hombres y dinero (más la posible sumisión de la Iglesia ortodoxa a Roma) que estos necesitaban para socorrer a los francos en Tierra Santa. El que los enviados presentaran al príncipe Alejo y su padre, Isaac Ángelo, como injustamente desposeídos de lo que les correspondía tenía una nítida relación con el ideal cruzado de recuperar tierras que habían sido tomadas de modo ilícito. Para obtener las recompensas prometidas por Alejo, los cruzados tenían que desviar nuevamente la flota y dirigirse a Constantinopla para instalar al príncipe en el trono imperial. Si bien algunos cruzados abandonaron la campaña en este momento, la mayoría de los líderes de la expedición creía que, si el príncipe cumplía con sus promesas, las desviaciones a Zara y Constantinopla no serían más que un par de peldaños en su camino hacia Egipto.

Cuando el ejército llegó a Constantinopla en junio de 1203, los cruzados manifestaron auténtica sorpresa ante la hostil recepción concedida al príncipe Alejo. Habían previsto que una oleada de apoyo popular lo arrastraría al poder sin necesidad de ninguna acción militar. No obstante, el emperador Alejo III había realizado un gran esfuerzo para aprovechar la vieja desconfianza de los bizantinos hacia los cruzados y crear una corriente de oposición seria.

Con todo, para julio de 1203, las operaciones militares de los occidentales habían obligado a huir a Alejo III y la jerarquía bizantina había optado por liberar a Isaac y coronar al príncipe como coemperador. Aunque el haber entronizado a Alejo IV parecía un progreso positivo para los cruzados, la enemistad de los griegos, cocinada a fuego lento y agitada por la necesidad del nuevo emperador de satisfacer sus enormes obligaciones económicas, gradualmente acabó con las posibilidades de que este cumpliera con lo prometido. Con Alejo paralizado por las demandas cada vez más apremiantes de sus aliados, las facciones antioccidentales de Constantinopla redujeron aún más su capacidad para controlar la situación.

A pesar de que su relación con el joven emperador se había deteriorado, si este hubiera continuado en el poder es probable que los cruzados hubieran podido marcharse de Bizancio sin problemas. El ascenso de Murzuflo al trono y el asesinato de Alejo IV cambió todo esto de forma irrevocable. Fue en este momento, y no antes, cuando la conquista de Constantinopla se convirtió en el objetivo de la expedición. Los cruzados estaban acampados a las afueras de una ciudad implacablemente hostil con apenas alimentos y dinero; se sentían furiosos tras meses de promesas rotas; habían tenido que hacer frente a las incursiones del enemigo (en especial, el ataque con brulotes), y el asesinato de Alejo los había horrorizado. Todos estos agravios dieron nueva vida a las antiguas rencillas religiosas y políticas, y la rabia y el miedo acumulados por los occidentales estallaron con la ferocidad de un incendio en un bosque de coníferas. Ayudar a Tierra Santa continuó siendo el objetivo a largo plazo de la cruzada, pero la supervivencia inmediata se convirtió en su principal prioridad, y ello significaba atacar a la Reina de las Ciudades.

Dadas las temibles defensas con que contaba Constantinopla y el reducido número de hombres que conformaban el ejército cruzado, el triunfo de los occidentales fue, como ellos mismos reconocieron, bastante increíble. Ahora bien, si a lo largo de los siglos la ciudad había resistido con éxito diversos intentos de invasión a gran escala, ¿por qué consiguieron hacerlo los cruzados? La razón más importante por la que los griegos perdieron Constantinopla fue la inestabilidad crónica que había echado raíces en la política bizantina tras la muerte del emperador Manuel Comneno en 1180. En las dos décadas siguientes a su desaparición, estallaron distintas rebeliones y revueltas a medida que las principales familias de Constantinopla buscaban situarse por encima de las demás y crear su propia base de poder dinástica.[7] Al mismo tiempo que esto ocurría, la fortaleza militar del Imperio disminuía bruscamente. El tamaño y preparación del ejército se redujeron de forma considerable y, lo que es todavía más importante, la marina se atrofió hasta casi desaparecer por completo. El contraste entre la orgullosa flota de más de doscientas treinta naves que invadió Egipto en 1169 y la triste colección de cascos podridos y barcos de pesca que atracaban a lo largo del Cuerno de Oro en 1203 no podía ser mayor. No es sorprendente entonces que, con la capital del Imperio tan concentrada en sí misma, algunas provincias consideraran que era la oportunidad de independizarse. En 1184, Isaac Comneno se había alzado con el poder en Chipre; en 1185, los búlgaros se sublevaron, y en 1188 la ciudad de Filadelfia se separó. Los poderes extranjeros también intentaron aprovechar la ocasión. Los viejos rivales sicilianos de los griegos invadieron los Balcanes (también aquí en respuesta a la invitación de un aspirante a la corona imperial) y saquearon brutalmente la segunda ciudad del Imperio, Tesalónica, en agosto de 1185. Asimismo, en 1190, durante la Tercera Cruzada, Federico Barbarroja se abrió paso por el Imperio intimidando a los griegos con su enorme ejército.[8] Todos estos episodios eran sintomáticos del malestar crónico que padecía el corazón del Imperio.

Cuando el siglo XII se acercaba a su fin, Alejo III empezaba a afianzarse en el poder, pero el no haber conseguido acabar con el potencial desafío que suponía su sobrino (el príncipe Alejo) dejó abierta la posibilidad de un futuro conflicto. La forma frenética en que se cambiaban los hombres al frente del Imperio bizantino no contribuyó a crear un liderazgo competente. Nicetas Choniates, nuestra principal fuente, critica ferozmente a aquellos que se encontraban en el poder, a quienes atribuye gran parte de la culpa de la caída de Constantinopla, y, en general, el tono de sus comentarios es compartido por otros observadores contemporáneos. Alejo III, Isaac y Alejo IV no poseían precisamente las mejores cualidades. Su capacidad para valorar escenarios amplios en términos de estrategia era, en ocasiones, desastrosamente limitada y, con frecuencia, parecían estar más interesados en satisfacer su propio gusto por el lujo (recuérdese la obsesión de Isaac con sus proyectos arquitectónicos) que por dirigir al poderoso Imperio bizantino. En el caso de Alejo IV, el problema era más simple: el joven emperador carecía de la madurez y la experiencia para forjarse el programa político y administrativo que necesitaba. Las aptitudes militares de los sucesivos emperadores eran particularmente pobres, y solo Murzuflo demostró poseer auténtico talento, aunque en la época en que tomó el poder la situación ya era crítica.

La llegada de la Cuarta Cruzada añadía nuevos ingredientes a lo que ya era una situación turbulenta, y sometió a la voluble jerarquía bizantina a una presión insoportable que convulsionó por completo el sistema imperial. En los once meses que van de junio de 1203 a abril de 1204 por lo menos seis hombres (Alejo III, Isaac, Alejo IV, Nicolás Canabus, Murzuflo y Constantino Láscaris) ostentaron el título imperial: una obvia indicación de la inestabilidad crónica y rampante.

Incluso así, hasta las primeras horas de la tarde del 12 de abril, cuando un cambio en la dirección del viento llevó a las naves cruzadas hasta las almenas de Constantinopla, la ciudad había resistido con éxito a los occidentales. Hasta ese momento, aprovechado por la valentía de hombres como Pedro de Bracieux y Aleaumes de Clary, nada garantizaba la caída de la capital bizantina. Las murallas de Constantinopla constituían una gigantesco obstáculo, la guardia varega era un cuerpo pequeño pero letal y los griegos contaban con una enorme ventaja numérica. Si los cruzados hubieran sido obligados a retroceder por segunda vez en cuatro días, quizá su voluntad de luchar, que ya había estado muy cerca de desmoronarse, se habría agotado. Sumado a la falta de comida, un resultado semejante quizá los habría forzado a llegar a algún tipo de acuerdo con los griegos o, simplemente, los habría hecho esfumarse tras una humillante derrota.

El hecho de que, después de acampar durante once meses fuera de Constantinopla, el ejército cruzado estuviera en condiciones de aprovechar los azares meteorológicos es una prueba de su destreza militar y su denodada tenacidad. El ataque anfibio a Gálata en junio de 1203, el enfrentarse al ejército de Alejo III fuera de las murallas de Teodosio doce días después, los dos asaltos marítimos en el Cuerno de Oro (en junio de 1203 y abril de 1204) y el coraje de los hombre que trepaban a los puentes volantes suspendidos sobre las naves venecianas: todo ello constituye un claro indicio de una valentía y de una habilidad para el combate de la más alta categoría.

La preparación preliminar para estas hazañas se realizaba en los campos de Europa occidental en que se celebraban los torneos, un factor que los primeros estudios sobre la Cuarta Cruzada por lo general subestimaban. Rogelio de Hoveden, un clérigo que participó en la cruzada de Ricardo Corazón de León, señaló: «La ciencia de la guerra no puede obtenerse cuando se la necesita si no se la ha practicado con antelación. Y, de hecho, tampoco puede el atleta aportar alegría a la prueba si no ha sido entrenado para practicarla».[9] El implacable entrenamiento que el torneo proporcionaba a hombres y caballos era el mejor ejercicio posible en un ambiente peligroso y competitivo; allí, los caballeros aprendían lo necesario que era el trabajo en equipo y perfeccionaban sus destrezas individuales. Los caballeros no formaban un ejército profesional en el sentido moderno, pero los torneos eran un ensayo en un entorno controlado de los valores y actitudes de la clase caballeresca, y les infundían la disciplina y la mentalidad para seguir adelante. Dado que varios contingentes abandonaron la campaña durante el curso de la expedición, el ejército se contrajo para formar un fuerte núcleo central. Cuanto más se prolongaba la cruzada, más se familiarizaban entre sí a través del trabajo en grupo los hombres que quedaban, hasta que la coordinación y la confianza mutuas se convirtieron en otra valiosa arma que sumar a su arsenal. El asedio de Zara sirvió, en este sentido, como campo de entrenamiento, y lo aprendido allí se fortaleció en el primer ataque a Constantinopla, la expedición a Tracia en el otoño de 1203 y las numerosas escaramuzas con los griegos del invierno y la primavera de 1204. Una vez que los cruzados establecieron su orden de batalla tras el desembarco en Gálata, mantuvieron estas divisiones durante el resto de la campaña: cada uno de los hombres, desde los condes hasta los caballeros y los soldados de a pie, conocían su lugar en el ejército. Un sentimiento de responsabilidad compartida, dependencia mutua y trabajo en equipo es fácil de advertir en todos los testimonios dejados por quienes formaron parte de la expedición.

Ahora bien, el ejército cruzado no era una máquina militar a prueba de fallos; esto se demostró con la momentánea pérdida de la formación frente a las murallas de Teodosio en junio de 1203 y la imprudente carga de Luis de Blois en las afueras de Adrianópolis en 1205, ambos acontecimientos, irónicamente, producto del deseo de gloria caballeresco. Con todo, es indudable que conformaba una fuerza de ataque formidable.

A las habilidades ecuestres de los caballeros se sumaban la incomparable destreza naval de los venecianos. Siglos de práctica marítima colocaban a los italianos en la élite de los navegantes medievales. Los astilleros de Venecia habían tenido más de un año para preparar la campaña y sus embarcaciones y equipamiento estaban en excelentes condiciones. La gigantesca flota viajó desde el Adriático hasta Constantinopla casi sin sufrir pérdidas y luego, en el calor de la batalla, los venecianos demostraron toda su entrega y valor. El desembarco anfibio en Gálata y la fabricación de la extraordinaria maquinaria de asedio en lo alto de sus barcos en junio de 1203 y abril de 1204 fueron una prueba de su capacidad para improvisar, y su asombrosa habilidad como marineros quedó patente en la forma en que, durante esos ataques, consiguieron llevar las naves a la orilla y mantenerlas allí. La calidad de la flota veneciana y su contribución al éxito de la cruzada hizo aún más evidente la decadencia de la marina bizantina.

Por último, y una vez más en contraste con los griegos, tenemos que tener en cuenta que los cruzados contaban con comandantes eficaces. La dirección de la expedición estaba en manos de una mezcla de hombres jóvenes, como Balduino de Flandes y Luis de Blois, y guerreros mucho más experimentados. En julio de 1203, Hugo de Saint-Pol escribió a un amigo en Occidente que le había manifestado su preocupación sobre algunos de los caballeros: «Os afecta en exceso que haya emprendido el viaje de peregrinación con hombres jóvenes en edad y madurez que no pueden ofrecer ningún consejo en un asunto tan arduo».[10] Sin embargo, con el paso del tiempo esta preocupación tuvo que haber desaparecido a medida que las batallas iban curtiéndolos a todos. Por lo general, Balduino de Flandes, Bonifacio de Monferrato, Luis de Blois, Hugo de Saint-Pol, Conon de Béthune y Godofredo de Villehardouin, así como el dogo Dandolo, trabajaron en estrecha armonía. Su determinación de mantener viva la campaña dio impulso a la cruzada y consiguió que no se fragmentara por completo. Esta amplia cooperación contrasta radicalmente con las destructivas peleas y tensiones que marcaron anteriores expediciones, en particular la Tercera Cruzada, escenario de la difícil relación entre el rey Felipe de Francia y Ricardo Corazón de León.

Durante toda la cruzada, Enrico Dandolo demostró ser una figura tremendamente influyente, una fuente sin par de aliento y consejo para los demás líderes. Su exigencia de que se lo llevara al frente durante el ataque a las murallas del Cuerno de Oro en junio de 1203 fue un momento de genuina inspiración, una forma perfecta de apelar al sentido del honor y competencia mutua de los cruzados. También Balduino de Flandes sobresalió como un hombre de gran categoría e integridad, lo que le permitió convertirse en el candidato elegido para ser el primer emperador latino de Constantinopla.

Si bien no hay discusión sobre las cualidades marciales de los guerreros cruzados, nada puede excusar los excesos perpetrados durante el saqueo de Constantinopla, aunque quizá sea posible explicar su comportamiento. Los resentimientos acumulados durante décadas por griegos y latinos sumados a las tensiones y conflictos de los meses pasados fuera de la ciudad estallaron en una atroz oleada de violencia y codicia. Que los asedios y las batallas fueran seguidos de horribles acontecimientos no era nada nuevo, como ocurrió tras la toma de Jerusalén en 1099. No obstante, los «bárbaros» occidentales no eran los únicos que realizaban semejantes actos en el mundo medieval, y esta simple etiqueta no debe oscurecer el hecho de que la hipocresía institucionalizada del Imperio bizantino y su considerable capacidad para emplear la violencia no siempre les permitieron situarse en una elevada posición moral; prueba de ello es la crueldad con que los griegos trataron a los europeos que residían en Constantinopla en 1182. Por otro lado, estas atrocidades no eran una exclusiva de la guerra en el Mediterráneo occidental como demuestran el saqueo de Bagdad por los mongoles en 1258 y la terrible devastación provocada por los invasores normandos en el norte de Inglaterra entre 1068 y 1069.

Para los bizantinos de la época, así como para los estudiosos modernos, lo que resulta especialmente difícil de entender en este episodio es el hecho de que los cruzados afirmaran ser guerreros santos. Aunque el conocer los valores de la sociedad medieval ilumina en gran medida los acontecimientos del período, incluso el papa Inocencio tuvo que reconocer, en relación con la Cuarta Cruzada al menos, que en ocasiones aun él no lograba descifrar los caminos del Señor. Los cruzados, eufóricos tras haber superado las más grandes dificultades, no tenían ninguna duda de que habían sido bendecidos por Dios. Una vez la expedición hubo terminado y los problemas de establecer y dirigir un imperio emergieron, el orgullo de la conquista de Constantinopla pronto se convirtió en un recuerdo distante y esta nueva avanzadilla católica se volvió una distracción a la que se desvió ayuda que, de otra forma, habría estado destinada a Tierra Santa.

El legado del saqueo de Constantinopla es más grave en la Iglesia ortodoxa griega, donde ha perdurado una profunda amargura por lo que se considera una traición de sus hermanos cristianos.[11] Con todo, la historia completa de la conquista es, como hemos visto, bastante más compleja de lo que esto sugiere; y fuere cual fuere su moralidad o motivación, este continúa siendo uno de los episodios más controvertidos, emocionantes y extraordinarios de la historia medieval.

En los días que siguieron a la conquista, el trovador Raimbaldo de Vaqueiras, testigo presencial de los acontecimientos, reconoció las faltas cometidas por los cruzados y señaló la tarea que tenían delante si querían, al menos a su manera, remediar sus fechorías:

> Puesto que él [Balduino] y nosotros somos culpables del incendio de las iglesias y palacios, en lo que veo pecaron clérigos y laicos; si él no socorre el Santo Sepulcro y la conquista no progresa, entonces nuestra culpa ante Dios será todavía más grande, y el perdón se transformará en pecado. Pero si él es generoso y valiente, conducirá sus batallones a Babilonia y El Cairo con el mayor gusto.[12]

Para entonces, este era un desafío que los cruzados no estaban en condiciones de esperar satisfacer.

Agradecimientos

Mientras escribía este libro, he tenido la fortuna de recibir la ayuda y el apoyo de un gran número de personas. Durante mi investigación me beneficié de la generosa hospitalidad y del conocimiento del doctor Christoph Maier en Basilea y del profesor Isin Demirkent y el doctor Ebru Altan en Estambul, y del apoyo logístico de Fusun Ersak y Claire Lillywhite-Pinch. Para expresar mis ideas y rastrear varias referencias elusivas, resultaron esenciales mis conversaciones con Matthew Bennett, la doctora Linda Ross, el doctor Merav Mack, Natasha Hodgson, el doctor Marcus Bull, Neil Blackburn, la doctora Penny Cole y el profesor Jonathan Riley-Smith. Desde el comienzo de este proyecto, el doctor Thomas Asbridge me ofreció su sensato consejo con gran simpatía. El doctor Jonathan Harris, Edwin Fuller y el doctor Christoph Maier leyeron todo el manuscrito o parte de él y sus observaciones y correcciones me han resultado valiosísimas; aunque, por supuesto, cualquier error que pueda haber en estas páginas es exclusivamente mío. Agradezco al doctor Emmett Sullivan algunas de las fotografías incluidas en el libro. Sally Tornow, Caroline Campbell, Suzanne Tarlin y David Watkinson, así como Austen y Janice Rose, Ian y Diane Jenkins, Andy y Jackie Griffiths y Lisa y John Barry, me han animado mucho y constituyen un importante contrapeso a mi vida académica. Me alegra reconocer la perspicaz orientación y el apoyo constante de mi agente, Catherine Clarke, los esfuerzos de su homóloga en Estados Unidos, Emma Parry, y la fe de Wendy Wolf de la editorial Viking Penguin. Will Sulkin, mi editor en Jonathan Cape, se ha mostrado muy útil, paciente y constructivo durante la redacción de este libro; la labor de Jórg Hensgen, Chloe Johnson-Hill, Ros

Porter, Hilary Redmon y Mandy Greenfield fue también inestimable. Mi mayor gratitud es para Julie por su amor, bondad y conocimientos lingüísticos. Me siento muy contento de poder dedicar este libro a mis queridos padres y a mi maravilloso hijo, Tom.

Un apunte sobre la terminología

La mayoría del ejército cruzado que partió de Venecia en octubre de 1202 provenía de regiones pertenecientes a Francia. Había allí hombres procedentes de Blois, Champaña, Amiens, Saint-Pol, Île de France y Borgoña. Sin embargo, también otras zonas de Europa enviaron sus propios contingentes. Por ejemplo, el conde de Flandes, que estaba sometido al señorío del rey de Francia, comandó una gran fuerza. De forma similar, el líder de la cruzada, el marqués Bonifacio de Monferrato, encabezó un grupo de hombres originarios de su tierra natal en la Italia septentrional. Otros contingentes notables procedían del Sacro Imperio, entre ellos los dirigidos por el abad Martín de Pairis y el obispo Conrado de Halberstadt. Dada la naturaleza políglota de este ejército, resulta poco práctico ofrecer esta lista cada vez que se habla de los cruzados. Por tanto, por razones de estilo y de brevedad, utilizo «francés» como un término genérico bajo el cual agrupar a todos los cruzados antes mencionados, y solo introduzco precisiones cuando me refiero a un contingente en particular. Hubo también un gran número de venecianos que abrazaron la cruz; sin embargo, estos formaban un grupo diferente y por ello (donde resulte apropiado) los distingo de los cruzados «franceses» a los que ya me he referido. Empleo referencias simples a los «cruzados» o los «occidentales» para designar todo el ejército en su conjunto, franceses y venecianos por igual. El término «francos» se aplica a quienes se establecieron en Tierra Santa después de la Primera Cruzada (1095-1099) y sus descendientes.

Cronología

1203, 24 de mayo	La cruzada zarpa de Corfú
1203, 23 de junio	Llegada de los cruzados a Constantinopla.
1203, 5 de julio	Desembarco en Gálata.
1203, 17 de julio	Ataque a Constantinopla, retirada de Alejo III.
1203. 18 de julio	Alejo III escapa, Isaac Ángelo es reinstaurado en el trono.
1203, 1 de agosto	Coronación de Alejo IV.
1203, agosto-octubre	Alejo IV y los cruzados recorren el Imperio bizantino.
1203, diciembre	Aumenta la tensión entre los cruzados y Alejo IV.
1204, enero	Ataque con brulotes.
1204, 27-28 de enero	Alejo IV es encarcelado por Murzuflo.
1204, 8 de febrero	Asesinato de Alejo IV.
1204, marzo	Acuerdo entre los cruzados franceses y venecianos para el reparto de Imperio bizantino.
1204, 9 de abril	Ataque inicial contra Constantinopla.
1204, 12 de abril	Conquista de Constantinopla.
1204, 13-15 de abril	Saqueo de Constantinopla.
1204, 16 de mayo	Coronación del emperador Balduino y comienzo del Imperio latino.
1205, 14 de abril	Batalla de Adrianópolis, muerte de Luis de Blois y captura del emperador Balduino.
1205, junio	Muerte de Enrico Dandolo.
1206, 20 de agosto	Coronación del emperador Enrique.
1216	Muerte de Inocencio III.
1224	Cruzada en defensa del Imperio latino.
1261	Conquista de Constantinopla por Miguel Paleólogo y fin del Imperio latino
1291	Caída de Acre y fin de la presencia franca en Levante.

Notas

Abreviaturas

DBH   «Deeds of the Bishops of Halberstadt», *Contemporary Sources for the Fourth Crusade,* tr. inglesa de A. J. Andrea, Leiden, 2000, pp. 239-264.

DC   «Devastatio Constantinopolitana», *Contemporary Sources for the Fourth Crusade,* tr. inglesa de A. J. Andrea, Leiden, 2000, pp. 205-221.

GP   Gunther de Pairis, *The Capture of Constantinople: The «Hystoria Constantinopolitana»,* ed. y tr. inglesa de A. J. Andrea, Filadelfia, 1997.

GV   Godofredo de Villehardouin, «The Conquest of Constantinople», *Chronicles of the Crusades,* tr. inglesa de M. R. B. Shaw, Londres, 1963, pp. 29-160.

Inocencio III   «Letters», *Contemporary Sources for the Fourth Crusade,* tr. inglesa de A. J. Andrea, Leiden, 2000, pp. 7-176.

NC   Nicetas Choniates, *O City of Bizantium: Annals of Niketas Choniates,* tr. inglesa de H. J. Magoulias, Detroit, 1984.

RC   Roberto de Clary, *The Conquest of Constantinople,* tr. inglesa de E. H. McNeal, Nueva York, 1936.

Sources   *Contemporary Sources for the Fourth* Crusade, tr. inglesa de A. J. Andrea, Leiden, 2000.

Introducción

1. NC, pp. 314-315.
2. La narración más detallada de la expedición es la de Queller y Madden, *Fourth Crusade,* escrita desde la perspectiva de especialistas en la historia de Venecia. Otro buen relato de la campaña es el de Godofredo, *1204. The Unholy Crusade.*
3. Entre las versiones vehementemente antioccidentales de la cruzada escritas por especialistas en historia bizantina tenemos: Runciman,

History of the Crusades, vol. III; Norwich, *Byzantium. The Decline and Fall,* pp. 156-213. Para visiones más equilibradas y documentadas, véanse Harris, *Byzantium and the Crusades,* y Angold, *The Fourth Crusade.*

4. Constable, «The Historiography of the Crusades».
5. Siberry, «Images of the Crusades in the Nineteenth and Twentieth Centuries», *The Oxford Illustrated History of the Crusades,* p. 314.
6. Runciman, *History of the Crusades,* vol. III, pp. 469 y 480.
7. Citado en Bartlett, *Medieval Panorama,* pp. 12-13.
8. Runciman, *History of the Crusades,* vol. III, p. 474.
9. Riley-Smith, «Islam and the Crusades in History and Imagination», pp. 164-167.
10. Phillips, «Why a Crusade will lead to a jihad».
11. Inocencio III, *Sources,* p. 107.
12. Inocencio III, *Sources,* pp. 173-174.
13. Véanse en especial los comentarios de Harris, «Distortion, Divine Providence and Genre in Niketas Choniates' Account of the Collapse of Byzantium».
14. Jackson, «Christians, Barbarians and Masters: The European Discovery of the World Beyond Islam».
15. Bull, «Origins».
16. Guibert de Nogent, citado por Bull, *Knightly Piety and the Lay Response to the First Crusade,* p. 3.
17. Guillermo de Tiro, *History,* vol. I, pp. 372-373.
18. El mejor trabajo sobre esto es Hillenbrand, *The Crusades: Islamic Perspectives.*
19. Véase Phillips y Hoch, *Second Crusade: Scope and Consequences,* pp. 1-14.
20. Harris, *Byzantium and the Crusades,* pp. 116-120.
21. Eustaquio de Tesalónica, *The Capture of Thessaloniki,* p. 35.
22. Guillermo de Tiro, *History,* vol. II, p. 465.
23. Hamilton, *The Leper King and His Heirs: King Baldwin IV and the Crusader States.*

1 Orígenes y predicación de la Cuarta Cruzada, 1187-1199

1. Gregorio WH, *Audita tremendi,* pp. 64-65.
2. Beha ad-Din, *The Rare and Excellent History of Saladin,* pp. 146 y 150.
3. *Chronicle of the Third Crusade,* p. 382.
4. Este período es analizado con maestría por Gillingham, Richard Z, pp. 155-301.

5. Una buena biografía moderna de Inocencio III es la de Sayers, *Innocent III*. También son importantes los ensayos reunidos en *Innocent III: Vicar of Christ or Lord of the World?*, ed. Powell, y *Pope Innocent III and his World*, ed. Moore.

6. Sayers, *Innocent III*, pp. 10-27; Peters, «Lothario dei Conti di Segni becomes Pope Innocent III», en *Innocent III and his World*, pp. 3-24.

7. Sayers, *Innocent III*, p. 2.

8. Inocencio III, *Sources*, pp. 7-9.

9. Inocencio III, *Sources*, p. 9, n. 4.

10. Ross, *Relations between the Latin East and the West*, 1187-1291, pp. 58-10. 60.

11. Inocencio III, *Sources*, pp. 10-11.

12. Inocencio III, *Sources*, p. 12.

13. Inocencio III, *Sources*, p. 14.

14. Sobre esta solicitud del papa, véase también Cole, *Preaching the Crusades*, 14. pp. 80-85.

15. Gillingham, *Richard I*, p. 316.

16. Hay una excelente traducción inglesa de los primeros diez mil versos de la *Historia* (el resto aparecerá próximamente). Véase *History of William Marshal*, ed. Holden, tr. Gregory.

17. Traducciones de Crossland, *William the Marshal*, pp. 78-81. Sobre la vida de Guillermo, véase Crouch, *William Marshal;* sobre este período del reinado de Ricardo, véanse Gillingham, *Richard I*, pp. 318-320.

18. Gillingham, *Richard I*, pp. 323-325.

19. El trabajo moderno más accesible sobre la vida de Felipe es el de Bradbury, *Philip Augustus;* sobre sus problemas maritales, véanse las pp. 173-194.

20. Joinville, *Life of Saint Louis*, p. 196.

21. France, «Patronage and the First Crusade».

22. Riley-Smith, «Casualties and Knights on the First Crusade», pp. 17-19; Phillips, *Second Crusade*.

23. Fulquerio de Chartres, *History of the Expedition to Jerusalem*, p. 85.

24. Alberto de Aquisgrán, *Historia*, p. 329.

25. Raimundo de Aguilers, en Peters, *First Crusade*, pp. 212-213.

26. Odón de Deuil, *Journey of Louis VII*, p. 123.

27. Guibert de Nogent, *The Deeds of the Franks*, p. 165. Sobre el tema de los cautivos cruzados en general, véase: Friedman, *Encounters between Enemies*.

28. *Gesta Francorum*, pp. 3-4.

29. *Gesta Francorum*, p. 89.

30. *Gesta Francorum*, p. 62.

31. *Chronicle of the Third Crusade,* pp. 232-233.
32. Orderico Vital, *Ecclesiastical History,* vol. V, p. 17.
33. Sobre Raimundo y Leonor, véase Guillermo de Tiro, *History,* vol. II, pp. 179-33. 181. Sobre las mujeres como guardianas de las propiedad, véase Riley-Smith, *First Crusaders,* pp. 135-143.
34. *Chronicle of the Third Crusade,* p. 48.
35. Gerardo de Gales, *Journey through Wales,* p. 76.
36. *Conquest of Lisbon,* p. 73.
37. Peters, *First Crusade,* pp. 287-289.
38. *Cartulaire de Tabbaye de Saint-Pére de Chartres,* vol. II, p. 646.
39. Fulquerio de Chartres, **History of the Expedition to Jerusalem,** p. 139.
40. *Conquest of Lisbon,* p. 131.
41. Riley-Smith, *First Crusaders,* p. 120.
42. Robinson, *The Papacy, 1073-1198: Continuity and Innovation,* p. 336-339.
43. De Hemptinne, «Les épouses des croisés et pèlerins flamands aux XIe et XIIe siècles».
44. Hugo de Saint-Pol, *Sources,* pp. 186-187.
45. Guillermo de Malmesbury, *History of the Kings of England,* p. 655.
46. Orderico Vital, *Ecclesiastical History,* vol. V, p. 5.
47. Lamberto de Ardres, *History,* pp. 164-165.
48. Suger, *Deeds of Louis the Fat,* p. 41.
49. Sobre el obispo Ortleib, véase Frolow, *Relique de la vraie croix,* p. 349; sobre Gouffier, véase Riley-Smith, *First Crusaders,* p. 235.
50. Odón de Devil, *Journey of Louis VII,* pp. 115 y 123.
51. Alberto de Aquisgrán, *Historia,* p. 626.
52. Germán de Tournai, *The Restoration of the Monastery of Saint Martin of Tournai,* p. 47.
53. Suger, *Deeds of Louis the Fat,* p. 40.
54. Véase también Kenaan-Kedar y Kedar, «Significance of a Twelfth-Century Sculptural Group».

2 El sermón del abad Martín en la catedral de Basilea, mayo de 1200

1. Sobre la carrera de Fulko, véase O'Brien, «Fulk of Neuilly». Véase también: McNeal, «Fulko de Neuilly and the Tournament of Écry».
2. Radulfo de Coggeshall, *Sources,* pp. 278-279.
3. GV, p. 29.
4. Radulfo de Coggeshall, *Sources,* p. 280.
5. Cole, *Preaching the Crusades,* pp. 89-90.

6. Maier sugiere que lo más probable es que el sermón haya tenido lugar el 3 de mayo en «Kirche, Kreuz und Ritual», pp. 101-104.
7. Sobre los sermones de predicación de la cruzada en general, véase Maier, *Crusade Propaganda and Ideology: Model Sermons for the Preaching of the Cross;* Cole, *Preaching the Crusades.*
8. Existe una excelente traducción al inglés de los escritos de Gunther, acompañada de una completa introducción y un análisis: Gunther de Pairis, *The Capture of Constantinople,* ed. Andrea. Sobre el sermón de Basilea, véanse además Cole, *Preaching the Crusades,* pp. 92-97, y Maier, «Kirche, Kreuz und Ritual».
9. Spicher, *Geschichte des Basler Münsters.*
10. Para un examen de este tema en el contexto de una expedición anterior, véase Phillips, «Holy War», pp. 133-134.
11. Cole, *Preaching the Crusades,* p. 45.
12. GP, p. 68.
13. GP, p. 69.
14. Maier, «Kirche, Kreuz und Ritual».
15. GP, p. 70. Sobre la Vera Cruz, véanse también: Riley-Smith, *First Crusade and the Idea of Crusading,* pp. 23-25,31-32 y 150-151, y Murray, «Mighty Against the Enemies of Christ».
16. Riley-Smith, *Crusade: Idea and Reality,* pp. 40-43, que recoge algunos fragmentos del sermón de Urbano.
17. Sobre la necesidad de expiar los pecados, véanse Bull, «Origins», y Bull, *Knightly Piety,* pp. 155-249.
18. GP, p. 71

3 El torneo de Écry, noviembre de 1199

1. Sobre los torneos en general, véanse: Keen, *Chivalry,* pp. 20-23; Barber y Barber, *Tournaments,* pp. 13-27, y Strickland, *War and Chivalry,* pp. 149-153.
2. Rogelio de Hoveden (hoy Howden), *Chronica,* vol. II, pp. 166-167. Traducción inglesa en *The Annals of Roger de Hoveden,* vol. I, p. 490.
3. *History of William Marshal,* vol. I, p. 309.
4. *History of William Marshal,* vol. I, p. 173.
5. Lamberto de Ardres, *History,* p. 126.
6. *History of William Marshal,* vol. I, pp. 177 y 181.
7. Godofredo de Montmouth, *History of the Kings of Britain,* p. 229.
8. Keen, *Chivalry,* p. 21.
9. Sobre la problemática relación entre las novelas de la época y la realidad histórica, véanse Keen, *Chivalry,* pp. 102-124, y Bouchard, *Strong of Body,* pp. 105-109.

10. Chrétien de Troyes, *Erec et Enide,* pp. 63-64.
11. *History of William Marshal,* vol. I, p. 175-179.
12. Lloyd, *English Society and the Crusade,* pp. 199-200.
13. *Decrees of the Ecumenical Councils,* vol. I, pp. 199-200. Este decreto del Concilio de Letrán de 1139 reiteraba los pronunciamientos realizados en el Concilio de Clermont de 1130 y en el Concilio de Reims de 1131.
14. Keen, *Chivalry,* p. 22. Sobre Flandes, Champaña y las cruzadas en general, véanse las referencias de Phillips, *Defenders.*
15. Humberto de Romanos, *De predicatione Sancte crucis.*
16. Gillingham, *Richard I,* p. 19; Hillenbrand, *The Crusades: Islamic Perspectives,* p. 336.
17. Gillingham, *Richard I,* p. 19.
18. Keen, *Chivalry,* p. 56. 19. GV, p. 29.
20. Longnon, *Les compagnons de Villehardouin,* pp. 11-13.
21. Longnon, *Les compagnons de Villehardouin,* pp. 79-84.
22. GV, p. 29.
23. GV, p. 57.
24. Morris, «Geoffroy de Villehardouin and the Conquest of Constantinople», p. 34. Para una panorama conciso del debate sobre los escritos de Villehardouin, véase Andrea, «Essay on Primary Sources», pp. 299-302, y también Noble, «The Importance of Old French Chronicles». Una valoración extraordinariamente hostil del texto puede encontrarse en: Archambault, «Villehardouin: History in Black and White». Sobre la forma en que Villehardouin retrata al contingente de Champaña, véase Dufournet, «Villehardouin et les Champenois dans la Quatriéme croisade».
25. Longnon, *Les compagnons de Villehardouin,* pp. 18, 20 y 113.
26. GV, p. 30; Wolff, «Baldwin of Flanders and Hainault».
27. NC, p. 328.
28. GV, pp. 30-31; RC, pp. 32-33. Sobre Roberto como fuente, véase: RC, pp. 3-27, y los comentarios de Andrea, «Essay on Primary Sources», en Queller y Madden, *Fourth Crusade,* pp. 302-303; véase también Noble, «The Importance of the Old French Chronicles».
29. GV, p. 31.
30. *Conquest of Lisbon,* pp. 12-26.
31. Pryor, *Geography, Technology and War,* pp. 3-4,36 y 51-53.
32. Marshall, «The Crusading Motivations of the Italian City Republics in the Latin East, 1096-1104», pp. 60-79.
33. Sobre Génova, véase La cattedrale di Genova nel medioevo secoli VI-XIV, ed. Di Fabrio, pp. 188-191. Sobre Venecia, véanse Cerbani Cerbani, «Translatio mirifici martyris Isidori a Chio insula in civitatem Venetem», pp. 323-324, y Marshall,«The Crusading

Motivations of the Italian City Republics in the Latin East, 1096-1104».

34. Caffaro, en Williams, «The Making of a Crusade», pp. 38-39.
35. Ibn Jubayr, *The Travels*, pp. 300-301.
36. Inocencio III, *Sources*, p. 22.
37. Inocencio III, *Sources*, p. 38. GV, p. 31.

4 El tratado de Venecia, abril de 1201

1. Lane, *Venice*, pp. 1-21; Zorzi, *Venice, A City, A Republic, An Empire*, pp. 1020 y 102-108; Howard, *Architectural History of Venice*, pp. 2-41.
2. Tafel y Thomas, *Urkunden*, vol. I, pp. 51-54; Jacoby, «The Chryso-bull of Alexius I to the Venetians».
3. Madden, *Enrico Dandolo and the Rise of Venice*. El trabajo de Madden apareció publicado cuando estaba terminando este libro, por lo que no he tenido la oportunidad de incluir ninguna de sus interesantes ideas.
4. Madden, «Venice and Constantinople in 1171 and 1172», pp. 169-170.
5. Madden, «Venice and Constantinople in 1171 and 1172», pp. 179-184.
6. Sobre Inocencio III, véase *Sources*, pp. 60-69,95-98 y 145-151. Para historiadores posteriores hostiles a Venecia, véanse: Queller y Madden, *Fourth Crusade*, pp. 318-321, y Runciman, *History of the Crusades*, vol. III.
7. GP, p. 97.
8. Inocencio III, *Sources*, p. 112.
9. RC, p. 40.
10. Stahl, «The Coinage of Venice in the Age of Enrico Dandolo».
11. GV, pp. 32-33.
12. Riley-Smith, *First Crusaders*, pp. 19 y 29.
13. GV, p. 33.
14. Tafel y Thomas, *Urkunden*, vol. I, pp. 362-373. Véase también Queller y Madden, *Fourth Crusade*, pp. 11,217, n. 23.
15. GV, pp. 33-34.
16. Para una concisa descripción de la construcción de San Marcos, véase Howard, *Architectural History of Venice*, pp. 17-28. Para la investigación más completa sobre los mosaicos de la iglesia, véase Demus, *Mosaic Decoration of San Marco*, Venice.
17. Demus, *Mosaic Decoration of San Marco*, pp. 20-23.
18. GV, pp. 34-35.

19. GV, p. 35.
20. Queller y Madden, *Fourth Crusade,* p. 12; Mack, *The Merchant of Genoa,* pp. 28-43.
21. Lane, *Venice,* p. 37.
22. Sobre la Primera Cruzada, véase France, *Victory in the East,* p. 142; sobre la Tercera Cruzada, véase Johnson, «The Crusades of Frederick Barbarossa and Henry VI», pp. 89-94.
23. GV, p. 35.
24. Phillips, *Crusades,* pp. 95-96.
25. Guillermo de Tiro, *History,* vol. II, p. 313.
26. Guillermo de Tiro, *History,* vol. II, p. 408.
27. Phillips, *Crusades,* pp. 95-101, y 146-150.
28. GV, p. 35.
29. GP, p. 77.
30. Hillenbrand, *The Crusades: Islamic Perspectives,* p. 557.
31. Queller y Madden, «Some further arguments in defence of the Venetians», p. 438. Véase también Lane, *Venice,* pp. 17-19.
32. Madden, «*Venice,* the Papacy and the Crusades before 1204».
33. Inocencio III, *Sources,* pp. 23-24.
34. Guillermo de Tiro, *History,* vol. II, p. 335.
35. Ibn Jubayr, *The Travels,* p. 32.
36. Lane, *Venice,* p. 88; Howard, *Architectural History of Venice,* pp. 17-19. 37. GV, p. 35.
38. Martin da Canal, *Les Estoires de Venise,* pp. 46-47.
39. McNeill, *Venice,* pp. 5-6; Zorzi, *Venice: A City, A Republic, An Empire,* pp. 38-39.
40. Las dimensiones de todas las embarcaciones mencionadas proceden de Pryor, «The Naval Architecture of Crusader Transport Ships». Véase también Martin, *The Art and Architecture of Venetian Ships and Boats.*
41. Pryor, «Transportation of Horses by Sea during the Era of the Crusades».
42. Pryor, «The Venetian Fleet for the Four Crusade», pp. 119-122.
43. GV, pp. 35-36.

5 Últimos preparativos y partida, mayo de 1201-junio de 1202

1. Para una completa y estimulante exposición sobre la situación de los judíos en Europa en esta época, véase Abulafia, *Christians and Jews.* Sobre la usura en particular, véanse pp. 58-62.
2. Pedro el Venerable, *Letters,* vol. I, p. 327.

3. Bernardo de Claraval, *Letters,* p. 466.

4. GV, p. 37.

5. Jubainville, *Histoire des ducs et des comtes de Champagne,* vol. 4, p. 96. Para una descripción completa de la tumba, véanse pp. 90-99.

6. Jackson, «Crusades of 1239-41 and their aftermath», pp. 32-60.

7. GV, p. 37.

8. Evergates, «Aristocratic Women in the County of Champagne», pp. 79-85.

9. Guillermo de Tiro, *History,* vol. II, p. 416.

10. Guillermo de Tiro, *History,* vol. II, pp. 450-451.

11. NC, p. 97.

12. Brand, *Byzantium Confronts the West,* p. 19.

13. NC, p. 210.

14. *Continuation of William of Tyre,* p. 53.

15. *Continuation of William of Tyre,* p. 54.

16. *Chronicle of the Third Crusade,* p. 40.

17. Jacoby, «Conrad of Montferrat and the Kingdom of Jerusalem, 1187-1192».

18. *Continuation of William of Tyre,* pp. 114-115. La *Chronicle of the Third Crusade* nos ofrece otra versión del asesinato que difiere en algunos detalles menores, como al señalar que Conrado comió con el obispo de Beauvais antes de encontrarse con su destino de camino a casa. (pp. 305-307).

19. Raimbaldo de Vaqueiras, *Poems,* p. 312.

20. Queller y Madden, *Fourth Crusade,* pp. 25-26.

21. RC, p. 35.

22. Brundage, «Cruce signari: The Rite for taking the Cross in England».

23. Raimbaldo de Vaqueiras, *Poems,* pp. 218-220.

24. Morris, *Papal Monarchy,* p. 245.

25. Radulfo de Coggeshall, *Sources,* p. 281.

26. Radulfo de Coggeshall, *Sources,* p. 281.

27. Cole, *Preaching the Crusades,* p. 90.

28. Longnon, *Les compagnons de Villehardouin,* pp. 209-210, y 212-213.

29. Sobre la edad de Alejo, véase Brand, *Byzantium Confronts the West,* pp. 96-97.

30. RC, p. 84.

31. NC, p. 305.

32. Véanse los argumentos propuestos por Winkelmann y Riant, reproducidos en Queller, *Latin Conquest of Constantinople,* pp. 26-29 y 32-38.

33. Esto es algo que señalan Queller y Madden, *Fourth Crusade,* pp. 45-46.

34. NC, pp. 242-243.
35. Johnson, «The Crusades of Frederick Barbarossa and Henry VI», pp. 92-109.
36. Angold, *Byzantine Empire,* pp. 303-311 y 318-319.
37. NC, p. 248.
38. NC, pp. 242-243.
39. «Novgorod Account of the Fourth Crusade», p. 306.
40. Powell, «Innocent III and Alexius III: a Crusade Plan that Failed», pp. 96-100.
41. Tafel y Thomas, *Urkunden,* vol. I, pp. 241-246; Angold, *Byzantine Empire,* p. 319. Véase también Brand, *Byzantium Confronts the West,* pp. 225-229.
42. Inocencio III, *Sources,* pp. 32-34.
43. Inocencio III, «Solitae», en Andrea, *Medieval Record,* p. 321
44. Slack, *Crusade Charters,* 1138-1270, p. 145.
45. Traducción de *Cartulare de Notre-Dame de Josaphat,* vol. I, p. 358. Sobre Godofredo de Beaumont, véase también Longnon, *Les compagnons de Villehardouin,* p. 107.
46. Riley-Smith y Riley-Smith, *Crusades: Idea and Reality,* p. 147.
47. *Continuation of William of Tyre,* p. 68.
48. Fulquerio de Chartres, *History of the Expedition to Jerusalem,* p. 74.
49. RC, p. 39.
50. Conon de Béthune, *Les Chansons de Conon de Béthune,* pp. 6-7.
51. GV, p. 40.
52. Joinville, *Chronicles of the Crusades,* p. 195.
53. GV, p. 40. La *Devastatio Constantinopolitana* señala que los cruzados empezaron a llegar a Venecia desde el 1 de junio, *Sources,* p. 214.
54. Spufford, *Power and Profit,* pp. 140-169.

6 La cruzada en Venecia y el asedio de Zara, verano y otoño de 1202

1. GV, p. 40.
2. GV, p. 40.
3. Villehardouin señala que el papa Inocencio III respaldó el acuerdo entre los cruzados y los venecianos, pero no afirma en ningún momento que el papa ordenara a los cruzados acudir a Venecia. Si el papa lo hizo, es extraño que ni él ni Villehardouin (quien siempre está preparado para encontrar culpables para el déficit de hombres en Venecia) mencionaran un aspecto tan importante. Este argumento es contrario a la idea de Madden, «Venice, the Papacy and the Crusades before 1024».

4. Spufford, *Power and Profit,* pp. 152-155 y 169-170.
5. GV, p. 41.
6. *Gesta Innocenti,* col. 138.
7. GV, p. 42.
8. RC, p. 42.
9. Carta de Hugo de Saint-Pol, *Sources,* p. 191; NC, pp. 295-296.
10. Para un estudio completo sobre la trayectoria de Conrado, véase Andrea, «Conrad of Krosigk, Bishop of Halberstadt, Crusader and Monk of Sittichenbach».
11. GV, p. 42.
12. RC, p. 40.
13. DC, *Sources,* p. 205-212.
14. DC, *Sources,* p. 214.
15. RC, p. 40.
16. DC, *Sources,* p. 214.
17. GV, p. 42.
18. GV, pp. 42-43.
19. GV, p. 43; RC, p. 41.
20. GV, p. 43.
21. RC, p. 41.
22. GV, p. 43.
23. DBH, *Sources,* p. 251.
24. GV, p. 44.
25. GV, p. 44.
26. Phillips, *Second Crusade.*
27. RC,p. 42.
28. RC,p. 42.
29. Los tratados se reproducen en Tafel y Thomas, *Urkunden,* vol. I, pp. 386 y 396.
30. DBH, *Sources,* pp. 250-251.
31. Inocencio III, *Sources,* p. 43; *Gesta Innocenti,* traducción inglesa en *Sources,* p. 44.
32. GV, p. 48.
33. RC, p. 44.
34. GV, p. 48.
35. Pedro de Vaux-Cernay, *History of the Albigensian Crusade,* p. 58.
36. France, *Western Warfare in the Age of the Crusades,* pp. 117-120; Bradbury, *Medieval Siege,* pp. 254-270.
37. DC, *Sources,* p. 215.
38. *Conquest of Lisbon,* pp. 143,145. Un codo era una medida medieval equivalente a un antebrazo.
39. DBH, *Sources,* p. 251.
40. VGP, p. 80; Inocencio III, *Sources,* p. 43.

41. Inocencio III, *Sources,* p. 129.
42. GP, pp. 78-79.
43. GP, p. 78.
44. GP, p. 79.
45. DC, *Sources,* p. 215.
46. GV, p. 49.
47. RC, p. 44.
48. Inocencio III, *Sources,* p. 41.
49. Inocencio III, *Sources,* pp. 42-43.
50. Inocencio III, *Sources,* p. 43.

7 La oferta del príncipe Alejo, diciembre de 1202-mayo de 1203

1. GV, p. 50.
2. GP, p. 90.
3. GV, p. 50.
4. GV, p. 51.
5. GV, p. 51.
6. GV, p. 51.
7. Inocencio III, *Sources,* p. 35.
8. RC, p. 45.
9. VRC, pp. 59,66.
10. VGP, p. 91.
11. Sobre este complejo tema, véanse Nicol, *Byzantium and Venice,* pp. 50-123; Martin, «Venetians in the Byzantine Empire before 1204»; Madden, «Venice and Constantinople in 1171 and 1172: Enrico Dandolos attitudes towards Byzantium», y Angold, *Byzantine Empire,* pp. 226-233.
12. Tafel y Thomas, *Urkunden,* vol. I, pp. 179-203 y 206-211.
13. GP, p. 91.
14. GV, p. 51; RC, p. 66.
15. RC, p. 66.
16. GV, p. 51.
17. VGV, p. 52.
18. Longnon, *Les compagnons de Villehardouin,* pp. 114-115.
19. GV, p. 52.
20. GV, pp. 52-53; Longnon, *Les compagnons de Villehardouin,* pp. 149-150.
21. Inocencio III, *Sources,* p. 48.
22. Inocencio III, *Sources,* pp. 52-54.
23. Inocencio III, *Sources,* pp. 54-57.

24. Inocencio III, *Sources,* pp. 57-59.
25. DBH, *Sources,* p. 253.
26. Carta de Hugo de Saint-Pol, *Sources,* p. 188.
27. Carta de Hugo de Saint-Pol, *Sources,* p. 189.
28. GV, p. 55.
29. GV, p. 55.
30. GV, p. 56.
31. DBH, *Sources,* p. 254.

8 La cruzada llega a Constantinopla, junio de 1203

1. GV, p. 57.
2. GV, p. 57.
3. GV, p. 57.
4. GV, p. 58.
5. Pryor, «Winds, Waves and Rocks: The Routes and the Perils Along Them», p. 85.
6. GV, p. 58.
7. Jacoby, «La population de Constantinople à l'époque byzantine: un problème de démographie urbaine», p. 107.
8. GV, pp. 58-59.
9. RC, p. 67.
10. Alexander, «The Strength of Empire and Capital as Seen Through Byzantine Eyes», p. 345.
11. Baynes, «The Supernatural Defenders of Constantinople».
12. Van Millingen, *Byzantine Constantinople,* p. 4.
13. Sarris, «The Eastern Empire from Constantine to Heraclius (306-641) », p. 21.
14. Para una discusión completa sobre estas interpretaciones, véase Angold, M., «The Road to 1204: the Byzantine Background to the Fourth Crusade».
15. Van Millingen, *Byzantine Constantinople,* pp. 40-58.
16. Van Millingen, *Byzantine Constantinople,* pp. 59-73.
17. RC, pp. 108-109.
18. Mango, «Constantinople», p. 66.
19. NC, p. 358.
20. Magdalino, «Manuel Komnenos and the Great Palace», pp. 101-114; Van Millingen, *Byzantine Constantinople,* p. 284.
21. Guillermo de Tiro, *History,* vol. II, pp. 381-382.
22. RC, p. 103.
23. Nicolás Mesarites, citado en Mango, *Art of the Byzantine Empire 312- 1453,* p. 229.

24. Maguire, «Medieval Floors of the Great Palace»
25. Benjamin de Tudela, *Itinerary,* pp. 70-71; NC, p. 160; Magdalino, *Manuel I Komnenos,* p. 111.25.
26. RC, p. 107.
27. Hay muchos libros sobre Santa Sofía. Véase en particular: Mainstone, *Hagia Sophia: Architecture, Structure and Liturgy of justinians's Great Church.*
28. Mango, *Art of the Byzantine Empire 312-1453,* pp. 74-75.
29. RC, p. 106.
30. Alberico de Trois-Fontaines, «Chronicle», *Sources,* p. 298.
31. Odón de Deuil, *Journey of Louis VII,* pp. 65-67.
32. RC, p. 108.
33. Ousterhout, «Architecture, Art and Komnenian Ideology at the Pantokrator Monastery», *Byzantine Constantinople,* pp. 133-150; Megaw, «Notes on Recent Work of the Byzantine Institute in Istanbul», pp. 333-364.
34. Para más detalles sobre el funcionamiento del hospital, véase *Byzantine Monastic Foundation Documents,* vol. II, pp. 725-774.
35. Phillips, *Crusades, 1095-1197,* p. 58.
36. Mango, «Three Imperial Byzantine Sarcophagi», pp. 397-404.
37. Runciman, «Blachernae Palace and Its Decoration», pp. 277-283.
38. Odón de Deuil, *Journey of Louis VII,* p. 65.
39. Guillermo de Tiro, *History,* vol. II, p. 450.
40. Benjamin de Tudela, *Itinerary,* p. 72.
41. Odón de Deuil, *Journey of Louis VII,* p. 65.
42. Citado por Magdalino, *Manuel I Komnenos,* p. 121.
43. NC, p. 132.
44. Radulfo de Coggeshall, *Sources,* p. 285.
45. NC, p. 296.
46. NC, p. 296-297.
47. Inocencio III, *Sources,* pp. 35-38.
48. Guillermo de Tiro, *History,* vol. II, p. 361.
49. Pryor señala que, dado el conocimiento que los venecianos tenían de la debilidad de la marina bizantina, si Constantinopla hubiera sido desde un principio el verdadero objetivo de la cruzada, proporcionar a la flota cincuenta galeras de guerra hubiera sido superfluo. En cambio, se sabía que la marina egipcia era mucho más peligrosa, y fue para enfrentarse a ella que se construyeron estas galeras. Esta es una prueba adicional de que desde su concepción inicial la cruzada se proponía viajar a Egipto. Pryor, «The Venetian Fleet for the Fourth Crusade», pp. 108-111 y 119-122. Véase también Sesan, «La flotte Byzantine á l'epoque des Comnenes et des Anges».

50. Birkenmeier, T*he Development of the Komnenian Army, 1081-1180*, pp. 231-235.
51. Benjamin de Tudela, *Travels,* p. 71.
52. Para la expedición del rey Sigurd, véase Snorri Sturlusson, *Heim-skringla: History of the Kings of Norway,* pp. 698-699; sobre la guardia varega, véase Birkenmeier, *The Development of the Komnenian Army, 1081-1180,* pp. 62-66,90-97.
53. Inocencio III, *Sources,* p. 82.
54. Cheyet, «Les effectifs de l'armée byzantine aux x-xii s.», p. 333
55. VGV, p. 59.
56. GV, p. 59.
57. Stephenson, «Anna Comnenas Alexiadas a source for the Second Crusade», pp. 41-54.
58. GV, p. 60.

9 El primer asedio a Constantinopla, julio de 1203

1. Hugo de Saint-Pol, *Sources,* p. 190.
2. GV, p. 63.
3. GV, p. 63.
4. RC, p. 67.
5. Inocencio III, *Sources,* p. 81.
6. Hugo de Saint-Pol, *Sources,* p. 190.
7. GV, p. 64.
8. RC, p. 67.
9. GV, p. 64.
10. Inocencio III, *Sources,* p. 82.
11. Esto era algo que había resultado evidente durante la Primera Cruzada. Véase France, *Victory in the East,* pp. 369-373.
12. GV, p. 65.
13. RC, p. 68.
14. RC, p. 68.
15. Hugo de Saint-Pol, *Sources,* p. 191.
16. Hugo de Saint-Pol, *Sources,* p. 191.
17. RC, p. 68.
18. RC, p. 68.
19. Hugo de Saint-Pol, *Sources,* p. 191.
20. Van Millingen, *Byzantine Constantinople,* pp. 228-229.
21. Hugo de Saint-Pol, *Sources,* p. 191.
22. GV, p. 67.
23. RC, p. 70.
24. Alberico de Trois-Fontaines, *Sources,* p. 298.

25. Van Millingen, *Byzantine Constantinople,* pp. 174-177.
26. Hugo de Saint-Pol, *Sources,* p. 194. 27. RC, p. 70.
28. GV, p. 68.
29. RC, p. 70; Hugo de Saint-Pol, *Sources,* p. 194.
30. GV, p. 69.
31. NC, p. 298.
32. NC, p. 298.
33. NC, p. 298.
34. Hugo de Saint-Pol, *Sources,* p. 190.
35. GV, p. 71.
36. Alberico de Trois-Fontaines, *Sources,* p. 299.
37. NC, p. 298.
38. NC, pp. 298-299.
39. RC, p. 71.
40. GV,p. 72.
41. NC, p. 299.
42. Hugo de Saint-Pol, *Sources,* p. 197; RC, p. 71.
43. GV, p. 72.
44. RC, p. 72.
45. RC, p. 74.
46. RC, p. 75.
47. RC, p. 75.
48. RC, p. 75.
49. Hugo de Saint-Pol, *Sources,* p. 197.
50. NC, p. 299.
51. Inocencio III, *Sources,* p. 83.
52. Hugo de Saint-Pol, *Sources,* p. 197.
53. Ana Comneno, *Alexiad,* p. 342.
54. NC, p. 299.
55. NC, pp. 299-301.
56. NC, p. 299.
57. NC, p. 301.
58. NC, pp. 299-301.
59. GV, p. 73.
60. GV, p. 73.

10 Triunfo y tensiones en Constantinopla, julio-agosto de 1203

1. Juan Kinnamos, *Deeds of John and Manuel Comnenus,* p. 69.
2. GV, p. 75.
3. GV, p. 75.

4. Hugo de Saint-Pol, *Sources,* p. 198; NC, p. 302.
5. Véase Jackson, «Early Missions to the Mongols: Carpini and His Contemporaries».
6. RC, pp. 78-79.
7. Inés era hermana del rey Felipe de Francia y la viuda de los emperadores Alejo II (1180-1183) y Andrónico I (1183-1185). Teodoro Branas era su tercer marido.
8. RC, p. 79
9. RC, pp. 79-80.
10. GV, p. 76.
11. RC, pp. 80-81.
12. Inocencio III, *Sources,* p. 63.
13. Inocencio III, *Sources,* p. 68.
14. Inocencio III, *Sources,* p. 72.
15. Hugo de Saint-Pol, *Sources,* pp. 198-199.
16. Hugo de Saint-Pol, *Sources,* p. 201.
17. El vínculo entre la imaginería del torneo y las cruzadas no era nuevo y puede apreciarse en una canción de la Segunda Cruzada compuesta por un anónimo trovador en antiguo francés. Véase Phillips, *Crusades,* pp. 182-183.
18. Inocencio III, *Sources,* pp. 95-98.
19. Inocencio III, *Sources,* pp. 80-85
20. Inocencio III, *Sources,* pp. 80-85.
21. RC, p. 81. Véase también RC, p. 41. Villehardouin nos ofrece una cifra ligeramente menor (GV, p. 43).
22. NC, p. 302.
23. GV, pp. 76-77.
24. GV, p. 77.
25. GV, p. 78.
26. DC, *Sources,* p. 218.
27. NC, p. 304.
28. GV, p. 78.
29. Angold, M., *Byzantine Empire,* pp. 304-307.
30. NC, p. 304.

11 El gran incendio de agosto de 1203

1. NC, p. 302.
2. NC, p. 303.
3. NC, p. 303.
4. NC, p. 303.
5. NC, p. 304.

6. DC, *Sources*, p. 218.
7. NC, p. 304
8. NC, p. 305.
9. NC, p. 305.
10. NC, p. 305.
11. NC, p. 305.
12. Sobre el jabalí de Calidón, véase la novela de Lawrence Norfolk, *En figura de jabalí.*
13. NC, p. 305.
14. NC, p. 306.
15. La oración se encuentra en Brand, «Byzantine Plan for the Fourth Crusade», pp. 464-472.
16. RC, p. 83. Para más información sobre Murzuflo, véase Hendricks y Matzukis, «Alexios V Doukas Mourtzouphlus: His Life, Reign and Death».
17. GV, p. 81.
18. GV, p-82.
19. Van Millingen, *Byzantine Constantinople*, pp. 174-175.
20. GV, p. 82.
21. GV, p. 82.
22. GV, p. 82.
23. GV, p. 83.
24. GV, p. 83.
25. RC, pp. 83-84.
26. RC, p. 84.
27. NC, p. 307.
28. GV, p. 83.
29. GV, p. 83.
30. GV, p. 84.
31. GV, p. 84.

12 El asesinato de Alejo IV y el inicio de la guerra, comienzos de 1204

1. DC, *Sources*, p. 219; NC, p. 307.
2. DC, *Sources*, pp. 219-220.
3. NC, pp. 307-308.
4. NC, p. 308.
5. Inocencio III, *Sources*, p. 102. 6. NC, pp. 308-309.
7. RC, p. 86.
8. NC, p. 311.
9. NC, p. 311.

10. France, *Western Warfare in the Age of the Crusade,* p. 119.
11. Alberico de Trois-Fontaines, *Sources,* p. 302.
12. RC, p. 84.
13. Alberico de Trois-Fontaines, *Sources,* p. 302.
14. Alberico de Trois-Fontaines, *Sources,* p. 302.
15. NC, p. 312.
16. Alberico no fue, por supuesto, testigo presencial de los hechos y es probable que su relato de la batalla sea exagerado. Además, se refiere al patriarca Juan como «Sansón», lo que también constituye un error. Sobre el hecho de que el clero griego no combatiera, véase Ana Comneno, *Alexiad,* pp. 256-257.
17. RC, p. 89.
18. RC, pp. 90-91.
19. Inocencio III, *Sources,* p. 105.
20. NC, p. 312.
21. NC, p. 312.
22. GV, p. 84; RC, p. 85.
23. Inocencio III, *Sources,* p. 105.

13 La conquista de Constantinopla, abril de 1204

1. Anónimo de Soissons, *Sources,* p. 234.
2. RC, p. 92.
3. RC, p. 92.
4. RC, p. 92; Inocencio III, *Sources,* p. 103.
5. Guillermo de Tiro, *History,* vol. II, p. 227.
6. Sobre el pacto de marzo, véase: Inocencio III, *Sources,* pp. 140-104; Tafel y Thomas, *Urkunden,* vol. I, p. 445. Y también: GV, p. 88.
7. RC, p. 92.
8. RC, p. 92.
9. NC, p. 312.
10. GV, p. 89.
11. RC, p. 93.
12. RC, p. 93.
13. Inocencio III, *Sources,* p. 105.
14. GV, p. 89.
15. *Conquest of Lisbon,* p. 153.
16. Bradbury, *Medieval Siege,* p. 278.
17. RC, p. 95.
18. Inocencio III, *Sources,* p. 106.
19. NC, p. 313.
20. Inocencio III, *Sources,* p. 106.

21. GP, p. 104.
22. RC, p. 96.
23. Inocencio III, *Sources*, p. 106.
24. Longnon, *Les compagnons de Villehardouin*, p. 204.
25. RC, p. 97.
26. RC, p. 98.
27. NC, p. 313.
28. NC, p. 313.
29. RC, p. 91.
30. NC, p. 313.
31. GV, p. 91.
32. Inocencio III, *Sources*, p. 106.
33. DC, *Sources*, p. 221.
34. GR, p. 106.
35. GV, p. 91.
36. GP, p. 105.
37. Madden, «Fires of Constantinople», pp. 84-85.
38. NC, p. 313.
39. NC, p. 314.
40. DC, *Sources*, p. 221.
41. NC, p. 314.

14 El saqueo de Constantinopla, abril de 1204

1. GV, p. 92.
2. Inocencio III, *Sources*, p. 107.
3. NC, p. 315.
4. NC, p. 315.
5. Nicolás Mesarites, en Brand, *Byzantium Confronts the West*, p. 269.
6. Buckton, *Treasury of San Marco, Venice*.
7. GP, pp. 109-112.
8. Anónimo de Soissons, *Sources*, pp. 235-237.
9. DBH, *Sources*, pp. 261-263.
10. Longnon, *Les compagnons de Villehardouin*, pp. 179-180; *Michelin Green Guide Northern France and Paris Region*, p. 351.
11. RC, p. 112.
12. NC, p. 315.
13. Nicolás Mesarites, en Brand, *Byzantium Confronts the West*, p. 269.
14. NC, p. 316.
15. GV, p. 92.
16. RC, pp. 100-101.
17. NC, p. 327.

18. NC, p. 325.
19. Nicolás Mesarites, en Brand, *Byzantium Confronts the West*, p. 269.
20. RC, p. 101.
21. GV, p. 92.
22. Inocencio III, *Sources*, p. 107.
23. Para las cifras, véase el detallado análisis de Queller y Madden, *Fourth Crusade*, pp. 294-295.
24. DC, *Sources*, p. 221; GV, pp. 93-95.
25. RC, p. 102.
26. RC, pp. 117-118.
27. GV, p. 94.
28. Inocencio III, *Sources*, p. 107.
29. Fragmento compuesto a partir de los testimonios de Villehardouin y Roberto de Clary. RC, p. 115; GV, p. 96.
30. NC, p. 328.
31. GV, pp. 96-97.
32. RC, p. 117.
33. Inocencio III, *Sources*, p. 100.
34. Inocencio III, *Sources*, p. 105.
35. Inocencio III, *Sources*, p. 107.
36. Inocencio III, *Sources*, p. 112.
37. NC, p. 316.
38. NC, p. 316.
39. NC, p. 317.
40. Harris, «Distortion, Divine Providence and Genre in Niketas Choniates's Account of the Collapse of Byzantium, 1180-1204».
41. Nicolás Mesarites, en Brand, *Byzantium Confronts the West*, p. 269.
42. NC, p. 357.
43. NC, p. 360.
44. NC, p. 360.

15 El fin de la Cuarta Cruzada y los primeros años del Imperio latino, 1204-1205

1. GV, p. 92.
2. Brand, *Byzantium Confronts the West*, p. 19; Tafel y Thomas, *Urkunden*, vol. I, p. 513.
3. GV, p. 97.
4. GV, p. 99.
5. GV, p. 101.
6. GV, p. 104.
7. GV, p. 107.

8. NC, pp. 192-193.
9. RC, p. 124.
10. Galberto de Brujas, *Murder of Count Charles the Good,* traducción inglesa en Ross, pp. 251-252.
11. GV, p. 109; NC, p. 334; RC, p. 124.
12. En 1209 o 1210 Alejo III se convirtió en rehén de Miguel, el gobernante griego de Epiro, quien lo envió a la corte selyúcida en Konya. Teodoro Láscaris, el emperador griego de Nicea, lo capturó en 1211 y lo recluyó en un monasterio hasta su muerte, ocurrida aproximadamente un año más tarde. (Lock, *The Franks in the Aegean,* p. 70, n. 4).
13. Longnon, *Les compagnons de Villehardouin,* p. 105.
14. Longnon, *Les compagnons de Villehardouin,* p. 114.
15. GV, pp. 110-111; NC, p. 328.
16. GV, p. 115; NC, p. 336; Longnon, *Les compagnons de Villehardouin,* pp. 195-197.
17. GV, p. 122.
18. Phillips, *Defenders of the Holy Land, passim.*
19. Inocencio III, *Sources,* p. 147.
20. RC, p. 628.
21. DBH, *Sources,* pp. 256-264.
22. NC, p. 337.
23. NC, p. 353.
24. Gualterio el Canciller, *The Antiochene Wars,* p. 161.
25. En el año 811 Krum de Bulgaria había ejecutado a Nicéforo I de Bizancio y usado su cráneo como vaso.
26. Wolff, «Baldwin of Flanders and Hainault», pp. 289-301.
27. Sayers, *Innocent III,* pp. 91-93 y 185-186.
28. Inocencio III, *Sources,* pp. 114 y 116-117.
29. Daniel, «Joachim of Fiore: Patterns of History in the Apocalypse»; Andrea, «Innocent III, the Fourth Crusade and the Coming Apocalypse». Véase también McGinn, *Visions of the End: Apocalyptic Traditions in the Middle Ages,* pp. 126-141.
30. Inocencio III, *Sources,* p. 135.
31. NC, p. 357.
32. Inocencio III, *Sources,* p. 139.
33. Inocencio III, *Sources,* p. 166.
34. Inocencio III, *Sources,* p. 166.
35. Inocencio III, *Sources,* p. 173.
36. Gerardo de Gales, *Journey through Wales,* p. 170.
37. Inocencio III, *Sources,* p. 176.

16 El destino del Imperio latino, 1206-1261

1. Las mejores historias del Imperio latino son: Lock, *The Franks in the Aegean, 1204-1500;* Jacoby, «The Latin Empire of Constantinople and the Frankish States of Greece», *New Cambridge Medieval History, c. 1198-c. 1300,* vol. V, ed. Abulafia, pp. 525-542; Harris, *Byzantium and the Crusades,* pp. 163-182; Setton, *The Papacy and the Levant,* vol. I, pp. 1-105. Las fuentes primarias más importantes son: GV, pp. 98-160; Enrique de Valenciennes, *Histoire de l'empereur Henri de Constantinople,* ed. Longnon.
2. Philllips, *Crusades,* 1095-1197, pp. 40-51.
3. Citado en Barber, «Western Attitudes to Frankish Greece», p. 122.
4. Nicholas, *Medieval Flanders,* pp. 150-161.
5. La carta del arzobispo se encuentra en Róhricht, «Amalrich I, Kónig von Jerusalem (1162-1174)», pp. 489-491.
6. Inocencio III, citado en Barber, «Western Attitudes to Frankish Greece», p. 113.
7. Barber, «Western Attitudes to Frankish Greece», p. 116.
8. Barber, «Western Attitudes to Frankish Greece», pp. 123-124.
9. Weiss, *Art and Crusade in the Age of Saint Louis,* pp. 11-74.
10. Harris, *Byzantium and the Crusades,* p. 170.
11. Jacoby, «Knightly Values and Class Consciousness in the Crusader Stares of the Eastern Mediterranean», pp. 158-186.
12. Harris, *Byzantium and the Crusades,* pp. 173-174.
13. Housley, *The Later Crusades,* pp. 80-117.

Epílogo

1. Odón de Deuil, *Journey of Louis VII,* p. 57. En un examen más detenido, incluso Odón se revela capaz de mostrar una visión más completa del carácter griego. Véase Phillips, «Odo of Deuil's De profectione Ludowici VII in Orientem as a Source for the Second Crusade».
2. NC, p. 167; y también Hussey, *Cambridge Medieval History,* vol. IV, par. II, p. 81.
3. Queller, *Latin Conquest of Constantinople,* pp. 19-54.
4. GV, pp. 36-39.
5. Evergates, «Aristocratic Women in the County of Champagne», pp. 80-85.
6. Para las primeras fases de este fenómeno, véase Riley-Smith, «Family Traditions and Participation in the Second Crusade».
7. M. Angold, «The Road to 1204: the Byzantine Background to the Fourth Crusade».

8. Harris, *Byzantium and the Crusades,* pp. 129 y 147-148.

9. Rogelio de Hoveden, *Chronica,* vol. II, p. 166; véase también *Annals of Roger de Hoveden,* vol. I, p. 490.

10. Inocencio III, *Sources,* p. 187.

11. Siberry, *New Crusaders,* pp. 161-174.

12. Raimbaldo de Vaqueiras, *Poems,* p. 228.

Bibliografía

Fuentes primarias

Alberico des Trois-Fontaines, «Chronicle», en *Contemporary Sources for the Fourth Crusade,* trad. inglesa de A. J. Andrea, Leiden, 2000, pp. 291-309.

Alberto de Aquisgrán, «Historia», en *Recueil des historiens des croisades. Historiens occidentaux,* 5 vols., 1844-1895, vol. IV, pp. 265-713.

Anónimo de Soissons, «Concerning the Land of Jerusalem and the Means by Which Relics were Carried to This Church from the City of Constantinople», en *Contemporary Sources for the Fourth Crusade,* trad. inglesa de A. J. Andrea, Leiden, 2000, pp. 223-238.

Arzobispo de Nazaret, Carta de 1204, en «Amalrich I, König von Jerusalem (1162-1174)», *Mitteilungen des Instituts für Oesterreichische Geschichtsforschung* 12 (1891), pp. 432-493.

Beha ad-Din, *The Rare and Excellent History of Saladin,* trad. inglesa de D. S. Richards, Aidershot, 2001.

Benjamín de Tudela, *The Itinerary of Benjamin of Tudela,* trad. de M. N. Adler, Londres, 1907 (hay trad cast.: *Libro de viajes de Benjamín de Tudela,* trad. de J. R. Magdalena Nom de Déu, Riopiedras, Barcelona, 1982).

Bernardo de Claraval, *Letters,* trad. inglesa de B. S. James, 2.ª edición con una nueva introducción de B. M. Kienzle, Stroud, 1998.

Byzantine Monastic Foundation Documents, 5 vols., ed. y trad. inglesa de J. Thomas y A. C. Hero, Washington, 2000.

Caffaro, *Ystoria captionis Almerie et Turtuose,* trad. inglesa de J. B. Williams, en «The Making of a Crusade: The Genoese Anti-Muslim Attacks in Spain, 1146-1148», *Journal of Medieval History* 23,1997, pp. 29-53.

Cartulaire de Tabbaye de Saint-Pére de Chartres, B. E. C. Guérard ed., 2 vols., París, 1840.

Cartulaire de Notre-Dame de Josaphat, C. Metáis, ed., 2. vols., Chartres, 1912.

Cerbani Cerbani, «Translatio mirifici martyris Isidori a Chio insula in civitatem Venetem», en *Recueil des historiens des croisades. Historiens occidentaux,* 5 vols., 1844-1895, vol. V, pp. 321-334.

Chrétien de Troyes, «Erec et Enide», en *Arthurian Romances,* trad. inglesa de W. W. Kibler y C. W. Caroll, Penguin, Londres, 1991 (hay trad. cast.: *Erec y Enid,* trad. de C. Alvar, V. Cirlot y A. Rossell, Siruela, Madrid, 1993).

Chronicle of the Third Crusade: A Translation of the «Itinerarium Peregrinorum et Gesta Regis Ricardi», trad. inglesa de H. Nicholson, Aidershot, 1997.

Conon de Béthune, *Les Chansons de Conon de Béthune,* Wallenskóld, ed., *Les Classiques Français du Moyen Age* 24, París, 1921.

Conquest of Lisbon — De expugnatione Lyxbonensi, trad. inglesa de C. W. David, con una nueva introducción de J. P. Phillips, Nueva York, 2001.

Contemporary Sources for the Fourth Crusade, trad. inglesa de A. J. Andrea, Leiden, 2000.

Continuation of William of Tyre, en *The Conquest of Jerusalem and the Third Crusade,* trad. inglesa de P. W. Edbury, Aidershot, 1996.

Crusade Charters, 1138-1270, C. K. Slack, ed., trad. inglesa de H. B. Feiss, Arizona, 2001.

Decrees of the Ecumenical Councils, N. Tanner, ed., 2 vols., Washington, 1990.

«Deeds of the Bishops of Halberstadt», en *Contemporary Sources for the Fourth Crusade,* trad. inglesa de A. J. Andrea, Leiden, 2000, pp. 239-264.

«Devastado Constantinopolitana», en *Contemporary Sources for the Fourth Crusade,* trad. inglesa de A. J. Andrea, Leiden, 2000, pp. 205-221.

Enrique de Valenciennes, *Histoire de l'empereur Henri de Constantinople,* ed. y trad. francesa de J. Longnon, *Documents relatifs á l'histoire des croisades,* vol. II, París, 1948.

Eustaquio de Tesalónica, *The Capture of Thessaloniki,* trad. inglesa de J. R. Melville Jones, *Byzantina Australiensia* 8, Canberra, 1988.

Galberto de Brujas, T*he Murder of Charles the Good,* trad. inglesa de J. B. Ross, Nueva York, 1959.

Gerardo de Gales, *The Journey through Wales,* trad. inglesa de L. Thorpe, 1978.

Gesta Francorum et aliorum Hierosolimitanorum: The Deeds of the Franks and the Other Pilgrims to Jerusalem, R. Mynors, ed., trad. inglesa de R. M.T. Hill, Oxford, 1962.

«Gesta Innocenti Papae», en *Patrología Latina,* P. Migne, ed., 221 vols., París, 1844-1864, CCXIV, cols. 17-227.

Godofredo de Monmouth, *The History of the Kings of Britain,* trad. inglesa de L. Thorpe, Londres, 1966.

Godofredo de Villehardouin, *La Conquête de Constantinople,* ed. y trad. francesa de E. Faral, *Les Classiques de l'histoire de France au Moyen Age 18-19,* 2 vols., Paris, 1938-1939.

Godofredo de Villehardouin, «The Conquest of Constantinople», en *Chronicles of the Crusades,* trad. inglesa de M. R. B. Shaw, Londres, 1963, pp. 29-160.

Gregorio VIII, *Audita tremendi,* trad. inglesa en L. Riley-Smith y J. S. C. Riley-Smith, T*he Crusades: Idea and Reality, 1095-1274,* Londres, 1981, pp. 63-67.

Gualterio el Canciller, *The Antiochene Wars,* trad. inglesa de T. S. Asbridge y S. B. Edgington, Aidershot, 1999.

Guibert de Nogent, *The Deeds of God through the Franks: Gesta Dei per Francos,* trad. inglesa de R. Levine, Woodbridge, 1997,

Guillermo de Malmesbury, *Gesta Regum Anglorum: The History of the English Kings,* ed. y trad. inglesa de R. A. B. Mynors, R. M. Thomson y M. Winterbottom, 2 vols., Oxford, 1998-1999.

Guillermo el Mariscal, *History of William Marshall,* A. J. Holden, ed., trad. inglesa de S. Gregory, notas de D. Crouch, vol. I, versos 1-10.031, Anglo-Norman Text Society Occasional Publications Series 4, Londres, 2002.

Guillermo de Tiro, *History of Deeds Done Beyond the Sea,* trad. inglesa de E. A. Babcock y A. C. Krey, 2 vols., Nueva York, 1943.

Guillermo de Tiro, *Chronicon,* R. B. C. Huygens, ed., *Corpus Christianorum Continuado Medievalis* 63/63°, 2 vols., Turnhout, 1986.

Gunther de Pairis, *The Capture of Constantinople: The «Hystoria Constantinopolitana»,* ed. y tr. inglesa de A. J. Andrea, Filadelfia, 1997.

Germán de Tournai, *The Restoration of the Monastery of Saint Martin of Tournai,* trad. inglesa de L. H. Nelson, Washington, 1996.

History of William Marshal, B. Holden, ed., trad. inglesa de J. Gregory, Londres, 1960.

Hugo de Saint-Pol, «Letter», en *Contemporary Sources for the Fourth Crusade,* trad. inglesa de A. J. Andrea, Leiden, 2000, pp. 177-201.

Humberto de Romanos, *De predicatione Sancte crucis,* Ms. Vat. Lat. 3847, impreso posteriormente en Núremberg, 1495.

Ibn Jubayr, *The Travels,* trad. inglesa de R. J. C. Broadhurst, Londres, 1952.

Inocencio III, «Solitae», en A. J. Andrea, *The Medieval Record: Sources of Medieval History,* Boston, 1997, pp. 177-201.

Inocencio III, «Letters», en *Contemporary Sources for the Fourth Crusade,* tr. inglesa de A. J. Andrea, Leiden, 2000, pp. 7-176.

Juan de Joinville, «Life of Saint Louis», en *Chronicles of the Crusades,* trad. inglesa de M. R. B. Shaw, Londres, 1963, pp. 163-353.

Juan Kinnamos, *Deeds of John and Manuel Comnenus,* trad. inglesa de C. M. Brand, Nueva York, 1976.

Lamberto de Ardres, *The History of the Counts of Guines and Lords of Ardres,* trad. inglesa de L. Shopkow, Filadelfia, 2001.

Mango, C., ed., *The Art of the Byzantine Empire, 312-1453: Sources and Documents,* Toronto, 1986.

Martin da Canal, *Les Estoires de Venise: Cronaca veneziana in lingua francese dalle origini al 1275,* ed. A. Limentani, Civiltá Veneziana Fonti e testi 12, tercera serie 3, Florencia, 1972.

Nicéforo Crisoberges. «A Byzantine Plan for the Fourth Crusade», trad. inglesa de C. M. Brand, *Speculum* 43 (1968), pp. 462-475.

Nicolás Mesarites, fragmentos traducidos al ingles en C. M. Brand, *Byzantium Confronts the West, 1180-1204,* Cambridge (Massachusetts), 1968, p. 269.

Nicetas Choniates, *O City of Bizantium: Annals of Niketas Choniates,* tr. inglesa de H. J. Magoulias, Detroit, 1984.

«Novgorod Account of the Fourth Crusade», trad. inglesa de J. Gordon, *Byzantion* 43 (1973), pp. 297-311.

Odón de Deuil, *The Journey of Louis VII to the East: De profectione Ludowici VII in orientem,* ed. y trad. inglesa de V. G. Berry, Nueva York, 1948.

Orderico Vital, *The Ecclesiastical History,* ed. y trad. inglesa de M. Chibnall, 6 vols., Oxford, 1969-1980.

Pedro de Vaux-Cernay, *The History of the Albigensian Crusade,* trad. inglesa de W. A. Sibly y M. D. Sibly, Woodbridge, 1998.

Pedro el Venerable, *Letters,* G. Constable, ed., 2 vols., Cambridge (Massachusetts), 1967.

Radulfo de Coggeshall, «Chronicle», en *Contemporary Sources for the Fourth Crusade,* trad. inglesa de A. J. Andrea, Leiden, 2000, pp. 277-290.

Raimbaldo de Vaqueiras, *The Poems of the Troubador Raimbaut de Vaqueiras,* ed. y trad. inglesa de J. Liniskill, La Haya, 1964.

Raimundo de Aguilers, en *The First Crusade: The Chronicle of Fulcher of Chartres and other Source Materials,* E. Peters, ed., Filadelfia, 19982.

Roberto de Clary, *The Conquest of Constantinople,* trad. inglesa de E. H. McNeal, Nueva York, 1936.

Rogelio de Hoveden, *Chronica,* W. Stubbs, ed., 4 vols., Rolls Series 51, Londres, 1868-1871; traducido al inglés por H. T. Riley como *The Annals of Roger de Hoveden,* 2 vols., Londres 1853.

Snorri Sturlusson, *Heimskringla: History of the Kings of Norway,* trad. inglesa de L.M. Hollander, Austin, 1964.

Suger, *The Deeds of Louis the Fat,* trad. inglesa de R. C. Cusimano y J. Moorhead, Washington, 1992.

Tafel, G. L., y G. M. Thomas, eds., *Urkunden zur alteren Handelsund Staatsgeschichte der Republik Venedig,* 3 vols., Viena, 1856-1857, reimp. en Amsterdam, 1967.

Material secundario

Alexander, P. J., «The Strength of Empire and Capital as Seen Through Byzantine Eyes», *Speculum* 37 (1962), pp. 339-357.

Andrea, A. J., «Conrad of Krosigk, Bishop of Halberstadt, Crusader and Monk of Sittichenbach: His Ecclesiastical Career, 1184-1225», *Analecta Cisterciensia* 43 (1978), pp. 11-91.

—, «Essay on Primary Sources», en *The Fourth Crusade: The Conquest of Constantinople*, D. E. Queller y T. F. Madden, Filadelfia, 19972, pp. 299-344.

Angold, M., *The Byzantine Empire 1025-1204: A Political History*, Londres, 1972.

—, «The Road to 1204: the Byzantine Background to the Fourth Crusade», *Journal of Medieval History* 25 (1999), pp. 257-268.

—, *The Fourth Crusade: Event and Context*, Harlow, 2003.

Archambault, P., «Villehardouin: History in Black and White», en *Seven French Chroniclers. Witnesses to History*, Syracuse University Press, 1974, pp. 25-39.

Barber, M., «Western Attitudes to Frankish Greece in the Thirteenth Century», en *Latins and Greeks in the Eastern Mediterranean After 1204*, B. Arbel, B. Hamilton y D. Jacoby, eds., Londres, 1189, pp. 11-128.

Barber, R, y J. R. V. Barber, *Tournaments: Jousting, Chivalry and Pageants in the Middle Ages*, Woodbridge, 1989.

Bartlett, R. *Medieval Panorama*, Londres, 2001 (hay trad. cast.: *Panorama medieval*, Art Blume, Barcelona, 2002)

Baynes, N. H., «The Supernatural Defenders of Constantinople», *Analecta Bollandiana* 67 (1949), pp. 165-177.

Birkenmeier, J. W., *The Development of the Komnenian Army, 1081-1180*, Leiden, 2002.

Bouchard, C. B., *Strong of Body, Brave and Noble. Chivalry and Society in Medieval France*, Ithaca, 1998.

Bradbury, J., *Medieval Siege*, Woodbridge, 1992.

—, *Philip Augustus, King of France, 1180-1223*, Londres, 1998.

Brand, C. M., *Byzantium Confronts the West, 1180-1204*, Cambridge (Massachusetts), 1968.

Brundage, J. A.«Cruce signari: The Rite for taking the Cross in England», *Tradizio* 22 (1966), pp. 289-310.

Buckton, M. G., *The Treasury of San Marco, Venice*, Nueva York, 1984.

Bull, M. G., *Knightly Piety and the Lay Response to the First Crusade. The Limousin and Gascony, c. 970-c. 1130*, Oxford, 1993.

—, «Origins», en J. S. C. Riley-Smith, ed., *The Oxford Illustrated History of the Crusades*, Oxford, 1995, pp. 13-33.

Cheyet,J.-C., «Les effectifs de l'armée byzantien au x-xii s.», *Cahiers de Civilisation Médiévale* 38 (1995), pp. 319-335.

Cole, P. J., *The Preaching of the Crusades to the Holy Land, 1095-1270,* Cambridge (Massachusetts), 1991.

Constable, G., «The Historiography of the Crusades», en A. E. Laiou y R. P. Mottahedeh, eds., *The Crusades from the Perspective of Byzantium and the Muslim World,* Washington, 2001, pp. 1-22.

Crosland, J., *William the Marshal: the Last Great Feudal Baron,* Londres, 1962.

Crouch, D., *William Marshal: Knighthood, War and Chivalry, 1147-1219,* Londres, 20022.

Daniel, E. R., «Joachim of Fiore: Patterns of History in the Apocalypse», en *The Apocalypse in the Middle Ages,* R. K. Emmerson y B. McGinn, eds., Ithaca, 1992, pp. 72-88.

De Hemptinne, T., «Les épouses des croisés et pélerins flamands aux xi et xii siécles: L'exemple des comtesses de Flandre Clémence et Sibylle», en M. Balard, ed., *Autour de la premiere croisade,* Byzantina Sorboniensia 14, Paris, 1996, pp. 83-95.

Demus, O., ***The Mosaic Decoration of San Marco, Venice,*** L. Kessler, ed. Chicago, 1988.

Di Fabrio, C., *La cattedrale di Genova nel medioevo secoli VI-XIV,* Génova, 1998.

Dufornet, J., «Villehardouin et les Champenois dans la Quatriéme croisade», en Y. Ballenger y D. Quéruel, eds., *Les Champenois et la croisade,* Paris, 1989, pp. 55-69.

Evergates, T., «Aristocratic Women in the County of Champagne», en T. Evergates, ed., *AristocraticWomen in Medieval France,* Filadelfia, 1999, pp. 74-110.

France, J., *Victory in the East: A Military History of the First Crusade,* Cambridge, 1994.

—, «Patronage and the Appeal of the First Crusade», en *The First Crusade: Origins and Impact,* P. Phillips, ed., Manchester, 1997, pp. 5-20.

—, *Western Warfare in the Age of the Crusade, 1000-1300,* Londres, 1999.

Friedman, Y., *Encounters between Enemies: Captivity and Ransom in the Latin Kingdom of Jerusalem,* Leiden, 2002.

Frolow, A., *La Relique de la Vraie Croix: recherches sur le développement d'un culte,* 2 vols., París, 1961-1965.

Gillingham, J. B., *Richard I,* New Haven, 1999.

Godfrey, J., *1204: The Unholy Crusade,* Oxford, 1980.

Hamilton, B., *The Leper King and his Heirs: Baldwin IV and the Crusader Kingdom of Jerusalem,* Cambridge, 2000.

Harris, J., «Distortion, Divine Providence and Genre in Niketas Choniantes's Account of the Collapse of Byzantium, 1180-1204», *Journal of Medieval History* 26 (2000), pp. 19-31.

—, *Byzantium and the Crusades,* Londres, 2003.

Hendrickx, B., y C. Matzukis, «Alexios V Doukas Mourtzouphlus: His Life, Reign and Death (?-1204)», *Hellenika* 31 (1979), pp. 108-132.

Hillenbrand, C., *The Crusades: Islamic Perspectives,* Edimburgo, 1999.

Housley, *The Later Crusades: From Lyons to Alcazar, 1274-1580,* Oxford, 1992.

Howard, D., *The Architectural History of Venice,* ed. revisada, New Haven, 1202.

Hussey, J. M., *Cambridge Medieval History,* vol. VI, parte II, Cambridge, 1967.

Jackson, P., «The Crusades of 1239-1241and their Aftermath», *Bulletin of the School of Oriental and African Studies* 50 (1987), pp. 32-62.

—, «Early Missions to the Mongols: Carpini and His Contemporaries», *Hakluyt Society Annual Report* (1995), pp. 14-32.

—, «Christians, Barbarians and Monsters: The European Discovery of the World Beyond Islam», en *The Medieval World,* P. Linehan y L. Nelson, eds., Londres (2001), pp. 93-110.

Jacoby, D. «La population de Constantinople à l'époque Byzantine: Un problème de démographie urbaine», *Byzantion* 31 (1961), pp. 81-109.

—, «Knightly Values and Class Consciousness in the Crusader Stares of the Eastern Mediterranean», *Mediterranean Historical Review I* (1986), pp. 158-186.

—, «Conrad of Montferrat and the Kingdom of Jerusalem 1187-1192», *Atti del Congresso internazionale «Dai feudi monferrine e dal Piemonte ai nouvi mondi oltre gli Oceani», Alessandria, 2-6 aprile 1990,* Biblioteca della Societá di storia, arte e archeologia per le province di Alessandria e Asti, n.° 27, Alejandría, 1993, pp. 187-238.

—, «The Chrysobull of Alexius I Comnenus to the Venetians: the Date and the Debate», *Journal of Medieval History* 28 (2002), pp. 199-204.

—, «The Latin Empire of Constantinople and the Frankish States of Greece», *New Cambridge Medieval History, c. 1198-c. 1300,* vol. V, D. Abulafia, ed., Cambridge, 2002, pp. 525-542.

Johnson, E. N., «The Crusades of Frederick Barbarrossa and Henry VI», en *A History of the Crusades,* K. M. Setton, 6 vols., Wisconsin, 1969-1989, vol. II, pp. 87-122.

Jubainville, H., *Histoire des ducs et des comtes de Champagne,* 7 vols., París, Troyes, 1859-1869.

Keen, M., *Chivalry,* New Haven, 1984.

Kenaan-Kedar, N., y Kedar, B. Z., «The Significance of a Twelfth-Century Sculptural Group: Le Retour du Croisé», en *Dei gesta per Francos: Crusade Studies in Honour of Jean Richard,* M. Balard, B. Z. Kedar y J. S. C. Riley-Smith, eds., Aidershot, 2001, pp. 29-44.

Lane, F. C., *Venice: A Maritime Republic,* Baltimore, 1973.

Lloyd, S. D., *English Society and the Crusade, 1216-1307,* Oxford, 1988.

Lock, P., *The Franks in the Aegean, 1204-1500,* Harlow, 1995.

Longnon, J., *Les compagnons de Villehardouin: Recherches sur les croisés de la quatrieme croisade,* Ginebra, 1978.

Mack, M., *The Merchant of Genoa,* tesis de doctoral inédita, Universidad de Cambridge, 2003.

Madden, T. F., «Fires of the Fourth Crusade in Constantinople, 1203-1204: A Damage Assessment», *Byzantinische Zeitschrift* 84/85 (1992), pp. 72-93.

—, «Venice and Constatinople in 1171 and 1172: Enrico Dandolos attitudes towards Byzantium», *Mediterranean Historical Review* 8 (1993), pp. 166-185.

—, *Enrico Dandolo and the Rise of Venice,* Baltimore, 2003.

—, «Venice, the Papacy and the Crusades before 1204», en *The Crusades: New Perspectives,* S. Ridyard, ed., Sewanhee, 2004.

Magdalino, P., «Manuel I Komnenos and the Great Palace», *Byzantine and Modern Greek Studies* 4 (1978), pp. 101-114.

—, *The Empire of Manuel I Komnenos, 1143-1180,* Cambridge, 1993.

Maguire, H., «The Medieval Floors of the Great Palace», en *Byzantine Constantinople: Monuments, Topography and Everyday Life,* N. Necipoglu, ed., Leiden, 2001, pp. 153-174.

Maier, C. T, «Kirche, Kreuz und Ritual: Eine Kreuzzugspredigt in Basel im Jahr 1200», *Deutsches Archiv für Erforschung des Mittelalters* 55 (1999), pp. 95-115.

—, *Crusade and Propaganda: Model Sermons for the Preaching of the Cross,* Cambridge, 2000.

Mainstone, R. J., *Hagia Sophia: Architecture, Structure and Liturgy of Justinians's Great Church,* Londres, 1988.

Mango, C., «Three Imperial Byzantine Sarcophagi Discovered in 1750», *Dumbarton Oaks Papers* 16 (1962), pp. 397-404.

—, «Constantinople», *The Oxford History of Byzantium,* C. Mango, ed., Oxford, 2002.

Marshall, C. J., «The Crusading Motivation of the Italian City Republics in the Latin East, 1096-1104», *The Experience of Crusading: Western Approaches,* M. G. Bull y N. Housley, eds., Cambridge, 2003, pp. 60-79.

Martin, L. R., *The Art and Archaeology of Venetian Ships and Boats*, Rochester, 2001.

Martin, M. E., «The Venetians in the Byzantine Empire before 1204», *Byzantinische Forshungen* 13 (1988), pp. 201-214.

McNeal, E. H., «Fulk of Neuilly and the Tournament of Écry», *Speculum* 28 (1953), pp. 371-375.

McNeill, W., *Venice: The Hinge of Europe, 1081-1797*, Chicago, 1974.

Megaw, A. H. S., «Notes on Recent Work of the Byzantine Institute in Istanbul», *Dumbarton Oaks Papers* 17 (1963), pp. 333-364.

Michelin Green Guide — Northern France and Paris Region, Watford, 2001.

Moore, J., ed., *Pope Innocent III and His World*, Albershot, 2001.

Morris, C., «Geoffroy de Villehardouin and the Conquest of Constantinople», *History* 53 (1968), pp. 24-34.

Morris, C., *The Papal Monarchy: The Western Churchf rom 1050-1250*, Oxford, 1989.

Murray, A. V., «Mighty Against the Enemies of Christ: The Relic of the True Cross in the Armies of the Kingdom of Jerusalem», en *The Crusades and their Sources: Essays Presented to Bernard Hamilton*, J. France y W. G. Zajac, eds., Aidershot 1998, pp. 217-238.

Nicholas, D., *Medieval Flanders*, Londres, 1992.

Nicholas, K. S. «Countesses as Rulers in Flanders», en *Aristocratic Women in Medieval France*, T. Evergates, ed., Filadelfia, 1999, pp. 11-137.

Nicol, D. M., *Byzantium and Venice: A Study in Diplomatic and Cultural Relations*, Cambridge, 1988.

Noble, P., «The Importance of Old French Chronicles as Historical Sources of the Fourth Crusade and the Early Latin Empire of Constantinople», *Journal of Medieval History* 27 (2001), pp. 399-416.

Norfolk, L., *In the Shape of a Boar*, Londres, 2000 (hay trad. cast.: *En figura de jabalí*, Anagrama, Barcelona, 2002).

O'Brien, J., «Fulk of Neuilly», *Proceeding of the Leeds Philosophical Society* 13 (1969), 109-148.

Ousterhout, R., «Architecture, Art and Komnenian Ideology at the Pantokrator Monastery», en *Byzantine Constantinople: Monuments, Topography and Everyday Life*, N. Necipoglu, ed., Leiden, 2001, pp. 133-150.

Peters, E., «Lothario dei Conti di Segni becomes Pope Innocent III», en *Pope Innocent III and His World*, C. Moore, ed., Aidershot, 1999, pp. 3-24.

Phillips, J. P, Defenders of the Holy Land: Relations between the Latin East and the West, 119-1187, Oxford, 1996.

—, «Ideas of Crusade and Holy War in *De expugnatione Lyxbonensi* (The Conquest of Lisbon)», en *The Holy Lands, and their Christian*

History, R. N. Swanson, ed., Studies in Church History 36 (2000), pp. 123-141.

—, «Why a Crusade will lead to a jihad», *The Independent,* 18 de septiembre de 2001.

—, *The Crusades, 1095-1197,* Londres, 2002.

—, «Odo of Deuil's *De profectione Ludovici VII in Orientem* as a Source for the Second Crusade», en *The Experience of Crusading: Western Approaches,* M. G. Bull y N. Housley, eds., Cambridge, 2003, pp. 80-95.

—, *The Second Crusade: Extending the Frontiers of Christianity,* Yale (de próxima aparición).

Phillips, J. P., y M. Hoch, *The Second Crusade: Scope and Consequences,* Manchester, 2001, pp. 1-14.

Powell, J. M., ed., *Innocent III: Vicar of Christ or Lord of the World?,* Washington, 19942.

—, «Innocent III and Alexius III: A crusade Plan that Failed», en *The Experience of Crusading: Western Approaches,* M. G. Bull y N. Housley, eds., Cambridge, 2003, pp. 96-102.

Pryor, J. H., «Transportation of Horses by Sea during the Era of the Crusades: Eighth Century to 1285 A. D.», *Mariners' Mirror* 68 (1982), pp. 9-27,103-125.

—, «The Naval Architecture of Crusader Transport Ships: A Reconstruction of Some Archetypes for Round-Hulled Sailing Ships», *Mariners' Mirror* 70 (1984), pp. 171-219,275-292,363-386.

—, *Geography, technology and War: Studies in the Maritime History of the Mediterranean, 649-1571,* Cambridge, 1988.

—, «Winds, Waves and Rocks: the Routes and the Perils Along Them», en *Maritime Aspects of Migrations,* K. Fiedland, ed., Colonia, 1989, pp. 71-85.

Pryor, «The Venetian Fleet for the Fourth Crusade and the Diversion of the Crusade to Constantinople», en T*he Experience of Crusading: Western Approaches,* M. G. Bull y N. Housley, eds., Cambridge, 2003, pp. 103-123.

Queller, D. E., ed., *The Latin Conquest of Constantinople,* Nueva York, 1971.

Queller, D. E., T. K. Compton y D. A. Campbell, «The Fourth Crusade: The Neglected Majority», *Speculum* 49 (1974), pp. 441-465.

Queller, D. E., y T. F. Madden, «Some Further Arguments in Defence of the Venetians on the Fourth Crusade», *Byzantion* 62 (1992), pp. 433-473.

—, *The Fourth Crusade: The Conquest of Constantinople,* Filadelfia, 1972.

Riant, P., «Innocent III, Philippe de Souabe et Boniface de Montferrat», en *The Latin Conquest of Constantinople,* Queller, D. E., ed., Nueva York, 1971, pp. 32-38.

Riley-Smith, J. S. C., The First Crusade and the Idea of Crusading, Londres, 1986.
—, «Family Traditions and Participation in the Second Crusade», en The Second Crusade and the Cistercians, M. Gervers, ed., Londres, 1992, pp. 101-108.
—, The First Crusaders, 1095-1131, Cambridge, 1997.
—, «Casualties and Knights on the First Crusade», Crusades 1 (2002), pp. 13-28.
—, «Islam and the Crusades in History and Imagination, 8 November 1898-11 September 2001», Crusades 2 (2003), pp. 151-167.
Riley-Smith, L., y J. S. C. Riley-Smith, The Crusades: Idea and Reality, 1095-1274, Londres, 1981.
Robinson, I. S., The Papacy, 1073-1198: Continuity and Inovation, Cambridge, 1990.
Ross, L. R., Relations between the Latin East and the West, 1187-1291, tesis doctoral inédita, Universidad de Londres, 2003.
Runciman, S., A History of the Crusades, 3 vols., Cambridge, 1951-1954. (hay trad. cast.: Historia de las Cruzadas, 3 vols., Alianza, Madrid, 1985-1987).
—, «Blachernae Palace and Its Decoration», en Studies in Memory of David Talbot Rice, Edimburgo, 1975, pp. 277-283.
Sapir Abulafia, A., Christians and Jews in the Twelfth-Century Renaissance, Londres, 1995.
Sarris, P, «The Eastern Empire from Constantine to Heraclius (306-641)», en The Oxford History of Byzantium, C. Mango, ed., Oxford, 2002, pp. 19-59.
Sayers, J. E., Innocent III: A Leader of Europe, 1198-1216, Londres, 1994.
Sesan, M., «La flotte Byzantine à l'époque des Comnenes et des Anges (1081-1024)», Byzantinoslavica 21 (1960), pp. 48-53.
Setton, K. M., ed., The Papacy and the Levant, 1024-1571, 4 vols., Filadelfia, 1976-1984.
Siberry, E., «Images of the Crusades in the Nineteenth and Twentieth Centuries», en The Oxford Illustrated History of the Crusades, S. C., Riley-Smith, ed., Oxford, 1995, pp. 365-285.
—, The New Crusaders: Images of the Crusade in the 19th and Early 20th Centuries, Albershot, 2000.
Spicher, E., Geschichte des Basler Münsters, Basilea, 1999.
Spufford, P., Power and Profit: The Merchant in Medieval Europe, Londres, 2002.
Stahl, A. H., «The Coinage of Venice in the Age of Enrico Dandolo», en Medieval and Renaissance Venice, E. E. Kitell y T. F. Madden, eds., Urbana, 1999, pp. 124-140.

Stephenson, P., «Anna Comnena's *Alexiad* as a source for the Second Crusade», *Journal of Medieval History* 29 (2003), pp. 41-54.

Strickland, M., *War and Chivalry: The Conduct and Perception of War in England and Normandy, 1066-1217,* Cambridge, 1996.

Van Millingen, A., *Byzantinne Constantinople: The Walls of the City and Adjoining Historical Sites,* Londres, 1899.

Winkelmann, E., «Phillip von Schwaben und Otto IV von Braunschweig», reproducido en *The Latin Conquest of Constantinople,* Queller, D. E., ed., Nueva York, 1971, pp. 26-29.

Wolff, R. L., «Baldwin of Flanders and Hainault, First Latin Emperor of Constantinople: His Life, Death and Resurrection, 1172-1225», *Speculum* 27 (1952), pp. 281-322.

Zorzi, A., *Venice 697-1797: A City, A Republic, An Empire,* Woodstock (Nueva York), 1999.

Relación de ilustraciones

El conde Hugo de Vaudémont y su esposa Aigeline de Borgoña, escultura del siglo XII del priorato de Belval, Lorena (Wikimedia Commons).

El papa Inocencio III, iglesia de Santo Speco, Subiaco (Wikimedia Commons).

Un demonio vierte metal fundido en la garganta de un falsificador de moneda, tímpano del siglo XII, Conques (fotografía del autor).

Torneo antiguo (British Library, [Harley 4389, f. 26]).

Grosso de plata del siglo XIII (Wikimedia Commons).

Embarcación veneciana, código marítimo veneciano de 1255 (fotografía del autor).

Mapa de Constantinopla de principios del siglo XV (Wikimedia Commons).

Un sacerdote da la comunión a un caballero, catedral de Reims, principios del siglo XIII (Wikimedia Commons).

Murallas terrestres de Constantinopla (fotografía del autor).

Los cruzados atacan Constantinopla, imagen procedente de un manuscrito posterior de Godofredo de Villehardouin (Wikimedia Commons).

Interior de Santa Sofía (fotografía del autor).

Icono de san Miguel de finales del siglo XI o principios del siglo XII (Wikimedia Commons).

Se han hecho toda clase de esfuerzos para rastrear y contactar a los propietarios del copyright de estas ilustraciones. Los editores corregirán encantados cualquier error u omisión en futuras ediciones.

Índice alfabético

Ático de los Libros le agradece la atención
dedicada a *La Cuarta Cruzada,*
de Jonathan Phillips.
Esperamos que haya disfrutado de la lectura
y le invitamos a visitarnos
en www.aticodeloslibros.com,
donde encontrará más información
sobre nuestras publicaciones.

Si lo desea, puede también seguirnos
a través de Facebook, Twitter o Instagram y suscribirse a
nuestro boletín utilizando su teléfono móvil
para leer los siguientes códigos QR: